I0041539

Couverture inférieure manquante

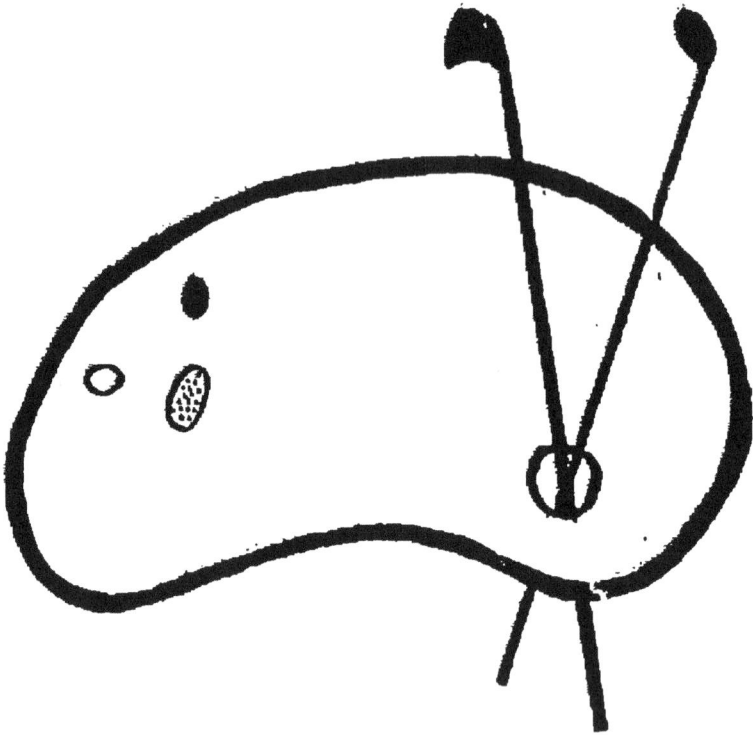

DEBUT D'UNE SERIE DE DOCUMENTS
EN COULEUR

LA FRANCE

LE CODE NAPOLÉON

PAR

J.-B.-V. COQUILLE

Rédacteur de l'UNIVERS et du MONDE

PARIS

LIBRAIRIE VICTOR LECOFFRE

RUE BONAPARTE, 90.

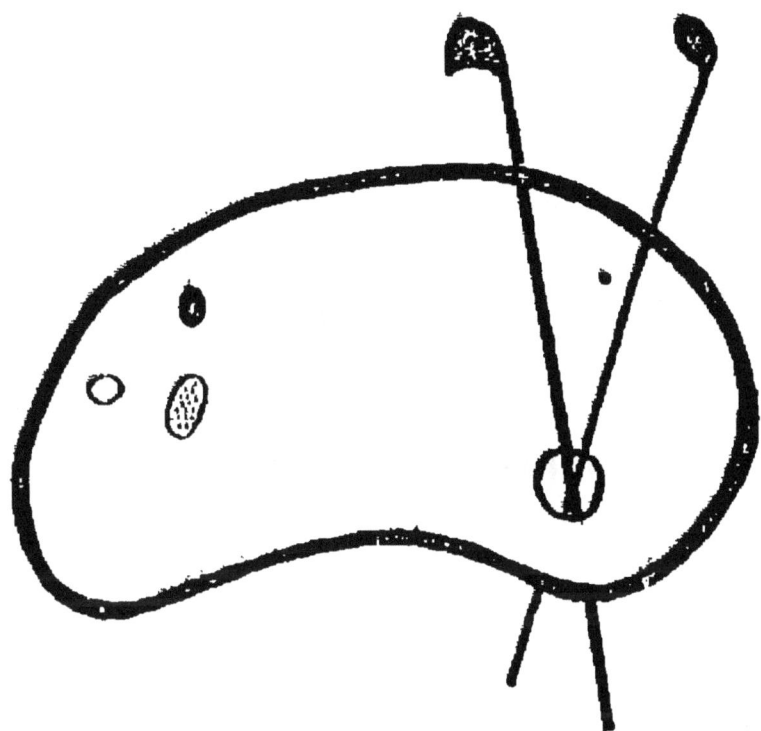

FIN D'UNE SERIE DE DOCUMENTS
EN COULEUR

LA FRANCE

ET

LE CODE NAPOLÉON

8' F
8004

LA FRANCE

ET

LE CODE NAPOLÉON

PAR

J.-B.-V. COQUILLE

Rédacteur de l'UNIVERS et du MONDE

DÉPÔT

1894

PARIS

LIBRAIRIE VICTOR LECOFFRE

RUE BONAPARTE, 90.

LA FRANCE

ET

LE CODE NAPOLÉON

CHAPITRE PREMIER

LE CODE CIVIL

Depuis un siècle, aucun gouvernement ne peut s'établir en France. Nous sommes en révolution ; voilà le fait. La révolution est chez nous un état constitutionnel. Les historiens le constatent sans en indiquer la cause. Nous voyons la révolution qui agite et ruine l'État, et à chaque période de quinze ans amène une liquidation politique forcée, et nous ne nous apercevons pas que chaque famille est en proie au même esprit de révolution et d'instabilité. Est-ce que pendant le même espace de quinze ans chaque famille n'est pas brisée par la loi des partages forcés? Est-ce que le décès du père de famille n'arrête pas les affaires et ne jette pas les partageants dans une liquidation ruineuse? Le législateur a accumulé tous les principes de dissolution. Les mineurs, les hypothèques, les droits d'enregistrement, tout se réunit pour rendre nécessaire la longue intervention des gens de loi. Il faut vendre, disperser l'héritage. C'est une révolution complète, qui affecte tous les droits, tous les intérêts, tous les sentiments.

Rien d'assuré pour les enfants, toute carrière libre leur est fermée. L'industrie et le commerce, ainsi que l'agriculture,

1

vivent de stabilité ; ils ont besoin du temps, de la possession
paisible et continue pour se fortifier et se développer. C'est au
bout d'un demi-siècle qu'ils jouissent du bénéfice de l'expérience. Atteinte dans ses moyens d'existence, pauvre et faible,
la famille se jette dans les bras de l'État et lui demande assistance. Il ne s'agit pas d'une famille, mais de huit millions de
familles. Les bourgeois veulent des places d'administration ou
de bureau, de finances ou de magistrature. Les ouvriers réclament des travaux publics, et finalement, dans leurs congrès
socialistes, invitent le gouvernement à les prendre à sa solde.
Le travail des champs est encore plus désorganisé que le travail
industriel. Tous les Français, à peu près sans exception, vivent
dans l'instabilité, ne connaissent que la loi d'instabilité, et par
leur éducation sont habitués à voir en elle le principe de tout
progrès et de tout bien-être. Toutes les familles sont en liquidation perpétuelle et pour beaucoup la liquidation, qui arrive
tous les quinze ans, dure plus de quinze ans.

Cette révolution permanente et constitutionnelle de huit millions de familles est bien autrement grave que celle qui frap-
perait une famille royale. Malgré son importance, la famille
royale n'est pas tout, elle est moins que l'ensemble de toutes
les autres familles. Cela explique pourquoi certaines révolutions
royales n'ont pas été des révolutions nationales. Ainsi les Stuarts
ont pu être expulsés d'Angleterre sans que les autres familles
fussent diminuées dans leurs droits. Le principe de la transmission intégrale fermement conservé par elles a limité la
révolution et l'a empêchée de descendre dans les diverses
couches de la société.

Le gouvernement est le reflet de la famille ; il est naturel
qu'il en reproduise les conditions d'existence : stable si elle est
stable, instable si elle est instable. L'hérédité royale, telle
qu'elle était comprise en France, représentait un pays à familles
stables. La succession au trône répondait au maintien des biens
dans les familles, et aucun Français n'avait l'idée que le trône
pût être partagé ou livré à toutes les compétitions du hasard
ou de la capacité. Il était conduit à appliquer à l'État, à la
famille royale, les principes dont son éducation de famille lui
offrait l'image. L'idée de l'ordre et de la perpétuité dans l'État

unissait ainsi de l'ordre et de la perpétuité dans la famille. Devant la conscience publique formée sur ce principe, toutes les tentatives de révolution échouaient.

Aucun Français moderne n'a l'idée d'un gouvernement perpétuel. Cette idée même est considérée comme une folie. La tendance générale est de tout soumettre à l'instabilité, pour créer un roulement incessant d'hommes et de choses. Les administrations départementales et municipales n'ont pas plus de fixité que l'administration générale du pays. La mutation perpétuelle est la règle. Le président de la République est élu pour sept ans. Vous croyez que c'est là une durée sérieuse ; détrompez-vous. Il est décidé que le président n'a qu'une fonction honorifique et que le gouvernement est aux mains du ministère qui change tous les six mois. Comment la génération présente aurait-elle puisé dans la famille le sentiment de la perpétuité ? Elle a eu, à chaque heure, presque à chaque minute de son existence, le spectacle du droit civil liquidant, dispersant toute fortune acquise, du consentement et aux applaudissements de tous. D'où lui serait venue l'idée de la perpétuité et de l'autonomie du gouvernement ?

Cette autonomie de la famille fondée sur le droit de propriété faisait du père de famille un chef d'État. Elle imprimait dans l'esprit des jeunes générations le sentiment de l'ordre, de la hiérarchie, et les prédisposait à respecter le gouvernement de leur pays. Tous les préjugés tendaient ainsi à honorer, à soutenir le gouvernement. De nos jours, l'enfant sait de bonne heure que son père n'est pas un vrai propriétaire, et que c'est la loi qui fixe l'évolution des biens. Les enfants s'aperçoivent aisément que leur éducation est dirigée par l'État et non par le chef de famille. Ils se voient dès le bas âge sous la tutelle de l'État et non sous la tutelle paternelle. Ils sentent que la famille réglée par le *Code civil* est une anarchie et non un gouvernement. Quand ils en sortent pour entrer dans la société politique, ils sont pénétrés du principe de l'anarchie. Pour eux, le gouvernement est un vice ou un malheur social, et ils ne songent qu'à le détruire. Tout gouvernement cherche d'instinct à se consolider ; il s'ensuit qu'à peine installé, il est en butte à l'opposition universelle.

L'instabilité de la famille est un obstacle à l'accroissement de la richesse, à l'accumulation du capital. Toute entreprise agricole, industrielle, commerciale est arrêtée par la mort du chef de famille. La liquidation, le partage forcé rendent impossible tout progrès, toute marche en avant. Dans d'autres pays, la mort n'interrompt pas les affaires, elle se heurte à un principe de continuité et d'indivision garanti par la loi ou consacré par la coutume. Alors la richesse, la puissance individuelle grandissent et assurent à l'État une classe riche, capable de prendre en mains les affaires publiques et de les diriger dans le sens du bien être général. La pauvreté engendre les révolutions et ne pousse au pouvoir que des ambitieux souvent brillants, mais toujours destructeurs de la morale sociale. Le Code civil organise la pauvreté et l'égalité. Il est l'œuvre d'un césar qui, comme les autres césars, comptait sur ces deux éléments antisociaux pour asseoir son despotisme. Il réprouvait la richesse, principe d'indépendance dans les individus et les familles. Il dirigeait son code contre la conservation des biens dans les familles, et la perpétuité même de la famille, seul moyen d'empêcher la richesse de se consolider et de devenir une puissance. Le maintien de l'égalité forcée ne lui laissait que des familles sans influence, heureuses d'accepter les fonctions publiques, incapables de contrecarrer jamais les desseins du pouvoir.

Mais si le législateur crée des places en proportion arithmétique, les candidats se multiplient en proportion géométrique. Les mécontents pullulent, une révolution en satisfait quelques-uns. Étant donné le principe d'instabilité dans tous les droits et intérêts de famille, c'est-à-dire dans les droits et intérêts de trente-cinq millions de Français considérés individuellement, il n'y a aucune raison de ne pas faire une révolution tous les quinze ans. Les esprits y sont préparés, une plus longue durée serait une menace contre le principe d'instabilité posé par le Code civil. Ces révolutions sont une suite nécessaire de notre nouvelle organisation sociale. Bossuet croyait confondre les protestants en leur montrant leurs variations. Ils lui répondaient : Notre principe est précisément de varier ! La France professe le protestantisme politique, et l'anarchie politique est son idéal. Que sont toutes nos constitutions, sinon des programmes d'anarchie? Le mal est qu'on croit corriger l'anarchie en corrigeant les constitutions, car l'anarchie constitutionnelle est le produit de l'anarchie familiale. La meilleure constitution se noierait dans le flot des intérêts anarchiques créés par la loi civile. C'est au Code civil et non à la constitution politique que doit s'adresser tout effort de réforme sérieuse.

Les partis ne songent pas à cela, et les meilleurs espèrent triompher en se servant de l'anarchie contre l'anarchie elle-même. Pure illusion : l'anarchie est dans les couches profondes de la population, c'est là que le législateur de la Révolution l'a installée par le Code civil ou Code Napoléon. Remarquez qu'elle a été imposée aux populations, et que c'est une loi de la Terreur qui, en 1793, a proclamé l'égalité forcée des partages de successions. Cette loi, dont nous subissons les effets, ôte toute efficacité au droit de propriété, en conférant à l'État un droit souverain sur la propriété elle-même. Est-ce que le plus haut exercice du droit de propriété ne consiste pas dans cette transmission du patrimoine qui est presque à elle seule l'ordre social, car elle opère la transition d'une génération à une autre. Elle est la loi de continuité sociale. Et cette loi n'est pas dans la main du propriétaire. Elle est dans la main du législateur, qui essaye d'asservir les générations en les tenant dans un état permanent de servilité et d'anarchie.

Dira-t-on que la liberté se confond avec l'égalité ou l'anarchie? Il faut avouer cependant que c'est une liberté imposée. On comprend que les anarchistes vivent en anarchie. Que faites-vous de ceux qui ne sont pas anarchistes et qui voudraient régler leur vie et leurs intérêts dans des conditions d'ordre et de perpétuité? Pour maintenir l'anarchie et forcer tous les Français à vivre en anarchie, ce n'est pas trop de tous les efforts de nos gouvernements depuis un siècle. Nos gouvernements, royaux ou républicains, savent cela, et quand ils ne sont pas suffisamment anarchistes, ils sont aussitôt renversés. Et l'œuvre d'anarchie recommence de plus belle.

La France est donc éminemment anarchiste, et la évolution française dure toujours. Mais comment est-elle venue cette Révolution? La France a été pendant des siècles un gouvernement de légistes; elle a toujours tendu, en suivant les maximes du droit romain, au césarisme et à l'anarchie. Les Domat et les Pothier, les Daguesseau et les Lamoignon révaient le Code civil. La tête pleine de préjugés contre les corporations et la propriété ecclésiastique, ils aspiraient à l'égalité forcée dans les familles et au césarisme byzantin. Il n'y a pas trace chez eux d'une seule idée sur les conditions nécessaires au développement de l'agriculture, de l'industrie et du commerce. Ils eussent pu rédiger le Code civil, dont la plupart des articles, du reste, ont été découpés dans leurs ouvrages. Ils reconnaissaient au prince un droit de supériorité sur la religion; ils soumettaient le droit de propriété à la réglementation absolue du prince, et niaient tout droit de former une corporation. L'égalité forcée des partages était depuis saint Louis imposée aux héritages dits roturiers; comme si ces petits héritages n'étaient pas ceux à qui convenait plus particulièrement le principe d'agglomération et de perpétuité! La noblesse, de bonne heure, se dégagea des liens de l'inaliénabilité. Elle ne marqua jamais par sa richesse et son influence politique. Elle était ruinée en 1789 et prête pour une révolution. Toutes les rédactions de coutumes attestent que la transmission intégrale n'était plus en usage dans la noblesse.

Le droit d'aînesse, tel qu'il était pratiqué avant 1789, n'a rien de commun avec le principe économique de la transmission intégrale. Il se réduisait à ce que les légistes appelaient *le vol du chapon*, un hectare ou deux autour du manoir principal. Dans beaucoup de provinces, le morcellement du sol était aussi avancé qu'aujourd'hui. Notre société moderne était en pleine action dans l'ancienne France, luttant contre les coutumes chrétiennes, faisant pénétrer chaque jour, par l'astuce des légistes, les maximes du droit romain dans notre droit coutumier. En ne protégeant pas le droit de propriété dans les classes populaires, la noblesse sacrifiait son propre droit et s'ôtait tout appui; car le droit de propriété est le même pour tous. En ne faisant pas cause commune avec les classes laborieuses, la noblesse se distingua d'elles, se posa en adversaire du peuple. Le haut clergé, pris exclusivement dans la noblesse, paraît se séparer du reste du clergé. Les éléments d'anarchie préexistaient en 1789. Le coup d'État qui frappa la compagnie de Jésus atteignit dans son fond même le droit de propriété. Or, le droit de propriété est juste l'antidote de l'anarchie et le principe même de l'ordre politique.

Si le prince a le droit de confisquer les biens de ses sujets, l'État, la nation, n'ont-ils pas le même droit? Qu'est-ce donc que la propriété? Et toute la Révolution n'est-elle pas dans les arrêts des parlements qui ont sanctionné la confiscation? Tous les principes de l'anarchie sont là. Le droit absolu du prince sur les hommes et sur les choses étant légalement proclamé, il ne restait à l'État ou à la nation, successeur des princes, qu'à s'en servir. C'est ce qui a eu lieu.

L'Assemblée constituante, en procédant à la liquidation sociale, ne fit qu'appliquer, en les poussant à leurs dernières conséquences, les maximes des légistes royaux.

CHAPITRE II

LES PERSONNES

Avant 1789 il y avait des Français, des sujets du roi. Après 1789, il y eut des citoyens. Nous sommes revenus à la dénomination de citoyens, quoiqu'elle soit toujours d'une prononciation difficile et même ridicule. Le citoyen est renouvelé de l'antique. Ce qu'on appelait ainsi, c'était l'homme libre de la cité, le membre du souverain, d'une souveraineté collective renfermée dans les murs d'une ville. Nous voyons tout d'abord combien peu ce titre de cité convient à un pays comme la France. En 1789 la France a été transformée en cité, en une unité indivisible, en un corps de neuf ou dix millions de souverains. Il manquait des esclaves à ces souverains et le triobole qui permettait de vivre sans travailler. Les Français déguisés en citoyens sont devenus les esclaves de l'État, et tout en ayant le droit de gouverner l'État, demeurent en quelque sorte étrangers à leurs intérêts locaux et de familles exclusivement soumis aux règlements qui partent de la capitale. Le législateur est embarrassé de cette qualification de citoyen ; il l'attribue aux individus qui votent et sont capables de fonctions publiques. En déclarant (art. 7 du Code Napoléon) que « l'exercice des droits civils est indépendant de la qualité de citoyen », il émet une proposition étonnante puisque droits civils et droits de citoyens sont synonymes. Suivant le Code, les femmes, les mineurs ont la jouissance des droits civils et n'en ont pas l'exercice. D'où il résulte qu'il y a des Français qui jouissent de droits dont ils n'ont pas l'exercice : comprenne qui pourra !

L'axiome que nul n'est censé ignorer la loi est une fiction, comme la qualité de citoyen français, fiction sans laquelle tout le monde serait censé l'ignorer. Ce n'est pas là un droit coutumier que les enfants sucent avec le lait et dont les familles gardent l'indélébile souvenir. Comment des millions d'hommes adonnés aux travaux manuels se rappelleraient-ils tout ce qui a pu passer par la tête d'un législateur dont c'est le métier et même la gloire de fabriquer lois sur lois? Quel juge a jamais connu ce monceau de lois que renferme le Digeste? Mais cette impossibilité, pour la masse des justiciables, de les connaître et de les appliquer fait la fortune des légistes et légitime la multiplicité des tribunaux. Les peuples ainsi sont la conquête de leurs législateurs; obligés de conformer leurs droits et leurs intérêts à des formules édictées en dehors de leur propre expérience, ils perdent tout sentiment d'initiative et d'indépendance.

Le législateur moderne est imbu de l'idée d'un contrat social; il la tient de Rousseau qui l'a puisée chez les jurisconsultes romains. De là vient notre système législatif. Si la société tire son origine d'un contrat, d'une délibération, elle doit se conserver par le même moyen et le pouvoir législatif est le contrat social en permanence. S'il n'y a pas un droit divin ou naturel qui fixe les bases, impose des limites, notre volonté est sans frein, et la loi qui l'exprime est l'arme même de la dissolution sociale. La coutume hébraïque ou le droit hébraïque ne reconnaît que Dieu pour législateur. Il ne faut pas confondre avec les lois les mesures d'utilité publique ou d'administration, lesquelles sont des applications et non des proclamations de principes. Telle fut la France chrétienne, elle avait des coutumes, non des lois, et c'est subrepticement qu'elle se trouve soumise à des lois étrangères par l'intrusion du droit romain. Nos princes se virent investis du droit de législation et après la Révolution ce droit passa au peuple.

Aujourd'hui tout est réglementé, les opinions par l'enseignement public, les intérêts particuliers par le Code civil; les plaisirs populaires sont à la charge de l'État. Nous sommes entraînés au communisme d'État et nous y touchons. Nous avons sous les yeux le spectacle d'un législateur qui s'efforce de changer en une société factice une société naturelle cimentée par le temps et par les mœurs. Il renouvelle l'opération des filles de Médée. Il

découpe le corps social, le jette dans la chaudière de l'expérimentation, il l'en retire mort et en rajuste les morceaux. Cette
société nouvelle ne respire plus que du souffle du législateur.
Elle n'a d'action que celle qui lui est communiquée par le
mécanisme administratif. Le Français, comme le Romain, est
administré parce qu'il est compris dans le périmètre de la
grande machine sociale et non à cause de sa nationalité. Il n'y
a plus de nationalité ni de privilèges attachés à la race. La
qualité d'homme suffit, la loi est cosmopolite; elle ne repousse
pas l'étranger, elle l'appelle; elle efface les distinctions et assimile l'étranger au Français. Le droit coutumier, au contraire,
tient l'étranger à distance : pour lui, l'étranger représente une
autre coutume, hostile à la coutume nationale par cela seul
qu'elle en diffère. Tandis que notre loi moderne, née d'un
mouvement révolutionnaire qui s'étendait à tous les peuples,
offre à l'étranger toutes les facilités de la naturalisation, le
droit coutumier redoutait l'étranger. L'ennemi naturel de la
coutume, c'est l'étranger. Par où nous voyons que la coutume
se confond avec l'amour du pays et qu'elle est le principe
vivace de la nationalité.

Le préjugé contre l'étranger s'explique; il se corroborait des
principes du droit césarien; et c'est ce qui amena le droit d'aubaine en vertu duquel le souverain recueillait la succession
d'un étranger qui mourait dans ses États sans y être naturalisé.
Du principe que les droits de donation, de succession découlaient de l'octroi impérial, les légistes royaux tiraient la conclusion que les biens de l'étranger décédé en France tombaient dans le fisc comme biens vacants et sans maîtres. Ne
pouvaient disposer de leurs biens par donation ou testament
que ceux à qui la loi conférait ce privilège. Suivant l'argumentation des légistes, c'est donc par la loi et le législateur que le
Français se trouvait investi de la faculté de donner et de recevoir. Cette fiction déjà si dangereuse pour nous, en ce qu'elle
nous mettait à la discrétion de l'État, se retournait avec plus
de force contre l'étranger. Le droit d'aubaine s'appliquait au
Français établi à l'étranger, et les successions qui pouvaient lui
advenir en France étaient acquises au fisc royal. Au Prince
seul il appartenait d'effacer le vice de la naissance en admet-

tant, par des lettres de naturalité, l'étranger à la participation
de nos droits civils. De nombreuses ordonnances, dans l'intérêt bien ou mal apprécié du commerce ou de l'industrie,
suspendaient le droit d'aubaine. Nos rois favorisaient l'étranger
qui venait chez nous en qualité de marchand, d'industriel,
d'ouvrier ou de soldat. La faction de testament lui était concédée. L'Assemblée constituante a été plus loin en abolissant
le droit d'aubaine. Tous les peuples ne devaient plus former
qu'un seul peuple. La Révolution proclamait en quelque sorte
tous les hommes citoyens français. Elle les investissait des
mêmes droits que nous. Pratiquant ses maximes, elle les invitait
à jouir en France des droits récemment restaurés de l'humanité.

Quelle différence y a-t-il entre un étranger et un Français?
Aucune si l'on considère que l'étranger a la faculté d'obtenir
la naturalisation après un séjour de dix ans. Nous sommes
encombrés d'étrangers, ils sont dans les fonctions publiques
et dans les assemblées. C'est l'esprit du droit nouveau. Mais
alors il n'y a plus de tradition française et la nationalité n'est
plus qu'un vain mot et une dénomination géographique.

La naturalisation est un fait naturel; elle se produit avec le
temps par l'assimilation graduelle des sentiments et des intérêts. Ainsi les étrangers transportés dans l'ancienne Rome se
naturalisaient vite dans la plèbe. Cette petite naturalisation,
ce droit inférieur, les vaincus l'acceptaient en dédommage-
ment de la patrie à jamais perdue, et ils se fusionnaient sous
le feu des guerres civiles et des guerres étrangères. Le danger
commun scellait l'union. Et cependant la plèbe mit six cents
ans à conquérir la grande naturalisation, l'égalité des droits
politiques. Pour nos modernes il se présente une question :
l'homme peut-il abdiquer son passé? En ouvrant son sein à
l'étranger, la France ne crée-t-elle pas l'anomalie d'un homme
qui appartient à deux patries? L'homme n'est pas maître de
sa naissance, il ne saurait renier son père. Comment renoncer
à sa patrie? aucune puissance ni divine, ni humaine, n'effacera
le fait de la naissance. Un Français cessera-t-il d'être le fils de
son père et de sa mère? Chez les Grecs on désignait l'individu
par son père : « un tel fils d'un tel » ou « le fils d'un tel ». Cet
usage est ordinaire en Russie. La nationalité est indélébile,

puisqu'elle n'est que le fait de la naissance (*natio*, *nasci*). Qu'un
Français commette tous les crimes imaginables contre son
pays, en sera-t-il moins Français? Sa nationalité même est la
circonstance aggravante de ses crimes, si elle n'est pas tout
son crime. Il est permis à un étranger de porter les armes
contre la France; ce serait le crime d'un Français. Le législateur dit à ce Français : vous n'êtes plus le fils de votre père et
de votre mère! Pure fiction, mensonge légal. Et où ira ce
Français excommunié? Il ne sera plus d'aucune nation! il
n'aura droit sur le sol d'aucun peuple!

Notre législateur ne considère pas la nationalité mais l'administration. Cesser d'être Français, c'est cesser d'être administré par les lois françaises. Et alors le Français est censé
étranger s'il a renoncé à la loi du territoire français. Il nous
est impossible de renoncer à notre race, à notre nationalité
qui fait partie de nous-mêmes, mais nous pouvons quitter
l'État dont nous sommes membres. A ce point de vue, la naturalisation paraît moins bizarre. Dans les pays qui ont mieux
gardé les anciens principes, elle est une rare exception et
entourée d'une grande solennité. En Angleterre la naturalisation
ne s'obtient que par un bill du parlement. Il n'est loisible à
aucun étranger de devenir Anglais par sa seule volonté. Ce
respect des Anglais pour eux-mêmes est la plus haute marque
de patriotisme. De tous les peuples modernes l'anglais,
quoique répandu par son commerce et son industrie sur toute
la face du monde, est le plus compact et le plus national. Et
ses lois ne démentent pas ses sentiments. En 1848 lord
Brougham, craignant pour sa villa de Cannes, écrivit à M. Crémieux, ministre d'un gouvernement provisoire, à Paris, pour
se faire naturaliser Français. M. Crémieux lui demanda s'il
entendait quitter la nationalité anglaise. Or, quiconque est né
sur le sol anglais est anglais à toujours, et lord Brougham
voulait cumuler les deux nationalités. On se moqua de lui à
Londres et à Paris.

Rome absorbait les vaincus et les naturalisait de gré ou de
force. La Révolution française a imité ces procédés conquérants; elle appela tous les peuples à l'insurrection; elle aurait
voulu les enrôler sous ses drapeaux. La secousse qu'elle

imprima à l'Europe n'est pas calmée. La nationalité isole
un peuple, le renferme en lui-même, le concentre dans
ses traditions, tandis que le mécanisme administratif borné au
matériel des hommes et des choses, s'étend indéfiniment. La
légion romaine et le régiment français reçoivent les hommes de
toute provenance et les façonnent à l'unité militaire. L'esprit
de conquête s'est réveillé en 1789. Et certes, d'intention du
moins, la France ne songeait pas à réduire les autres peuples
en servitude; elle voulait leur imposer la même loi qu'à elle-
même; cette loi d'égalité forcée dans les successions et de subdivision dans les propriétés régnait déjà dans l'ancienne France
où elle était d'importation étrangère. Elle n'avait aucun caractère national et se prétendait faite pour tous les hommes, sans
distinction de races. Mais aussi, elle ne convenait à aucun peuple, et les froissait tous dans leurs sentiments les plus chers.
Elle remplaçait les coutumes par des théories. Ce fut l'écueil, et
la Révolution s'y brisa en partie. L'idée révolutionnaire n'a
pas reculé, elle gagne du terrain chaque jour, elle achève par
la parole la tâche commencée par l'épée. Ses adeptes croient
naïvement que le monde ne demande qu'à être français pour
participer au régime de liberté, d'égalité et de fraternité qu'ils
ont décrété. Ainsi Rome se sentait créée pour dominer le monde,
et elle appelait sa domination la *majesté de la paix romaine*, ce qui
vaut bien le pompeux charlatanisme de notre devise : Liberté,
égalité, fraternité ou la mort! Si Rome a traité en rebelles les
peuples récalcitrants, les Français de 89 ont suivi la même
ligne inflexible. Avec Bonaparte, ils ont un instant mis l'Europe
sous le joug de la Révolution. Ils propageaient par le fer et par
le feu, à la manière de Mahomet, un nouveau Coran, la Déclaration des droits de l'homme et le Code civil. Ils échan-
geaient leur nationalité contre une idée; ils sacrifiaient leur liberté à l'esprit de conquête, sans autre profit que de faire
partager aux autres peuples la gloire de la servitude universelle.

La loi moderne méconnaît la nationalité, et la qualité de
Français est peu de chose. Le législateur français, après avoir
distingué la qualité de Français du titre de citoyen, arrive souvent à les confondre en déclarant le simple Français desti-

tuable comme le citoyen. La perte de la qualité de Français
entraîne la privation des droits civils. Mais en quoi consiste la
jouissance des droits civils? Et de quel droit jouit le Français
dont ne jouisse pas l'étranger? Le droit de vendre et d'acheter,
le droit de succéder sont-ils retirés à celui qui a perdu la qualité de Français? non, puisque ces droits appartiennent à l'é-
tranger en France. A propos de l'article 21 du Code, une question intéressante a été soulevée. Un certain nombre de jeunes
Français se sont engagés dans l'armée de Pie IX et ont versé
leur sang à Castelfidardo pour la cause de la foi. Quelques-uns,
en rentrant en France, se sont vu refuser la qualité de Français, aux termes de l'article 21, comme ayant pris, sans autorisation, du service militaire à l'étranger. Il s'agissait du re-
crutement et les préfets écartaient du tirage ces jeunes gens
qu'ils prétendaient déchus de leur qualité de Français. Les
jeunes gens et leurs familles résistaient à cette interprétation.
Il est évident, tout d'abord, que ces Français n'avaient voulu
servir ni un prince étranger, ni un prince hostile à la France.

Le Pape est-il un étranger pour nous? Il est roi et pontife;
mais dans sa personne, la fonction du pontife prime celle du
roi, tellement que le roi n'existe qu'à cause du pontife et pour
sauvegarder l'indépendance du pontife. Or, le chef de la religion catholique n'est pas étranger en France. La France est
une nation catholique, puisque, sauf une infime minorité, tous
ses enfants sont catholiques. L'État lui-même est catholique.
Dans sa donnée fondamentale, il est représentatif. Et le serait-
il s'il excluait des droits et des intérêts qu'il représente tous
les Français catholiques? Le caractère d'une nation est déterminé par la majorité des individus qui la composent, surtout
quand cette majorité se rapproche de l'unanimité. L'État est
donc catholique en France, et le Concordat et la Charte de 1830
le constatent en reconnaissant que la religion catholique est
professée par la majorité des Français. La diversité des cultes
ne s'oppose pas à l'existence d'un culte national, pas plus que
dans une assemblée la minorité n'annule les votes de la majorité. Il est faux que cette situation constitue pour le culte national un privilège; elle n'est que l'expression d'un fait. Une
nation est un fait, et il serait insensé d'empêcher trente-cinq

millions de Français de s'appeler la France, la nation, l'État.
Les actes du gouvernement, quoique si souvent équivoques,
impliquent la reconnaissance de la religion catholique comme
religion de la France. La République de 1848 a entendu la messe
sur la place de la Concorde. Or, l'Église catholique est un tout
indivisible. Sa catholicité ou universalité impose à la France
des relations, des devoirs, qui dépassent l'étendue du territoire français. La hiérarchie ne s'arrête pas aux évêques, elle
monte jusqu'au Souverain Pontife, et c'est de lui qu'elle découle. Chaque Français tient à la Papauté par sa filiation. Le
Pape est le père de tous les catholiques français. Il n'est pas un
étranger pour nous. On n'en fait un étranger qu'en subordonnant sa suprématie religieuse à sa souveraineté temporelle.
Les combattants de Castelfidardo n'ont pas servi une cause
étrangère. C'est leur propre cause qu'ils servaient. Ils n'avaient
pas besoin de l'autorisation du gouvernement pour apporter
le témoignage de leur sang. Le martyre se passe d'autorisation.
Ils se trompaient, dira-t-on, et l'Église n'était pas en danger.
Sur ce point, la discussion judiciaire aurait pu valablement
s'ouvrir et les tribunaux auraient reconnu que l'Église était en
danger, puisque le Souverain Pontife le déclarait. D'ailleurs,
ils servaient le Pape et uniquement le Pape; et le Pape n'étant
pas un étranger, en vertu même de sa fonction universelle qui
le fait le concitoyen de tous les peuples, ils ne servaient pas
un prince étranger, et échappaient ainsi à l'application de
l'article 21 du Code civil. Il n'y a pas eu de procès. L'affaire s'est
arrangée administrativement. Il est probable que le procès
eût été perdu. Le gouvernement a reculé devant le ridicule
de faire décider, par les tribunaux, que des jeunes gens, ad-
mirés de tous, avaient perdu la qualité de Français pour s'être
dévoués à la défense d'une religion qui est la religion de la
France, et cela à l'appel de l'autorité légitime. Il est donc vrai
que la qualité de Français s'acquiert et se perd avec une facilité qui n'est pas à son honneur.

CHAPITRE III

LA MORT CIVILE

C'est une conception bien étrange que la mort civile. C'est une fiction des légistes; ils supposent mort un homme vivant. Pourquoi un pareil jeu? Ils veulent enlever à un homme tous les droits qu'il tient de l'ordre social et ne lui laisser que la qualité d'homme matériel ou de chose. Tous les droits de citoyen sont tués en lui. Il n'a même plus le droit du Français et de l'étranger de donner, de recevoir, de succéder. Son état reproduit les principaux caractères de l'esclave romain. Son mariage est dissous et il ne peut se marier; l'esclave n'avait pas de famille légale. Les biens du mort civilement sont dévolus à ses héritiers et sa succession est ouverte; le droit de propriété lui est interdit, et telle était à Rome la condition de l'esclave. Il ne peut ester en justice, être témoin; il n'a plus de volonté. La personnalité humaine est suspendue en lui. Voilà bien en théorie et en fait l'esclave antique. Le jurisconsulte Proudhon définit ainsi la mort civile : « Fiction par laquelle l'homme condamné à une peine à laquelle elle est attachée, est réputé mort, par le retranchement perpétuel qu'il souffre de tous les droits qu'il tenait de l'organisation sociale. » La condamnation à mort, la déportation, les travaux forcés à perpétuité sont les peines qui entraînent la mort civile. La mort civile, sans être une peine, est la conséquence d'une peine. Les anciens n'admettaient pas un droit naturel qui fût en dehors de la loi, ou supérieur à la loi. Le droit de vendre, d'acheter, de se marier, était spécial au citoyen romain qui le tenait de la cité sous des formes et des rites particuliers. Le citoyen était une création de la loi. En dehors d'elle, elle ne reconnaît pas un homme de droit naturel. Les

légistes romains désignent sous le nom d'hommes libres, d'é-
trangers, des hommes à qui ils appliquent le droit des gens,
c'est-à-dire un certain droit de vendre, d'acheter, de se marier.
Le droit naturel, ils le réduisent à l'animalité. Le mort civilement, comme l'esclave, n'a pas les droits élémentaires. Il n'a
réellement que le droit de vivre ainsi que les animaux, sans
pouvoir faire acte d'intelligence ou de volonté, en produisant
des actes juridiques. Il est sans droit de propriété, sans droit
de contracter, sans mariage. Car, en vertu de l'idée du contrat
social, il est censé tenir ces droits de la cité; et la cité lui étant
enlevée, il retombe non dans un droit naturel, propre à
l'homme et qu'avec Cicéron et quelques sages, la philosophie
elle-même reconnaissait, mais dans la simple animalité d'où
l'a tiré l'établissement de la cité ou la civilisation.

Comment les légistes sont-ils parvenus à introduire dans
notre société chrétienne cette conception de la mort civile qui
a subsisté dans le Code civil, jusqu'au 31 mai 1854? Mais ces
légistes essayaient d'y naturaliser la servitude, en appliquant
aux classes rurales les textes romains relatifs à la servitude.
Ils concouraient au développement de la torture comme moyen
de preuve. Ils faisaient prévaloir les procédures secrètes du
droit byzantin. Ils attribuaient au roi l'autorité césarienne ou
absolue. La mort civile entraîne le droit de confiscation; elle
suivait les condamnations arbitraires. On sait combien la confiscation a souvent déshonoré notre histoire. Comme le religieux ne pouvait participer au mariage ni à la propriété personnelle, les légistes lui appliquèrent le principe de la mort
civile. C'était un moyen de le détacher de la propriété collective de son ordre ou de son monastère, et d'attribuer au prince,
à l'État, le haut domaine sur ces biens d'Église. C'est, en effet,
par la confiscation, que les princes, aujourd'hui comme autrefois, mettent la main sur les biens d'Église. Et, cette confiscation dérive de la fiction de droit qui fait remonter à l'État
l'origine de tous les droits civils. Les biens du mort civil sont
confisqués par l'État avant 89; les religieux étant morts civilement, croyez-vous que leurs biens fussent en sûreté? Ils ne
l'ont jamais été, à partir du xvie siècle. Ce fut là le principe de
la guerre à l'Église dans les temps modernes. Et, sous la direc-

2

tion des légistes, le socialisme royal a commencé l'œuvre continuée par le socialisme populaire.

Les prétentions des légistes se sont heurtées de tout temps aux droits de l'Église, depuis les jurisconsultes romains, grands persécuteurs des chrétiens. Ils se sont ligués contre le droit de propriété qui assurait à l'Église son indépendance temporelle. Et c'est en attaquant cette indépendance, que les sectaires espéraient atteindre le spirituel. Nous avons ici l'explication d'un phénomène; la science constituée par les légistes n'a jamais pu formuler des principes clairs sur le droit de propriété. Fidèle à ses origines, elle a toujours laissé planer sur la propriété un sens équivoque. Ce n'est pas seulement sur la propriété, c'est sur le mariage que les légistes étendirent l'influence de l'État. Le Code civil rompt le mariage du condamné; il opère un divorce d'un genre nouveau. Et même, sous la loi de 1816, les légistes décidaient que le divorce était de droit. Mais le cas ne s'est pas présenté, ou n'a pas paru devant les tribunaux. La confiscation ne s'est exercée en grand que dans l'antiquité gréco-romaine et dans notre Révolution. Sous l'ancien régime, la maxime des légistes : qui confisque le corps, confisque les biens, était en vigueur. Cette confiscation, dans la pensée des légistes, se rattache à un communisme primitif : les biens que l'État est censé avoir concédés, retournent au fisc. Les biens dérivés de l'État et essentiellement réversibles étaient la proie de quiconque était l'État ou le plus fort. Les proscriptions de l'ancienne Rome et de la Révolution française n'ont pas eu d'autre prétexte ou motif juridique. Quand, en France, les légistes alléguaient que les rois étaient maîtres des biens de leurs sujets, ils s'appuyaient sur les textes du droit byzantin.

Les confiscations de la Révolution furent sanctionnées dans la Charte de 1814, par le même article qui disait : la confiscation ne pourra jamais être rétablie. Cela signifiait que les biens confisqués demeureraient à leurs détenteurs. Les biens de l'Église non vendus restèrent à l'État. Et de nos jours, sous des formes diverses, la confiscation a reparu dans nos habitudes politiques. En Espagne, en Italie, en Suisse, au Mexique, les biens de l'Église catholique ont été confisqués. Et la diplomatie n'a pas jugé à propos d'intervenir. La confiscation est loin d'être bannie de nos sociétés modernes ; elle se présente souvent sous une forme négative. Il n'y a plus rien à prendre aux religieux : mais il y a le moyen de les empêcher d'acquérir. Si l'on ne confisque pas leurs propriétés, on confisque leur droit de propriété, on rétablit contre eux la mort civile. On confisque leur activité, leur volonté ; ils n'ont plus le droit d'acquérir. Et s'ils acquièrent, leurs biens tomberont dans le domaine public. Les légistes modernes n'ont rien à envier aux anciens.

Le premier effet de la mort civile dans notre Code, c'est d'ouvrir la succession du condamné au profit de ses héritiers. L'État ne s'empare pas des biens, il en règle la dévolution. Mais au point de vue du condamné, ce n'en est pas moins une confiscation. Il est spolié sous prétexte qu'il est mort. Le législateur n'ose pas prononcer le mot de confiscation. C'est cependant le seul nécessaire. Et la confiscation est d'autant plus immorale qu'elle profite aux enfants. Ils dépouillent leur père. Le législateur biffe d'un trait la paternité naturelle et le droit de propriété. Le condamné a pu mériter toutes les rigueurs de la justice, mais du moment qu'il conserve la vie, il ne cesse pas d'être homme.

Les contrats de droit naturel reconnus par toutes les nations modernes sont interdits au condamné. Le législateur va plus loin, il rompt le mariage du condamné ; il impose le divorce à sa femme, à ses enfants. Dans la discussion du Conseil d'État, le premier consul s'est élevé contre cette conséquence de la loi qui rendait adultère la femme demeurée fidèle à son mari dans le malheur, et flétrissait du titre de bâtards les enfants nés de cette union. Ses légistes n'ont su que lui opposer l'exemple du droit romain. Il est cependant certain que des innocents sont punis, la femme autant que son mari, les enfants autant que leur père. La colère de la loi enveloppe toute la famille.

Nous avons donné le spectacle d'une nation où ces doctrines étaient largement appliquées. Nos proscriptions ont égalé celles de l'ancienne Rome ; et par qui ont-elles été dirigées ? par des légistes nourris de droit romain et des exemples de

l'antiquité. Le principe de la confiscation paraît immoral s'il
n'atteint que quelques scélérats ; mais en révolution, le mal
devient le bien et le bien s'appelle le mal. On change le droit :
mutaverunt jus, selon le langage de l'Écriture. Alors la légalité
tue les honnêtes gens. Que de lois de l'ancien régime reçurent
une extension effrayante, quand la Révolution ouvrit la carrière à toutes les ambitions et à toutes les cupidités ! La culpabilité entraînait la confiscation, et il suffit bientôt d'être suspect pour être coupable. La confiscation devient alors une
mesure fiscale. N'en était-il pas ainsi sous l'empire romain ?
L'article 33 du Code décide que les biens acquis par le condamné depuis la mort civile appartiendront à l'État par droit
de déshérence. Et pourquoi y a-t-il déshérence ? parce que le
condamné a perdu tous ses liens de parenté. Il n'a plus de
parents, il n'a plus d'héritiers. Et il n'a pu disposer de ses
biens ni par donations entre vifs ni par testament. Par la
même raison, il n'a rien pu recevoir que pour cause d'aliments.
Ces fictions de droit ne seraient que ridicules si elles n'attes-
taient la volonté du législateur de se mettre au-dessus de la
nature. Ce titre de la mort civile n'avait par lui-même aucune
importance. M. de Polignac, le dernier ministre de Charles X,
fut frappé de mort civile par la condamnation qu'il encourut
devant la Chambre des Pairs, et son mariage se trouva légalement dissous. L'opinion publique méprisa la loi, en continuant
d'honorer la femme du condamné et ses enfants postérieurs à
la condamnation. Personne même ne fit attention à la flétrissure légale.

Le législateur, pour maintenir sa gageure, établit tout un
échafaudage de fictions. Il suppose qu'un vivant est mort, et
de ce décès fabuleux il tire des conséquences positives. Cette
déshérence des biens du condamné est encore une fiction. Le
système des fictions de droit est célèbre. Le droit romain en
est rempli. Le préteur veut casser les testaments, il suppose
que le testateur n'a pas agi pieusement ou qu'il n'était pas
sain d'esprit. Justinien, pour contraindre le propriétaire au
partage de ses biens, suppose qu'il doit aimer également tous
ses enfants. Il se met à la place du père de famille et règle la
succession sans le consulter ; ou bien l'on suppose que l'État

est l'auteur de tous les droits et que son pouvoir s'étend jusque
sur la conscience. Et on finit par professer qu'aucune association n'est valable sans l'autorisation de l'État. Ces men-
songes officiels ne trompent personne assurément ; mais ils
énervent, dans les esprits, la notion du droit, le sentiment du
devoir. Un peuple s'habitue à voir le droit dans la loi, et la loi
dans le caprice du législateur ; et puisque la force est la seule
règle des relations sociales, il en conclut que l'émeute est
aussi un argument.

La loi eût laissé au conjoint la faculté de demander le divorce, c'eût été conforme à la logique. Elle oublie que le mariage a été formé par deux individus ; en frappant le conjoint
du condamné, elle suppose que le mariage n'intéresse qu'une
seule personne. Contrairement à tous les principes, elle punit
un innocent, elle lui applique la fiction d'un vivant qui est
mort. Le conjoint aurait beau crier ; mais je ne connais pas
vos fictions, vos fictions ne me regardent pas ! Toute la famille
est englobée dans la fiction. Il n'y a aucune raison pour que
la culpabilité d'un conjoint influe sur l'existence de son mariage. Un cas singulier se présentait : si un condamné par con-
tumace se représentait après cinq ans et obtenait un acquittement, l'article 30 déclare que les effets de la mort civile définitivement encourue sont irrévocables ! voilà donc cette fois un
innocent authentique mort civilement ! Son mariage a été
dissous, et pour reprendre légalement sa femme, il lui faudrait contracter un nouveau mariage avec elle ! Les légis-
disaient : « la mort civile brise le lien civil, elle laisse subsister
le lien religieux. » De leur propre aveu, ils persécutaient la
conscience catholique. Le législateur ne méconnaissait pas
moins le droit chrétien que le droit naturel. Dans les discussions du Conseil d'État et du Tribunal, les orateurs raisonnent
toujours comme si le législateur créait la société. Et, en effet,
en se faisant l'unique dispensateur du droit, le législateur détruisait virtuellement la famille et la société.

La loi du 31 mai 1854 a remplacé la mort civile par la dégradation civique et l'interdiction légale. La succession du condamné n'est plus ouverte au profit de ses héritiers, son mariage
n'est plus dissous. Seulement, le condamné est mis en tutelle ;

Il a tuteur et subrogé-tuteur pour l'administration de ses biens, comme s'il était un insensé, incapable de gérer sa fortune. D'après l'article 3 de la loi de 1854, il ne peut recevoir par donation, ni disposer par donation ou testament. La loi hésite devant la confiscation; elle enlève au condamné l'administration de ses biens. C'est une atteinte au droit de propriété fondée sur la fiction que le condamné est indigne d'administrer ses biens. Mais la propriété n'est pas une question de dignité ou d'indignité. Nous reconnaissons la vieille doctrine qui assujettit la propriété à l'État. Nos légistes s'y cramponnent, et il leur semble qu'à la moindre occasion, l'État doit mettre la main sur les biens des particuliers. A quel titre le condamné est-il privé de ses biens ou de ses revenus? Cette peine accessoire ne diffère pas essentiellement du principe de la confiscation. La loi de 1854, en refusant au condamné le droit de recevoir par donation, ne modifie pas seulement la condition du condamné, elle modifie la condition des personnes qui seraient tentées de contracter avec lui.

Pourquoi la capacité des tiers est-elle modifiée? Où le législateur puise-t-il son droit d'interdire un contrat purement naturel et qui n'est qu'une expression du droit de propriété? Mais d'après les légistes, c'est l'État qui nous octroie notre droit de propriété, et notre droit de donner et de recevoir. Par conséquent, il lui est loisible de nous le retirer dans des circonstances données. Nous n'avons, en naissant, apporté aucun droit avec nous; l'État se charge de nous pourvoir de tout. Et il change si souvent d'avis, que nos droits ne sont jamais certains. Sommes-nous réellement propriétaires quand nous ne pouvons pas disposer de notre bien à notre volonté et que l'État nous désigne les personnes avec qui un contrat de donation ou de vente est permis, et les personnes avec qui il est interdit? L'État, alors, n'est-il pas le vrai propriétaire?

Ce socialisme d'État est tellement ancré dans l'esprit du législateur que, de nos jours, nous l'avons vu refaire les testaments, en interpréter les clauses contrairement à l'intention des testateurs, et opérer des détournements de fonds, des confiscations. En Belgique, le parti libéral a violemment changé la destination des bourses d'études créées par le dévouement catholique. La République française s'est encore plus illustrée en ce genre. Le droit de propriété n'est-il donc pas inviolable? Les gouvernements, par jalousie sans doute, empêchent les simples particuliers de la violer. Nos codes sont pleins de dispositions magnifiques contre les voleurs. Nous sommes protégés contre les voleurs. Qui nous protégera contre l'État et les législateurs? Les voleurs prennent peu de chose, et il est facile de les réprimer. L'État prend à tous et d'une façon systématique. Il est devenu dans les temps modernes le grand ennemi de la propriété. Il signifiait le communisme dans l'antiquité; et, depuis la renaissance de l'antiquité au XVᵉ siècle, il signifie l'absorption graduelle de toutes les forces sociales dans l'action du gouvernement central. Le droit de propriété est le contrepoids de l'État, la limite de la tyrannie. La décentralisation, ce qu'on appelle la liberté locale n'a d'autre fondement que le droit de propriété laissé à son inspiration naturelle d'ordre et de conservation. Mais les Français modernes ne conçoivent la République que sous la forme du communisme jacobin. Et ils semblent ignorer que ce communisme a beaucoup de rapports avec celui de l'empire romain. Ils se posent en héritiers du césarisme, sans songer que ce testament de l'empire romain contient, pour tous les pays qui l'acceptent, le legs d'une instabilité perpétuelle.

CHAPITRE IV

LES ACTES DE L'ÉTAT CIVIL

Il ne faut pas que la situation juridique des hommes donne lieu à l'équivoque. Il importe que les grands faits de la vie, la naissance, le mariage, la mort, aient une constatation certaine. Chez les Hébreux, chaque famille avait son livre de famille où étaient consignés par le père de famille les généalogies et les divers événements de la vie de famille. D'ailleurs le mélange des familles et des tribus était rare, la coutume le réprouvait. Les familles chrétiennes eurent aussi leurs livres de famille. Ces livres ne reproduisaient pas seulement les principales dates de la vie ; ils contenaient les testaments, les recommandations du père de famille. L'Église, répandue partout, se trouva naturellement investie du soin des actes de l'état civil. Ils se confondaient avec les actes de la vie religieuse, puisqu'ils étaient marqués du sceau du sacrement par le baptême, le mariage chrétien et l'extrême-onction. L'acte de baptême donnait facilement la date certaine de la naissance, et les obsèques religieuses, la date de la mort. Tout ce que pouvait désirer la société civile se trouvait réalisé sans frais, sans embarras pour elle. Le prêtre, officier de l'état religieux, remplissait toutes les conditions d'un excellent officier de l'état civil. Comment mettre en doute sa ponctualité, son intelligence? Un jurisconsulte qui avait vécu sous l'ancien régime, Toullier, rend ce témoignage : « Nos anciennes lois avaient confié aux curés de paroisse la tenue des registres de l'état civil ; il était assez naturel que les mêmes hommes dont on allait demander les bénédictions et les prières aux époques de la naissance, du mariage et du décès, fussent chargés d'en constater les dates et d'en rédiger les procès-verbaux ; on convient généralement que les registres de l'état civil étaient bien et fidèlement tenus par des hommes dont le ministère exigeait de l'instruction et une probité scrupuleuse. » La loi du 20 septembre 1792 transporta aux municipalités la tenue des actes de l'état civil; et la loi du 28 pluviôse an VIII investit spécialement les maires et adjoints des fonctions d'officiers de l'état civil. Autrefois, un double des registres était déposé aux greffes des baillages et servait à l'autorité civile. Les tribunaux civils, d'ailleurs, restaient seuls juges des questions d'État.

Dans la discussion du Conseil d'État, on convint que les maires et adjoints remplaçaient très imparfaitement le clergé : mais il s'agissait avant tout de maintenir l'œuvre révolutionnaire et de séculariser la société. Il fut donc admis qu'il appartenait essentiellement à l'autorité civile de constater les naissances, les mariages et les décès. L'État rompait avec l'Église et marquait l'intention de lui enlever tous ses points d'appui. L'État s'emparait des registres de l'état civil, parce que surtout il s'emparait du mariage en en détruisant le caractère. Cette sécularisation de la famille substituait l'État à l'Église dans la charge de constater les naissances, les mariages et les décès. La persécution dirigée contre la famille chrétienne ne s'est pas bornée aux vivants, elle s'est acharnée sur les morts, et le cimetière, ce dernier asile, ce dortoir des chrétiens, a été envahi par l'État, arraché à sa destination et violemment sécularisé. L'État ravit aux familles, aux individus, le droit de mariage et le droit de reposer en terre sainte. Il y a encore un peuple chrétien et il est dépouillé de ses droits les plus élémentaires de religion et de famille. A force d'empiéter sur l'Église, l'État est devenu athée; et il a officiellement proclamé son athéisme.

C'est au nom de la liberté des cultes qu'on a élevé des objections contre la tenue des registres de l'état civil par le clergé. Et l'on a prétendu qu'avant 89 les protestants n'avaient pas d'état civil. Ils constituaient eux-mêmes leur état civil. Ils transmettaient leurs biens, et ainsi leurs mariages étaient reconnus. Les parlements leur appliquaient les maximes du droit naturel. C'est la question politique et non la question religieuse, qui tenait les protestants à l'écart. Les rois n'ou-

bliaient pas les guerres civiles d'autrefois. Henri IV, par l'édit
de Nantes, avait démembré le royaume. L'édit reconnaissait
l'autonomie protestante en France ; il affectait des places
fortes à la réforme, il donnait à l'Angleterre un pied chez nous
et lui rendait une partie des provinces qu'elle avait possédées.
Les protestants français, alliés aux Anglais, aux Hollandais,
formaient une ligue contre la France catholique ; organisés en
société secrète, ils suivaient une politique d'envahissement qui
les eût bientôt rendus maîtres de la France. L'autorité royale
se sentait menacée, et près d'un siècle après l'édit de Nantes,
en eut lieu la révocation par Louis XIV.

Ce n'est pas aux représailles de la guerre qu'il faut nous reporter pour apprécier la condition légale des protestants. Il y
avait des édits de différentes sortes ; étaient-ils exécutés ? En
1770, Portalis fut consulté par M. de Choiseul sur la validité du
mariage des protestants. Il ressort de la consultation de Portalis, qu'en fait, les mariages des protestants étaient reconnus
et que le fisc ne disputait pas aux enfants l'héritage de leur
père. Les protestants se mariaient comme auparavant, devant
leurs ministres. Dans beaucoup d'endroits de la France, ils ne
furent jamais inquiétés. L'exercice public de leur culte était
interdit ; mais, pourvu qu'ils ne fissent pas de bruit, on les laissait en paix. De ce que les ordonnances sur les mariages ne
concernent pas les protestants, Portalis conclut que les protestants jouissent de la liberté naturelle de se marier au gré de
leur conscience, et que le roi est engagé envers eux à protéger comme légitimes les mariages qu'ils ont contractés de
bonne foi. L'état civil des protestants résultait donc de la possession et de la bonne foi. Par l'édit de 1787, les juges et greffiers du domicile furent chargés d'enregistrer les naissances,
mariages et décès des protestants. Ces officiers de l'état civil
valaient bien nos maires et adjoints. L'édit régularisait la position des protestants. Avant 89, dit Merlin, les protestants
n'auraient pu pratiquer le divorce : la présomption de légitimité du mariage en emportait l'indissolubilité. Ainsi il est
faux que la loi ou la jurisprudence infligeât la flétrissure de
bâtardise aux enfants issus des mariages protestants.

La société moderne qui a sécularisé la naissance, le mariage, la mort, ne présente-t-elle pas de redoutables inconvénients? Cette séparation de l'Église et de l'État crée un manithéisme social, une lutte intérieure. Est-ce qu'en violant les droits des chrétiens, l'État ne risque pas de s'attirer leur désaffection? La question des cimetières a soulevé des orages en Belgique et en France. La liberté d'enseignement, ravie de force aux pères de famille et à l'Église, aliène une grande partie de la population. Il est cependant bien simple de rendre l'école, comme le cimetière, confessionnelle. Après avoir tant parlé de la liberté des cultes, il se trouve que les cultes n'ont plus aucune liberté, puisqu'ils n'ont celle ni de l'école ni du cimetière. La promiscuité des cultes n'est pas la liberté des cultes. Le maire vous marie et vous enterre pour vous signifier que le mariage n'est plus qu'un concubinat, et que la sépulture, jadis sacrée, n'est plus qu'un enfouissement destiné à prévenir les suites d'une putréfaction dangereuse.

La société religieuse a son domaine : elle a ses églises, ses écoles, ses cimetières. On dit : que chaque culte se livre à ses cérémonies particulières dans le cimetière commun! Cette façon de présenter la question la résout, et la résout dans le sens du panthéisme et du mépris de tous les cultes. De quel droit l'État juge-t-il que tous les cultes sont frères? Qui l'autorise à fixer leurs droits? Nos restes mortels appartiennent-ils à l'État? Il s'en met en possession sans consulter la famille, et contrairement à la volonté du défunt. Notre cadavre retourne-t-il à l'État par voie de déshérence, comme si l'État était l'auteur premier de notre vie et qu'il eût hypothèque sur notre personne? C'est à la famille qui hérite de tout qu'appartient le cadavre; c'est à elle qu'échoit le devoir de l'ensevelir. L'État se substitue à la famille; au lieu d'exercer un droit général de surveillance, il fait acte de propriétaire, il dispose de ce qui n'est pas à lui. Ce droit de l'État ou de la commune repose sur un principe communiste. C'est aux familles à enterrer leurs morts, et si les familles catholiques veulent des cimetières catholiques, qui peut s'y opposer sans violence? On nous répond que la société s'est sécularisée et que l'État ne professe aucune religion. Nous le savons, mais cela ne lui donne pas le droit de nous enterrer à sa guise. Tout en se prétendant offi-

ciellement étranger au catholicisme, le gouvernement français
ne saurait s'empêcher de représenter la nation. Et cette nation
étant en majorité catholique, il n'est plus représentatif, s'il ne
tient pas compte de l'Église catholique. Le devoir juridique
d'un gouvernement représentatif, c'est de respecter la nation ;
et si cette nation a besoin de cimetières catholiques, elle est
insultée par la déclaration que les cimetières sont un terrain
vague et banal. L'État devient le fossoyeur universel. Il confisque le cadavre, et ne nous laisse pas même la liberté de
notre sépulture. Ce que nous disons ne s'adresse qu'au culte
catholique, puisque les autres cultes ou prétendus cultes se
trouvent bien de la domination de l'État laïque ou athée. Il
est commode pour les libres-penseurs de tenir pour non
avenus les catholiques et l'Église catholique. Nos croyances
font partie de nos droits et de nos intérêts. Il serait étrange
qu'il n'y eût de protection sociale que pour d'infimes minorités
libres-penseuses. Cette question des cimetières ne met pas
seulement en lutte la société civile et la société religieuse, elle
froisse la liberté civile des familles et des individus.

Ne fût-ce qu'à titre de chiffres, nous avons le droit d'être
mieux traités : *nos numeri sumus*. L'État s'accoutume à cette
fiction qu'il n'y a pas de catholiques et que l'Église n'est rien. Il
légifère dans le vide, dans un vide fictif. Toutes ces fictions ont
pour but et pour résultat d'arracher aux Français leurs droits
et leurs libertés et d'en investir l'État qui devient le seul être
vivant et indépendant reconnu par la loi. Cette fiction de l'État
est la seule réalité. Nous disparaissons dans cette absorption
comme catholiques. Il ne nous reste que la qualité de Français,
qualité banale qui ne nous assure aucun droit et qui est
offerte à tous les étrangers. La diversité des opinions et des
cultes n'aboutit pas logiquement au cimetière commun, mais
à autant de cimetières qu'il y a de cultes réclamant un cimetière spécial. En fait, le culte catholique seul est dans cette
condition. Et l'invention du cimetière commun est une attaque
directe à sa tradition et aux droits des Français catholiques.

La liberté du culte catholique est proclamée par le Concordat. Est-ce que la sépulture chrétienne ne fait pas partie de
notre culte ? Est-ce que nous n'avons pas eu de tout temps

une terre sacrée, nécessaire à notre culte, le sol de nos églises, nos cimetières? L'inhumation des morts n'est pas une simple affaire de police et d'administration, elle touche à des sentiments et à des intérêts d'un ordre plus élevé, et dans tous les pays elle a reçu une consécration religieuse. Cette sécularisation de l'ordre social est encore une fiction. Supposer qu'il n'y a pas de catholiques en France, n'est-ce pas la plus énorme des fictions? L'État est dans la fiction. Quand il affecte la neutralité, l'indifférence entre les doctrines, cette indifférence est elle-même toute fictive. Est-ce que le matérialisme ne découle pas de tous les actes de notre gouvernement? Est-ce qu'il ne dicte pas les sentiments exprimés par les agents officiels, dans les circonstances les plus en vue? Les actes de l'état civil prennent ce caractère. Ils ne l'avaient pas quand, à côté d'eux, subsistait le droit chrétien. Ce droit renversé, la simple constatation, par l'État, des naissances, des mariages, des décès, devient la doctrine qu'il n'y a pas une autre vie, et que l'existence purement matérielle des Français n'a besoin que d'être constatée matériellement dans ses phases les plus importantes.

Cette expression d'« actes de l'état civil » est un mensonge. Les femmes y sont comprises, et elles ne sont pas citoyens, puisqu'elles ne jouissent pas des droits politiques. Il n'y a rien de particulièrement civique dans la façon dont on naît ou dont on meurt, et le mariage lui-même n'a rien de civique. Mais il fallait un contraste, une opposition au caractère religieux dont la vie des Français était empreinte. Et ce mot moderne de citoyen, comme plus tard celui de laïque, a marqué ce qui n'est plus chrétien, et même ce qui est athée, quoique par leur étymologie ils aient une signification toute différente. Ce qu'on appelait les laïques autrefois, c'étaient les fidèles. Le mot est essentiellement chrétien dans son origine. Il distinguait les fidèles du clergé. Dans la nouvelle acception, il exprime un État qui n'est plus chrétien. L'État n'est plus chrétien! L'État n'a plus de religion! Qu'est-ce que cela veut dire! Est-ce que l'État n'est pas la France, la nation, l'ensemble des Français? S'il n'est pas cela ou s'il est le contraire de cela, qu'on nous le dise. Mais on ne parle même plus français, les mots prennent une tournure bizarre. Nos matérialistes font acte de protestantisme. Quand les laïques ont pris le gouvernement de l'Église, ça été le protestantisme. Et la société a été laïcisée, c'est-à-dire que le peuple chrétien a apostasié, en rejetant la hiérarchie et en se posant lui-même comme ministre direct de la religion. Portée dans la politique, cette conception n'est plus que la démocratie, et laïque est simplement synonyme de populaire. En sorte qu'un cimetière laïque est un cimetière populaire, et une école laïque, une école populaire ! Et ce n'est pas une école populaire en ce sens qu'elle soit formée ou dirigée par le peuple. Le peuple n'y est pour rien ; et il faut entendre par école populaire une école exclusivement gouvernementale !

CHAPITRE V

LE DOMICILE

Où le Français exerce-t-il ses droits, remplit-il ses devoirs? La France ne peut être considérée comme une vaste commune ou cité habitée par dix millions de citoyens. Les anciennes républiques ne soulevaient pas la question de domicile, puisque formées d'une seule ville et d'un territoire restreint, elles n'offraient pas de difficultés pour la convocation de tous les citoyens dont le nombre ne dépassait pas quelques milliers. C'est à Rome seulement que le nombre des citoyens s'accroissait sans cesse. Rome n'était pas comme les villes grecques une cité fermée. Elle appelait à elle les vaincus et se les incorporait sous diverses formes. Dans les derniers siècles de la République, elle comptait plus de trois cent mille citoyens. Le citoyen romain n'avait pas d'autre domicile que Rome; c'est à Rome qu'il votait et concourait pour les magistratures; c'est à Rome que tous les emplois étaient distribués. Le Romain ne la quittait jamais sans esprit de retour. Les fonctions du dehors ne duraient qu'une année, après quoi on revenait à Rome jouir du fruit de ses rapines, repousser les accusations, briguer de nouveau les suffrages et se rejeter dans la mêlée des partis. On fut fort embarrassé quand les Italiens ayant conquis le droit de cité dans les guerres sociales, durent exercer leurs droits; ils arrivaient à Rome, au moment des élections, par masses immenses, obéissant au mot d'ordre des chefs populaires. Entachées de fraude et de violence, les élections étaient le prix de l'audace. Il n'y avait pas d'autre domicile politique que Rome. Les anciens n'ont pas eu l'idée du gouvernement représentatif. Il s'est développé sous des influences chrétiennes et dans des conditions politiques fort différentes.

Les anciens, tout en pratiquant l'esclavage, avaient pour idéal l'égalité des citoyens ; mais la réalité n'y répondait guère, et, quand il fut atteint, ce fut au profit du césarisme. Ils ne comprenaient que des citoyens se gouvernant directement. Il en résultait que la cité ou communauté politique excluait tout développement. Sparte avait neuf mille citoyens, c'était le chiffre adopté par les philosophes comme expression d'une république bien organisée. Athènes, avec ses vingt mille citoyens, passait pour une exception dangereuse. De là toutes ces lois pour limiter le nombre des enfants et les vices qui ont infecté les sociétés païennes. Rome s'ouvrait à l'étranger ; mais les plébéiens ne surent que maintenir l'unité typique de la cité, tout en l'exagérant. Cette exagération rendait la cité impossible sans constituer un autre régime. Et quand le monde romain eut quelques millions de citoyens, il n'y avait plus d'autre cité que césar représentant la souveraineté du peuple. Et cette représentation, ce mandat ne découlait pas de l'élection. Il était fictif. L'armée, le Sénat, le premier venu désignait le césar. La légitimité de ces actes n'a jamais été contestée. Ils présentent la monstrueuse application de l'ancien système de république une et indivisible, où chacun se considérant, par solidarité, l'égal et le représentant de tous, agissait pour tous. Notre république une et indivisible est un écho de ce passé. Le césarisme, c'est le peuple fait homme, non par voie de représentation, mais par une fiction audacieuse. On conçoit que les despotes ou les aspirants au despotisme aient du goût pour la théorie de la souveraineté du peuple, car dans les grands États où elle ne s'applique que par fiction, c'est le pouvoir exécutif qui hérite de toutes les prétentions qu'elle confère.

La hiérarchie n'exista jamais à Rome. Investis de l'omnipotence pendant un an, les magistrats rentraient ensuite dans la foule. Ils ne subissaient aucun contrôle, le contrôle et la limite résidaient dans la pluralité de magistratures contraires, en sorte que la force décidait de tout. Les modernes croient trancher la difficulté en soumettant la minorité à la majorité. C'est sans doute une prudente fiction. Mais que vaut-elle en pratique ? Est-ce que la majorité a raison parce qu'elle est la majorité ! Et la minorité n'a-t-elle tort que parce qu'elle est la minorité ? alors la vérité deviendra une question d'extermination, car la minorité sait ce qui lui manque pour avoir raison. Le système des majorités n'est que le droit du plus fort. Rigoureusement appliqué, il nous conduit à la solution antique.

Le christianisme étendit la cité religieuse à tous les hommes, il établit l'égalité morale et religieuse de tous sous la loi d'une hiérarchie divine. Il modifia profondément le pouvoir politique en en faisant non un avantage et un droit mais une charge et un devoir. Alors il fut évident que la participation de tous les hommes au pouvoir souverain n'était plus nécessaire. Le pouvoir se montra comme une dignité naturelle, instituée de Dieu pour le bien. Le christianisme arrachant les hommes au communisme de l'État leur rendait l'esprit de famille, de propriété et de liberté individuelle. La souveraineté quittait le retranchement étroit de la cité pour se répandre sur ous les territoires avec les hommes, qui, affranchis des liens de la cité, portaient partout leur droit. Fondé sur une hiérarchie qui est la même dans tous les lieux, la société chrétienne ne confisquait pas la personnalité dans un droit politique universel, absolu. L'individu n'était plus le fragment d'un tout, il subsistait par lui-même. Ce fut le changement politique opéré par l'influence de l'Église. L'homme eut donc son domicile politique partout où étaient son droit et sa propriété. Comme principal intérêt, la propriété marqua le rang de l'homme, le lieu où il vivait de la vie politique. Le paganisme concentrait la politique dans une ville; le christianisme la dispersait, la hiérarchisait dans les campagnes. De nos jours, c'est par la prépondérance des villes sur les campagnes que se développe une politique de plus en plus antichrétienne. La révolution de 89 s'organisa à Paris, c'est de là qu'elle couvrit la France, asservissant toutes les volontés à la République une et indivisible. La France ne fut plus qu'une annexe de Paris. Elle rappelait, à cette époque, les guerres sociales où Marius et Sylla se disputaient le pouvoir et où les Italiens pénétraient de force dans la cité romaine. Nos fureurs civiles, comme celles de la cité antique, furent suivies d'une dictature éclatante. La génération nouvelle doit travailler à affranchir le territoire, en organisant partout les droits locaux et particuliers.

3

Le domicile, dit le Code, est au lieu de notre principal établissement. C'est aussi la définition de Justinien. Il en résulte que nous transportons notre domicile où nous voulons. La Révolution a fait de notre territoire une seule cité fragmentée en circonscriptions égales. Aucune de ces divisions factices n'a, par elle-même, de vie propre, indépendante. Les restes du régime municipal ont disparu en 1789. Une ville formait une unité, une force libre; elle vivait de ces traditions. Les habitants ou domiciliés de la ville ne relevaient que d'eux-mêmes pour leurs droits et intérêts locaux. De la personnalité distincte reconnue à l'individu, il faut bien conclure au principe des corporations formées par ces mêmes individus. La corporation municipale s'administrait et se gouvernait; elle avait ses magistratures temporaires ou perpétuelles et, en général, mélangées d'éléments fixes et d'éléments variables. Tout est là en effet, sans fixité, l'unité de la corporation s'altère; et, sans un certain renouvellement des hommes, les institutions risquent de tomber dans l'immobilité. Dans l'ancienne France, la variété des institutions municipales ne laissait rien à désirer; il est vrai que, presque partout, elles se trouvaient faussées par l'intervention fiscale du gouvernement qui mettait aux enchères les fonctions municipales. Rien de plus ingénieux que le mécanisme qui, dans la plupart des villes, enchevêtrait les droits et les intérêts de façon à ce que le mouvement social, sans cesse surveillé, ne pût jamais ni s'arrêter ni se précipiter. Là ne régnait pas le redoutable principe de l'égalité qui va toujours à l'extrême. Les inégalités diverses se soutenaient, se protégeaient, se réunissaient en faisceau. Les corporations d'arts et métiers constituaient le *self government* de la classe ouvrière. L'ouvrier ne courait pas après le travail, livrant au hasard son existence de chaque jour. Il se fixait au sol, il prenait domicile, il entrait dans une corporation où son existence était assurée.

L'ouvrier est maintenant condamné à une vie nomade; il n'a plus le moyen d'élever ses enfants, il renonce même au mariage pour vivre dans le désordre. Six mois de résidence lui donnent le droit d'élire le conseil municipal dans n'importe quelle ville et de nommer les députés. Il n'est au courant de rien et ne connaît personne, il obéit à un mot d'ordre

venu de Paris ; il sert d'instrument aux factions pour annuler
les influences locales. Deux cent mille ouvriers étrangers à
Paris y élisent le conseil municipal. Ces électeurs de passage
dirigent les intérêts de la capitale de la France. Paris est la
France et non un municipe particulier. Combien y a-t-il de
Parisiens, de familles établies depuis plusieurs générations?
Les éléments d'un conseil municipal y manquent absolument.
Les propriétaires des maisons de Paris sont en minorité dans
la population et ils comptent à peine dans les élections. Et
pourtant, ils sont la ville de Paris ; ils y sont du moins quelque
chose. Leur demande-t-on conseil pour mettre des impôts?
Ont-ils quelque part dans l'administration? Demande-t-on
même aux propriétaires des maisons dans une rue, comment
cette rue s'appelle ou doit s'appeler? Non, un conseil municipal de fantaisie biffe les noms consacrés par la tradition,
supprime les souvenirs et décrète des noms nouveaux qu'un
autre conseil municipal ne conserve pas. Les domiciliés ne
sont plus rien, et les non domiciliés sont tout. La propriété
est exclue de l'administration municipale, ou elle y est dans
une minorité dérisoire.

Le peuple français n'est plus domicilié ; l'élément nomade
a la majorité à Paris. Et, dans les départements, les travaux
publics, les chemins de fer disposent, par leurs ouvriers et
agents, dans beaucoup de villes, des fonctions municipales.
Les campagnes émigrent dans les villes. Tout ce qui, dans la
province, est riche, ambitieux, fuit sa localité et transporte à
Paris ses espérances, ses plaisirs, son influence. Toutes les
administrations y ont leur tête et leur personnel supérieur.
Tous nos fonctionnaires sont à l'état nomade. Encore plus que
les administrés, les administrateurs obéissent à la loi du mouvement. Il est de principe que toute résidence est temporaire
et que tout avancement est un déplacement. La condition
nomade du fonctionnaire ne finit qu'avec sa vie ou par sa
retraite. Et, le plus souvent, sa retraite obtenue, il ne sait où
aller. La multiplicité des fonctions publiques ouvre des débou-
chés à la jeunesse française elle n'aspire qu'à échanger la
vie locale, modeste sans doute, mais indépendante contre la
vie de fonctionnaire ambulant, sans initiative ni responsabi-

lite. La classe bourgeoise est travaillée de la maladie que lui a inoculée le législateur. Les champs héréditaires, la maison paternelle n'ont plus de sens. Nous vivons en hôtel garni, transportant sans cesse nos meubles, nos familles d'un endroit à un autre. Chaque famille ne devrait-elle pas avoir son domicile propre, sa maison à elle? Dans beaucoup de pays, la coutume y pourvoit, et des lois protectrices assurent le domicile du pauvre. Le législateur français n'a qu'une sollicitude, c'est que la propriété reste le moins possible dans les mêmes mains. Paris, à ce point de vue, présente un phénomène unique. Comment y mener la vie de famille? Il n'y a pas de maisons de famille. S'il y en a, elles ne durent qu'une génération. La mort du père de famille impose une inévitable liquidation.

La liberté de tester permettrait seule la transmission du domicile de famille à un des fils qui continuerait la personne du père. Les tableaux de famille, les bibliothèques, les meubles d'affection n'iraient pas aux enchères publiques. Cette maison, toute pleine de la destination du père de famille, ne serait pas bouleversée par un étranger. Bâtir une maison, c'est folie, puisque, excepté à Paris et dans quelques grandes villes, où la bâtisse est une spéculation, une maison d'habitation ne se vend jamais ce qu'elle a coûté. Et cela se conçoit, puisque la vente est souvent forcée, tandis que l'achat est toujours libre. Il n'y a plus de bourgeois, dans l'exacte signification du mot. Il n'y a plus de familles à demeure fixe. La loi pulvérise les intérêts et les jette à tous les vents. Or, sans cohésion, sans tradition, l'esprit de localité s'éteint. Il se soutenait par l'esprit de famille, dont il n'est qu'une extension. C'est une nécessité que l'État vienne au secours des localités et assume la part prépondérante dans leur direction. Aussi les maires ont perdu leur caractère pour devenir des fonctionnaires de l'État.

Le morcellement du sol décourage le cultivateur en lui imposant, par la difficulté et les frais de culture, une tâche au-dessus de ses forces. Son bénéfice n'est plus en proportion de son travail. La concurrence des arrivages de l'étranger en blé et en viande le ruine, et il ne songe qu'à vendre son bien

et a émigrer. La population diminue ; le père de famille, a qui
il n'est pas permis de transmettre son héritage à l'un de ses
enfants, se venge en se bornant à un seul enfant. C'est une
manière de rétablir le droit d'aînesse.

Le principe de l'hérédité s'allie à la décentralisation. C'est
par les familles héréditaires que s'implantent dans les localités l'esprit d'ordre et d'indépendance ; c'est sur la conservation du patrimoine que repose la liberté politique. Les propriétaires ne sont pas tout, ils sont le moyen autour duquel
viennent s'agglomérer les intérêts divers. Otez le lest de la
propriété foncière, les intérêts n'ont plus de point d'appui ; ils
manquent de direction et s'égarent. Les maisons de commerce
et d'industrie sont aussi des forces locales quand elles ont pu
se perpétuer et n'ont pas été exposées à une liquidation périodique. Elles sont encore moins divisibles que les propriétés
foncières. Pourquoi celui qui les a fondées, et qui ait le
moyen de leur continuer la même direction, ne peut-il les
transmettre à celui de ses enfants qu'il juge le plus digne ou le
plus capable de lui succéder? En France, rien ne favorise le
cultivateur, l'industriel, le commerçant. Le législateur s'acharne
à disperser le capital accumulé. Si un intérêt trouve grâce
devant lui, c'est celui de l'agiotage et de l'usure. Il s'est prêté
à l'établissement de toutes ces sociétés de crédit qui prétendaient venir en aide à l'agriculture, et qui n'avaient pour but
que d'exproprier plus rapidement les classes rurales. A ce
prix, elles ont eu la facilité d'emprunter. Aussi, elles n'en
ont pas beaucoup usé ; et l'abandon de la culture en a pris
des proportions plus inquiétantes. La dette hypothécaire n'est
pas sujette à décroissance, étant donnés le Code civil et les
charges qu'il impose à la propriété foncière.

Le droit coutumier retient l'homme au sol ; il ne voyage pas
avec lui. La loi écrite suit et atteint le Français partout ; c'est
du moins sa prétention ; elle punit les délits d'un Français à
l'étranger, là où elle n'a pas juridiction. La coutume est territoriale et n'a pas le bras si long, mais elle est plus favorable à
la liberté individuelle. Par une idée toute césarienne, le gouvernement moderne ne lâche pas ses sujets ; il leur interdit de
rompre le lien de servitude qui les rattache à l'État. Et il ne

leur reconnaît pas le droit de vivre chez eux en toute liberté,
sous l'inspiration de leur conscience. Le droit coutumier a mis
la liberté politique à la portée des humbles et des petits ; de
simples villageois l'ont pratiquée avec une constance qui ne
s'est pas démentie pendant des siècles, et qui n'a pu être fati-
guée à la longue que par l'astuce des légistes, unie à l'ascen-
dant de la royauté. Rien n'est plus connu que la *loi de Beaumont* qui régissait une commune de cinq à six cents habitants
dans le pays messin et qui date de 1182 ; non qu'alors elle
surgit subitement, mais c'est à cette époque que les anciens
usages du pays furent solennellement consacrés par le seigneur suzerain Guillaume, archevêque de Reims et cardinal.
Et certes ce n'était pas une exception, car la loi de Beaumont
a été la coutume d'une grande partie du Nord de la France au
moyen âge. Nancy, le duché de Bar, Verdun, Luxembourg
l'ont reçue. Jusqu'à la fin du xviiie siècle, elle vivait encore
dans plus de cinq cents communes du ressort du parlement
de Metz. La commune de Beaumont s'administrait elle-même,
sans que l'archevêque prît une part même indirecte à l'administration. Et cette administration embrassait tout, police, budget et droit de justice. Chaque année les habitants,
par le suffrage universel des chefs de famille, élisaient douze
jurés et un maire qui étaient chargés de la justice, de la collection et de la répartition des impôts, de la sécurité
publique, etc. Le maire et les jurés pouvaient être continués
dans leurs fonctions. Les chefs de famille, non les individus,
votent. Les jeunes gens n'ont pas voix au chapitre. Ce sont les
familles, en effet, qui forment la cité, et elles n'agissent politiquement que par leurs chefs.

La loi moderne exclut de la représentation les femmes et
les enfants à qui elle refuse le vote. Le droit de suffrage est-il
naturel et primordial ? Nos pères y voyaient une fonction.
C'est la famille, non l'individu, qui est la molécule organique
de la société. Le suffrage universel et la souveraineté du
peuple, tels que l'ont compris les révolutionnaires, sont une
négation de la famille. Le vote par les individus mâles, outre
qu'il est restreint, met les affaires entre les mains intéressées
à les bouleverser. L'individu agit d'après sa passion, son ambi-

tion; qu'a-t-il à risquer? Le père de famille représente les
siens, il dispose d'un vote collectif. Il veut essentiellement
l'ordre, parce qu'il en a besoin pour élever ses enfants. Son
vote est d'ordre et de conservation. Aussi les élections du
moyen âge n'ont jamais rien détruit. L'esprit révolutionnaire
venait des hautes classes, et les classes populaires jouaient un
rôle conservateur. L'esprit de famille embrasse surtout l'intérêt des femmes et des enfants, intérêt de paix, d'ordre et de
religion. Demeurées fidèles à l'esprit de famille, les classes
populaires gardaient leur aptitude au gouvernement. Qu'est-
ce qu'une commune, une province, un État, sinon des groupes
plus ou moins nombreux de familles? Le principe en se développant ne change pas de nature; nos pères voulaient le vote
éclairé par la responsabilité; et ils ne l'attribuaient qu'au
chef de famille, à celui qui avait charge d'âmes et d'intérêts
sociaux. Là est le secret d'une sagesse que nous ne pouvons
égaler et d'une stabilité qui nous étonne. Nos hommes d'État
méprisent ces enseignements. Ils travaillent à faire tenir la
pyramide sur sa pointe, et vingt fois notre génération a vu la
pyramide un instant en équilibre retomber avec fracas. Les
ouvriers infatigables se remettent à l'œuvre, excités plutôt
que découragés par l'insuccès. Et si, par hasard, quelque
spectateur leur dit: vous devriez placer la pyramide sur sa
base, ils le regardent avec un étonnement mêlé de pitié, quand
il ne s'y joint pas de l'indignation. Il y a longtemps que
Edmond Burke les a qualifiés d'architectes en ruines. L'ordre
social n'est plus fondé sur la famille; nos législateurs ont
oublié le précepte du Décalogue qui ordonne aux peuples
d'honorer la paternité afin de grandir sur la terre. Ils se con-
fient à l'expérience des jeunes gens et des déclassés; et c'est à
peine si chaque gouvernement a devant lui un avenir de
quelques mois.

L'instabilité politique répond à l'instabilité des fortunes et
du domicile, l'étranger en profite. Il achète en grande quantité
des terres en France, et il sait échapper au Code civil par un
esprit de famille qui fait respecter aux enfants le testament
paternel plus que nos dispositions légales. Le sol de la France
échappe aux Français; le législateur n'en a cure. Jadis, même

avec notre partage forcé, la propriété foncière avait encore un
léger prestige. Le domicile politique, différent du domicile
ordinaire, s'acquérait par une certaine quotité d'impôts.
C'était le cens électoral; il n'y en a plus. La propriété foncière est le domicile naturel; et par le système du morcellement et des aliénations fréquentes, elle n'est plus qu'un
intérêt de transition, un domicile provisoire. Tout s'enchaîne
et le régime d'instabilité organisé par le Code civil est complet. Les mœurs n'ont pas réagi contre cette tendance; elles
cèdent à cette impulsion savamment combinée qui part de
tous les articles du Code civil. Le progrès, ce mouvement
désordonné en toutes choses, nous saisit et nous emporte
sans que nous opposions de résistance. Nous sommes façonnés
par quatre-vingts ans de Code civil. Et, à notre tour, nous
prêtons main-forte au législateur. En nous précipitant dans
la voie qu'il nous ouvre, nous dépassons ses espérances. Les
hommes de 1804 ont reculé devant certaines conséquences de
leurs doctrines que leurs successeurs de 1884 ne craignent pas
d'affronter. Et aujourd'hui, tout ce qui est démocrate reproche
au Code civil d'être trop conservateur! Ceci soit dit pour
mesurer le chemin parcouru.

CHAPITRE VI

L'ABSENCE

Avons-nous le droit de quitter notre pays et de nous établir à l'étranger? Un citoyen de l'antiquité ne l'avait pas. Il était rivé à sa communauté politique. Les gouvernements modernes qui, depuis la Renaissance, se modelaient sur le goût païen, prirent le droit de retenir leurs sujets dans les limites nationales; ils s'arrogèrent sur eux un droit de suite. N'est-ce pas cette doctrine qui, dans les républiques de la Grèce, considérait les citoyens comme la propriété de l'État? Les républiques exerçaient leur droit par le bannissement ou l'ostracisme. Le citoyen demeurait sans garantie aucune contre l'État. Les princes modernes bannissaient les sujets qu'ils jugeaient dangereux ou criminels. Mais de quel droit jetaient-ils des malfaiteurs sur un sol étranger? et que seraient devenus ces derniers s'ils n'y avaient pas été reçus? Au moyen âge, la confraternité des institutions chrétiennes, la similitude des usages, l'absence de centralisation, permettaient à un chrétien de se trouver partout chez lui. Le côté général du christianisme corrigeait le particularisme national. Les dignitaires ecclésiastiques étaient choisis parmi les diverses nations. Les restrictions nationales ne gênaient pas le choix du Souverain Pontife. Les ordres religieux, les ordres militaires mêlaient tous les peuples européens et formaient, sous la direction du Souverain Pontife, la république chrétienne au milieu des diversités locales. Chaque monastère renfermait des hommes qui avaient parcouru les trois parties du monde. Par la fréquence et l'étendue des communications, la chrétienté rappelait l'empire romain auquel elle avait succédé.

L'unité religieuse et morale s'abritait sous l'unité de langage. Le latin régnait d'un bout à l'autre de la république chrétienne ; c'était la langue de la diplomatie et de la politique. Tous les gens instruits le parlaient. Comment connaître tous les idiomes locaux ; il était plus simple, plus utile que la chrétienté eût sa langue à elle. Pour les grandes affaires, cette seule langue tenait lieu de toutes les autres; et elle avait l'avantage de ne pas laisser les disputes et les dissentiments de la classe lettrée descendre dans les classes populaires. Une politique chrétienne, un droit des gens chrétien se formulait, se développait. Avec la Réforme, le droit chrétien que reconnaissaient les princes fit place à un droit césarien, byzantin. Sous le nom de droit des gens, des légistes protestants. Grotius, Puffendorf, Wattel, développèrent une espèce de droit naturel applicable aux peuples. Ils s'inspirent des raisonnements des jurisconsultes romains, et parlent d'un prétendu état de nature dont il est impossible de fixer le sens. Le traité de Westphalie, en 1648, imposa à l'Europe un droit des gens nouveau. Le système d'équilibre matériel entre catholiques et protestants fut substitué à l'ancienne unité chrétienne et dura jusqu'à la Révolution française. Les derniers vestiges du droit public chrétien ont disparu. Depuis la Réforme, les nations se montrent jalouses, ennemies. C'est à qui s'arrondira aux dépens du voisin. Toute l'histoire moderne est là. Les questions de conquêtes se présentaient sous une autre forme au moyen âge. Les peuples se gouvernant par eux-mêmes, acquérir la suzeraineté, ce n'était pas acquérir un grand pouvoir sur eux, puisqu'il fallait respecter leurs coutumes et libertés. Avec les idées païennes, c'est la souveraineté qui est acquise. Le changement de mot indique une aggravation dans l'autorité qui n'est plus la dignité paternelle, mais une vraie domination. Aussi le pouvoir absolu date-t-il du xvᵉ siècle. Les princes profitent des troubles pour agrandir leur pouvoir; ils s'appuient sur les maximes des légistes et se disposent à affaiblir, à éteindre les indépendances locales, corporatives, dans leurs États en même temps qu'à lutter contre les droits de l'Église et du Souverain Pontife.

Cette puissance des princes tourna facilement à l'arbitraire,

et se développe partout sur le modèle plus ou moins mitigé
du césarisme byzantin. Dans les nationalités représentées par
un prince, l'exil, le bannissement, renaissent. Le Français ne
pouvait quitter son pays sans la volonté du prince. Des arrêts
de 1648 et de 1725 déclarent un banni mort civilement et incapable de se marier. Les biens des bannis étaient confisqués.
Le bannissement à perpétuité, les galères à perpétuité, la réclusion perpétuelle, la condamnation à mort, emportaient la
mort civile et la confiscation. La perte fictive de la cité rendait
au prince, par voie de déshérence, les biens que les citoyens
n'occupaient plus : comme si la France était une cité avant
1789! Mais les doctrines des légistes étaient assaisonnées
d'avantages trop précieux pour ne pas chatouiller agréable-
ment l'oreille des princes. Les conséquences allaient loin.
N'est-il pas singulier d'interdire le mariage à un banni? Dans
l'opinion des légistes, ce banni n'était plus un citoyen; ils lui
appliquaient les dispositions du droit romain qui déclarent un
esclave incapable de se marier. La jurisprudence renversait
dans la pratique la théorie du mariage chrétien qu'elle avait
cependant la prétention de respecter. Elle rétablissait les
justa nuptiæ, les noces légales, accomplies suivant les rites
civils et seul mariage civique. L'esclave est sans droit et ne
peut subir de diminution, de dégradation. En un mot, il
n'avait pas de personnalité suivant l'expression du droit :
Servus nullum caput habet (*Paul*). Justinien qui reproduit ce
texte était pourtant chrétien. On sait que l'état complet du citoyen pouvait être diminué de plusieurs façons. La *minima
capitis minutio* est la situation du fils de famille, en puissance
du père; la *minor capitis minutio*, c'est la perte des droits de
cité, c'est le type de notre mort civile. Jusqu'à ces derniers
temps, elle a eu sa place dans notre législation. Par la *maxima
capitis minutio*, le citoyen était condamné aux mines ou au
cirque. Ces fictions ont encombré notre droit et rendu, sous
l'ancien régime, nos institutions judiciaires bien inférieures à
ce que réclamaient les mœurs et l'opinion publique.

La Révolution n'a été, le plus souvent, dans son application
générale, qu'une extension des principes de l'ancien régime.
Les réformes si imprudemment tentées par Louis XVI soule-

vaient tous les intérêts contre la royauté. La défense sociale était
paralysée à sa source et par la volonté même qui devait en être
l'organe dirigeant. C'est ce qui donna lieu à l'émigration. La
noblesse n'avait plus de service à remplir auprès du roi qui
refusait de tirer l'épée. Au moment de l'émigration, la partie
était entièrement perdue pour les défenseurs du trône. Depuis
le serment du Jeu de Paume, la royauté n'avait plus qu'une
existence nominale, si même l'abdication royale ne remonte
pas au décret de convocation des États Généraux. Le double-
ment des Tiers décidait la question. Le Suisse Necker poussait
les choses avec la parfaite ignorance d'un étranger. Les prétendus États Généraux déchirèrent leurs mandats et se trans-
formèrent en Assemblée constituante. Mais le crime ne retomba-
t-il pas aussi sur ceux qui avaient mission d'imprimer une direction, et de la soutenir par la force ? Avant 1789, depuis près
de deux ans, le pillage et l'incendie se promenaient impunément
dans les campagnes ; des influences occultes présidaient à un
mouvement général et préludaient à des insurrections d'essai
qui, presque partout, avaient provoqué la destruction des titres de familles et expulsé de ses châteaux, par des meurtres
nombreux et par la terreur, la plus grande partie de la noblesse.
Enveloppés dans un cercle de fer, isolés, sans liens entre eux,
puisque le principe même de leur union, le roi, leur faisait défaut pour la défense commune, les nobles n'eurent d'autre ressource que l'émigration. Ils obéissaient à la nécessité, non au
caprice. La loi du 28 mars 1793 déclara les émigrés morts civilement. Elle avait pour but principal la confiscation. La confiscation peut tuer les familles, elle ne rapporte rien à l'État.
Comme moyen fiscal, c'est une pauvre invention. Le tribun
Chazal, rappelant l'opinion d'un ancien ministre de la monarchie, affirmait que le droit d'aubaine ne produisait pas 40,000
écus par an au roi.

Le fisc de nos rois ne vivait pas de confiscations ; mais
quand la confiscation frappe toute une classe, elle devient une
puissante ressource de guerre. Elle alimenta la Révolution et
créa une race révolutionnaire. Les familles qui participent aux
spoliations ne prennent-elles pas l'engagement tacite d'en soutenir et d'en perpétuer le principe ? La réforme du XVIe siècle

ne s'est propagée et maintenue que par les confiscations sur les catholiques. Dans le Nord de l'Europe, en Allemagne, en Hollande, en Suisse, en Angleterre, le principe de la confiscation a sévi dans toute sa fureur. Une partie de la propriété française a changé de mains. Les haines d'intérêt, les plus vivaces de toutes, sont désormais amorties ; mais pendant longtemps la question restait flagrante. L'Empire, héritier de la Révolution, édicta en 1809 la peine de mort civile contre les Français naturalisés à l'étranger, pour les contraindre de revenir en France. Le décret de 1809 a été abrogé en 1811. Louis XIV (1669) interdisait l'émigration sous peine de confiscation de corps et de biens, et un peu plus d'un siècle après lui, cette peine va frapper les derniers défenseurs de sa monarchie ! L'assemblée révolutionnaire aurait pu invoquer l'ordonnance de Louis XIV quand, le 9 février 1792, elle mit sous le séquestre tous les biens des émigrés. Dans l'opinion des légistes et des politiques de ce temps, l'homme ne s'appartient pas à lui-même, mais à l'État. C'est la doctrine païenne. « Le droit de changer de domicile, dit Portalis, dans le discours préliminaire du Code civil, est un des plus beaux droits de la liberté. » L'établissement à l'étranger est aussi un changement de domicile. Or, la France qui ne permet pas facilement à ses enfants d'aller à l'étranger, accueille l'étranger avec sollicitude ; où est la logique ? Et quelle estime devons-nous à l'homme qui abandonne son pays ? Par quel mérite se recommande-t-il à nos yeux ? Le législateur ne conçoit pas distinctement la nationalité. Il s'éloigne des principes de la famille telle qu'elle a été constituée par le christianisme, et il se rapproche de la politique païenne, sans vouloir cependant être païen. Mais il est impuissant à maîtriser les intérêts sociaux fondés par le christianisme, et la nécessité où il est de composer avec eux fait ressortir le trouble de son esprit et l'ambiguïté de ses doctrines.

Le changement de domicile à l'intérieur est facilité par nos lois. L'état de la propriété foncière est chez nous incompatible avec la résidence de grands ou de moyens propriétaires. Les hommes riches désertent la campagne, et il a fallu inventer un mot pour exprimer une situation nouvelle, l'*absentéisme*. Le

morcellement du sol, l'instabilité des fortunes, rejettent dans
les villes et dans les professions libérales tout ce qui a quelque
aisance ou quelque instruction. La population des campagnes
reste sans direction et livrée aux suggestions du dehors. Nos
cent cinquante millions de parcelles et notre loi de succession
repoussent toute culture à long terme. Le capital se jette dans
l'agiotage et les emprunts d'État plutôt que de s'enfouir dans
la terre. L'agriculture n'est une carrière ni sûre ni honorée.
Le prestige que le cens électoral y attachait autrefois est
évanoui. Nous lisons dans la *Politique sacrée* de Bossuet : « Les
véritables richesses sont celles que nous appelons naturelles,
à cause qu'elles fournissent à la nature ses véritables besoins ;
la fécondité de la terre et des animaux est une source inépui-
sable de vrais biens ; l'or et l'argent ne viennent qu'après pour
faciliter les échanges. » C'est élémentaire, mais toute l'économie politique est là. On ne le comprend pas plus aujourd'hui
que ne le comprenaient les contemporains de Bossuet, et Bossuet lui-même était loin de pousser à bout la vérité qu'il entre-
voyait. Louis XIV redoutant la turbulence de Paris, refusa de
l'habiter. En s'établissant à Versailles où il conviait la noblesse
à dépenser ses revenus, il ne fit que reculer la difficulté, et
Paris sut bien y aller trouver le faible Louis XVI.

Les défenseurs tardifs de la royauté se trouvaient dans
quelques provinces qui ne pratiquaient pas l'absentéisme et
où une petite noblesse était plus habituée à la charrue qu'aux
manières de la cour. L'absentéisme scinde la société en deux
camps : celui qui jouit et celui qui travaille, et le dernier
arrive à se demander à quoi sert l'autre. De là toutes les
attaques contre le droit de propriété. La population des villes
est remuante ; elle menace l'État par le paupérisme, ce fruit
de l'industrie moderne. L'industrie attire les ouvriers par les
hauts salaires. Puis l'abondance de la production avilit les
prix, amène une grève ; les économies des ouvriers s'épuisent,
et les chefs de l'industrie sont souvent atteints par la faillite.
L'institution des corps et métiers garantissait les villes d'un
excédent de population. Les corporations ne recevaient que le
nombre des apprentis nécessaires ; la classe ouvrière avait son
existence assurée ; elle ne se faisait pas concurrence à elle-

même, et tenait en quelque sorte les consommateurs sous sa
dépendance.

Comment l'agriculture prospérerait-elle? On connaît le proverbe : pauvre agriculteur, pauvre agriculture. Le paysan
n'est jamais sans dettes; au lieu d'améliorer un sol qu'il n'est
pas sûr de conserver, il se jette dans les emprunts d'État.
N'ont-ils pas été mis à sa portée par de fréquents appels? Le
gouvernement enlève lui-même à la terre le peu de capital qui
reste au cultivateur. La rente dont Cambon avait fixé le *mini-*
mum à 50 francs est descendue à 5 francs et en deçà. Cambon
serait aujourd'hui taxé d'aristocrate. Évidemment il ne voulait
pas faire participer les petites bourses à la rente d'État que
M. Thiers a proclamé « le meilleur des placements ». Tant de
causes réunies détournent du travail patient et productif. Les
politiques modernes avaient cru concentrer la propriété foncière dans les mains de la bourgeoisie et des paysans. La
bourgeoisie s'est expropriée elle-même par les partages de
famille, et les paysans se fatiguent de la culture. La loi force
le paysan d'émigrer. La mobilité du sol s'est communiquée
aux habitants qui deviennent nomades.

Dans certains départements on émigre à l'étranger et non
plus seulement dans les villes de l'intérieur. Les jeunes gens
vont chercher sous d'autres lois le moyen d'élever une famille.
Pourquoi l'accroissement des naissances est-il si faible en
France? Les statisticiens nous apprennent que la vie moyenne
augmente en France; est-ce étonnant s'il n'y a plus d'enfants?
Les statisticiens confondent le progrès avec la caducité. La vie
moyenne serait à son apogée chez une nation de décrépits. Le
principe révolutionnaire dissout les plus humbles familles. Qui
cultivera la terre si elle n'assure ni la prépondérance politique
ni l'indépendance personnelle? La permanence des héritages
est nécessaire à la culture du sol; vérité économique du premier ordre. L'agriculture n'est pas une simple industrie; elle
est la mère de la richesse, de la population, du courage militaire; elle est le support de l'ordre social. Les populations industrielles ne se reproduisent pas ; elles se recrutent de l'émigration des campagnes. C'est la question de l'absentéisme qui
est grave, non celle de l'absence qui touche à bien peu d'in-

térêts et qui est convenablement réglementée par le Code. La politique s'efforce d'atteindre un genre particulier d'absents, ceux qui fuient la justice. Le gouvernement français a passé des traités d'extradition qui s'exécutent avec tous les gouvernements, l'Angleterre exceptée. L'Angleterre a encore le droit d'asile, la procédure orale, le jury. La magistrature anglaise refuse de reconnaître les copies qui attestent les décisions de nos tribunaux. L'opposé de notre procédure écrite, c'est le serment qui est chez nos voisins la preuve fondamentale et qui s'adapte à l'antique institution du jury. Le traité d'extradition de 1843 a été dénoncé par la France en 1865. Nous ne nous entendions pas ; la coutume anglaise protège l'accusé ; notre loi protège le ministère public. Les deux peuples sont aux antipodes l'un de l'autre. Le droit féodal et le droit romain ne sont séparés que par un bras de mer ; mais la différence des mœurs et des traditions a creusé et élargi un détroit bien autrement difficile à franchir.

CHAPITRE VII

LE MARIAGE

I

La question du mariage décide de tout l'ordre social, et la condition des femmes mesure le degré de hauteur morale où un peuple est parvenu. Ce que nous savons de l'antiquité païenne nous édifie à cet égard. La corruption de la Grèce et de l'ancienne Rome demeure célèbre. La polygamie simultanée ou successive y régnait. D'ailleurs l'esclavage était une source permanente de corruption, puisque aucune prescription légale ou religieuse n'arrêtait le caprice du maître. A Rome, il est resté souvenir d'un temps où les familles patriciennes ne connaissaient pas le divorce. Alors des rites solennels faisaient passer la femme sous la domination du mari, en lui attribuant, dans la famille de son mari, la situation d'une fille. Elle était censée l'égale de ses enfants, ce qui n'était pas précisément la relever. Mais à côté de ces *Justes noces*, qui ont brillé à une époque préhistorique, se développait le mariage libre. Le concubinat, qui n'avait aucune attache religieuse, n'exigeait aucune formalité et se fondait sur le seul consentement, c'était le mariage plébéien; il n'engendrait pas la puissance paternelle, et les enfants suivaient la condition de la mère. En réalité, l'émancipation des femmes, pendant la fin de la République et tout l'Empire, aboutissait à une dépravation universelle. Le système dotal y contribuait, les femmes, au moyen de leur dot inaliénable, changeant de mari à volonté.

On a dit que la loi mosaïque autorisait le divorce; c'est une erreur; elle le tolère seulement. La loi divine, c'est l'unité du mariage. L'Église catholique l'a rétablie dans son intégrité et

4

l'a élevée à la dignité de sacrement. Jusqu'en 1789, en France,
le mariage demeura sous la juridiction de l'autorité religieuse,
quoique ses effets civils fussent réglés par les tribunaux civils.
La Révolution renversa la société chrétienne; elle revint aux
unions du paganisme et effaça l'institution du mariage. En
remplaçant le mariage par le concubinat, la Révolution française suivait l'exemple donné par la Réforme du xvie siècle. La
Réforme, à beaucoup d'égards, nous ramena au paganisme;
elle eut surtout pour but de détruire l'unité du mariage, en
restaurant la notion du concubinat, d'un mariage inférieur et
révocable, réservé aux grands. L'Église effaçait, au point de
vue religieux, les inégalités sociales. L'esclave, sanctifié par le
sacrement, participait à la splendeur du mariage chrétien.
Henri VIII et les autres princes ne se précipitèrent dans la
Réforme qu'en rompant les liens du mariage. L'Allemagne,
plus imprégnée de droit romain et des idées des légistes sur
le concubinat, accepta les mariages de la main gauche.

Dans ce mariage, la femme s'unit à son mari par la main
gauche; elle n'entre pas dans la famille de son mari; elle n'est
pas sous la tutelle de son mari, et ne transmet pas à ses enfants des droits de succession dans la famille de son mari.
Le mot *morganatique* indique qu'elle n'a droit qu'au don du
matin (*morgen-gabe*), selon l'ancienne coutume germanique. La
concubine du droit romain est dans les mêmes conditions
d'existence, sauf qu'elle était exposée au divorce, comme elle
l'avait à sa disposition. La Réforme appliquait le divorce aux
mariages de la main gauche aussi bien qu'aux autres mariages.
Avec le divorce nous retombons dans un mariage inférieur.

La Réforme a profondément altéré l'institution de la famille,
en brisant l'unité du couple humain et en substituant à la loi
divine le principe païen de la promiscuité, si favorable au plus
fort et à la violence de ses passions, si désastreux pour la
femme et les enfants. L'égalité légale de l'homme et de la
femme implique l'oppression de la femme. L'égalité de nature
n'implique en aucune façon l'égalité de forces ni des aptitudes
égales. L'unité de mariage suppose au contraire des aptitudes
très diverses et très inégales. Le mariage est le *consortium omnis
vitæ*, il doit durer autant que la vie. C'est le vœu de la nature.

Est-il d'une réalisation impossible ? des siècles de christianisme répondent victorieusement. La Réforme a restitué au pouvoir, considéré alors comme un devoir social, sa notion païenne de droit du plus fort. Pourquoi sommes-nous riches et puissants, sinon pour satisfaire nos désirs dans une plus forte mesure que les autres hommes ? Dans l'ordre chrétien le pouvoir n'est qu'un dépôt mis par la Providence entre les mains des riches et des puissants; c'est une charge publique, non un avantage personnel. Loin de dispenser les grands de leurs devoirs, il assume sur leurs têtes une plus lourde responsabilité. Les papes ont tout bravé pour défendre la sainteté des mariages; ils ont été jusqu'à lancer l'anathème sur les princes; ils sont les martyrs de cette cause.

La Révolution française appliqua les principes sociaux de la Réforme et du paganisme. La loi du 20 septembre 1792 a rétabli le divorce tel que l'admettaient les Romains. Elle porte, § 1er art. 7 : « A l'avenir, nulle séparation de corps ne pourra être prononcée, les époux ne pourront être séparés que par le divorce. » C'était enlever aux catholiques le bénéfice de la séparation de corps et leur imposer directement le divorce. La séparation de corps remédiait aux mariages où la vie commune était devenue impossible. La séparation de corps respectait le lien du mariage, mais c'est le mariage qu'il s'agissait d'abolir. Le Code civil de 1804 rétablit cependant la séparation de corps comme une préparation au divorce, non comme une institution distincte, ayant sa vie propre. Par cette fourberie, le législateur espérait donner le change aux nombreux catholiques de France qu'il aurait froissés, en les jetant subitement dans la nécessité de choisir entre un joug intolérable et la violation de leur conscience religieuse.

Le Code civil a développé le principe de la Réforme et sécularisé le mariage. La Réforme ôtait au mariage la dignité de sacrement, mais elle le laissait dans la sphère religieuse; c'est aux ministres du culte qu'il appartenait de le célébrer; il gardait un caractère de contrat religieux. L'État moderne s'empare du mariage comme d'un domaine qui est à lui et sur lequel il exerce une domination absolue. Il en règle les conditions même essentielles, et ne paraît pas soupçonner que la

nature l'ait précédé dans ce soin. Le mariage n'est plus alors
qu'une institution civile, asservie à la volonté du législateur.
C'est ainsi que dans le vieux droit romain, le citoyen avait seul
le *connubium*, le droit au mariage. Le fils de famille, n'étant pas
sui juris, ne pouvait se marier sans le consentement du père de
famille; l'esclave, étant toujours *alieni juris*, ne pouvait donner
un consentement et n'avait pas droit au mariage. Ainsi, sous
prétexte d'autorité paternelle la politique entravait le mariage.
Les légistes transportèrent en France ces idées du droit
romain. Au concile de Trente, la cour de France insista pour
que le défaut de consentement des parents fût mis au rang
des empêchements dirimants. L'Église s'y opposa énergiquement.

L'Église, obéissant à la loi de la nature, ne reconnaît pas les
restrictions que les lois civiles apportent au mariage. D'après
l'article 148 du Code, le fils avant vingt-cinq ans et la fille
avant vingt et un ans révolus ne peuvent se marier sans le
consentement de leurs père et mère ; c'est là un empêchement
dirimant, mais le cœur humain parle souvent avant l'âge fixé
par le législateur. L'idée de la puissance paternelle dominait
tellement nos légistes qu'elle a passé dans leur style. L'art. 151
exige que les « enfants de famille » obtiennent ou demandent
le consentement de leurs père et mère, quand ils ont atteint la
majorité de l'article 148. Cette fois l'empêchement n'est plus
dirimant, il n'a pas le pouvoir d'annuler le mariage contracté.
Dans d'autres circonstances, il est question des « fils de famille ».
Ce sont là des réminiscences archéologiques. En français, les
mots de fils et d'enfant suffisent pour désigner les relations de
parenté. Le *filius-familias* désignait à Rome le fils en puissance
du père, et faisant partie de la famille ou propriété du père.
Pour comprendre la pensée du législateur et l'entraînement
auquel il cède, il faut se reporter à la loi des successions. Elle
est la clef de tout notre ordre économique et civil. Le Code voit
dans la famille une association temporaire qui a pour but le
partage des biens. Ces biens, amassés par le père ou recueillis
par la mère, écherront aux enfants qui y ont un droit marqué
d'avance. La mort du père ou de la mère ouvre la liquidation
de famille. Les parents savent le sort réservé à leurs biens. Ils

ne peuvent le modifier que d'une façon insignifiante; la loi dispose pour eux et à leur place. En disposant de sa personne par le mariage, le fils, dans un avenir plus ou moins prochain, dispose de la fortune paternelle, il la transporte à une autre famille, il en fait jouir une personne étrangère. N'est-il pas logique, dès lors, que le père, si fortement impliqué dans le mariage de ses enfants, ait action pour intervenir, et surveiller la dévolution de son patrimoine? C'est la justification de son droit de consentir au mariage.

La loi dépouille de son vivant le père pour investir les fils d'un droit qu'ils n'auront pas pris la peine de mériter. La conséquence de cette situation, c'est que les enfants comptent sur la succession paternelle et ne songent pas à se créer une position par leur initiative propre. La race française perd son énergie, et la richesse nationale s'en ressent; les jeunes gens qui espèrent en un avenir certain et ne sont pas stimulés par la nécessité, se livrent à l'oisiveté ou aspirent aux fonctions publiques. Ils disent adieu à tout esprit d'indépendance. Leur mariage est tardif et d'argent plus que d'inclination. Et la population de la France est stationnaire, pendant que d'autres nations, sous l'impulsion d'autres principes, grandissent et s'étendent sur le globe. Aussi notre puissance politique et notre influence déclinent avec rapidité. La stérilité des mariages n'a pas une autre cause. Si la loi des partages forcés atteint la famille dans ses moyens matériels d'existence, le divorce la frappe dans son intégrité morale. Par le maintien du divorce, le Code civil continuait l'état de dépravation où la période du Directoire avait laissé la France.

La loi du 8 mai 1816, rendue sur la proposition de M. de Bonald, a aboli le divorce, mais la jurisprudence s'est écartée dans plusieurs cas du principe posé par la loi de 1816; c'est ainsi qu'elle avait une tendance à valider le mariage des prêtres et le mariage en France d'une personne déjà divorcée à l'étranger. La Cour d'Alger a sanctionné des divorces juifs. Cependant le grand sanhédrin, dans sa session de Paris, le 9 février 1807, a déclaré les juifs citoyens français au même titre que les autres Français. Pour les juifs comme pour les musulmans, les légistes ont invoqué la liberté de conscience, mais la conscience n'entraîne ni au divorce ni à la pluralité des femmes. Et les religions qui tolèrent le divorce ne l'imposent pas, mais l'esprit légiste s'accommode mieux du Coran que de l'Évangile.

Le caractère propre du mariage, c'est l'indissolubilité; toute union passagère, ou consacrée avec la perspective du divorce, manque le but de la nature et dissout la famille. Portalis, exposant devant le Corps législatif les motifs du titre du mariage, donne cette définition du mariage : « Le mariage, c'est la société de l'homme et de la femme qui s'unissent pour perpétuer leur espèce, pour s'aider par des secours mutuels à porter le poids de la vie, et pour partager leur commune destinée. » Ce n'est pas une définition chrétienne du mariage; mais enfin, c'est une définition de droit naturel et supérieure à la législation qu'elle annonçait, puisqu'elle suppose une communauté d'existence qui embrasse toute la vie. Et cependant, ce même Portalis, dans la discussion du Conseil d'État, a prétendu que le divorce était de droit naturel. Écoutons-le : « A parler exactement, la loi civile ne le permet ni ne l'autorise, elle se borne à en prévenir les abus; en effet, s'il n'y avait pas de lois, la volonté de chacun serait la seule règle dans cette matière. » Et plus loin : « Le véritable motif qui oblige les lois civiles d'admettre le divorce, c'est la liberté des cultes; il est des cultes qui autorisent le divorce, il en est qui le prohibent; la loi doit donc le permettre, afin que ceux dont la croyance l'autorise puissent en user. » Voilà les sophismes où s'abaisse le principal rédacteur du Code civil.

Comment! s'il n'y avait pas de lois civiles, la volonté de chacun serait la seule règle! Que devient cette notion du droit naturel, qu'en d'autres circonstances invoque Portalis? Mais le premier consul veut le divorce dans la loi, parce qu'il rêve un autre mariage; et Portalis se met en quête d'arguments. Il ne craint même pas de recourir à la mauvaise foi. Ce qu'il dit des cultes qui autorisent le divorce est insoutenable, puisqu'ils n'imposent pas ce divorce à la conscience de leurs croyants. Ils sont relâchés sur la morale, voilà tout. Au fond, c'est le culte catholique qui est seul visé. Portalis sait bien qu'il n'y a pas de « cultes qui prohibent le divorce », et que le culte catholique est le seul qui le prohibe. Pourquoi, dès lors, établir une sorte d'égalité entre des cultes imaginaires et le seul culte véritable? Le droit est-il donc une création de l'homme, et n'y a-t-il d'autre droit que celui qui est décrété par le législateur? Portalis lui-même a développé la thèse contraire. La volonté est la loi des contrats. Soit! Eh bien, quelle a été la volonté des époux? ont-ils voulu contracter une union à vie ou une union temporaire? S'ils ont voulu s'engager à toujours, et s'ils se sont valablement engagés, de quel droit rompre cet engagement et lui appliquer des conditions qui, au moment du contrat, n'ont pas été prévues et auraient été formellement repoussées? Un contrat perpétuel a été formé : direz-vous que les parties peuvent changer d'avis et violer leur parole? Depuis quand est-ce un droit de violer sa parole? Quant au changement d'avis, il n'est admissible que pour les intérêts qui tombent dans le commerce et dont il est permis de disposer à volonté. Mais le mariage n'est pas une affaire de commerce comme la vente et l'échange. La morale publique a contracté avec les époux; l'intérêt des enfants s'élève et cimente la perpétuité du mariage. Comment les époux sacrifieraient-ils le but même de leur union, ces enfants incapables de se défendre et qui n'ont pour appui que l'union de leurs parents?

Il est de droit naturel que les obligations librement et valablement acceptées soient remplies. Si l'homme a le droit de contracter un mariage perpétuel, l'engagement qu'il prend à cet égard est valable, et il ne saurait le rompre sans se mettre en contradiction avec le droit. Ou bien, rétablissez les mariages temporaires de l'ancienne Rome ; les conjoints auront le choix et leur volonté fera loi. Mais ici, il ne s'agit pas de la liberté des parties; Bonaparte ne s'en inquiétait guère. Il poursuivait un but essentiellement politique et qui, d'ailleurs, était en harmonie avec les préjugés du temps. Le mariage chrétien était alors considéré comme une institution monarchique et se rattachant à l'ancien régime. Et il est vrai que le mariage est une institution monarchique, puisqu'il fonde toutes les familles dans l'unité et la perpétuité. La Révolution avait d'autres visées, et elle sut, par le divorce, frapper à mort l'institution du mariage. Le Code civil n'a que faiblement réagi; il s'est borné à des améliorations de procédure, et a laissé au mariage français son caractère à institution libre et provisoire. En cela il a imposé aux catholiques un mariage instable, équivoque, qui répugne à leur conscience et qu'ils n'acceptent pas comme le principe de leur engagement. Leur mariage, à eux, ne reçoit aucune sanction, aucune garantie de la loi. Ils sont persécutés dans leur foi ; et de nos jours, la persécution s'est ravivée avec fureur. La sécularisation sociale s'achève par la réduction du mariage en un contrat vulgaire, résoluble à la volonté des parties. Le Code civil, si longtemps comprimé par la loi du 6 mai 1816, reprend son essor, et nous reporte, par la force des événements, au delà de 1804 et jusqu'en 1792 !

II

* Les mariages français ne sont pas féconds ; c'est un fait douloureux à constater. Il en faut chercher la cause : elle est dans la loi qui régit la richesse publique et dans l'affaiblissement du droit de propriété. Les enfants, copropriétaires éventuels des biens de leur père, attendent sa succession au lieu de se livrer à un travail productif. Ils passent dans cette basse préoccupation leurs jeunes années, les années où germe l'avenir. Au lieu de se marier jeunes et de travailler, confiants en eux-mêmes, ils comptent sur leurs parents et attendent pour se marier l'aisance ou la fortune. C'est la faute de l'état social plus que la leur. La loi ne permet les entreprises à longue durée ni dans l'agriculture, ni dans l'industrie, ni dans le commerce. Affermissez la liberté de tester et le droit de propriété, de nombreuses familles pourront se livrer à un travail productif avec des ressources qui s'accumuleront de génération en génération. Les fils de la bourgeoisie veulent vivre bourgeoisement, en se tenant à l'écart des fonctions de l'agriculture, du commerce et de l'industrie. Ils n'ont d'autres ressources que les places du gouvernement. Et pour un élu, il y a dix candidats. Les mariages bourgeois sont donc peu prolifiques. Les paysans ne demandent pas de places au gouvernement ; leur champ est leur gagne-pain. Mais partagé entre les

enfants, ce champ ne produirait que misère pour chacun d'eux. Le paysan rétablit le droit d'ainesse par l'unité d'enfant. Ces conséquences sont forcées; et il est bien inutile d'en faire un reproche aux paysans. C'est au législateur qu'il faut s'adresser, il est seul coupable.

Il en résulte qu'il n'y a plus de bras pour cultiver la terre, et que l'étranger nous envahit par toutes nos frontières. La population débordante de la Belgique vient coopérer à nos travaux agricoles jusqu'au centre de la France, et les ouvriers étrangers font aux nôtres une concurrence formidable. Notre population n'est plus assez nombreuse pour suffire au travail national; et d'un autre côté elle est trop nombreuse pour les moyens de subsistance dont dispose la France. Nos législateurs appliquent la loi de Malthus, et nous ramènent à la situation de l'Empire romain, où la population n'étant pas suffisante pour cultiver le sol, les empereurs étaient obligés d'appeler les Germains et de leur offrir des terres. Les Germains finirent par arriver sans être appelés et à ne plus se contenter des conditions que leur faisaient les empereurs. La France n'est pas dépeuplée comme l'empire romain. Mais tout est relatif, et les grands empires de l'Europe actuelle sont bien autrement peuplés que la Germanie du ive siècle. Cette diminution de notre race frappe tous les yeux. Les Français eux-mêmes semblent en avoir conscience; mais ils sont tellement aveuglés par les préjugés révolutionnaires qu'ils ne remontent pas à la source du mal, et qu'ils aiment mieux la nier qu'avoir à la constater.

L'égalité forcée des partages étouffe l'esprit d'initiative; elle impose à l'individu une espérance qui paralyse ses facultés. Il ne compte plus sur lui-même, mais sur un patrimoine aléatoire. C'est ainsi qu'il a été élevé. Son éducation le porte vers les fonctions improductives du gouvernement et des arts libéraux.

Les grandes capacités, les hauts grades ont un avenir brillant, le reste végète. Les familles fondées dans ces conditions ont une existence précaire et perdent toute indépendance. Mais c'est dans la classe ouvrière des villes que l'institution du mariage a périclité. A Paris, la moitié de la classe ouvrière vit en concubinage. L'ouvrier de l'industrie paraît se contenter

de cette sorte d'union. Sans doute l'absence du sentiment religieux y est pour beaucoup. Il y a une autre cause. La classe
ouvrière subit, plus que toute autre classe, les conditions de la
société moderne. Elle est en proie à l'instabilité la plus absolue. Elle n'a plus de demeures fixes, de travail assuré. Elle est
entrée dans une existence nomade, incertaine, livrée aux suggestions de la politique. Cette existence n'est pas compatible
avec l'état calme, régulier, sédentaire du mariage. La loi de la
concurrence, les conditions du travail, tantôt rare, tantôt
abondant, ne permettent pas à l'ouvrier de se préoccuper de
l'avenir, de songer à sa famille. S'il a une famille, c'est une
famille de hasard qu'il livre à toutes les chances d'instabilité.
Comment nourrirait-il une famille, quand la concurrence tend
sans cesse à abaisser les salaires et que les crises industrielles
ou financières sont la conséquence périodique de la nouvelle
économie politique? L'ouvrier gagnant ce qu'un individu peut
gagner est loin de son compte s'il a une famille. Père de famille, peut-il lutter contre un simple individu qui se contentera
d'un salaire infiniment moindre?

Le mouvement incessant des biens dans les différentes
mains où ils passent, l'impossibilité de les conserver pour l'a-
venir des familles, font prédominer le système de la dépense
et du luxe, et condamnent l'épargne à en être l'aliment. C'est
ainsi que le luxe, mortel pour les familles, après avoir été un
des principes de la société païenne, est devenu un des principes de notre société moderne. Les économistes nous apprennent qu'il faut consommer et beaucoup consommer, et
que là est la vraie source de la richesse. L'État dépense le plus
qu'il peut. Les individus, dont un si grand nombre appartiennent à l'État, se modèlent sur leur maître. L'imitation s'étend
et gagne au loin jusqu'aux dernières couches de la société. Nos
pères fondaient leur économie politique sur la production et
non sur la consommation; ils croyaient naïvement qu'il fallait
produire avant de consommer. Ils conformaient donc leurs dépenses à leur fortune et ignoraient l'art des dettes. La science
du crédit a une double face : le crédit est un mot hégélien qui
renferme en soi sa contradiction et sa négation. Il embrasse
deux opérations opposées, le prêt et l'emprunt. C'est une

fructueuse opération de prêter, de percevoir des usures, d'écumer les primes et les bénéfices. Oh! prêtez s'il n'y a que ce côté de la question. Moïse, confirmé par l'histoire de tous les siècles, nous annonce que le prêt à intérêt sera le dominateur des peuples : *Fenerabis multis nationibus et dominaberis eas.* Qu'en pensent les nations contemporaines? Les juifs de nos jours tournent contre les chrétiens cette arme du prêt à intérêt dont Moïse leur indiquait seulement l'usage contre les ennemis du peuple de Dieu.

Si les gouvernements prêtaient au lieu d'emprunter, ils seraient un peu plus solides. L'emprunt est la contre-partie, le principe passif; il conduit le débiteur à la ruine, dissout les familles et les patrimoines. La société chrétienne ne favorise ni le prêt, ni l'emprunt. Elle dit à l'usurier : Vous volez votre prochain, et à l'emprunteur : Vous compromettez votre famille. Elle s'attachait donc à conserver les biens dans les familles, et elle n'avait pas besoin de proscrire officiellement le luxe. Le luxe n'est pas à craindre si un peuple ne dépense que ses revenus. Mais s'il empiète sur l'avenir et hypothèque le fonds social, l'avoir des générations futures, en un mot, s'il joue du crédit, cette arme à deux tranchants, il ressemble à un homme qui vit de son capital et cela ne dure qu'un temps; le capital, s'il n'est pas renouvelé par l'épargne, s'épuise vite, la catastrophe finale, la liquidation s'approche. Il implique contradiction que le crédit soit perpétuel. Alors le prêt serait une duperie et l'emprunteur en aurait tout le bénéfice, puisqu'il ne rendrait jamais. Toute dette a une échéance, de dix ou de vingt ans pour un particulier, d'un siècle ou deux pour un État. Plusieurs États, de nos jours, ont opéré leur banqueroute d'une façon plus expéditive. Et le moment arrive où le dérangement des fortunes privées porte le trouble dans l'État et donne le signal de révolutions nouvelles.

Le mariage importe à la stabilité des États. Entendu dans le sens de la perpétuité, il consolide les familles, ces colonnes sociales, il nourrit dans les âmes l'esprit d'ordre et de conservation. La famille limitait l'action de l'État qui, d'ailleurs, n'était que l'expression la plus puissante de la famille. La royauté chrétienne n'est qu'une famille perpétuelle préposée

à la garde de l'État. Le mariage a succombé avec l'ancienne
société. Il s'est relevé en 1816, parce que la Révolution n'avait
pas encore eu le temps de modifier notre génie national. Les
rédacteurs du Code ne voulaient que régulariser les désordres,
creuser un lit à la révolution. Si l'on excepte Portalis que ses
idées rapprochaient de l'ancien régime, ils se cantonnent en
général dans le droit romain. Ils remettent au jour, avec une
sanction plus précise, des idées qui sommeillaient dans la jurisprudence des parlements et qui étaient toujours demeurées
chères aux légistes. C'est ainsi qu'ils établissaient la *puissance
paternelle*, sans laisser au père le droit de disposer de sa fortune
et d'élever ses enfants. Cette puissance dérisoire ne se manifestait que pour entraver la nature et le droit du mariage.
Alors le fils était mineur jusqu'à vingt-cinq ans. Le Code civil
n'a pas osé aller jusque-là. Il n'a pas non plus adopté l'idée de
forcer le père à fournir une dot à sa fille, comme cela avait lieu
autrefois dans diverses contrées du Midi de la France. Tronchet prétendait que c'était un correctif de la puissance paternelle. La loi *Julia* accordait aux filles contre les pères une action en dot. Les Romains ne savaient plus comment relever les
mœurs et la famille, et ils imaginaient des expédients vraiment comiques. Ils mettaient des impôts sur les célibataires,
ils favorisaient le régime dotal, ils offraient des primes aux
pères de nombreux enfants. L'Empire, à ses débuts, eut beau
encourager le mariage, la population continua de décroître,
et l'on se maria de moins en moins. C'est que la famille ne retrouvait plus, depuis longtemps, ses conditions morales et matérielles d'existence. On fuyait le mariage, devenu une corvée
dans une civilisation de luxe et de plaisir.

La loi française, plus sage que la loi *Julia*, ne dépouille pas
le père de son vivant, par l'action de dot; elle ne l'expose pas
à une invasion de gendres conduits par des filles rebelles. Elle
se contente d'annuler ses actes de dernière volonté. L'action
de dot anticipait le dépècement forcé du patrimoine. Elle sou-
riait assez aux légistes; mais la plus grande partie de la France,
dans ses coutumes remaniées par les légistes, à partir du
XVe siècle, s'écartait de ce système et maintenait le droit du
père. Le droit coutumier respectait aussi le droit de propriété.

La loi *Julia*, introduite dans les pays de droit écrit, constituait une anomalie que les mœurs chrétiennes corrigeaient sans doute, mais qui atteste l'influence des légistes. Cette expression de *droit écrit* désigne le droit abstrait, le droit étranger, par opposition aux coutumes, écrites, elles aussi, mais qui, dans leur origine, découlaient de la vie de famille des populations chrétiennes. C'est subrepticement, par les arguties de la chicane, que différents textes du droit romain ont été naturalisés chez nous; entés sur le vieux tronc chrétien, ils ont produit l'ensemble discordant de la jurisprudence française d'avant 1789.

En réduisant le mariage à un contrat civil, la jurisprudence tendait à légaliser le mariage des prêtres. Le procureur général Merlin soutenait cette thèse, et il eut de nombreux imitateurs. Cependant l'engagement dans les ordres sacrés est un contrat, un contrat légitime. Comment la justice n'en protégerait-elle pas l'accomplissement? L'Église est un établissement public, reconnu par l'État; elle a sa vie distincte, indépendante, puisque l'État traite avec elle. Le prêtre, par son ordination, a contracté avec l'Église. Il a pris l'engagement de ne pas se marier, condition nécessaire de son admission. Le législateur peut-il briser cet engagement? Ne l'a-t-il pas reconnu, en reconnaissant l'Église? Le prêtre trahit l'Église, mais l'Église ne lui a pas rendu sa parole, et il n'en est pas moins prêtre. L'engagement qu'il a pris subsiste. La barrière qu'il a élevée entre lui et le mariage et qui résulte d'un contrat, ne saurait tomber au signe de sa seule volonté. La loi protectrice du contrat reste dans son domaine en refusant de sanctionner l'union projetée par le prêtre apostat. La loi n'... ... ... pas dans cette apostasie, elle se borne à assurer l'exécution du contrat qui a modifié l'état civil du prêtre. En général, les partisans du divorce et du mariage des prêtres se retranchent dans cet aphorisme : l'homme ne peut pas s'engager à perpétuité. Alors le mariage perpétuel est contre nature, n'a pas de raison d'être. Si l'homme n'a pas le droit de s'engager à perpétuité, a-t-il le droit de s'engager pour un temps déterminé? S'il n'a pas ce droit, la base de tous les engagements croule. Où fixerez-vous la limite? A dix ans, à vingt ans, à cinquante ans! Tout contrat, toute obligation consentie restreint notre liberté, dimi-

nue d'autant le domaine où elle s'exerce. Si je me repens
d'avoir vendu ma maison, ma plainte est inutile; je m'en suis
séparé à jamais, j'ai aliéné à perpétuité la liberté que j'avais
de la garder. Il n'est pas difficile de reconnaître que les arguments des légistes sur le mariage cachent un fond de communisme; ils reviennent à cet état de promiscuité qu'ils supposent, après les jurisconsultes romains, avoir été le lot de l'humanité à ses débuts. L'intervention de la loi aurait réglé cette
promiscuité en établissant les mariages. Les légistes faisaient
découler le mariage uniquement de la loi civile, de la volonté
des citoyens, et ils ne le comprennent qu'avec la faculté du divorce, parce que, autrement, il leur aurait fallu se rattacher à
un ordre religieux ou naturel qui aurait singulièrement limité
le zèle des législateurs, des légistes et des juges.

L'établissement du divorce ne donnerait pas au prêtre le
droit de se marier. L'Église a eu le droit de contracter, et les
engagements pris avec elle sont valables. L'abolition du Concordat n'y changerait rien. Ne fût-elle qu'une société particulière aux yeux de la loi, elle jouirait toujours de la liberté
religieuse et pourrait revendiquer devant les tribunaux l'exécution civile d'engagements pris avec elle. Nous ne parlons pas
des engagements religieux qui ne regardent pas le législateur.
Il est vrai que nous ne sommes pas dans un temps où les lois
aient quelque vigueur; et le triomphe même du divorce nous
indique que le droit des contrats est vicié dans son essence, et
que l'esprit de persécution qui tente, par le divorce, de saper
la famille chrétienne, réglera désormais les relations sociales
dans notre pays.

Les hommes d'État du jour peuvent se réclamer de Montesquieu. Nous trouvons sur ces graves questions de singuliers
paradoxes dans l'*Esprit des lois*. En voici un : « Le divorce a
ordinairement une grande utilité politique. » Et un autre :
« Le divorce est favorable à la population. » L'unité et la perpétuité des familles ne sont donc pas le plus grand intérêt
d'un État ! Et l'anarchie des familles n'est donc pas le prélude
de l'anarchie de l'État ! Montesquieu oublie ce que la faculté
du divorce a fait de la population sous l'empire romain. Les
enfants ne peuvent s'élever, se multiplier et prospérer qu'au

sein d'une famille stable dans sa constitution morale et matérielle. C'est un fait dont nous sommes témoins. On sent que le christianisme est non avenu pour Montesquieu. La tête pleine de Rome, d'Athènes, de Sparte, il ne voit pas le monde moderne, ou peut-être est-il enchanté des effets que le divorce y a produits. Pour acquérir la faculté de divorcer, Henri VIII a noyé l'Angleterre dans le sang ; Luther, pour le même motif, et les princes qui l'ont suivi, ont déchaîné sur l'Allemagne une guerre sociale de plus d'un siècle. La malheureuse Pologne, en proie aux dissensions de familles causées par la fréquence des divorces, n'a jamais pu constituer un gouvernement stable et s'est vue à la merci de l'étranger. Elle n'a pu fonder cette hérédité de la couronne, sa seule garantie contre les ennemis du dehors, et qui aurait abrité l'unité et la perpétuité de l'État sous la loi même de l'unité et de la perpétuité des familles. Voilà par quelle utilité politique s'est signalé le divorce dans notre Europe moderne, et en des temps plus rapprochés de Montesquieu que les fabuleuses annales de l'antiquité.

L'élection des souverains a des rapports avec le divorce dans les familles. Elle témoigne de l'anarchie, de l'impuissance de continuer, par la filiation naturelle, la personne royale. La famille royale, comme les familles privées, est livrée à la dissolution par la mort de son chef. Dans les familles privées, le patrimoine est divisé, mis à l'encan ; la tradition disparaît, même avant d'avoir eu le temps de naître. Quant à la famille royale, elle s'évanouit tout d'un coup. Il n'y a même pas de famille royale ; c'est un individu qui règne et qui perd le trône avec la vie. La famille se reproduisant indéfiniment eût pu seule continuer indéfiniment la royauté. L'élection recommence, à chaque nouveau règne, un gouvernement qui n'ayant pas d'avenir, reste toujours enfant et n'acquiert jamais l'expérience. La perpétuité du mariage, la perpétuité de la famille, la perpétuité du gouvernement sont corrélatifs et se rattachent au même principe. L'empire romain, la Pologne, ont succombé au régime de l'élection, qui n'a jamais permis de maintenir une tradition d'État et de consolider les intérêts nationaux.

Ni le mariage ni la souveraineté ne se dissolvent par le consentement. Car la société, une fois constituée, vit de sa vie propre ; elle se développe, sans que son principe d'action puisse subir une solution de continuité. Il n'est pas dans sa nature de recommencer à chaque instant son existence. Elle ne rencontre pas à volonté une autre forme quand la forme qui l'anime vient à périr. C'est pourquoi il lui faut des institutions perpétuelles fondées sur la perpétuité de la famille ; ce qui n'exclut pas, même dans une large proportion, l'emploi du système électif pour tous les intérêts qui changent et se renouvellent. Et l'élection, pour ne pas dégénérer en anarchie, a besoin de s'appuyer sur une digue et un terrain solides.

On sait que, pendant l'émigration, les mariages des émigrés antérieurement contractés furent considérés comme nuls ; le principe de la mort civile leur fut appliqué. L'ancienne jurisprudence reconnaissait ce divorce légal, quoiqu'il fût directement contraire à la doctrine de l'Église catholique. La Révolution admettait le divorce pour incompatibilité d'humeur. C'était assez logique ; le Code civil accueillait le divorce par consentement mutuel, qui ressemble tout à fait au divorce pour incompatibilité d'humeur. Portalis et Malleville, dans la discussion du Conseil d'État, firent remarquer que, dans ces conditions, il n'y avait plus qu'une ombre de mariage. Ils citèrent l'Angleterre où le mariage n'était annulé que pour adultère et sur un acte du parlement. La vérité est que les Anglais tout en inscrivant le divorce dans leurs lois, le rendaient à peu près impossible par les difficultés et les frais dont ils entouraient la demande en divorce. Le divorce chez eux devenait une sorte de coup d'État. Plus tard, la cour des divorces a été créée, et le divorce est désormais accessible à toutes les bourses et à toutes les impatiences. Le Conseil d'État n'écouta ni Portalis ni Malleville, il accepta le divorce par consentement mutuel. En résumé, ces questions de mots importent peu. Si le mariage est dissoluble pour « excès, sévices ou injures graves », il est en effet facile aux époux ou à l'un d'eux de produire ou de simuler un des motifs édictés par le législateur. Le premier consul, qui prévoyait son divorce et qui n'avait pas envie de donner un autre motif que celui du consentement mutuel, combattit victorieusement Portalis et Malleville, et contrairement à l'opinion unanime de ses membres, le Corps législatif vota, le 31 mars 1803, le titre du divorce présenté par Treilhard.

Nous avons recueilli en 1884 ce legs de la Révolution, répudié depuis 1815 ; le divorce reparaît au milieu de nous, il s'est montré après 1830 sous la figure de M. Odilon Barrot ; après 1848, il emprunta le masque de M. Crémieux. Ces deux tentatives avortèrent. M. Naquet est plus heureux. La Révolution a repris tout son développement. L'idée fixe de renverser le mariage chrétien arrive à sa complète réalisation. Notre principal élément d'ordre social, déjà bien amoindri, le mariage indissoluble, est effacé de nos codes. Et c'est le gouvernement qui suscite une telle entreprise ou s'y associe follement. Il y a donc des gouvernements qui travaillent à rebours et qui s'attribuent la mission de démolir la société dont le soin leur est confié. La Révolution, sans doute, avait donné cet exemple pendant dix ans. Mais la Révolution n'est pas un gouvernement et ce qu'on appelle gouvernement révolutionnaire ne fut que la force révolutionnaire. Nous avons aujourd'hui un gouvernement qui a la prétention d'être régulier, légal, et qui n'est cependant qu'une anarchie.

III

Le *contrat de mariage*, qui règle les intérêts matériels des époux, ne peut qu'être analogue aux principes qui ont dirigé le législateur dans la conception du mariage. Deux systèmes se présentaient, le régime dotal, en usage dans le Midi, et le régime de communauté plus particulier au Nord. Par lui-même le régime dotal rend la femme indépendante de son mari pour la gestion de sa dot et lui attribue des droits et des intérêts distincts. A Rome, la femme, maîtresse de sa dot, pouvait plus facilement rompre l'association conjugale. Aujourd'hui le régime dotal a un caractère conservateur. Il sauvegarde les intérêts de l'épouse et des enfants. Mais il a pour but d'attendre la fin du mariage. Le régime de communauté a aussi pour but la liquidation à la mort de l'un des époux. Il divise en deux les biens de communauté dont le mari, pendant le mariage, a été le seul maître. Le législateur de 1804, après de longues discussions, proclama le régime de communauté le droit commun des Français. La communauté n'a pas pour but de maintenir, de conserver, de perpétuer. Elle est conçue dans un tout autre esprit, et n'est qu'une société de gains et pertes qui prend fin par la mort de l'un des associés, par la séparation de biens, par la séparation de corps, par le divorce et autrefois par la mort civile. Sous ce régime, la femme est sans droits ; le mari peut aliéner, hypothéquer les biens de communauté sans le concours de la femme. A quelle époque apparaît donc le droit de la femme ? à la dissolution de la communauté, à la mort de son mari. Le droit de communauté commence pour elle ou pour ses héritiers, quand il n'y a plus de communauté ! La loi prétend que le mari administre les biens de communauté, et elle lui donne sur le bien les droits d'un propriétaire absolu.

Toutes ces contradictions ont tellement embarrassé le célèbre professeur Toullier, qu'il s'est mépris sur les intentions du législateur, et n'a voulu voir dans la communauté qu'une communauté éventuelle, destinée à se réaliser plus tard. Le mari a été seul propriétaire et n'a pas eu de comptes à rendre. Toullier refusait donc d'admettre que la communauté fût un être civil, distinct des époux. La communauté, d'éventuelle qu'elle était, ne devient actuelle qu'au moment de la dissolution du mariage. Pothier, dans son *Traité de la communauté*, dit de la femme : *Non est proprie socia, sed speratur fore*. Convenons que la dissolution du mariage est, pour les époux, une singulière espérance. En réalité, la communauté est une fiction de la loi. Elle est établie, non dans l'intérêt conservateur de la famille, mais en vue de favoriser les entreprises du mari. César, dans ses *Mémoires*, raconte que, chez les Gaulois avant le mariage, les futurs époux mettent en commun, chacun, la même somme d'argent, laquelle placée produit des intérêts accumulés qui se trouvent, avec le capital primitif, remis au survivant. Quelques historiens ont voulu voir dans cette coutume l'origine de notre régime de communauté.

En supposant exact le récit de César, on remarque une notable différence entre la coutume qu'il décrit et notre communauté. Le mari gaulois ne jouit pas du privilège de propriétaire, il n'est qu'administrateur du fonds commun. Nos anciens jurisconsultes tiraient du droit coutumier le régime de la communauté, non en le considérant comme un des caractères du mariage, mais parce que les époux, après une cohabitation d'an et jour, constituaient une société tacite. Le système de fraude, si familier aux légistes, se montre ici à découvert. Dans ces sortes de sociétés, la communauté d'existence entre le mari et la femme était naturelle ; cette communauté réelle, effective, n'était que le fait du mariage se réalisant par la cohabitation. Elle n'avait pas en vue une dissolution de communauté qui, à la mort de l'un des époux, aurait amené une liquidation sociale, une division de patrimoine. La communauté rurale dont la femme faisait partie avait un caractère de pérennité ; loin de tendre à la dissolution, elle se concentrait dans la pensée de durer toujours. Le corps moral se perpétuait ; à la mort du mari, la petite communauté recevait un autre chef. Le fils aîné succédait, ou l'élection désignait un autre chef de communauté. L'épouse survivante demeurait dans la famille ; il n'y avait lieu à aucune dissolution.

Les légistes ont contribué à la dissolution de ces familles perpétuelles, de ces communautés rurales qui traversaient les âges, sans frais ni procédures, sans contentions ni procès. Notre régime de communauté est une caricature de ces anciennes communautés rurales. Il a un but tout opposé, et ses moyens d'action sont tout autres. Cette communauté que les légistes d'avant 1789 tiraient des coutumes falsifiées n'était plus la communauté coutumière. L'idée qui préside à la conception des légistes, c'est celle de morcellement, de destruction de la famille. Tandis qu'ils étaient obligés de reconnaître qu'au point de vue du sacrement, le mariage est une société pour la vie, ils se cramponnaient à l'intérêt matériel du mariage, au bien de famille, qu'ils détournaient de sa destination. S'ils ne pouvaient mordre sur le mariage par le divorce, ils s'attaquaient au bien par le partage légal. A la longue la famille devait succomber ; n'ayant plus, dans l'ordre matériel, son soutien nécessaire, elle perdit la force de grandir et de se développer. Les légistes ont traité le mariage en société de gains et pertes, conception immorale, antichrétienne, en ce qu'elle plaçait le but du mariage dans sa dissolution même. D'ailleurs, les légistes n'avaient pas de peine à se familiariser avec l'idée que le mariage est un contrat civil. Ils se sont précipités en masse dans la Réforme du XVIᵉ siècle, en vertu des maximes du droit romain. Se jetant dans le protestantisme, ils adhéraient au divorce. Ils n'ont pas modifié leurs principes dans les siècles suivants, tout en en adoucissant l'expression et les conséquences. Les intérêts créés sous les influences chrétiennes affectaient la forme de l'union et de la perpétuité. Les biens et les familles se tenaient dans une concorde permanente qui écartait l'intervention des légistes et des lois césariennes. De là une hostilité, un conflit dont les suites sont loin d'être épuisées.

Notre régime de communauté est opposé au principe de la conservation des biens dans les familles; et l'on remarque que la Normandie, sous l'empire du *Code civil*, préfère le régime dotal qui, en effet, conserve au moins les biens de la femme et les tient en réserve comme une ressource pour les enfants. Plusieurs contrées de l'Allemagne présentent des traces d'une communauté actuelle, immédiate entre époux : mais la femme est propriétaire par indivis du bien de la communauté, et le mari ne peut sans son consentement l'aliéner ou l'engager. Ce n'est pas là notre communauté légale, qui est une œuvre toute spéciale de nos légistes et n'a d'analogue dans aucun temps ni dans aucun pays. Tacite nous dit dans sa *Germanie : Dotem non uxor 'marito, sed uxori maritus offert.* Il ne fournit pas d'autre explication, mais quelques faits consignés dans la Bible jettent du jour sur certaines institutions souvent mal comprises. Elle nous montre plusieurs fois des femmes dotées par leurs maris. Il est facile de trouver la raison de cette dot : la femme n'était pas héritière, que serait-elle devenue en cas de répudiation ? Ne fallait-il pas qu'elle eût quelque garantie? La dot était payée aux parents de la femme ; ils la gardaient et elle fructifiait dans leurs mains, jusqu'au jour où ils la rendaient, soit au mari, à la mort de la femme, soit à la femme en cas de divorce ou de répudiation. Telles sont encore aujourd'hui les mœurs des Arabes. Ce mariage par la dot est fort différent de l'achat d'une femme. L'achat des esclaves, hommes ou femmes, a pris rang parmi les contrats par l'extension du principe de l'esclavage. Chez les Romains, la condition de la femme se confond avec la servitude dans les mariages solennels (*justa nuptiæ*), soit que la femme, comme mère de famille, reste assimilée à une fille et sous la domination perpétuelle de son mari, soit que le rite de la co-emption rappelle un temps de violence. N'est-ce pas l'enlèvement des Sabines qui a fondé le droit de la famille chez les Romains ?

Le régime domestique des Hébreux est étranger à l'idée que nous offre la servitude chez les peuples païens. Le serviteur hébreu est un homme libre, puisqu'il jouit de la religion et du mariage dont était exclu l'esclave païen. Seuls de tous les peuples de l'antiquité, les Hébreux ont respecté, pendant tout le cours de leur existence, l'esprit de famille. A ce point de vue, le régime dotal était en harmonie avec leurs sentiments ; il servait de correctif à la succession par mâles et à l'indivisibilité des patrimoines. La femme ne souffrait pas de la loi politique qui l'écartait de la propriété foncière. Elle retrouvait, par son union avec l'homme, des conditions d'existence honorables ; le fait même du mariage assurait son avenir. L'homme pourvoyait à la subsistance de sa femme, en vertu même de l'unité du mariage qui confondait leurs deux existences. Et n'est-ce pas tant pour l'homme que pour la femme, la situation la plus noble, la plus élevée, la plus digne des sentiments qui doivent nous animer dans l'acte social le plus important de notre vie ?

Ne nous étonnons pas que, faisant écho aux coutumes des Hébreux et des Germains, notre droit coutumier ait organisé le douaire, qui est la dot offerte par le mari. Le législateur moderne a aboli le douaire ; il a privé la femme de tout droit sur les biens de son mari. Il n'a pas pensé que le mariage impliquât des devoirs du mari vis-à-vis de la femme, en cas de survie de la femme. Il a exclu la femme de la succession du mari. C'est que pour eux le mariage est une association, et qu'aux termes du droit romain, cette association est dissoute par la mort de l'un des associés. Dans la pensée chrétienne, le mariage est, non pas une simple association, mais

une unité. La mort ne brise pas cette unité, elle la diminue.
La femme survivante représente encore le mariage et la famille.
Le changement de position que lui apporte la mort de son mari
ne l'expulse pas du toit sous lequel elle a été heureuse. Elle
vivra au milieu de ses enfants, sans être à leur merci. Cette
autorité paternelle qu'elle a partagée n'est pas éteinte et se continue en elle par l'honneur et le respect qui lui sont dus. Le
douaire exprime ces sentiments dans l'ordre matériel, en
affectant à l'entretien de la femme une partie de l'héritage du
mari. L'Église symbolise le douaire par la pièce de monnaie
que le mari met dans la main de sa femme, lors de la célébration du mariage ; c'est l'union complète de la personne et des
biens. Le droit de propriété est un appendice de la personne ;
et la femme n'est pas distincte de son mari, puisqu'elle forme
avec lui une seule chair. Elle ne succède pas à son mari, elle
le continue naturellement, en vertu même de la loi qui les a
indissolublement unis, mais elle le continue comme chef de
famille et non avec le droit de se séparer de la famille et de
former une autre famille. Il ne serait pas juste qu'elle transmît
à une autre famille la fortune de son mari. Ce péril n'a jamais
été à craindre. Le douaire n'est qu'un usufruit. En général, il
était en usufruit de la moitié des biens du mari au moment du
contrat du mariage. En Normandie et dans plusieurs coutumes,
il n'était que du tiers en usufruit. Les immeubles constitués en
douaire étaient inaliénables ; cette inaliénabilité remplaçait le
dépôt de la dot chez le père de la femme. Le douaire est éminemment conservateur, il ne morcelle pas les biens, et n'impose aucune licitation à la famille. Quel intérêt une femme a-
t-elle à ce que les ressources nécessaires à son entretien soient
fournies par sa famille ? N'est-il pas plus honorable pour elle
de les trouver dans la famille même où elle va entrer ? Elle
quitte sa famille pour une autre ; qu'importe que les femmes
soient sans dot, si les fortunes sont concentrées dans les mains
des enfants mâles ? Le mariage, avec la constitution du douaire,
leur assure un sort égal aux droits qu'elles recueilleraient de
l'héritage paternel. Elles seraient épousées pour elles-mêmes
et non pour leur dot. Les Orientaux prétendent qu'avec leur
dot les femmes françaises achètent leurs maris ; ont-ils tort ? et

l'apparence, au moins, ne leur donne-t-elle pas raison? Les coutumes de Normandie, de l'Anjou, du Maine, du Poitou n'offraient aux filles, pour tout héritage, « qu'un chapel de roses ». Et on n'a jamais dit que dans ces provinces les filles fussent plus malheureuses qu'ailleurs, mais ce chapel de roses ne grossissait pas les honoraires des gens de loi.

M. Troplong prétend que Tacite s'est trompé en parlant de la dot germaine et qu'il a pris pour une dot l'achat de la femme par le mari. Cette erreur de Tacite serait plus qu'étrange. Rien n'était plus connu dans l'empire romain que le régime dotal, et une erreur de M. Troplong est beaucoup plus vraisemblable. Notre légiste estime le régime dotal trop raffiné pour la férocité germaine. Mais les Germains sont un peuple très doux, si nous nous en rapportons à Tacite qui les décrit; et d'ailleurs tout ce que nous savons par les invasions atteste cette douceur. La rédaction de leurs coutumes, sous le nom de loi salique, n'offre rien de comparable à la cruauté des supplices romains. L'achat des femmes suppose la polygamie, et Tacite nous représente les Germains comme monogames, et plus fidèles que les Romains aux devoirs de la famille. Les Romains des derniers siècles de la République et de l'Empire redevenaient polygames par la fréquence des mariages ou concubinats. Les mœurs intimes de la société romaine se résument dans un mélange de débauche et de cruauté. Nous n'avons qu'à consulter un contemporain, Tertullien. Des milliers de chrétiens ou de vaincus étaient tous immolés dans les cirques, au nom des dieux. Et ces supplices, ces sacrifices humains servaient à l'amusement de la populace et des hautes classes. Est-ce que la torture n'était pas le principal moyen d'information judiciaire? C'est par les légistes du xvie siècle, admirateurs et imitateurs du droit romain, que la torture est entrée dans nos législations modernes. Laissons donc de côté la férocité germaine invoquée par M. Troplong, pour faire ressortir la civilisation romaine dont la lutte contre le christianisme sert de modèle et fournit des arguments à tous les persécuteurs de l'Église. Cette civilisation a repris vigueur par le triomphe du droit romain au xvie siècle. Et alors la loi chrétienne sur la famille et la

propriété s'est vue remplacée par l'esprit de divorce et de confiscation.

Une logique rigoureuse enchaîne les conséquences du mariage, suivant que nous l'envisageons au point de vue chrétien
ou au point de vue païen. Les coutumes chrétiennes réalisent
l'unité et la perpétuité du mariage par l'unité et la perpétuité
du bien de famille. Le titre du *contrat de mariage*, en rapport
avec les principes du Code civil sur le mariage, divise les biens
et les rejette dans la circulation. Le régime de la communauté
est mortel à l'industrie et au commerce. A la mort de la femme,
la dissolution de la communauté est de rigueur; il faut inven-
torier toute la fortune du mari; les registres du négociant, de
l'industriel sont analysés, et le secret des opérations dévoilé.
Les marchandises tombent dans la communauté ainsi que
tous les acquets. Comment partager tout cela entre le mari et
les héritiers de la femme, sans la licitation de l'usine, de la
maison de commerce ? C'est ce qui a eu lieu. Le commerçant
rachètera-t-il sa propre maison ? mais il a des concurrents; en
tout cas, son commerce est arrêté, il perd une partie de ses
ressources. Sera-t-il en mesure de continuer? Cette liquidation
forcée, ce partage d'une maison de commerce ou d'industrie,
étouffe tout essor industriel ou commercial; c'est la ruine obligatoire. Le législateur qui a déclaré la communauté le droit
commun, a-t-il donc cru la France étrangère au commerce et
à l'industrie? Hélas! oui, il n'y a pas à s'y méprendre; le droit
classique range le commerce et l'industrie parmi les œuvres
serviles. Dans la plupart des textes du Digeste relatif au commerce, à l'industrie, à l'agriculture, des esclaves jouent le premier rôle, comme agents de leurs maîtres.

Le césarisme redoutait la richesse chez les particuliers. Aussi
se montra-t-il hostile à tous les travaux qui pouvaient la procurer. Comment, sous le coup de la confiscation, le capital se
serait-il développé? Le système et l'arbitraire de l'impôt frappaient la propriété et l'industrie sous toutes les formes où elles
se manifestaient. Les entreprises du commerce et de l'industrie
ont besoin de durer; nées au milieu de difficultés de toute
sorte, elles se fortifient par le temps. Ce n'est jamais un
homme riche qui commence une maison de commerce ou

d'industrie; d'autres soins lui sont dévolus, et il semblerait
déchoir s'il se livrait à des occupations purement lucratives.
Les grandes maisons de commerce ou d'industrie ont commencé par quelque pauvre ouvrier qui, après bien des
fatigues et des privations, a légué à son fils les premiers instruments du travail. Chaque nouvelle génération, prenant l'entreprise au point où la laissait la précédente, la poussait plus
loin et ne l'abandonnait qu'accrue de capitaux et d'une plus
longue expérience. Au bout d'un siècle, ces humbles maisons
deviennent des maisons royales et éparpillent leurs comptoirs
dans les quatre parties du monde. Il leur a suffi de n'être pas
interrompues dans leur progrès par une loi de liquidation
forcée qui ne leur aurait pas permis de franchir les premiers
pas de la carrière. Avec le régime de la communauté, l'arbre, à
peine sorti de terre, est coupé à sa racine. Le droit relatif aux
contrats de mariage agit dans le même sens que le droit successoral. Le législateur ne lâche pas son idée fixe : dépecez, partagez. N'attendez pas que ces arbustes deviennent des chênes;
abattez-les, l'heure présente a besoin de fagots. Ces animaux
promettent de magnifiques bœufs, vendez-les; le veau est un
aliment démocratique. Ce château n'est d'aucun rapport, qu'il
soit démoli. Il a coûté quelques centaines de mille francs, c'est
une œuvre d'art, n'importe; aucun héritier ne veut l'avoir dans
son lot. Cette usine sera liquidée pour la valeur de son matériel qui est insignifiante. Sa vraie valeur, c'était le crédit de
son directeur, la confiance qu'il inspirait par une gestion
habile. Là était la source des bénéfices; elle est tarie pour tous
les héritiers. Mais le législateur est heureux de cette égalité
dans l'impuissance; et les parties intéressées elles mêmes
finissent par croire que tout est pour le mieux, et qu'au moins
l'une d'entre elles n'est pas plus riche que les autres. Les agriculteurs sont aussi chassés par la loi, ils quittent les champs
pour la ville et laissent les fermes en friche. La pauvreté
systématique nous est imposée par nos lois.

La perte du capital est immense; il y a de plus une grande
injustice. L'homme travaille pour élever sa famille, lui assurer
un morceau de pain, un avenir. Il fonde ses espérances sur
une œuvre agricole, industrielle, commerciale. La loi ne lui

permet pas de pourvoir à la continuation de cette œuvre. A la
mort de l'un des époux, l'entreprise s'écroule, la communauté
se partage, les enfants ou les héritiers du défunt prennent leur
part. L'association conjugale est finie; elle se bornait à la vie
des époux. La loi veille à ce que leur prévoyance ne s'étende
pas au delà et n'embrasse pas l'avenir des enfants. Qu'il y ait
des enfants ou qu'il n'y en ait pas, le résultat est le même. Une
règle de l'ancien droit faisait remonter les biens à la ligne d'où
ils étaient partis : *paterna paternis, materna maternis*, tel était
l'axiome. Le code s'est effarouché; et pour mieux détourner
les biens de leur source, il en a formé une seule masse qu'il a
divisée.

Ces licitations amènent la plupart du temps l'intervention
de la justice. Les copartageants n'ont plus de liens entre
eux, ou sont mus par la cupidité. La femme partage l'héritage
avec ses enfants. S'il y a des enfants mineurs, c'est une licitation publique. La vente à vil prix à des étrangers, l'expropriation sont au bout. Si le mari reste et s'il garde la maison, il la
gère en partie pour ses enfants, qui lui demanderont des
comptes à leur majorité, et qui alors pourront le forcer à une
liquidation. Le négociant n'est pas maître de ce qu'il a amassé,
son entreprise est rendue impossible. Il est, de son vivant, dépouillé par ses enfants; sa succession est pour ainsi dire ouverte, et ses enfants sont appelés à la curée avant que la
mort ait donné le signal. Pour justifier ce régime, les légistes
allèguent que la femme travaille et qu'elle aide puissamment
son mari; ils en concluent qu'elle a concouru à la production de
la richesse et qu'elle doit en avoir sa part. Voilà bien dans sa
naïveté la basse conception des légistes. Pour eux le mariage
est une société de gains et de pertes entre les époux; il est
étranger à l'avenir des enfants, à l'idée d'une sollicitude paternelle qui se prolonge au delà du mariage.

En proscrivant la conservation du bien dans les familles, le
législateur a coupé court à tout développement ultérieur du
commerce et de l'industrie. Assurément, il le voulait, et son
idéal de société était l'instabilité perpétuelle. Pour nous, disait
Tronchet, un des principaux rédacteurs du code, les époux ne
sont que des associés. Et pourquoi sont-il associés? Pour par-

tager au moment de la mort de l'un d'eux la communauté.
Alors le but de l'union conjugale est atteint. En appliquant au
mariage l'idée d'association telle que la conçoit le droit romain, les légistes obéissaient à leur intérêt. Pendant plus de
dix siècles, les mariages s'écoulaient paisibles sous la loi de
l'unité et de la perpétuité, et les biens dont vivaient les familles
ne donnaient pas prise, par leur indivisibilité, aux entreprises
des légistes. Pour entamer le mariage et le bien qui en était le
support matériel, les légistes ont recouru à l'idée d'association
entendue à leur façon. Les époux sont des associés, et l'association se brise par la mort de l'un d'eux. La conséquence juridique, c'est qu'il y a lieu à une liquidation. Et quels sont les li-
quidateurs sinon les légistes? Des millions de famille sont
ainsi tombées dans leurs filets; et ils continuent, d'accord
avec nos gouvernements modernes, à pêcher en eau trouble.
Le mariage est une association, une société de commerce ou
d'industrie, et le divorce ne paraît plus que naturel et éminemment adapté à des intérêts de cette nature.

La communauté avant 1789 n'a pu se développer; elle était
restreinte par le douaire, et la fortune mobilière était rare et
de peu d'importance. Elle s'est développée dans la société moderne, et les légistes qui l'ont fait prévaloir ont moins envisagé
l'intérêt des femmes que l'intérêt des créanciers. S'ils prennent
l'intérêt des femmes quand il s'agit de morceler les biens, ils
n'hésitent pas à sacrifier les femmes aux créanciers du mari.
La communauté peut être chargée de dettes, et la femme, qui
a été étrangère à la gestion du mari, en subira néanmoins les
suites. La loi lui laisse le droit de renoncer à la communauté,
si elle la trouve onéreuse; la communauté ne garantit pas la
situation de la femme : les créanciers sont à leur aise, ils n'ont
pas seulement à compter sur les biens du mari, mais sur ceux
de la femme. Ceux qui traitent avec le mari le savent propriétaire des biens de la communauté et n'ont à redouter aucun recours de la part de la femme. Les légistes vantent la bonne foi
du régime de la communauté. En cela, ils sont les disciples du
saint-simonisme, les apôtres du crédit. Ils estiment contraire
au crédit la doctrine qui offre des garanties à la femme, parce
que la femme ne trafique pas, ne spécule pas et s'adonne

uniquement aux soins d'épouse et de mère. L'intérêt social
qu'elle représente vaut bien l'intérêt des créanciers. Les légistes
détruisent de tout leur pouvoir les conditions vitales du commerce et de l'industrie ; ils se montrent les défenseurs dévoués
de l'agiotage, du crédit, de la spéculation, en un mot, de toutes
les transactions d'où résultent des changement de propriété et
des perturbations d'intérêts.

IV

Le régime dotal avait cours dans le Midi de la France
avant 1789. Portalis, au Conseil d'État, s'en montra le défen-
seur. Ce régime céda le pas à la communauté qui fut acceptée
comme droit commun, parce qu'elle était plus favorable au
morcellement des biens et aux intérêts des créanciers. Il ob-
tint toutefois, à titre d'exception et à cause des sympathies qui
l'entouraient, de devenir un type juridique offert par le législateur à l'imitation des justiciables. Quoique une certaine lati-
tude soit laissée aux parties contractantes, elles se meuvent
dans un cadre tracé d'avance. Les légistes modernes, M. Troplong en tête, sont hostiles au régime dotal ; ils lui reprochent
sa principale qualité, qui est de garantir les biens de la femme
et l'avenir des enfants. Il ôte du commerce la dot et la soustrait à l'omnipotence de l'administration maritale. Sauf les cas
déterminés par la loi, les immeubles constitués en dot ne
peuvent être aliénés ou hypothéqués pendant le mariage, ni
par le mari, ni par la femme, ni par les deux conjointement.
Le mari administre les biens dotaux ; et si la dot est mise en
péril, la femme peut demander la séparation de biens. Les financiers et les capitalistes réclament contre le régime dotal ;
il est juste cependant que les familles cherchent des garanties
pour les biens qu'elles constituent aux filles. Ces biens ont été
gagnés par les parents et non par les filles qui les reçoivent en
pur don. Les conditions que mettent les parents à leurs libéra-
lités sont donc dans la nature des choses. Si les femmes sont
souvent prises pour leur dot, il importe que cette dot soit
protégée contre la dissipation du mari. Le régime dotal, dans

notre société chrétienne, avait perdu son antique signification
et en avait revêtu une nouvelle. Élément de désordre dans le
droit romain où le divorce était presque de règle, il devint
dans le Midi de la France et sous l'influence du mariage chrétien un principe de conservation sociale. Il se transformait en
une coutume chrétienne, et il puisait dans les mœurs une
force qui le rend encore recommandable.

Le régime dotal, comme le douaire, est tout en faveur de la
femme ; c'est là son principal caractère. La société chrétienne
eut toujours et profondément le sentiment de la protection due
à la femme. Les coutumes du Midi exprimèrent ce sentiment
sous la forme de la dot inaliénable. Mais la coutume qui for-
çait le père à doter ses filles, remonte évidemment à la tradition césarienne. Voici un texte curieux : *Qui liberos quos ha-
bent in potestate, injuria prohibuerint ducere uxores vel nubere, vel
qui dotem dare non volunt, ex constitutione divorum Severi et Anto-
nini, per procuratores præsidesque provinciarum coguntur in matrimonium collocare et dotare.* (*Dig.*, l. XIX, *de Ritu nuptiarum*,
l. XXIII, § 2.) Nous sommes loin de l'ancienne puissance paternelle ; c'est le père qui est, à son tour, réduit en servitude par
l'État. Il ne lui est pas seulement ordonné de laisser ses enfants libres de se marier, ce serait revenir au droit naturel.
César prend sur lui la charge de père universel, de chef de
toutes les familles, et il signifie aux pères leurs devoirs. Les
pères doivent eux-mêmes marier leurs enfants; et quant aux
filles, ils sont obligés de les doter. Et ils se trouvent dépouillés
de leur autorité par un texte qui la rappelle. Les enfants qu'ils
ont en puissance ! Cette puissance qui identifie les enfants au
père, les rend en effet copropriétaires du père, d'après la doctrine prétorienne. Et les Césars ne font qu'anticiper le droit
d'héritage conféré aux enfants.

La population décroît rapidement dans l'empire romain. Les
empereurs veulent avoir des sujets et poussent au mariage.
Ils offrent des primes, des exemptions à qui aura un certain
nombre d'enfants. Ils donnent aux filles une action en dot.
Tous ces expédients échouent. Le texte du Digeste dévoile une
double plaie, l'instabilité du mariage et l'instabilité de la propriété. La puissance paternelle n'est plus qu'un titre à être dé-

pouillé. Dans la pensée de César, le mariage et la dot vont de
compagnie, et il n'y a pas de mariage sans dot. Pourquoi une
dot? Le travail des époux ne peut-il sustenter le mariage?
mais le travail est flétri parce qu'il est le lot de l'esclave. Le
droit romain ne conçoit pas l'homme libre, vivant d'un travail
agricole, industriel ou commercial. Le christianisme a réhabilité
et même honoré et glorifié le travail. Son fondateur, roi des
Hébreux par sa descendance de David, a vécu longtemps de la
vie de l'ouvrier. Le christianisme a fondé le droit de propriété
parmi les peuples chrétiens en appelant les classes laborieuses
à y participer en masse par la seule force du travail. Le travail
a enrichi les sociétés chrétiennes et permis à une population
nombreuse de se développer. Napoléon, comme les Césars,
voulait pour ses guerres beaucoup de sujets, et il ne louait que
les femmes mères de nombreux enfants. Mais son Code civil,
pas plus que le droit romain, ne pouvait susciter de familles
puissantes et agglomérer des populations autour d'intérêts
fixes et permanents. C'est le mariage chrétien, le mariage indissoluble qui a été fécond et non le *concubinatus* ancien ou moderne. L'accord des intérêts et de la morale a été réalisé dans
le monde sous les auspices et par les soins de l'Église catholique. La question des subsistances domine la politique. Or
les subsistances sont produites par le travail manuel. En protégeant et encourageant le travail manuel, l'Église provoquait
l'accumulation des subsistances et ouvrait les portes de la vie
à une nombreuse population. Politique opposée à celle du paganisme qui méprisait, flétrissait le travail et lui demandait
seulement de nourrir le petit nombre des maîtres du monde.

La dot obligatoire, la légitime des enfants, se rattachent à
un antique socialisme. Elles s'expliquent par l'idée que se faisaient les Romains sur le travail. Les enfants ne devant pas
travailler pour gagner leur vie, il fallait bien que le législateur
pourvût à leur subsistance, en leur attribuant un droit sur le
bien paternel. Par là le père se trouvait dépouillé et mis dans
l'impuissance de régler à sa volonté son droit de propriété et
la question de ses biens. C'était un régime de pauvreté imposée à la classe dirigeante. Cet esprit du droit romain a passé
dans notre ancienne France, nous ne le savons que trop. Vivre

sans travailler s'appelait vivre noblement, vivre bourgeoisement ! Ce préjugé est encore vivace. Il est inculqué, imposé
par la loi qui règle les héritages et ôte au père de famille le
droit de se choisir un successeur et de transmettre au moins à
l'un de ses fils un bien ou une situation capable de faire vivre
une famille. Il en est résulté que la classe dirigeante, appauvrie
par les partages forcés, se réfugie dans les fonctions officielles
et abandonne la production de la richesse à une classe dé-
pourvue de capitaux. L'idée de nos législateurs, c'est que les
parents doivent nourrir leurs enfants, non seulement pendant
leur enfance, mais jusqu'à la vieillesse. Rien de plus propre à
abattre dans les âmes l'esprit d'initiative et le sentiment de la
responsabilité. La vérité est que l'enfant qui a reçu le bénéfice
de la vie et de l'éducation, n'a plus rien à demander à ses parents. Ils se sont acquittés envers lui, il est et il sera à jamais
leur débiteur. C'est à lui de pourvoir à son sort, de se créer
une carrière, de produire la somme de richesse qui lui est nécessaire et qui accroîtra d'autant la richesse générale et la
prospérité de son pays.

Les pays de révolution se caractérisent par la tendance à favoriser les enfants contre leur père, à leur attribuer prématu-
rément une part d'autorité. Les enfants sont portés aux
innovations ; les pères, au contraire, s'inspirent de l'ancien
ordre de choses ou du moins de l'état présent. Ils ne se pré-
cipitent pas vers l'avenir. La Révolution française assimile,
pour le droit politique, les enfants aux pères, et par là elle les
rend supérieurs, puisque les jeunes gens sont en majorité et
qu'ils ont l'audace et l'ambition. Les jeunes gens règnent et
gouvernent en France ; et ce n'est pas sans raison qu'après 1830
il a été si longtemps chez nous question de la « jeune France ».
Les enfants sont favorisés par les lois dans le but unique de
maintenir la France en état perpétuel d'agitation et d'instabilité. La pauvreté, dans une nation nombreuse et très civilisée,
est un élément de révolution. Notre Code civil est hostile à la
richesse, il déconcerte toute tentative individuelle pour améliorer l'agriculture, l'industrie, le commerce.

Au lieu de conserver le bien de famille pour qu'il serve de
point de départ à une nouvelle génération et s'accroisse dans

le parcours des siècles, le législateur le fait consommer par la
génération présente, en sorte que la famille française, essentiellement viagère, en est toujours à ses débuts et ne peut lutter
dans aucune des branches de la production, avec ces familles
étrangères qui ont pu grandir par la liberté du testament et
la transmission intégrale. Un légiste du xvi⁰ siècle, plus attaché que d'autres à la coutume, Coquille, dit, dans ses *Questions*
que « autrefois l'établissement de notre république était de
conserver les héritages ès maisons ». Le principe de dissolution
avait donc dès lors pénétré dans les familles et disjoint les
intérêts unis depuis tant de siècles. Par l'idée de partage, le
droit reconnaît des intérêts opposés qui n'attendent que le
moment d'entrer en lutte. Les membres de la famille n'aspirent qu'à une dissolution. La maison paternelle est une proie
qu'ils se disputeront un jour. Cette altération des sentiments
de famille par la rupture des intérêts communs date de loin
dans notre histoire. L'unité du mariage chrétien a nécessairement réagi sur le régime des biens ; les conditions matérielles
de l'existence ont dû s'harmoniser avec le mariage et s'adapter
à son but. Pendant dix siècles, le législateur n'est plus inter-
venu dans les affaires de la famille. L'union conjugale a été
laissée à elle-même pour le règlement de ses intérêts matériels. La coutume chrétienne, suivant l'analogie des causes et
des effets, a étendu au patrimoine l'unité, l'indissolubilité du
lien conjugal. Alors la femme associée à une communauté rurale perpétuelle, ou fixée par le douaire dans la maison de
famille de son mari, eut pour le reste de ses jours son existence assurée. La noblesse a conservé l'usage du douaire jusqu'en 1789. Mais, depuis longtemps, elle n'observait plus la
coutume sur la transmission intégrale ; elle vendait, hypothé-
quait ses terres. Ruinée au moment de la Révolution, elle ne
sut se défendre et seconda un mouvement où elle devait périr.
Fondée désormais sur des intérêts morcelés et divergents,
notre société ne parvient plus à s'équilibrer, le sol manque
sous ses pieds. L'institution du divorce aggrave l'anarchie politique et la rend presque irrémédiable.

Le gouvernement s'est emparé du contrat de mariage comme
du mariage ; du mariage pour l'empêcher de réaliser l'unité et

du contrat de mariage pour empêcher les biens de concourir à cette unité. Il estime qu'il est de l'intérêt public que les biens des époux soient le plus souvent divisés et rejetés dans la circulation. Pendant la Révolution, les femmes se trouvaient aussi dans la circulation, par la fréquence des divorces, par le concubinat légal qui avait remplacé le mariage. Si le désordre des mœurs a diminué et n'est plus aujourd'hui ce qu'il était à l'époque du Directoire, nous sentons par une longue expérience que les intérêts matériels succombent. C'est le cri qui échappe de toutes les enquêtes agricoles ou industrielles. Le morcellement du sol, le peu de durée des entreprises industrielles limitées par les lois de partage manifestent une conclusion que personne ne songe plus à cacher. Nous ne pouvons plus soutenir la concurrence étrangère, et ce sont nos hommes de progrès et de révolution qui ont proclamé le principe du libre échange. Constituer le capital, lui assurer sa liberté d'action, telle est la pratique des pays de production et de richesse. La France seule s'obstine dans un socialisme d'État qui met les intérêts matériels des familles et, par suite, les intérêts même de la France dans la main d'un gouvernement aveugle, incertain, qui n'a pas en moyenne quinze ans de durée, et qui pendant ces quinze ans est livré aux vicissitudes ministérielles et à tous les changements de système. Les agriculteurs, les industriels, les commerçants ne sont pas consultés, ou on se rit de leurs prévisions. Ils demandent à gouverner leur personne, leurs biens, leurs familles, en dehors de toute tutelle ou direction de l'État. Et des politiciens qui n'ont jamais produit que des émeutes et des phrases se chargent de la fabrication des lois et les tournent dans le sens de leur ambition et de leurs intérêts.

Nous tombons dans un étrange contraste. Tous les Français sont citoyens, électeurs. Ils participent au gouvernement de chaque jour ; leur principale préoccupation est l'urne électorale qui s'ouvre à chaque instant pour la commune, l'arrondissement, le département, le Sénat et la Chambre. Tout le monde a la prétention de gouverner l'État, et il n'y a que le Président de la République qui n'ait pas le droit de manifester une opinion politique. Mais ce gouvernement qui n'a aucun moyen de contracter une alliance, un traité, de fonder quoi que ce soit qui ait chance de durée dans un intérêt public, a pour mission spéciale de gérer les affaires des particuliers ; c'est lui qui fixe les successions, les contrats de mariage, la façon de régir les biens et d'élever les enfants. C'est un maître d'école ; il est tout récemment descendu à la fonction de bonne d'enfants ; dans sa sollicitude, il se fera nourrice. Il ne nous manque plus que d'être nourris par l'État. Grâce à la rente et à l'impôt, l'État est bien près de détenir la majeure partie de la fortune de la France. Mais si nous nous avisons de dire que les particuliers devraient s'occuper de leurs affaires et l'État des siennes, et qu'il n'est pas sage d'intervertir les rôles et de faire gouverner l'État par les particuliers, et les particuliers par l'État, on criera à l'utopie !

CHAPITRE VIII

LE DIVORCE

I

La Chambre des députés a tranché en seconde lecture cette question du divorce si célèbre dans nos annales contemporaines, que chaque révolution ramène toujours sur le tapis et qu'un reste de bon sens national avait l'habitude d'ajourner. En sera-t-il de même cette fois ? M. Naquet aura-t-il plus de chance que ses prédécesseurs ? La commission et son rapporteur, M. de Marcère, ont esquivé la difficulté en se plaçant tout d'abord dans la séparation de corps et en laissant de côté l'institution même du mariage. Il faut cependant savoir ce que c'est que le mariage, ce qu'il est dans l'ordre de la nature. Est-il indissoluble ? Le *Syllabus* le déclare indissoluble de droit naturel. M. de Marcère se contente de supposer qu'il est dissoluble de droit naturel et suit la règle de tous les contrats qui se font ou se modifient au gré des parties. La tradition du genre humain est contraire à cette doctrine, et, quoique la passion ait le plus souvent prévalu, elle n'a pas étouffé le cri de la conscience ; l'indissolubilité du mariage a toujours paru le vœu le plus cher de la nature. La tradition chrétienne est là avec son incorruptible continuité.

En renversant l'ordre religieux, la Révolution française a du même coup renversé l'ordre naturel. La persécution moderne s'attaque au mariage comme à une institution religieuse. Cependant, le mariage du Code civil n'est plus le sacrement. Dans la pensée de Portalis et de ses collaborateurs, il est encore le mariage de droit naturel. Il l'est surtout et plus incontestablement depuis la loi de 1816, qui lui a restitué l'indissolubilité.

Ce caractère assurait au mariage français une supériorité morale sur le mariage dissoluble pratiqué dans une grande partie de l'Europe. L'opinion publique n'a jamais réclamé le divorce ; les classes populaires, en particulier, s'y sont toujours montrées hostiles. Le divorce est une idée de bourgeois blasés ou de révolutionnaires conséquents. Du moment que le mariage est fondé sur la religion ou sur le droit naturel, qui a Dieu pour auteur, il ne cadre plus avec l'athéisme et devient un obstacle au système actuel. La sécularisation ou l'athéisation sociale envahit ce domaine et l'annexe à ses autres conquêtes.

Dans les trois grands actes de sa vie, l'homme se rattachait à Dieu, à la religion : la naissance, le mariage, la mort prenaient ce caractère solennel et reposaient sur des coutumes que le législateur n'osait pas enfreindre. Le législateur français se borne à enregistrer civilement ces trois événements. Le mariage est atteint dans son centre, dans sa constitution, par le divorce. Nous revenons aux lois de la Révolution, et il est à remarquer que la Révolution avait aboli le mariage. En assimilant les enfants dits naturels, par euphémisme, aux enfants légitimes, en d'autres termes, les enfants nés hors mariage aux enfants nés dans le mariage, elle montrait le cas qu'elle faisait du mariage. Il n'y avait réellement plus de mariage ; le divorce par consentement mutuel en effaçait les derniers vestiges. Le mariage alors est le plus fragile de tous les contrats, parce que, en réalité, il suffit de la volonté d'une seule des parties pour le rompre. Qu'une partie rende la vie insupportable à l'autre, ne faut-il pas que celle-ci se décide à la rupture ? Cela n'est possible dans aucun autre contrat, parce que dans aucun les parties ne sont assujetties l'une à l'autre, comme dans le mariage et n'ont leurs sentiments et leurs intérêts dans une communauté aussi parfaite. Déchu de l'indissolubilité, le mariage devient un contrat ridicule ; il n'a même plus de base juridique.

Il est possible que le législateur veuille régulariser, légaliser le concubinage, comme en 1792. Mais la loi peut-elle abolir le mariage, qui est de droit naturel ? Chez les Romains la coutume favorisait encore le mariage perpétuel sous le nom de *Justæ nuptiæ*. La femme alors était censée devenir la fille de son mari, et à ce titre elle contractait une union perpétuelle. Il y a des Français qui, sans entrer dans les formalités du droit romain, voudront contracter un autre mariage que le concubinage que la loi leur proposera. Seront-ils admis à contracter un mariage perpétuel ? Le mariage à temps, le mariage avec faculté d'arrêt, sera-t-il reconnu par la loi? Le législateur a-t-il le droit d'imposer l'union temporaire? Nos adversaires ne veulent pas de l'union perpétuelle. Eh bien, qu'ils se marient à temps et que le mariage avec faculté de divorce soit mis par la loi à leur disposition. C'est tout ce qu'ils peuvent réclamer. Ils sont libres en cela, d'après leurs propres principes, et ils sont les plus forts. De quel droit imposent-ils à d'autres un mariage qui n'est plus celui de l'ancienne conscience française ? C'est une persécution religieuse, et la plus grave de toutes. Elle frappe toutes les familles; elle ébranle tous les droits, tous les intérêts.

Il ne faut pas considérer seulement le petit nombre des personnes qui useront du divorce. Tous les mariages sont atteints dans leur considération, dans leur dignité. L'agitation et l'inquiétude remplacent partout la sécurité. Chaque époux est sous la menace de son conjoint et dans la crainte d'une rupture. Nous n'avons pas besoin de dire que les femmes sont particulièrement visées par le législateur. Elles sont déchues de leur droit au mariage perpétuel. Le législateur républicain les ramène au paganisme où elles étaient esclaves et où le concubinat n'était, en définitive, qu'une forme de leur esclavage. Le divorce, de nos jours, a un caractère plus déterminé et se rattache au système de l'athéisme. Une science nouvelle, dont l'État s'est fait l'adepte et qui règne dans les assemblées publiques et dans les institutions, nie la doctrine du Dieu créateur et des fins dernières. Elle proclame avec orgueil la pure animalité de l'homme. N'ayant pas rencontré l'âme sous son scalpel, elle a proclamé la non-existence de l'âme. Elle a étudié les brutes et n'a pas vu l'institution du mariage en honneur parmi elles. Elle a conclu que le divorce était une loi de la nature. Nous sommes assimilés aux bêtes. Est-ce que les manuels répandus dans toutes les écoles ne disent pas ouvertement ce qu'ils insinuaient autrefois, à savoir, que l'homme

est un animal comme un autre ? En vertu de ce principe, les
lois et les institutions ne sont plus que des superstitions, des
jougs dont il importe de s'affranchir. Si l'humanité, au lieu
d'avoir été fondée par le premier couple créé de Dieu, descend
d'une combinaison d'atomes ou d'une fermentation fortuite,
vous voyez que la société, comme le mariage, est bien près
d'être contre nature. C'est à cet état de nature que M. Naquet
et M. de Marcère nous conduisent sous l'influence de l'idée
matérialiste dont ils peuvent ne pas se rendre compte. Cette
idée domine la situation ; elle s'est dégagée des loges maçon-
niques par d'immenses efforts ; elle est entrée avec effraction
dans la société civile, elle a forcé la porte de l'Académie des
sciences ; elle s'affiche dans la législation. Nul doute qu'elle ne
se développe dans toute l'étendue de ses conséquences. Le divorce est une de ces conséquences. Ce texte des jurisconsultes
romains est curieux : *Jus naturale est quod natura omnia animalia
docuit.* Ce texte a égaré les législateurs protestants qui, aux XVII°
et XVIII° siècles, ont publié des théories du droit naturel.

La Réforme, sur cette question du mariage, reprenait la doctrine des jurisconsultes romains. Les princes, les docteurs s'af-
franchirent du joug conjugal et convolèrent à autant de noces
qu'ils voulurent. Ils retournèrent à la bestialité que recom-
mandent les jurisconsultes romains. La confusion scientifique
de l'homme avec la brute a nécessairement des conséquences
juridiques, et elles sont immenses. Avec cet axiome que le
droit naturel précède la loi et que la loi n'en doit être que l'or-
ganisatrice, il s'ensuivra que la bestialité est le terme du progrès de l'humanité, et que l'absence de morale est le moyen le
plus sûr pour atteindre cette destinée. Il y a un droit naturel
bien différent, suivant que l'homme est un simple animal ou
un être doué d'une âme immortelle. Il est même singulier que
les jurisconsultes romains, dans leur tautologie, nous parlent
du droit des brutes, comme si ce droit se confondait avec la
physique et l'histoire naturelle. Le règne de la passion égali-
sait l'homme à l'animal. Le christianisme a rendu à l'homme
sa nature morale et a rétabli le droit naturel humain ; il a
rompu la parenté de l'homme avec la brute. Un païen de notre
temps, l'historien Michelet, appelait les animaux « nos frères

inférieurs ». C'était bien la pensée des jurisconsultes romains, englobant dans le même droit les brutes et les hommes.

Ainsi le divorce découle du matérialisme. La persécution, comme au XVIᵉ siècle, s'attaque à l'unité du mariage non plus par des arguments bibliques, mais par des arguments « scientifiques ». Elle n'a plus besoin d'hypocrisie. La science est tombée dans le matérialisme et nous propose la morale ou le droit de la brute. C'est là le résultat déguisé sans doute, sous les mots et les formules. L'homme est-il créé pour vivre en société? Le mariage n'est-il pas l'état du premier couple humain? La perversion de la grande loi de l'unité et de l'indissolubilité du mariage a condamné les femmes à la servitude. Elles étaient esclaves sous le paganisme, elles le sont encore sous l'islamisme qui se rapproche par tant de points de l'ancien empire romain. Les mœurs résisteront plus ou moins. Au fond, c'est le mariage qu'on supprime. On en fait un simple contrat à la façon de la vente, de l'échange, du louage. Disons le mot, on en fait un caprice ; ce ne sera même plus une institution. Respectez la liberté individuelle, nous crie-t-on ; il s'agit de savoir si la liberté de violer ses engagements est un droit respectable. C'est le droit que vous allez donner à une multitude d'hommes et de femmes qui se sont unis sous la loi de l'indissolubilité.

II

La Chambre des députés a adopté à une majorité de plus de deux cents voix en première lecture le projet de loi sur le divorce. Le rapporteur, M. de Marcère, a défendu le projet. Il a invoqué surtout les antécédents révolutionnaires. Son discours manifeste l'unique pensée de rentrer dans les voies de la Révolution. C'est bien ainsi en effet que la question se pose. Le rapporteur a beau dire que le principe du divorce raffermira tous les mariages, il ne parvient pas à le croire ou à faire croire qu'il le croit. Il proclame que le mariage est indissoluble de sa nature, mais que les exceptions ont droit à être respectées. Il ne paraît pas comprendre que s'en rapporter aux parties pour savoir si elles divorceront ou non, c'est en réalité mettre le mariage lui-même en l'air et lui ôter son caractère de fixité. L'homme a-t-il le droit de prendre des décisions irrévocables, d'enchaîner sa liberté à toujours ? Pourquoi non ? Et à qui, sinon à l'expérience, appartient-il de le constater ? Si le vœu de la nature est l'unité et l'indissolubilité du mariage, les époux ont pu et dû s'engager sous la loi de la perpétuité. Ils n'ont pas signé un simple contrat dont ils restent les maîtres ; ils sont entrés dans une institution, ils font partie d'une institution qui importe à l'ordre social, et dont ils ont accepté les charges et les conditions. La société a pris note de leur détermination ; ils n'ont pas le droit de déserter leur poste, de retirer la parole donnée, qui est devenue un fait social, dont la société demeure garante. S'il est fait une brèche à l'indissolubilité, l'institution tout entière du mariage y passe.

Est-ce qu'il n'y a pas des unions malheureuses ? Est-ce que la vie commune ne peut pas devenir insupportable ? Qui le nie ? Ce sont de ces malheurs, de ces accidents dont la vie humaine n'est pas exempte. La nature et le législateur y ont pourvu. La nature nous dit : Séparez-vous, et le législateur règle les effets de la séparation de corps. Cette séparation est un remède pénible, une nécessité. Il est ridicule de disserter sur les inconvénients qu'elle présente ; elle a les inconvénients des opérations chirurgicales qui sont douloureuses en soi, mais qui valent beaucoup mieux que la perte de la vie. La séparation est préférable au meurtre, à l'assassinat d'un des époux par l'autre. Saint Jean Chrysostome remarque que c'est pour écarter l'occasion de tels crimes que la répudiation a été tolérée chez les Hébreux. La séparation de corps est donc une nécessité ; elle remédie autant que possible à un mal incurable. Mais elle conserve l'institution du mariage. Il n'est pas étonnant qu'il y ait des mariages malheureux ; est-ce une raison pour mettre en suspicion tous les mariages ? Il est facile d'organiser la séparation de corps, le retour des époux étant toujours désirable et dans le but même de la séparation. Les relations de famille sont perpétuelles et elles sont toutes répudiées par le divorce. La paternité et la filiation sont perpétuelles. Elles devraient logiquement cesser avec le divorce.

Les enfants de divorcés auront toujours un air de *vulgo concepti*.

M. le rapporteur se préoccupe du sort des séparés de corps qui ne pourront pas fonder de nouvelles familles. Mais s'ils ont si mal réussi une première fois, combien n'est-il pas à craindre que de nouvelles tentatives ne soient pas plus heureuses ? Est-ce que, à force de se marier, un homme parviendra à être de plus en plus apte à faire un bon mari ? La nature ne favorise pas ces expériences. Un grand malheur de notre temps, c'est que la notion du droit naturel y est devenue absolument étrangère. Il n'est question de droit naturel ni dans les écoles, ni dans les académies. Il se rattachait à l'enseignement chrétien, sans se confondre avec lui ; il avait une tradition constante, un développement scientifique assuré. Aujourd'hui, il n'est plus qu'une fantaisie, et M. de Marcère l'a invoqué tout à rebours, en supposant que l'union de l'homme et de la femme n'est dans l'ordre de la nature soumise à aucune loi de perpétuité. Selon M. de Marcère, « c'est le caractère essentiel de la loi de 1816 d'être une loi de réaction contre la Révolution française » ; c'est très vrai, mais non dans le sens d'un retour au régime antérieur à 89. La loi de 1816 ne rétablit pas la juridiction de l'Église sur les mariages, elle proclame simplement l'indissolubilité du mariage, aussi bien pour les non-catholiques que pour les catholiques. Il ne s'agit pas du droit canon, mais du droit naturel, parce que, autrement, on n'aurait nul droit d'imposer une prescription religieuse à des dissidents. Tous les Français, au contraire, sont soumis au droit naturel, et la loi qui fixe en cela leur devoir est légitime. La Révolution française n'a pas seulement renversé la religion, elle a renversé le droit naturel en supprimant le mariage, et l'autorité paternelle en assimilant les enfants nés hors mariage aux enfants issus du mariage. M. de Marcère revient plusieurs fois à cette idée que le divorce est « un principe essentiel de la Révolution française ». Il est difficile de comprendre que le divorce soit un principe essentiel ; si M. de Marcère le disait du mariage, nous le comprendrions. Il parle comme les Romains qui se mariaient en vue du divorce. M. de Marcère a cité une statistique d'où il résulte que la France est le pays où les enfants naturels sont le plus nombreux. Il en tire la conclusion

qu'avec le divorce ils seraient légitimés. Ce n'est pas sûr; la
débauche ne vise pas toujours au mariage. L'indissolubilité
est un frein contre les mauvaises mœurs, plus vous constatez
le désordre moral, plus vous rendez nécessaire la seule barrière qu'il rencontre. Comment le législateur de 1882 organise-
t-il la procédure du divorce ? Au fond, il n'organise rien ; sous
des formes illusoires, il aboutit à la négation du lien conjugal.
Il a beau fixer des délais, des enquêtes, des interrogations,
en réalité la volonté des époux ou même de l'un d'eux réussira
toujours à obtenir le divorce, puisque rien n'est plus simple
que de simuler les faits justificatifs d'une demande en divorce.
A quoi donc s'engageront les époux devant M. le maire ? A
rester unis tant que cela leur plaira ! Ont-ils besoin de M. le
maire pour sanctionner un pareil engagement ?

D'autres nations ont conservé le divorce, mais ceux qui nous
les proposent pour modèles se gardent bien de les imiter en
tout. Si elles ont des institutions conservatrices d'un autre
genre, elles peuvent plus facilement braver le péril du divorce. N'ont-elles pas des institutions conservatrices du droit
de propriété et de l'autorité paternelle? Ne jouissent-elles pas
d'une sécurité politique favorable aux bonnes mœurs? Le divorce chez elles est restreint par la difficulté d'en user. Jusqu'à
ces derniers temps, il n'était accessible, en Angleterre, qu'aux
personnes riches. En France, rien ne s'opposera à ce que la
manie du divorce gagne les classes populaires. Toute la France
a l'œil sur Paris et sur le pouvoir central; les opinions, les
sentiments s'y règlent sur le mot d'ordre parti de la capitale.
Notre état démocratique implique la nécessité de freins moraux puissants. Le droit naturel est encore là; il soutient le
mariage destitué légalement de son efficacité religieuse. Il lui
imprime ce caractère de force, de durée qui défie l'incons-
tance. M. de Marcère prétend que ni lui, ni la commission ne
veulent supprimer le mariage, et qu'ils répudient la loi de 1792.
Leurs intentions sont puériles, puisqu'elles arrivent au même
résultat. La loi de 1792 ne supprimait pas le mariage en principe, mais en fait. Elle établissait le divorce pour rendre le mariage plus parfait, ce qui est aussi la pensée de M. de Marcère.
Bref, il n'y avait plus de mariage et le même M. de Mar-

cère veut nous ramener aux principes de la Révolution française. S'imagine-t-il que les nations étrangères ont puisé leur
divorce à la source de la Révolution française et qu'elles ont
introduit chez elles l'union libre, le concubinage, tels qu'ils
ressortent de la loi de 1792 ? Le divorce protestant a pu
être combattu par la gravité des mœurs, par une meilleure
interprétation de la Bible et de l'Évangile. Il n'est pas né de la
négation même du mariage, du droit que s'attribue l'homme
de rompre tout engagement perpétuel. Le principe de la Révolution est bien différent. Il ne proclame pas le mariage, mais
le divorce ; c'est le divorce qui est l'institution fondamentale,
car le mariage, auquel comme correctif est adapté le divorce,
n'a qu'une valeur nominale par l'assimilation des enfants dits
naturels aux enfants légitimes. Si les principes de la Révolution française auxquels nous renvoie M. de Marcère exigent le
rétablissement du divorce, il importe de savoir jusqu'où vont
ces principes et quel avenir nous préparent les réformateurs
du moment. Au reste nous ne pouvons nous dissimuler que la
persécution religieuse reprend les allures de 1792 ; on rétablit
le divorce, plutôt contre les catholiques qu'en faveur des dissidents, qui jusqu'ici s'en sont passés. On exploite les préjugés
et les souvenirs de la Révolution française, sans s'apercevoir
que tout est changé en Europe et que la France joue gros jeu
en se rejetant d'un siècle en arrière et en s'éloignant de plus
en plus de la civilisation européenne.

III

Qu'est-ce au fond que le mariage avec faculté de divorce,
sinon un concubinage déguisé ? De quelque façon que nous
examinions le sujet, nous ne distinguons que deux sortes d'u-
nions entre l'homme et la femme : l'union perpétuelle et l'union
temporaire. Que celle-ci s'entoure de cérémonies diverses,
elle ne change pas de nature. Ni les paroles solennelles de
M. le maire, ni les articles du Code ne font le mariage ; il
découle du consentement des parties, l'officier de l'état civil
se borne à le constater. Quelle est la valeur juridique de ce

contrat ? qu'ont voulu les parties ? Non pas s'unir à perpétuité, puisque le contrat ne sanctionne pas un pareil but et qu'elles sont autorisées seulement à contracter une union révocable. Il est vrai que les époux pourront ne pas user du divorce et en fait demeurer perpétuellement unis. Cette perpétuité dans l'union ne dérive pas du contrat, mais de la volonté des parties; il leur plaît de ne pas recourir au divorce. L'union qu'elles ont contractée est une union révocable. Il en résulte une singulière situation ; le maire leur a dit : je vous déclare unis par le mariage, et je suis tout prêt à vous déclarer désunis, si l'envie vous prend de vous désunir. La validité du contrat gît donc dans la volonté des parties. Il est valide si les parties l'exécutent ; il devient invalide si elles refusent de l'exécuter. Il est sans force par lui-même ; il n'impose par lui-même aucune obligation, puisque chaque partie est libre de le rompre. On peut douter qu'il y ait un contrat sérieux, personne n'étant sérieusement engagé.

Cette union temporaire se dénouant à la volonté des parties reçoit le nom de concubinage, et nous cherchons en vain comment les formalités de la mairie peuvent modifier ce caractère. Dans le mariage avec faculté de divorce, le législateur ne reconnaît plus l'union perpétuelle, il ne la conçoit même plus ; il nie le droit de la volonté humaine de s'engager à toujours. Il lui offre son concours pour un engagement facultatif. Or, un engagement facultatif n'est pas un engagement. Je m'engage tant que ça me plaira ! n'est pas une formule juridique. C'est l'application de la maxime : Donner et retenir ne vaut. La contradiction est flagrante. Quand les formalités administratives constataient un acte important, définitif, elles avaient leur raison d'être. Avec la loi future, elle ne constateront que le caprice momentané des parties. Le maire, instrument des mariages et des divorces, chargé d'unir et de désunir, ne paraît plus qu'un personnage ridicule. L'union facultative est une impossibilité morale. Et cependant le législateur nous menace de la prendre pour le type des unions françaises. Ces unions temporaires ou facultatives sont si peu dans la nature, que vous ne pouvez leur donner un caractère vraiment juridique. Quand elles triomphent dans une société, c'est

que la notion du mariage a disparu, comme cela est arrivé
dans l'ancienne société romaine et sous le régime de la Révolution française. Alors on supprime le mariage qui répugne à
la dissolution des mœurs, et l'on se contente de régulariser le
concubinage. Ces sortes d'unions ne fondent pas de familles,
elles brisent les liens de parenté et d'alliance.

Le divorce n'est pas un remède aux mauvais ménages ; la
séparation de corps est le remède naturel. Le divorce est autre
chose; il est une négation du mariage, une négation du principe de perpétuité qui est l'essence du mariage. En dehors de
la perpétuité, vous ne trouverez pas le moyen d'asseoir la
paternité. Logiquement, la paternité disparaît avec le divorce ;
elle reposait sur le mariage ; le mariage est rompu, elle n'a
plus de base, et il faut décider qu'à partir de la proclamation
du divorce les relations de paternité et de filiation cessent
d'exister. Cette conséquence n'eût certainement pas effrayé le
législateur de 1792, qui mettait sur la même ligne les enfants
nés hors du mariage et les enfants nés dans le mariage. Peu
importait que les enfants eussent un père ou n'en eussent pas,
la République les adoptait tous sous le nom d'enfants de la
patrie. L'autorité paternelle gênait autant la république de
1792 qu'elle paraît gêner celle de 1882. Par l'éducation d'État
on enlève à la paternité sa principale efficacité. Il reste encore
un titre nu, une dignité nominale. Cela même s'évanouit dans
le mariage libre.

Quelle peut être l'autorité du père sur des enfants qui sont
toujours sur le point de lui échapper par le divorce. La famille
n'est plus qu'une agrégation factice née de la loi et toujours
sous le coup d'une dissolution légale. Le mariage constitue la
paternité et l'autorité paternelle par sa perpétuité, par son
droit de nature supérieur au législateur lui-même. Il est évident qu'en dénaturant, en affaiblissant le mariage, on se défait
de cette paternité incommode et de ces droits dont la revendication trouble nos gouvernements modernes. La loi du divorce
vient donc à son heure, comme le développement d'une idée
préconçue et qui n'est autre que la révolution elle-même
repassant par tous les chemins qu'elle a parcourus il y a un
siècle. Le mariage avec faculté de divorce n'atteint pas seule-

ment la femme dans sa dignité et dans ses droits les plus chers,
il frappe l'homme en plein, en lui enlevant sa qualité de chef
de famille. Si encore on laissait à chacun le soin de se marier
à sa guise, avec ou sans faculté du divorce ! nous n'aurons pas
même la liberté de suivre la loi de la nature ; il nous faudra
tous nous marier avec faculté du divorce ! Je sais bien que le
divorce n'est pas obligatoire ; mais si le mariage ne comporte
pas la renonciation au divorce, je ne vois pas ce qu'il signifie
et quel engagement il forme. En permettant aux conjoints de
se séparer à volonté, il annule tout contrat et tout engagement.

La perturbation jetée dans les esprits et dans les mœurs
n'aura pas de fin. Le mariage n'aura plus la sanction de la loi,
puisque c'est la loi elle-même qui lui ôte son caractère et contribue à le dissoudre. On se mariera désormais avec perspective de divorcer. Ceux qui entreront chrétiennement dans l'état
du mariage, avec la ferme volonté d'en remplir les obligations,
seront dénués de toute protection légale. Combien sont-ils ?
s'ils ne sont pas la majorité, ils sont une grande partie de la
France. Le législateur leur dit ; je ne protège plus votre mariage, les droits temporels qu'il consacre ne me regardent
plus : je protège toutes les conventions qui ont pour objet
l'union passagère des hommes et des femmes ; quant à vos
unions perpétuelles, elles me semblent contre nature et indi-
gnes de mon attention. La protection légale est refusée aux
chrétiens ; leur mariage n'est plus reconnu ! Suivant leur
conscience et leur loi religieuse, ils veulent se marier à toujours ; c'est l'unique sentiment qui les anime au moment de la
célébration du mariage. La loi refuse de protéger les droits
qui dépendent de ce mariage et substitue au mariage perpétuel qui est dans la pensée et la volonté des conjoints, le mariage temporaire qui est de son invention ; elle se borne à
reconnaître ce dernier mariage, que les conjoints n'ont nullement eu l'intention de contracter.

Le mariage civil disparaît ici et n'est plus qu'une formalité
illusoire. Il ne répond ni à la pensée des parties, ni à la pensée
de M. le maire. Je viens me marier à perpétuité, dites-vous à
M. le maire ; je vous marie à temps, vous répond-il. Il ne reste
en réalité et au point de vue du droit que le mariage chrétien

ou le mariage de droit naturel, mariages valables et seuls vrais
mariages que les parties se confèrent par leur volonté, mais qui
sont dénués de toute sanction légale et relèvent uniquement
du for de la conscience. Les droits, les intérêts de millions de
Français sont sacrifiés par un législateur insensé. Ce qu'a été
la France dans le passé, ce qu'elle est dans le présent fait de la
loi du divorce une loi de dissolution sociale. Nous étions habitués au frein nécessaire de l'indissolubilité du mariage ; notre
frivolité en avait besoin. Les mœurs se sont formées et n'ont
plus que cet appui. Même ceux qui ne sont pas chrétiens s'en
accommodaient ; les juifs, les protestants, malgré la complaisance de leur loi religieuse, acceptaient cette loi de la nature;
sans doute, ils ne croyaient pas se plier à une loi religieuse
étrangère, ils n'obéissaient qu'à une loi de nature. Quel législateur doué du sens commun n'aurait admiré un pareil phénomène historique ?

Une grande unité morale résultait de ce mariage de droit
naturel et compensait bien des causes de dissolution, sans cesse
agissantes et favorisées par les révolutions et les gouvernements. Il y avait encore une famille morale. Le législateur va
jeter dans la société un nouveau germe de discorde, qui, en
s'étendant, embrassera toutes les classes et toutes les familles.
Les honnêtes gens seront mécontents, et ils sont en majorité.
Et leur mécontentement ne se calmera pas, puisque la cause
en est perpétuelle. Et si l'on compte sur les divorcés pour être
l'appui aussi bien que l'ornement de la République, on peut
compter sans son hôte. Il y a, dans cette tentative de bouleverser la France sans profit appréciable, quelque chose d'étrange
et de mystérieux. Les sociétés secrètes ont-elles jeté leur
dévolu sur la France pour en faire l'instrument définitif de leurs
desseins ? Ce dernier débris d'ordre social, qui est notre
mariage traditionnel, s'oppose-t-il à leur plan de régénération
de l'humanité ? Les classes populaires n'ont jamais pris parti
pour le divorce. Dans les pays ravagés par la Réforme, les
princes et les seigneurs qui s'emparaient des biens d'Église
rompaient aussi le lien conjugal. C'est par eux que le divorce
s'imposa aux sociétés nouvelles. Les peuples ne cédèrent que
par violence au changement de mœurs et de religion. En 1848

le citoyen Crémieux agitait la question du divorce, et il circulait des pétitions dans ce sens. Nous entendions un ouvrier s'écrier : Ce sont les bourgeois qui veulent prendre nos femmes ! Peut-être, en effet, est-ce là le résultat pratique auquel tendent la plupart des partisans du divorce !

IV

Le mariage est perpétuel de sa nature ; conçu avec la faculté du divorce, il n'est plus qu'une union facultative, n'emportant aucun devoir sérieux, ne fondant pas les époux dans l'unité. Nos philanthropes se sont pris de compassion pour les ménages mal assortis. Ces ménages sont les moins respectables puisqu'il y a de la faute des parties. Mais enfin, ils ne sont que la rançon payée par l'infirmité humaine. Qui a pu penser que tous les mariages seraient heureux ? C'est à chacun à prendre les vertus de son état. Si la vie vous est insupportable, séparez-vous ; il n'y a pas d'autre remède. Deux frères ne peuvent plus vivre ensemble ; ils se séparent sans que les liens de la fraternité soient rompus. Un père et un fils se séparent tout en restant père et fils. La qualité donnée par la nature persiste et demeure indépendante de notre volonté, quelle que soit d'ailleurs notre conduite. Nous concevons donc que le mariage d'où proviennent ces qualités constitue dans les époux une qualité indélébile, et qu'on ne cesse pas plus d'être époux que d'être père ou fils, quoiqu'on puisse être mauvais époux ou mauvais fils. Le mariage a sans doute une forme de contrat, et en cela il relève de notre volonté. Mais notre volonté, qui va à nous marier ou à ne pas nous marier, n'a aucune autorité pour modifier le mariage en soi. L'union de l'homme et de la femme est perpétuelle. Et comme l'exception tuerait la règle, il n'y a pas d'exception. Que d'honnêtes gens soient cruellement trompés, c'est un malheur. Ils souffrent parce qu'ils sont hommes et non parce qu'ils sont honnêtes. Il y a des maux irréparables : vous êtes frappé d'un accident, d'une maladie, d'une perte de fortune.

La philosophie moderne intervient et demande à introduire

la liberté dans le mariage. Mais si le mariage est libre, il n'est plus le mariage; s'il n'est pas l'engagement de toute la vie, il n'est que l'engagement de quelques instants. Les malheureux en ménage et les séparés ont eu tort de se marier. Le mal fait, ils doivent le supporter et ne pas recommencer une déplorable expérience. Les anciens, s'ils n'ont guère été fidèles à la vérité, l'ont cependant reconnue, puisque les jurisconsultes définissaient le mariage : *Viri et mulieris conjunctio, vitam individuam continens.* Si la vie des époux est indivisible, comment la scinder et où est la place du divorce? Le divorce est donc la violation de la parole donnée. De quel front admettre parmi les principes du droit et au rang des institutions juridiques la violation solennelle de la parole donnée. Ne dites pas qu'il est permis de revenir sur ses engagements, la situation n'est plus entière et la volonté des parties n'est plus libre.

Le divorce exclut l'institution du mariage; l'union à temps est incompatible avec l'union perpétuelle. Vous ne pouvez pas contracter devant le maire un mariage perpétuel, un mariage sans faculté de divorce. On oppose l'exemple de l'étranger, on cite des nations puissantes qui reconnaissent le divorce. Nous propose-t-on d'imiter ces nations? Elles ont du bon et du mauvais, et à tout prendre, il est possible qu'elles nous vaillent, ou qu'elles vaillent mieux que nous. Nous leur empruntons uniquement le divorce, c'est-à-dire un vice, une infirmité dont elles voudraient bien se débarrasser. Ce n'est pas en effet par des raisonnements et des discussions que l'institution du divorce s'est établie. Elle a envahi l'Europe à la suite de sanglantes commotions. Les passions et la cupidité ont rejeté le joug de la morale chrétienne, et le divorce a envahi les territoires occupés par la Réforme. Mais les sociétés se sont peu à peu rassises, et malgré le divorce et d'autres principes dissolvants, elles ont, appuyées sur d'autres principes chrétiens et traditionnels, repris force et vigueur. Le divorce a été limité aux classes riches; il est devenu le privilège des grands, et les classes populaires y sont demeurées étrangères. Étudiez l'état des mœurs et de la législation en Angleterre, en Russie, dans l'Allemagne protestante, et vous vous en convaincrez facilement.

7

Ces sociétés veulent rester chrétiennes, et cette prétention est à beaucoup d'égards justifiée. Elles admettent cette contradiction, que, dans les vues de la Providence, le mariage est perpétuel, mais que, *propter duritiam cordis*, le divorce est un remède nécessaire. Les mœurs, l'esprit chrétien, corrigent l'erreur de cette doctrine et la fausse interprétation des livres saints, car l'ancienne loi tolère le divorce sans le justifier; et la tolérance implique le blâme. On ne tolère pas la vérité et la vertu. Le législateur n'a pas cru que la dure tête des Hébreux se plierait au joug du mariage perpétuel, mais il constate que, dans le principe, il n'en était pas ainsi. C'est dans ces sentiments que les nations protestantes ou schismatiques ont maintenu le divorce. Et si les Français partisans du divorce étaient aussi chrétiens que les Anglais, les Russes ou les Allemands, nous comprendrions leur désir d'imiter ces peuples. Mais ils ne croient pas plus au schisme ou au protestantisme qu'à l'Église catholique; ils invoquent un genre de divorce dont ils ne veulent pas et qui repose sur des principes bien différents de ceux dont ils se font parmi nous les propagateurs.

Au lieu de partir d'un certain état chrétien qui a ses limites et ses compensations, ils s'inspirent de la libre-pensée et des principes de 89. Le mariage, chez les peuples qu'ils citent, garde un caractère religieux, il est empreint des souvenirs de la Bible. Ce n'est pas un mariage purement civil. Il a une teinte religieuse très prononcée, quoique ce ne soit pas une religion bien entendue. La pensée de ces peuples, c'est que le mariage est une institution divine. Avec la loi de 1816, abolitive du divorce, le mariage françois, sans avoir une couleur religieuse, pouvait être considéré comme supérieur au mariage des autres nations, parce que, par le principe de l'indissolubilité, il rentrait dans le mariage de droit naturel. Avec la faculté du divorce, il descend bien au-dessous des mariages protestants ou schismatiques. Il n'est plus qu'un contrat civil soumis à toutes les fantaisies du législateur. C'est même un contrat d'un ordre inférieur et qui n'engage pas même les parties, car, à peine contracté, il leur est loisible de le dissoudre. Aucune société, excepté la nôtre en 1792, n'a proclamé et pratiqué une pareille théorie. Ce qui est proposé à notre imitation, ce n'est

donc plus le mariage protestant ou schismatique, c'est le
mariage de 1792, le mariage libre, le concubinage légal. Comment s'arrêter dans cette voie? La libre-pensée qui inspire le
législateur ne connaît pas de limites, n'accepte aucun frein.
Elle rejette bien loin tout principe de droit divin ou de droit
naturel. Elle légitime toutes nos passions. Tel est le mariage
athée, nouveauté de notre époque. On n'osa pas en 1792 proclamer l'athéisme; nous sommes plus avancés et les conséquences courent plus vite.

L'exemple tiré de l'étranger est une illusion, nous revenons
à 1792. Nous y sommes revenus au point de vue de l'instruction
publique. L'État se sépare absolument du christianisme, aucune
nation de l'Europe n'en est encore là. Le jacobinisme n'imite
personne; c'est par ruse qu'il nous propose une imitation
étrangère. Il sait bien qui nous imitons, et il a intérêt à nous
le laisser ignorer. Il méprise les nations européennes, et sans
cesse il leur présente la France comme le type de la civilisation.
Il n'est donc pas sincère quand il invoque l'exemple de l'étranger. Au reste, personne ne s'y méprend et il va de soi que la
loi du divorce votée, tous les Français seront libres de divorcer.
C'est la rupture possible de tous les engagements, et cette
rupture nous est offerte par un législateur qui ne reconnaît
aucun dogme religieux comme frein de nos passions et guide
de notre volonté. L'athéisme, en effet, va plus loin que le protestantisme, et, dans ces derniers temps, c'est des pays protestants que sont parties les plus énergiques protestations contre
le système d'athéisme de nos écoles et contre le revirement
athée de la franc-maçonnerie. La Révolution française n'est
comparable à rien et elle est athée dans son fond.

Elle garde sur toutes les questions de l'ordre social son ori-
ginalité propre, qui est la négation à outrance. Ce qu'elle veut,
c'est le mariage athée, le mariage dénué de tout sentiment religieux et réduit au simple enregistrement de la volonté des
parties, ou plutôt de leur caprice, car, avec les principes
modernes, l'homme n'a pas le droit d'enchaîner sa liberté.
Tout contrat cependant enchaîne notre liberté dans une mesure
donnée. A quoi sert notre liberté si elle ne sert à nous engager? Comment même nous engagerait-elle pour un temps? La

dissolution de la famille française est consommée par la loi du
divorce; c'est ce qui apparaîtra clairement aux yeux des
nations étrangères, qui conservent en si haute estime l'institution de la famille et que ce nouveau progrès de la révolution
mettra de plus en plus en garde contre nous.

V

Les partisans du divorce qui nous objectent l'exemple de
l'étranger ignorent que rien, à l'étranger, n'est comparable à
ce qu'ils tentent chez nous. Ce qu'ils veulent, c'est le mariage
réduit à l'état de simple contrat civil ; et c'est parce que, à
leur avis, il n'est que cela qu'ils lui refusent une pérennité que
nos lois ne comportent pas. Cette idée est très nouvelle : elle
est inconnue à l'humanité. Le mariage affecte partout une
teinte religieuse : dans tous les pays protestants et même aux
États-Unis, le mariage est un fait religieux ; il est consacré
par le pasteur ; il se fait au nom de Dieu, et non simplement
des parties. La divinité intervient. C'est le mariage biblique
que les peuples protestants entendent conserver ; et dans le
mariage, c'est Dieu qui unit les époux. Si nous imitions les
protestants, nous devrions, comme eux, attribuer au mariage
un caractère religieux et, puisque nous sommes catholiques,
lui maintenir, dans notre droit, la forme catholique. Le mariage libre n'est pas le mariage protestant. Dans quel pays de
l'Europe le mariage libre est-il en vigueur ? Nulle part le mariage n'est une simple union qui se noue et se dénoue à volonté.
Il en résulte, au point de vue du divorce, de graves conséquences. Le protestant ne se marie pas « avec faculté de divorce ». Il sait bien qu'il pourra divorcer un jour ; il sait aussi
que Dieu est le témoin nécessaire de son mariage et que le
divorce est un accident, un malheur particulier. Il tend à une
perpétuité qui est dans la pensée divine. Il est prêt à reconnaître que le divorce est une nécessité fâcheuse. Il entre dans
le mariage avec un sentiment de gravité et de christianisme.
Il n'a pas la désinvolture du libre-penseur, pour qui le mariage est un jeu et qu'aucun scrupule n'arrêtera pour le rompre

s'il y trouve la satisfaction de son intérêt ou de sa passion.
Les contrats civils ne sont que des contrats d'intérêts. A ce
titre, le divorce fera partie du mariage et sera le complément
de l'institution civile. Le mariage protestant se contracte devant les ministres du culte ; eux seuls aussi ont faculté pour
en prononcer la dissolution. Ce n'est pas le législateur civil
qui a fixé les conditions du mariage et qui en a déterminé le
caractère. Pour tous le mariage est placé dans une sphère supérieure à la politique ; et il en descendrait, il se ravalerait au
rang des contrats vulgaires s'il apparaissait que le législateur
met la main au mariage et en reste le maître. Nos libres-
penseurs ne se contentent pas d'autoriser le divorce, ils l'uni-
versalisent ; ils le présentent comme une institution parallèle
au mariage, car par nos lois d'égalité et de simplification, il
sera à la portée de tous.

Le divorce a été inventé au XVIᵉ siècle pour les princes et les
grands qui secouaient le joug de l'Église catholique. On se
garda de le rendre accessible à toutes les classes de la société ;
on usait de subterfuges pour le légitimer. Et les peuples pouvaient se croire toujours sous le principe : *quod Deus conjunxit,
homo non separet*. Nos libres-penseurs ne reconnaissent pas la
limite, la flétrissure qu'impose au divorce la maxime biblique.
Et ils nous trompent quand ils prétendent introduire chez
nous le divorce anglais, allemand ou russe. Ils n'ont pas du
mariage et du divorce l'idée qu'en ont les peuples étrangers,
qui tous répudient le mariage civil et le divorce civil. Notre
divorce civil diffère en effet du divorce religieux, en ce qu'il
est une loi de l'État. Les gouvernements protestants ou schismatiques ne sont pour rien dans le divorce de leurs sujets ;
quelques-uns de ceux-ci rompent le lien conjugal ; c'est leur
affaire, ils prennent cela sur eux, ils ont devant leur conscience
et leurs concitoyens la responsabilité de leurs actes. Ils en-
courent la réprobation de l'honnêteté publique. Mais, au moins,
l'État n'a pas sanctionné le manque de foi. Cet État, qui représente tout le monde, n'a pas recommandé le divorce ; la
nation n'est pas souillée par l'immoralité du divorce. Les divorcés seuls sont responsables. Chez les autres peuples, le
mariage est essentiellement l'acte des parties. Il en va autre-

ment en France ; ici, c'est l'Etat qui fait le mariage ; il ne le
constate pas seulement, et toute autre constatation que la
sienne serait nulle et non avenue. Par la même raison, c'est
lui qui fait le divorce. Tous les Français concourent ainsi aux
opérations contradictoires auxquelles se livre l'Etat, fabriquant
de mariages et de divorces.

La France tout entière est intéressée dans la question, puisque tous nous sommes l'Etat. Que l'Etat fasse le mariage, c'est
sans doute une déviation des principes ; mais s'il le fait indissoluble, il lui rend son caractère essentiel et il accomplit une
œuvre de haute moralité. C'est par là que le mariage français,
malgré son apparence civile, gardait une supériorité morale
sur le mariage protestant, entaché de la possibilité du divorce
et nous distinguait parmi les grandes nations européennes.
Cette supériorité disparaissant, nous tombons plus bas qu'elles.
Car alors, c'est notre gouvernement, c'est la France tout entière qui devient complice de la rupture du lien conjugal,
puisque cette rupture est dans la loi aussi bien que le mariage
et qu'elle n'est pas le fait particulier des parties contractantes.
L'Etat proclamant, le divorce ébranle tous les mariages. Quelques mariages sont rompus, tous sont atteints et reçoivent le
choc. La loi est une incitation, un encouragement. Ce qu'elle
permet est censé sage, légitime : chacun est disposé à plier
devant l'autorité morale du législateur. Le divorce protestant
est un manquement à la parole donnée, mais c'est un scandale
spécial, limité, personnel, qui se passe en dehors du législateur et que l'opinion publique a toujours le droit de condamner.

Les Français s'élanceront avec impétuosité dans la carrière
du divorce, non que la frivolité de notre caractère rende pour
nous le joug de la pérennité plus lourd. Ce joug du mariage
n'a jamais paru lourd, mais il est nécessaire qu'un principe
produise des conséquences ; ce n'est pas impunément qu'on
répète chaque jour que l'homme n'a pas le droit de s'engager,
et que tout engagement définitif est une servitude. La loi a
d'abord effacé le côté religieux, puis le principe naturel du
mariage, pour considérer uniquement la volonté des parties
et le droit du législateur. Cette omnipotence du législateur est
venue changer tout l'ordre moral et dérouter la conscience,

habituée à honorer la volonté divine dans le mariage. Le législateur s'est débarrassé de Dieu et du droit naturel. Il s'adresse
à la passion et au caprice, et il est sûr de les trouver complais-
sants. Aussi n'est-il pas difficile sur le choix de ses arguments,
et ses raisons pour établir le divorce pourront servir à nous
donner la polygamie. Déjà même on parle du divorce comme
d'une constitution ancienne et vénérée qu'il s'agit non d'établir
mais de rétablir. Mais les lois révolutionnaires qui l'ont introduit en France sont bien différentes des raisons qui le maintiennent dans les autres pays. N'importe on ne tient compte de
rien et l'on invoque l'exemple de l'Europe protestante et surtout de l'Angleterre. Veut-on l'imiter? Non. Veut-on même
pratiquer le divorce comme elle le pratique? Non, mais on
essaie de faire croire qu'elle le pratique comme nous avons
l'intention de le pratiquer, et que son protestantisme se confond avec notre libre-pensée. Eh bien ! il n'en est rien.

La loi du 28 août 1857 a créé, mais uniquement pour l'Angleterre et le pays de Galles, une « Cour des divorces », qui
siège à Londres et dont les sentences peuvent être portées en
appel à la Chambre des lords. Les frais sont grandement diminués ; toutefois ils sont encore sérieux. Un fonctionnaire
spécial est chargé de veiller à ce que les époux ne trompent
pas la justice sur la nature de leurs griefs et ne réalisent pas
le divorce par consentement mutuel. N'est-ce pas le consentement qui a formé le mariage ? La loi anglaise, qui n'admet pas
que le mariage soit un simple contrat civil, à cause de l'élément religieux qui s'y attache, reste fidèle à elle-même en re-
poussant le divorce par consentement mutuel. Ne sera-t-elle
pas trompée dans son attente par les parties? et n'est-il pas
facile de déguiser sous des griefs imaginaires le consentement
mutuel ? C'est une autre question : en dix ans, le chiffre des
divorces s'est élevé de 159 à 278. En nous reportant à l'état
antérieur, nous comprendrons quelle déviation a subie l'Angleterre. Autrefois, le Parlement seul pouvait prononcer le
divorce, et sans doute parce qu'il s'est attribué la plus grande
partie de l'autorité religieuse. On conçoit que dans de telles
conditions les divorces ne devaient pas abonder. Dans le cours
du xviiie siècle, le Parlement ne prononça en moyenne qu'un

divorce par an, et deux par an pendant la première moitié du
XIX⁰ siècle.

Le rapporteur d'un projet de loi sur le divorce prétend que
celui-ci remplace la séparation de corps. L'exemple de l'Angleterre nous montre que la séparation de corps n'a rien de
commun avec le divorce et répond à un ordre d'idées tout différent. Les cours ecclésiastiques prononçaient en effet la séparation du corps ; et dans ce cas les époux donnaient caution
de ne pas se remarier, et s'exposaient par la violation de leur
engagement à être poursuivis pour bigamie. C'est bien là toute
la procédure catholique. En empêchant la séparation de corps
d'aboutir au divorce, la coutume anglaise attestait le principe
de l'indissolubilité et le protégeait de toutes ses forces, malgré
la Réforme. C'est en 1666 que le Parlement inaugura sa juridiction sur les mariages ; et, loin de l'étendre, il la restreignit
aux bornes les plus étroites en spécifiant l'adultère comme
seul motif de divorce. Et encore fallait-il que la cour ecclésiastique eût au préalable prononcé la séparation de corps pour
adultère. On peut dire qu'en fait l'indissolubilité du mariage
ne paraissait pas atteinte aux yeux de la nation. La loi ne
s'étendait ni à l'Irlande, ni à l'Écosse, et le Parlement, autorité religieuse, respectait autant que possible le mariage, en
soumettant le divorce pour la cause unique d'adultère à des
conditions aussi difficiles et inaccessibles à l'immense majorité
des populations.

Le législateur français ne s'inquiète guère des textes bibliques, plus ou moins bien interprétés. Il sécularise le mariage,
institution essentiellement religieuse, que la volonté des
parties accepte sans pouvoir en changer le caractère. Tous les
pays de l'Europe allégués en faveur du divorce protestent
contre l'extension donnée aux principes qui les régissent en
cette matière. Nous concevons l'embarras du législateur; il
inaugure le mariage libre-penseur et ne sait comment le présenter. Ce mariage a fait son apparition au milieu de la foudre
et des éclairs de la Terreur. Il s'imposait alors et ne se discu-
tait pas. Si Napoléon l'eût voulu, il rétablissait le mariage indissoluble ; une seule raison l'en détourna: il pensait à son
propre divorce, en vue d'un empire à fonder. Il savait que la

Révolution était entrée dans la famille par le divorce et qu'elle n'en sortirait que par le retour à l'indissolubilité du mariage. La Révolution, qui s'empare des enfants par l'éducation forcée songe à mettre les époux dans une situation révolutionnaire. Elle leur dit : vous vous appartenez à vous-mêmes et non à l'institution du mariage ; vous demeurez libres malgré le lien qui vous unit ; ce lien ne vous enlève rien de votre liberté, vous n'avez pas eu le droit de prêter un serment ; vous êtes ce que vous étiez avant le mariage ; le plaisir ou l'intérêt vous ont unis ; si d'autres plaisirs ou d'autres intérêts vous appellent, les officiers de l'état civil sont à vos ordres ; vous en serez quittes pour quelques feuilles de papier timbré.

Si nous conservons le nom de mariage, reconnaissons qu'il s'agit ici d'un mariage tout nouveau, du mariage temporaire, du mariage à temps, du mariage libre. La Révolution a été jusqu'au bout en assimilant les bâtards aux enfants légitimes. Sous ce régime la bâtardise équivaut à la légitimité, et tous les enfants sont également « les enfants de la Patrie ». La Révolution devait cet honneur aux bâtards, qui dans tous les temps ont toujours été fort dangereux pour la sécurité publique. La facilité du divorce ne permettra plus de distinguer la légitimité. Y a-t-il une si grande différence d'être né de parents non mariés, ou de parents qui ne sont plus mariés ? Le roman et le théâtre ont popularisé le divorce en jetant l'odieux sur le mariage et en faisant reluire les bâtards au détriment des fils légitimes. Mais c'est à Paris seulement que de telles idées ont cours. Elles ne descendent pas dans la classe ouvrière. Livrés au labeur quotidien, l'ouvrier des villes, le paysan des champs n'ont pas plus le temps de lire les romans que d'aller au théâtre. Mais à Paris le concubinage a pris de larges proportions, et le législateur compte sur la capitale pour appuyer ses plans de divorce. Même là il se heurtera à d'invincibles instincts. Et cependant on se marie à toujours ; c'est le vœu du cœur humain.

Le législateur interdit les serments ; mais les époux se font une promesse en présence de M. le maire. M. le maire est le témoin obligé ; il a enregistré la promesse, que lui importe au fond qu'elle soit tenue ou non ; il ne répond de rien. Cette promesse de fidélité, les époux se la font à eux-mêmes ; ils sont leurs propres garants ; s'ils manquent à leurs engagements, qui a le droit de le leur reprocher ? Ils n'ont plus qu'à consulter leur goût ou leur intérêt. Le législateur y a pourvu en tenant toujours la porte ouverte ; on entre et on sort à volonté. Et cependant qu'y a-t-il de plus grave qu'une promesse solennelle ? Le législateur autorise les époux à se promettre fidélité devant M. le maire, et il les autorise en même temps, par la perspective du divorce, à violer leur promesse, à rompre par consentement mutuel, par un simple acte de caprice ou de volonté, cette union qu'ils viennent de contracter. Quelle étrange contradiction et que nous nous sentons bien ici sous l'empire de cette révolution qui confond le bien et le mal, le vrai et le faux, et réalise dans le cours de son développement logique la formule panthéistique de l'identité des contraires. La révolution n'imite pas ; c'est par une bassesse cauteleuse qu'elle se met en quête d'exemples. Elle enfante chaque jour du nouveau, ou bien elle n'emprunte qu'à elle-même ou ne pille qu'elle-même. Nous sommes en 1792, moins la Terreur. Et aujourd'hui comme alors, l'Europe assiste avec crainte et précaution au spectacle que nous lui donnons.

CHAPITRE IX

LA SÉPARATION DE CORPS

I

Les partisans du divorce affectent de gémir sur les inconvénients de la séparation de corps qu'ils présentent volontiers comme une sorte de dissolution du mariage. On conçoit qu'alors le divorce leur paraisse une institution acceptable. Mais ils se méprennent singulièrement sur le caractère et la portée de la séparation de corps. Ils vont même jusqu'à déclarer immorale la séparation de corps; et en revanche ils exaltent la moralité du divorce, sans avoir l'air de soupçonner que le divorce est la négation du mariage. Qu'est-ce que la séparation de corps? A quels intérêts se rattache-t-elle? A quels dangers pourvoit-elle et quelles en sont les conséquences morales et juridiques?

Quels sont donc les vices de la séparation de corps? Cette institution ne rend-elle pas tous les services qu'elle peut rendre, et ne répond-elle pas au vœu du législateur? La vie commune étant jugée insupportable, y a-t-il un autre moyen de préserver la vie des époux, d'assurer l'existence et l'éducation des enfants? Les mesures de protection confiées aux tribunaux ou aux conseils de famille ne sont-elles pas ce qu'elles doivent être? Non, le législateur n'a pas manqué son but : il l'a atteint autant que possible. Il a sauvé de la ruine de la famille ce qui pouvait être sauvé. Les prétendus inconvénients attribués à la séparation de corps ne sont que les effets naturels de l'institution. Ces effets découlent de la nature des choses. Vous ne voulez pas regimber contre la nécessité. La séparation de corps est une opération chirurgicale. Une telle opération est-elle aimable, agréable en soi ? Elle prévient un plus grand mal : elle sauve la vie moyennant la perte d'un membre. Quelque douloureuse qu'elle soit, elle est éminemment bienfaisante, et c'est dans ce sens que l'est la séparation de corps.

Les partisans du divorce ont un remède décisif : ils tuent le malade, ce qui est un moyen de lui épargner l'opération. Le malade, ici, c'est le mariage. L'institution, dans certains cas, est blessée, elle ne fonctionne plus ; de malheureuses circonstances, les vices, les défauts de l'humanité rendent l'existence impossible à deux époux ou à l'un d'eux. La séparation intervient ; elle calme l'explosion des haines ; elle pourvoit à la sûreté des membres de la famille ; elle respecte le lien du mariage ; elle permet au temps d'apaiser les dissentiments ; elle ouvre la porte aux bons conseils, aux repentirs, à une réconciliation dans l'intérêt des enfants. On parle de scandale, mais le scandale c'est la publicité des procès en séparation de corps. Il a plu à un législateur insensé de mettre le public dans la confidence de tous les troubles de famille et d'aggraver, par cette publicité immorale, le malheur déjà si grand des familles divisées. Le scandale, il est encore dans les querelles de famille et dans les causes qui les produisent. Il ne saurait être dans le remède apporté. Que le législateur protège les familles contre l'indiscrétion du public, et l'ombre même de ces scandales s'évanouira.

C'est, en effet, ce prétendu scandale qui fournit le meilleur argument aux partisans du divorce. Ils condamnent la séparation de corps au nom de la pudeur offensée ; mais ce n'est pas la séparation de corps qu'ils visent, leurs coups vont plus loin, et, à travers la séparation, atteignent le mariage lui-même. On a osé dire que le divorce était plus favorable aux enfants que la séparation. Il a une bien autre portée. Les enfants ne reconnaissent plus leur père. La nature détermine la paternité par le mariage. Sans le mariage, le père demeure inconnu. Les relations de parenté sont données par le mariage. La fraternité descend de la paternité. Ces relations de parenté sont perpétuelles et acceptées comme telles, et supposent le mariage perpétuel. Les passions peuvent déranger cet ordre de la nature, la saine raison le retrouve et le constate. L'enfant ne reconnaît plus son père mari d'une autre femme, ni sa mère femme d'un autre mari. Il ne se sent plus né d'un légitime mariage, sa naissance lui apparaît équivoque, fortuite. Ces noms de parenté issus du mariage perdent une partie de leur signification. Comment des frères et des sœurs peuvent-ils encore se croire frères et sœurs en présence d'une père marié à une étrangère, et d'une mère épouse d'un étranger? Toutes les notions de famille se brouillent et s'effacent. Elles reposaient sur le lien conjugal; ce lien brisé, elles planent en l'air, agitées, confuses.

Les animaux ne connaissent pas les liens de parenté. En serait-il de même de l'espèce humaine? Le divorce aboutit à ce résultat; il change l'institution de la famille et du mariage; et il vient se substituer non à la séparation de corps qui n'a rien de commun avec lui, mais au mariage lui-même qui avait pour essence l'indissolubilité du lien, et qui désormais dépendra de la volonté des parties. C'est une révolution, c'est le mariage libre. Remplaçant le mariage solennel, le mariage perpétuel, comme les Romains, nous tombons des *justæ nuptiæ* dans le *concubinatus*. Les *justæ nuptiæ* engendraient l'autorité paternelle formaient le lien de perpétuité entre le père et l'enfant. Dans le *concubinatus* ou union libre, il y a une mère, et non plus un père. Aussi, M. Émile de Girardin, conséquent avec l'idée du divorce et du mariage libre, refusait de reconnaître la paternité et proposait d'établir l'égalité des enfants devant la mère, seule reconnue, pensait-il, puisqu'elle est seule certaine. Tous les enfants ainsi porteraient le nom de la mère, au même titre, sans distinction de légitimes ou d'illégitimes. La légitimité est, en effet, fille de la paternité, et elle disparaît avec la paternité.

Il est impossible de comprendre ce qu'on veut dire quand on prétend que le divorce est plus favorable à la constitution des familles que la séparation de corps elle-même. Qu'entend-on par une famille dont le père et la mère sont exclus? Le divorce disperse la famille, il brise le faisceau de relations qui la constituent et qui découlent du mariage des auteurs communs. La dissolution du mariage jette un trouble profond sur toutes ces relations et dépouille les enfants de leur légitimité. N'ont-ils pas, après le divorce, un père et une mère étrangers l'un à l'autre? Comment appelle-t-on, dans le monde, les enfants qui ont un père et une mère étrangers l'un à l'autre, non unis par les liens du mariage? La séparation de corps peut être pénible pour des enfants; elle ne les touche pas dans leur légitimité, elle leur laisse un nom. Il y a toujours une famille. La séparation de corps reste donc l'unique moyen de remédier aux maux extrêmes du mariage; c'est un remède aussi douloureux que nécessaire. Quant au divorce, il n'est pas lui-même une institution; il est la destruction de l'institution du mariage. Et certes il n'y aurait pas à s'en préoccuper s'il ne brisait que quelques mariages; mais il ébranle tous les mariages, il frappe l'institution elle-même, il transforme les *justæ nuptiæ* en *concubinatus*.

La séparation de corps prouve qu'il y a de mauvais ménages; il n'est pas étonnant que la perfection ne soit pas de ce monde. Qui a pu penser que tous les mariages seraient heureux, et réaliseraient, sans aucune exception, l'idéal des contes de fées? Il y en a de malheureux ou de coupables. Comment leur honte rejaillirait-elle sur tant de mariages honnêtes ou qui ne font pas parler d'eux? Autant dire que le vol déshonore le droit de propriété. Comment deux époux peuvent-ils cesser d'être époux? Est-ce que le crime rompt le lien de parenté? Vous avez un conjoint criminel, en est-il moins votre conjoint? Votre frère est criminel, il a même tenté de vous tuer, en est-il moins votre frère? Et ferez-vous annuler cette fraternité, parce qu'elle n'est pas un honneur pour vous? Ces crimes n'ont aucune influence sur le lien de parenté qui subsiste quand même, parce qu'il vient de la nature, qu'il est né du sang, et que la source du sang est dans le mariage.

L'indignité ne dissout pas les liens de paternité, de filiation et de cousinage. Comment l'indignité d'un conjoint pourrait-elle rejaillir sur le lien antérieur qui a uni deux existences en prévision d'une même destinée bonne ou mauvaise? C'est une singulière façon de morale que de dire aux époux : Soyez unis tant que vous pourrez. C'est à peu près ce que le Sénat leur dira par la loi du divorce. Que signifient les formalités du mariage? viennent-elles seulement couvrir des unions passagères? Dans quel contrat civil est-il dit : vous respecterez le contrat tant que vous pourrez? Respecter le contrat dans toute sa rigueur, c'est

le cri de l'honneur et de la loi. Si vous vous êtes mariés à perpétuité et non à temps, soyez unis toujours; c'est le vœu de la
nature, à moins que les parties n'aient marqué leur préférence
pour le mariage libre ou temporaire. Avec la faculté du divorce,
imposée à tous les mariages, ne voyez-vous pas que vos mariages de mairie ne sont que des mariages libres, des concubinats un peu plus solennels que les autres, et non dépouillés
d'effets civils? Si encore le maire constatait fidèlement la volonté des parties et présentait à leur signature le registre des
unions perpétuelles et le registre des unions libres, on aurait
le choix et chacun se marierait selon sa volonté. Mais le législateur fait une loi sinon du divorce obligatoire, au moins du
divorce facultatif. Il interdit de renoncer à la faculté du divorce. N'est-ce pas condamner le mariage indissoluble et le déclarer contre nature?

Le projet de M. Martin-Feuillée, le garde des sceaux, n'admet
pas le divorce par consentement mutuel. Il semble cependant
que, d'après la logique du divorce, le consentement mutuel dût
être un excellent motif de divorce. Mais rien n'eût été plus facile que de l'obtenir ou de le simuler. Il dépend d'un seul des
époux de rendre la vie commune insupportable à l'autre. Dans
d'autres projets de divorce, on avait imaginé d'ouvrir en
quelque sorte la succession des parents divorcés et d'en attribuer une partie aux enfants. C'était se jouer du droit de propriété. Mais, avec le divorce, les parents ne sont-ils pas morts
pour les enfants? Le divorce ne ravit-il pas aussi sûrement
que la mort les parents à leurs enfants? C'est le mariage qui
constituait le lien de la filiation et tous les degrés de parenté;
en le dissolvant, vous renversez tout l'échafaudage des droits
de famille; et tout cela dans le but unique de permettre aux
époux divorcés de se remarier! Mais la conscience française,
formée par tant de siècles de christianisme, proclame que ce second mariage est un cas de bigamie. C'est toute une nouvelle
morale qui se substitue à l'ancienne et qui, par un effet rétroactif, ne dépend pas seulement de l'avenir, mais vient jeter une
cruelle incertitude sur tous les mariages.

Le législateur s'éprend de sympathie pour les séparés de
corps. Combien y en a-t-il? quelques centaines, dont presque

tous ont mérité leur sort. Si quelques-uns sont innocents, ils
souffrent parce qu'ils sont hommes. Ils ont mal choisi. Peut-être
auraient-ils mieux fait de rester célibataires? C'est même la
réflexion qui vient naturellement à l'esprit. Ils n'étaient pas
nés pour le mariage, puisqu'il leur a si mal réussi. Le législateur les prend en pitié, et au lieu de leur fermer la carrière du
mariage, après une si triste expérience, il la leur ouvre de nouveau. Il les invite à de nouveaux essais. Ce législateur est bien
insensé. Il méconnaît à la fois la nature humaine et l'ordre social. C'est la possibilité de convoler à un autre mariage qui
ébranle le premier et le menace à l'avance.

Les partisans du divorce affectent souvent de s'appuyer sur
l'Église et de comparer le divorce aux cas de nullité du droit
canon. Faut-il leur apprendre que l'Église ne dissout pas le mariage; elle déclare qu'il n'a pas existé à l'origine, s'il n'a pas
rempli une condition essentielle. On a rappelé l'exemple d'un
prince dont le mariage, après dix ans, a été déclaré nul. La
cause de nullité était le défaut de consentement. Cette nullité a-
t-elle pu être couverte par la cohabitation? Le Code civil dit
oui; mais il est permis de penser logiquement le contraire. Le
défaut de consentement vicie radicalement le contrat, il annule
tout engagement. Au reste, il est ridicule de reprocher à l'Église
de tendre au divorce, et c'est par pure facétie que l'on compare
au divorce les cas de nullité fondés sur le droit naturel ou sur le
droit ecclésiastique. En réalité, c'est l'Église que l'on veut frapper par cette loi du divorce. On a bien soin de nous répéter que
la loi de 1816, abolitive du divorce, est le fruit d'une pensée catholique. La vérité est que, quelles que fussent les convictions
religieuses de la majorité de 1816, la loi de l'indissolubilité est
conçue en termes civils, et qu'elle a été civilement appliquée.
Le législateur n'a pas tenté de ramener le mariage au sacrement; mais il lui a rendu son caractère de droit naturel. Si le
législateur de 1804 eût été libre, cette indissolubilité aurait fait
loi. Toutes les doctrines de Portalis y tendaient; et c'est lui qui
engageait M. de Bonald à écrire son livre sur le divorce.

Le titre du divorce a été inséré au Code civil par Napoléon. Le
peuple devenu empereur veut-il aussi se passer ses hauts caprices? Non, ce ne sont pas les classes populaires qui réclament

le divorce. Contre qui les séparations de corps sont-elles prononcées? est-ce contre des gens appartenant aux classes laborieuses, ou contre des gens de bourgeoisie ou de finances? La séparation de corps n'est pas sans quelque moralité, parce qu'elle empêche tout autre mariage, et qu'elle cache toujours un espoir de réconciliation. Elle s'étend à quelques mariages malheureux, et ne touche pas à l'institution du mariage. Cette vérité est sentie de tout le monde, excepté des fanatiques de la libre-pensée. Pour eux le but de la nature est moins le mariage qui règle nos penchants et nos désirs, que le divorce qui lâche la bride à nos passions.

II

Les libres-penseurs amis du divorce prétendent que l'Église a usurpé sur la société civile en s'emparant des principaux actes de la vie humaine, pour leur imprimer son cachet et sa direction. L'Église a tenu les actes de l'état civil par la raison que personne ne lui disputait cette charge. Elle rendait service à l'État sans en exiger de rétribution. Quel intérêt l'État avait-il à faire lui-même les frais de registres qu'il aurait probablement mal tenus? L'état civil se confondait naturellement avec l'état religieux, puisqu'il s'agissait de la constatation de faits matériels intéressant également l'Église et l'État. La naissance, le mariage, la mort constatés au point de vue religieux par la réception des sacrements, précisaient en même temps les dates et les faits qui importent le plus pour le règlement des intérêts civils et de l'état des personnes. L'idée d'usurpation est absurde. La constatation de la naissance et de la mort par l'État ne présente pas un grand intérêt. Les légistes voulaient surtout accaparer le mariage, le soustraire à la juridiction de l'Église, le ranger parmi les affaires ressortissant aux tribunaux civils. La famille chrétienne reposait sur le sacrement du mariage. Dissoudre moralement cette famille avant de la dissoudre matériellement, ce fut la pensée constante des légistes. La famille est, en effet, la limite du césarisme, tant qu'elle subsiste avec indépendance. Elle forme des intérêts qui ne relèvent que d'eux-

8

mêmes. Par le sacrement, elle se rattachait à l'Église catholique ;
par la coutume, elle se maintenait dans son patrimoine, sous
la loi de la continuité.

Les siècles chrétiens avaient ainsi organisé la famille. Par l'invocation et l'application des lois césariennes, les légistes arri-
vèrent à briser ce faisceau tant spirituel que matériel. Ils mirent
la propriété familiale en opposition avec les droits de l'État, et
placèrent le législateur au-dessus du propriétaire. Manœuvre
habile qui finit par déposséder aux trois quarts le propriétaire.
Ils établirent l'État évêque du dehors, en réminiscence du César
souverain pontife, et en cette qualité ils lui attribuèrent un
droit sur les canons de l'Église. L'État empiéta sur la juridiction de l'Église, en la reconnaissant toutefois. Après 89, la juridiction de l'Église fut supprimée. Le mariage devint civil, c'est-
à-dire que l'État conquit, par la ruse et la force, sur notre personne et sur nos biens, un droit de législation qu'il n'avait pas
auparavant. Il nous dépouilla d'une partie de notre autonomie,
en confisquant à son profit les droits de religion, de famille et
de propriété dont nous étions investis depuis un temps immémorial.

Nos adversaires prétendent que l'Église, par le sacrement du
mariage, pèse sur notre volonté, nous impose un joug ; dans
leur pensée toute césarienne, qui est celle des légistes, l'Église
crée le lien du mariage ; elle le forme et le constitue. Pour eux
aussi, et en opposition à l'Église, l'État fait le mariage civil, il
forme le lien, et il a le droit de le dénouer. Dans la doctrine de
l'Église, le prêtre n'est pas le ministre du sacrement de la même
façon que le maire est le ministre du mariage civil. Le prêtre est
le témoin du mariage ; et le dogme de l'Église, c'est que les époux
eux-mêmes sont les ministres du sacrement, ils se confèrent
le sacrement du mariage. Le droit naturel se confond dans le
sacrement et y trouve une nouvelle consécration de sa perpétuité. La volonté des parties a pu seule concourir au lien formé
par Dieu même. De là cette puissance attachée par l'Église à la
liberté du consentement.

Les légistes estiment que cette liberté du consentement peut
être suppléée par la cohabitation, en quoi ils portent atteinte à
la dignité du mariage et à la liberté de l'homme. Ils proposent,

en réalité, que le mal et l'erreur se légitiment par la durée, doctrine qui assimile le mal au bien et l'erreur à la vérité. L'Église prend un soin extrême de la liberté de l'homme ; elle respecte dans l'acte du mariage la responsabilité des conjoints jusqu'à la dernière limite. Tandis que les légistes ont toujours essayé de faire prédominer la volonté des parents sur le penchant des jeunes gens au mariage, l'Église, fidèle interprète du droit naturel, a soutenu et protégé les enfants contre les calculs de l'ambition ou les abus de l'autorité paternelle.

Elle entoure d'honneur et de respect l'autorité paternelle ; elle seule cependant y a mis la limite imposée par le droit naturel du mariage. Chez les Romains l'autorité paternelle se réduisait en servitude pour la femme et les enfants. C'était le droit strict, et la tradition en a été conservée par les légistes. Dans le Midi de la France, un fils de vingt-cinq ans ne pouvait se marier sans le consentement de son père, et c'était un empêchement dirimant. Les princes chrétiens prétendaient au droit d'empêcher le mariage des membres de leur famille. L'Église a résisté, elle a mis au-dessus de tout la liberté de ses enfants et le droit naturel du mariage. Voilà ce que l'Église a fait pour la liberté des chrétiens dans le mariage. Élevant le mariage à une telle dignité, pouvait-elle se prêter à ce qu'il fût rompu ? N'avait-elle résisté aux princes chrétiens et aux pères de famille qu'en vue d'une union passagère ? Non, le mariage est une bien plus grande chose que l'union passagère, et c'est pour cela qu'il est au-dessus de toutes les volontés et s'impose comme la loi de Dieu à ceux qui en ont accepté le joug.

Il est facile de juger maintenant qui de l'Église ou de l'État respecte le plus la liberté et la dignité humaine. Les obstacles, les empêchements viennent de l'État. Pourquoi la liberté ne dissoudrait-elle pas le mariage qu'elle a formé ? C'est l'argument des légistes. Mais si les parties ont voulu le mariage perpétuel et si elles se sont engagées dans des liens indissolubles, elles se sont ôté le droit de revenir sur leur décision. L'union à toujours est-elle, oui ou non, le seul but de la nature ? Répondez à cela ; et si la parole a été librement donnée, comment admettre qu'elle soit retirée ? Il implique contradiction que vous ayez le droit de vous engager et de vous dégager. Alors

votre engagement n'aurait pas été sérieux ou aurait été une
fraude.

Par le divorce, le législateur invite les parties à manquer à
leurs engagements. Il pousse chacune des parties à se remarier du vivant de son conjoint. C'est l'hypothèse où il se place;
sans quoi la séparation de corps suffirait. N'est-ce pas une illusion de croire que ceux qui ont si mal réussi dans un premier mariage réussiront mieux dans un second? Une telle appréciation ne se fonderait pas sur l'expérience. Le plus clair,
c'est que la violation des engagements deviendrait le principe
fondamental de notre droit moderne. La séparation de corps
laisse subsister les droits du mariage, elle tient toujours une
porte ouverte au retour des époux. En un mot, elle n'est qu'un
malheur individuel. Et il est bien étrange que l'intérêt général
de toute une nation soit sacrifié aux prétentions de quelques
individualités que gênent des engagements antérieurs et qui
réclament le droit de les violer.

L'homme, nous dit-on, n'a pas le droit de s'engager; son caprice est sa loi, et la nature répugne au vœu matrimonial aussi
bien qu'au vœu religieux : la démocratie n'a pas le droit de
s'enchaîner, elle repose sur un provisoire perpétuel. C'est dans
un tout autre sens qu'il faudrait raisonner. Si tout chancelle
dans une société démocratique, n'est-ce pas une raison pour
donner au moins à la famille une base fixe? Le lest de la famille pourrait encore maintenir une société toujours prête à se
précipiter. Mais la démocratie moderne, si nous en jugeons par
les théories de ses docteurs et par les actes de ses praticiens,
aspire à fonder une révolution permanente plutôt qu'un gouvernement quelconque. Ce que nous avons sous les yeux n'a
rien de français; c'est un gouvernement qui ne se compose que
d'emprunts faits à l'étranger. Dans cette question du mariage,
croyez-vous que l'on consultera la coutume, la tradition française? Tous les arguments des adversaires du mariage sont
pris de l'histoire des révolutions modernes. Il a fallu falsifier
cette histoire pour persuader aux Français que le divorce était
un progrès dans la voie de la civilisation et de la liberté!

Quand le divorce envahit la société européenne à la suite du
protestantisme, il se borna aux princes et aux seigneurs au-

teurs ou complices de la révolution. Les peuples résistèrent, la
réforme fut imposée par la force. Trente ans de guerres sociales en Angleterre, en France, en Allemagne, attestent la ré-
pugnance des peuples. La cupidité et la débauche furent les
seuls motifs avoués par les princes. Ils voulurent s'emparer
des biens des églises et des monastères et s'attribuer le droit
de changer d'épouses. Leur despotisme rencontrait le droit,
l'autorité de l'Église, qui ne pouvait céder sur ces divers points
et qui défendait le droit du mariage et le droit de propriété.
Elle fut victime dans une grande partie de l'Europe. Le divorce
triompha; mais ce fut un divorce limité aux princes et aux seigneurs, et en outre un divorce soi-disant biblique. Les populations rurales et urbaines restèrent en fait sous l'ancienne
coutume, par la difficulté d'en sortir. Elles ne prétendaient
pas à l'égalité. Et d'ailleurs, par la réforme, leurs droits sociaux se trouvèrent singulièrement réduits, car les institutions
du césarisme et du droit romain supplantèrent peu à peu les
coutumes établies.

Avec nos lois démocratiques, l'idée du divorce se démocra-
tise, s'universalise, prend le caractère d'un principe, au lieu
de rester une exception, et se répand dans les classes populaires qui lui restaient jusqu'ici fermées. Voilà le but poursuivi,
et il est ridicule de nous parler des peines de cœur des séparés de corps. C'est là le côté grotesque du divorce. Le sort de
ces pauvres gens ne mérite pas d'autre intérêt que celui de ces
estropiés auxquels une administration bienveillante vient en
aide. Peut-on leur rendre l'usage de leurs membres? Non,
mais on adoucit leur existence dans la mesure du possible.
La séparation de corps est un remède de ce genre appliqué
aux mariages malheureux. Le législateur ne leur doit rien de
plus; il ne lui est pas permis de faire du mariage une institution provisoire ou de rétablir la polygamie pour mettre à la
portée de quelques déclassés une nouvelle existence.

Les politiciens de la démocratie nous ramènent aux mœurs
du Directoire. L'union à temps, le mariage avec faculté de divorce, ne sera jamais qu'un mariage inférieur, un concubinat
légal. En vain le décorera-t-on du nom de mariage et inven-
tera-t-on des cérémonies civiques pour l'ennoblir. Les classes

populaires ont jusqu'ici répugné au divorce: qui nous dit
qu'elles n'y prendront pas goût sous l'incitation des théâtres
et des journaux, des romans et des lois? Rien, en effet, ne distingue plus les classes; la même éducation les rendra accessibles aux mêmes sentiments. La perturbation sociale ne
rencontrera plus de limites. Espère-t-on qu'un tel régime de famille développera la population des campagnes et retiendra le
cultivateur sur le sol? Et la population ouvrière des villes a-
t-elle besoin d'être encouragée à se passer de la formalité du
mariage, même civil, sous prétexte qu'être marié civilement
et avec faculté de divorce, c'est à peu près la même chose que
de n'être pas marié du tout?

L'institution du divorce est une révolution dans la Révolution
même. Il y a toute une moitié de l'espèce humaine intéressée à
la question du divorce, ce sont les femmes. Les orateurs du divorce insinuent que les femmes désirent le divorce et qu'il
leur sera aussi utile qu'aux hommes. D'après les jurisconsultes
romains la dot avait pour but de permettre à la femme de se
remarier en transportant sa dot de mari en mari. Nous n'exa-
minons pas si cette dot était toujours bien conservée par les
maris. L'histoire ne prouve pas précisément que ces prétendus
mariages, ces mariages annuels fussent favorables à la morale
et à la population. Le système dotal est mal vu du législateur
français. L'idée de conserver quelque chose lui est antipathique; et ce qu'il favorise c'est une confusion de biens qui
mette toute la fortune des époux dans le commerce. Est-ce
qu'il y a des dots dans la classe populaire? C'est le travail
du mari qui doit entretenir la femme et les enfants.

Le travail de la femme est un faible appoint. Elle n'est pas
faite pour gagner sa vie et n'a aucun moyen de la gagner. Elle
ne vit que si les institutions viennent à son secours. La perpétuité du mariage la place sous la protection perpétuelle de
l'homme. Elle conquiert le mariage au moment de sa jeunesse;
elle se donne tout entière: elle expose sa vie et sa santé dans
les fatigues de la maternité. Le divorce ou la répudiation la
laisse sans honneur, sans aucun avantage appréciable. Si elle
cherche et trouve un autre mari, il sera de condition bien inférieure au premier. Dans le mariage avec faculté de divorce,

l'homme n'est qu'à moitié engagé, il se retire presque entier ;
il ne s'est que prêté pour ainsi dire. En jouant à partie égale
avec la femme, il a toutes les chances pour lui, sa mise est
bien moins forte. La prétendue égalité ou liberté accable la
femme. Le premier engagement a été libre : c'est celui où la
femme a pu stipuler avec soin ses avantages ; celui-là, vous
l'annulez. Et vous lancez la femme dans d'autres engagements ;
elle n'apportera plus la même liberté d'esprit ni rien de ce qui
a fait sa force dans la première stipulation.

Elle est dépouillée de ses droits et de sa liberté. Le mariage
perpétuel est tout en sa faveur. La polygamie et le divorce sont
dirigés contre elle, au profit des passions de l'homme. Les
femmes ne sont pour rien dans les révoltes du xvie siècle, qui
ont abouti à la Réforme et par suite au divorce. Bien avant
la Réforme, les princes étaient souvent en lutte avec la cour
de Rome pour en obtenir des annulations de mariage ou des divorces déguisés. Il y a de la fourberie à essayer de persuader
aux femmes qu'elles ne perdront rien au divorce. Leur condition en est totalement changée. En revenant au paganisme par
l'athéisme, nous revenons aux mœurs de la république romaine.
C'est le mariage lui-même que nous abolissons. La nature n'a-
vait pas la force de le maintenir dans toute sa dignité ; il a
fallu que le christianisme le soulevât jusqu'à lui par la vertu du
sacrement. Alors une haute moralité pénétra dans la famille
par la dignité perpétuelle conférée à la femme chrétienne.
Alors aussi le foyer fut perpétuel, et la veuve y trouva toujours
un asile honoré. Les révolutions ont réagi contre la perpétuité
des biens de la famille ; et la femme en a plus particulièrement souffert par les divisions d'intérêts et les partages forcés
qui l'expulsaient du foyer et lui infligeaient une existence pénible, dénuée de ressources.

Dans les familles riches, le divorce, suivant les circonstances, ne porte pas atteinte à l'existence matérielle. Dans les
familles pauvres ou de fortune modeste, quel sera le sort de
la femme ? Quel abri lui offrez-vous ? Quelle profession embras-
sera-t-elle ? L'homme n'a qu'une supériorité réelle sur la femme :
c'est qu'il est le plus fort. Proclamer l'égalité de l'homme et
de la femme, c'est donc condamner la femme à la servitude. Ce

droit de la force a dominé dans l'antiquité, et nous le retrou-
vons chez les peuplades sauvages. Le christianisme a fondé un
autre droit et d'autres mœurs. Mais le sacrement de mariage
n'agit pas seulement dans l'ordre religieux, il agit aussi sur
l'ordre naturel, en plaçant sous une inviolable sanction la perpétuité du lien conjugal.

III

Le Sénat a adopté en première lecture le projet de loi sur
le divorce. Il a rétabli le titre du Code civil relatif au divorce.
Nous voilà donc, en fait de progrès, reportés à l'an 1804. Le
Sénat prétend donner par le divorce une extension à la liberté
humaine ; il consacre, il est vrai, la liberté de violer ses engagements. Mais il restreint la faculté de contracter honnê-
tement. Il résulte en effet de la loi que nul Français ne pourra
désormais s'unir sous la loi d'un mariage perpétuel ; il aura
beau avertir de son intention l'officier de l'état civil, celui-ci
lui répondra que la faculté de divorcer est inséparable du mariage et qu'il ne lui appartient pas de la détacher en faveur de
n'importe qui.

Ainsi la perpétuité du mariage est considérée par la loi
comme immorale ; et à ce titre la stipulation des époux qu'ils
entendent se lier à toujours serait annulée et jugée non avenue ! Et la morale du mariage ne va pas sans le divorce ! Les
partisans du divorce, à la suite de la loi de 1792, se tuent à
nous répéter que le mariage est un contrat comme un autre,
et qu'il peut être défait par le consentement même qui l'a
formé. Mais comment admettre la sincérité d'un consentement
dont les motifs échappent à tout contrôle ? Les enfants, l'ordre
social y sont intéressés, ainsi que la liberté religieuse des catholiques. On nous répond que les catholiques seront libres
d'user ou de ne pas user du divorce. C'est un leurre, et nous
sommes en présence du divorce obligatoire. Dans le système
du Code civil, la séparation de corps n'est pas un état subsistant par lui-même ; elle est le vestibule du divorce. Une fois
entré, il faut aller jusqu'au bout ; et le catholique, forcé de

recourir à la séparation de corps, se voit, malgré lui, entraîné
jusqu'au divorce.

A la tribune et dans la presse, on a osé dire aux catholiques : De quoi vous plaignez-vous ? Si vous préférez la séparation de corps, elle est à votre disposition. C'est une vraie
fourberie. La séparation de corps et le divorce ne sont pas
deux modes de réalisation d'un même fait. Dans le Code civil,
la séparation de corps est la pierre d'attente du divorce. L'article 306 laisse le choix entre la séparation de corps et le
divorce. Mais l'article 309 déclare que le mari est le maître
d'arrêter les effets de la séparation de corps en consentant à
reprendre sa femme. Pourquoi cette invitation à faire cesser
la séparation de corps ? C'est que cette séparation, d'après l'article 310, est limitée à trois ans. Alors la séparation de corps
doit être convertie en divorce, si l'époux originairement défendeur le demande. Dans le nouveau projet, chacun des époux
peut réclamer le divorce. Que signifie donc ce droit de séparation de corps ? Il n'est qu'un acheminement au divorce et se
confond avec lui. C'est un préliminaire de divorce. Le catholique est mis en demeure, au bout de trois ans, de reprendre
son conjoint avec qui la vie commune est impossible ou de
subir un divorce contre lequel proteste sa conscience. Tout le
monde prononce le mot : c'est le divorce obligatoire.

La séparation de corps n'est une institution sérieuse qu'autant
qu'elle maintient le mariage. Autrement elle ne diffère pas du
divorce. Elle se conçoit avec l'indissolubilité du mariage : du
moment que le divorce est la conséquence de la séparation,
elle ne remédie plus à rien et n'est qu'un droit illusoire. Les
partisans du divorce le savent bien. Aussi mettent-ils toute
leur tactique à confondre le divorce et la séparation de corps
en représentant la séparation de corps comme une dissolution
du mariage. Ce mensonge est nécessaire aux amis du divorce,
pour qu'ils n'aient pas l'air d'opprimer les catholiques. Du système qui fait aboutir nécessairement au divorce la séparation
du corps, il résulte en effet que la séparation de corps est interdite aux catholiques qui ne veulent pas, par une demande
en séparation, poser le principe d'un divorce futur. Ils
devront subir une vie commune odieuse, impossible. Au lieu

d'une séparation qui ne répugne pas à leur conscience et qui est de droit naturel, la loi leur impose une séparation qui les conduit au divorce. Elle substitue à la séparation qui maintenait le mariage la séparation qui le détruit. Sous le même mot, c'est une pensée contraire ; et la séparation qui se rattachait au mariage se trouve désormais rattachée au divorce.

Comme remède à certaines unions, les catholiques avaient la séparation de corps. Ils en ont joui dans tous les temps, dans tous les pays. C'est la nature elle-même qui l'indique. Vous ne pouvez vivre ensemble, vivez séparément. Le législateur moderne ravit ce droit aux catholiques. Il leur offre en échange le divorce. Il se fait juge d'une question qui ne le regarde pas et empiète sur le domaine de la conscience. Dans cette campagne dirigée contre le mariage, le droit de la conscience est absolument méprisé. Il semble que le législateur soit le maître de fixer des conditions à la nature. Il nie le droit des Français de s'unir à perpétuité en mariage ; et il leur refuse le droit de la séparation perpétuelle. De son autorité particulière, il met des limites au mariage et à la séparation, modifiant ainsi deux institutions connexes, dans un sens opposé à leur principe et à leur but. Le projet de loi supprime à la fois le mariage et la séparation de corps et nous place en présence d'un concubinage légal et du divorce. C'est au nom de la liberté de conscience des non-catholiques que cette révolution est tentée ; et l'on prétend par là leur assurer une revanche contre l'oppression qu'ils auraient subie.

La question mérite d'être étudiée. Toutefois reconnaissons que cette oppression est peu appréciable, puisque les protestants et les juifs se sont facilement soumis au mariage indissoluble et qu'ils n'en ont jamais réclamé l'abolition. Nos libres-penseurs prenant en main, et sans y être conviés par qui de droit, la cause des protestants, ont fini par faire du divorce un dogme protestant. C'est un faux point de vue, et le protestantisme tolère seulement le divorce. La conscience n'ordonne à personne de recourir au divorce. D'où la conséquence que la suppression du divorce ne blesse aucun dogme religieux et qu'un protestant ou un juif ne saurait se dire opprimé parce qu'il n'aurait plus la liberté de renvoyer sa femme ou de rompre son mariage. Cette vérité est essentielle; elle permet au législateur de replacer le mariage dans les conditions du droit naturel, sans qu'il soit porté atteinte à aucun principe religieux. Les religions qui tolèrent le divorce ne l'ordonnent pas. L'islamisme lui-même n'impose pas la pluralité des femmes. Le législateur, sans toucher à la religion de Mahomet, peut interdire cette pluralité au nom du droit naturel. Tous les hommes sont soumis au droit naturel, et le législateur français, en réformant par le droit naturel la famille musulmane, aurait introduit la civilisation parmi les Arabes, et préparé une union de peuples qui fait aujourd'hui défaut, et qui atteste la précarité et le peu de succès de notre colonisation africaine. La barbarie des musulmans provient moins de leur religion que de la polygamie. C'est ce vice social de la polygamie qui rend la société musulmane réfractaire à toute réforme.

Dans l'empire d'Autriche, la faculté du divorce n'est reconnue qu'aux dissidents. Le mariage contracté par les catholiques est légalement indissoluble. Les protestants, les juifs, les libres-penseurs peuvent divorcer; mais au moins le divorce n'est pas imposé aux catholiques. La loi est confessionnelle et respecte les cultes divers; elle concède le mariage dissoluble à ceux qui le veulent, et le maintient indissoluble pour ceux qui professent le dogme de l'indissolubilité. Cette liberté des cultes n'est pas du goût de nos législateurs, parce qu'elle est compatible avec la liberté du culte catholique. Elle n'a jamais été reçue dans la France de 89, où la liberté des cultes est une mystification, parce qu'elle s'applique tout au plus à un million de dissidents. Tandis qu'en Allemagne l'école est confessionnelle, l'instruction publique en France repose sur l'exclusion du culte et vise à l'indifférence religieuse ou à l'athéisme. Nous sommes loin, en cette matière, de prendre modèle sur nos voisins. Il y a une loyauté absolue dans la loi autrichienne; personne n'est trompé, chacun sait où il va et à quoi il s'expose. Il n'y a que deux mariages parfaitement déterminés, le mariage avec faculté du divorce et le mariage indissoluble.

Le mariage catholique est sanctionné par la loi. Vingt-cinq millions de catholiques ne sont pas mis hors la loi comme

chez nous. C'est en effet ce qui arrivera avec le divorce. La
religion est tenue pour non avenue. Le législateur lui dit
insolemment : il n'y a pas en France de catholiques, et la volonté du législateur fait seule loi. La législation autrichienne
s'appuie sur le principe de la liberté des cultes qui rend
l'école et le mariage confessionnels. Le régime français est
tout l'opposé. Il lève contre tous les cultes la barrière de la
libre-pensée ou de l'athéisme et leur refuse le droit d'agir sur
les institutions de famille et l'éducation. Si le mariage indissoluble du droit naturel n'est pas imposé aux sujets de la monarchie autrichienne, le mariage dissoluble du droit nouveau ne
leur est pas non plus imposé. Le législateur respecte la liberté
humaine dans sa manifestation la plus solennelle. Il laisse à
chacun, suivant le degré de sa conscience et de ses lumières, à
fixer le sort de son mariage. Le mariage indissoluble repose
aussi sur la liberté, et sur la liberté la plus sincère et la plus
vraie, puisque c'est volontairement que des hommes et des
femmes acceptent la perpétuité du lien conjugal. Cette liberté
ne mérite-t-elle pas autant d'être protégée par la loi que la
liberté des engagements temporaires ?

Le divorce imposé à tous, aux catholiques dont il blesse la
conscience, comme à ceux dont il satisfait seulement le caprice, est une suite de la persécution ourdie contre l'Église. Le
retour au titre VI du Code civil nous ramène à la situation révolutionnaire à laquelle la loi de 1816 avait mis un terme.
Détruire le mariage chrétien, c'est dans la pensée des sectaires
ébranler ou renverser l'ordre social fondé par le sacrement du
mariage. C'est, en effet, à l'esprit de famille créé par le christianisme que se sont rattachées toutes les branches de l'association humaine. L'esclave devenu chrétien entra en communication du droit social ; la force du sacrement lui assura le droit
de la famille, qui lui était refusé depuis tant de siècles. Par là
il fut vraiment libre, et la propriété de famille vint assurer son
existence.

Le droit de propriété, l'ensemble des relations sociales se
sont développés en harmonie avec la famille chrétienne,
comme par une irradiation du dogme dans les intérêts
politiques et matériels. Le sacrement de mariage soutenait

cette société, lui donnait vie et vigueur. Mais alors la famille, et
non l'individu, constituait l'État. Est venu le législateur de
1789, se mettant à la place de Dieu, et se déclarant auteur de
l'ordre social. Il a voulu réformer la religion, la famille, la propriété. En religion, après avoir passé par une phase du protestantisme dans la *constitution civile du clergé*, il a abouti à
l'athéisme obligatoire dont nous voyons une nouvelle explosion. En ôtant à la propriété tant foncière qu'industrielle tout
principe de conservation et de durée, il réduit le droit de propriété à une sorte de communisme d'État. Quant à la famille,
il s'en fait le chef en s'emparant de l'éducation des enfants.

Par l'institution du divorce, il détruit, autant qu'il est en lui,
la famille française, et étend jusque sur l'enfance le domaine
de l'athéisme. On a cherché à constater l'affinité du divorce et
de l'athéisme. Toutes les sectes antichrétiennes acclament le
divorce. L'État va plus loin qu'elles, puisqu'il se met en
dehors, non seulement de toute religion, mais de toute philosophie naturelle, en excluant de l'enseignement officiel le
nom même de Dieu. Son droit de réglementer le mariage, il le
met au-dessus de tout droit naturel ou supérieur ; il ne
reconnaît que la volonté de l'homme. Où sera l'athéisme s'il
n'est pas là? C'est en plein l'athéisme dogmatique et pratique.

Les promoteurs du divorce ont quelquefois invoqué le droit
naturel ; mais, pour eux, le droit naturel est de faire ce qu'on
veut et de vivre comme les brutes. C'est ainsi que, prenant
modèle sur les animaux, ils estiment que l'indissolubilité du
mariage n'est pas dans la nature. Le Pape Pie IX nous donne
un autre enseignement. L'article 67 du *Syllabus* porte condamnation de la proposition suivante :

« De droit naturel, le lien du mariage n'est pas indissoluble,
et, dans différents cas, le divorce proprement dit peut être sanctionné par l'autorité civile. »

Le mariage n'est plus un dogme, la famille n'est plus une
institution divine, la propriété n'est plus inviolable ; nous
sommes donc revenus à la législation et à l'état social de 1792.
La loi du divorce couronnera l'œuvre et achèvera l'installation
de la nouvelle morale sociale. Depuis l'éloge de Danton par

M. Cazot, nous avons fait du chemin. Au reste rien n'est imprévu; tous nos mouvements révolutionnaires enfilaient la route de 1792. Si 1830 et 1848 ont été enrayés, 1870 s'est développé à l'aise et a pu donner toute sa mesure. La dissolution politique et sociale s'opère paisiblement et après mûre délibération.

Les orateurs du divorce ont affecté d'attribuer à la loi de 1816 un caractère religieux qui était bien dans l'esprit de la majorité royaliste et catholique des députés de 1815, mais qui n'était pas dans le texte de la loi. Au surplus une telle loi n'est pas un simple texte offert à l'interprétation des légistes. Il est dépassé par les effets qu'il a produits et qui remontent plus haut que lui. Le mariage et la famille ne sont pas renfermés dans un texte de loi. Ils sont la vie d'un peuple et enchaînent tous les intérêts. Le mariage indissoluble n'eût-il parcouru que la carrière de 1815 jusqu'à nous, qu'il constituerait à lui seul la plus grande partie de la morale et des intérêts de la France. C'est la coutume nationale par excellence, le point de jonction où tous les intérêts de famille et de propriété viennent aboutir. Trente-cinq millions de Français ont vécu dans cette atmosphère et s'en sont imprégnés. Au milieu de tant d'éléments de dissolution, l'esprit français sentait qu'il y avait là un principe d'ordre et de fixité, une dernière planche dans le naufrage de 1789.

Déchu de cette illusion, à quoi se rattachera-t-il? Les catholiques raffermiront en eux cette pensée que le mariage du Code civil n'est pas un mariage. Mis hors la loi par tant de lois qui refusent de les protéger et mettent au pillage leurs droits les plus saints, ils demanderont à l'Eglise catholique seule l'inspiration de leurs devoirs et la règle de leurs intérêts. La Révolution ne s'est pas transformée en gouvernement, elle reste à l'état de guerre contre l'Eglise en ravivant la persécution religieuse systématiquement inaugurée en 1789. Dépouiller la France de ses traditions et de ses droits catholiques, c'est le but poursuivi, presque atteint. L'Eglise catholique, que les sectaires croient abattue, se dispose à recueillir la société moderne et à donner une nouvelle forme aux droits et aux intérêts même temporels qui, ne trouvant plus de sanction, aspireront à un autre ordre de choses.

CHAPITRE X

PATERNITÉ ET FILIATION

Dans l'ordre des intérêts privés comme dans l'ordre des intérêts publics, la famille est le centre auquel tout aboutit. Solidement constituée, elle permet à un État de franchir les crises les plus redoutables. Nul doute qu'aux époques les plus désastreuses de notre histoire et quand tout semblait perdu, il ne faille attribuer à la famille notre principe de résistance et la reconstruction de notre avenir. Quand les intérêts de famille ont encore leur stabilité, au milieu de l'anarchie politique, le sol est intact et le désordre n'est qu'à la surface.

La société est une substitution perpétuelle; or la famille chrétienne, avec sa perpétuité, son mariage indissoluble, est l'agent principal de cette transmission des idées et des intérêts d'une génération à une autre. Le père de famille est l'organe social du groupe qui lui est soumis; il le gouverne sous la loi de Dieu, non en maître, mais en tuteur donné par la Providence et reconnu par la coutume. Son autorité a un caractère divin, et la politique qui la respecte est le ministre de Dieu pour le bien; c'est là le droit divin des peuples et des gouvernements. Il comprend le droit de la propriété, sans quoi la famille, matériellement instable, ne pourrait plus remplir sa mission. L'histoire met sous nos yeux la chute des nations qui ont méconnu ces enseignements, et nous apprend à nous rapprocher des préceptes du décalogue, ce fondement de la prospérité matérielle des familles et des nations.

Le mariage est la source de la paternité et de la filiation. La légitimité est dans la nature; et appliquée à l'ordre politique elle a reçu plus particulièrement le nom de droit divin, puisque Dieu, auteur de la nature, est auteur des naissances et désigne visiblement la transmission héréditaire. Le mariage seul produisant la légitimité, il en résulte qu'il ne saurait être suppléé. Mais c'est dans le mariage perpétuel, indissoluble, que la loi de l'hérédité légitime a son application. En dehors de ce mariage il n'y a plus que des compétitions et l'anarchie. La volonté humaine se substitue à la Providence et le pouvoir devient électif. L'empire romain fut électif, mais la famille romaine était élective; elle dépendait du chef qui la modifiait à son gré par la répudiation de la femme, par l'adoption ou l'émancipation des enfants. Les empereurs essayaient, par l'adoption, de se donner un successeur; cette filiation factice n'a pu parvenir à constituer une hérédité politique. Les constitutions impériales avaient la prétention de disposer de la légitimité, en vertu même du principe qui plaçait le mariage dans les attributions de l'État. C'est ainsi qu'un père pouvait légitimer un enfant né hors mariage en l'offrant à la curie. Cette oblation faisait de l'enfant un curiole. On fuyait la fonction de conseiller municipal parce qu'elle consistait à répondre de la collection des impôts. Une conscription forcée astreignait les plus riches à la servitude municipale. La légitimation était alors permise dans l'intérêt public. Sous prétexte de ce même intérêt, les césars byzantins s'attribuèrent le droit de légitimation. Ils le favorisaient par tous les moyens. Un père même pouvait légitimer un enfant par testament, pourvu que ce testament fût confirmé par l'empereur. La légitimation par mariage subséquent des père et mère fut aussi autorisée par le droit impérial.

Le droit canon a toujours reconnu la légitimation par le mariage subséquent des père et mère, pourvu que le mariage entre eux eût toujours été possible : les enfants incestueux ou adultérins ne peuvent être légitimés. Cette législation a passé dans notre code. Le consentement est la condition essentielle du mariage, et le concubinat n'était qu'un mariage sans solennité ni formalités. Comment décider de l'existence d'un tel mariage? Les juges consultent les circonstances extérieures. Suivant l'honnêteté de la femme, la parité de position entre le mari et la femme, ils prononçaient la validité du mariage. Ils supposaient que le consentement avait précédé. La légitimation par mariage subséquent est fondée sur la raison même, sur la faveur due aux enfants.

En Angleterre, le mariage des père et mère ne légitime pas les enfants nés antérieurement. La loi du premier empereur chrétien n'y est plus en usage. Le protestantisme admet le divorce et ne reconnaît au lien matrimonial qu'une faible puissance. On lit dans les Décrétales : *Tanta est vis matrimonii ut qui antea sunt geniti, post contractum matrimonium legitimi habeantur.* Le droit canon s'inspire de cette pensée que le mariage doit embrasser toute la vie des époux. C'est pourquoi il reporte avec une vraisemblance justifiée par l'événement l'existence du mariage naturel au moment même de la conception des enfants. Il remet dans l'ordre des faits irréguliers par l'effet rétroactif du sacrement qui saisit et transforme le mariage naturel. Le pharisaïsme protestant répudie ces sentiments de miséricorde et s'en tient à la lettre stricte du contrat ; c'est le signe de l'orgueil qui se complaît en lui-même, et refuse, en la réparant, d'avouer son erreur. Le protestantisme ne voit dans le mariage qu'un contrat qui se dissout par la volonté des parties. Cette unité de vie qui relie l'homme et la femme, les enfants et leurs parents, il ne saurait la comprendre puisque le divorce anéantit ces relations de familles, rompt la vie commune du père et de la mère, disperse et divise les enfants. S'il ne respecte pas le mariage formé, comment respectera-t-il une union naturelle que l'homme et la femme veulent transformer en mariage reconnu? Et d'ailleurs quel motif suffisant d'étendre si loin dans le passé l'ombre protectrice du mariage, quand le mariage lui-même, exposé à toutes les chances du divorce, n'offre aux enfants qu'un abri incertain? De là l'indifférence et la dureté manifestées par le protestantisme à l'égard des enfants naturels rivés à jamais à la fatalité de leur naissance.

Mais l'Église reste étrangère à une autre espèce de légitimation qui remonte directement au droit césarien, c'est la légitimation par lettres du prince ; elle a fait du bruit dans les derniers siècles de la monarchie. C'est Justinien qui a dicté les lois dont tant de princes chrétiens se sont autorisés pour légitimer les bâtards. Cette légitimation avait les mêmes effets

9

que le mariage subséquent, elle soumettait les enfants à la
puissance paternelle et leur donnait le droit d'agnation tant
en ligne directe qu'en ligne collatérale. Quand, en vertu de
ces principes du droit romain, Louis XIV légitimait ses
bâtards, il ne portait pas seulement atteinte à la morale
publique, il ébranlait les lois de la monarchie. Car, ces bâtards
légitimés, il prétendait les rendre habiles à succéder à la couronne. Notre droit public n'admettait pas que le roi pût disposer de la couronne ou d'aucune partie du territoire. Quand
François Ier souscrivit le honteux traité de Madrid, il ne fut
pas tenu compte des engagements qu'il y prit.

La Révolution n'a rien laissé subsister de l'ancienne famille
française par le divorce, par l'assimilation des enfants naturels
aux enfants légitimes ; par l'honneur rendu aux filles mères,
le législateur supprimait le mariage et la famille, et ramenait
notre race à la promiscuité des bêtes. Cette politique est
reprise par notre nouvelle République. L'athéisme de l'enseignement obligatoire nous prépare un avenir semblable à notre
passé de 1789. La protection accordée aux bâtards indique
un grand ébranlement dans les institutions ; déjà, sous Louis-
Napoléon, on s'est aperçu de la faveur et de l'éclat dont ils
jouissaient. Et l'on était tenté de répéter ce que disait Saint-
Simon de son temps : Le meilleur état en France, c'est de n'en
point avoir et d'être bâtard.

Notre loi permet la reconnaissance des enfants naturels,
contrairement au principe qui attribue au seul mariage la
désignation de la paternité et de la filiation. En dehors du
mariage, le législateur n'a plus de règles pour saisir la vérité
sur la naissance. Il a voulu venir en aide à des enfants
malheureux privés d'appui. Sans recourir à la reconnaissance,
qui est la constatation d'un scandale public, il fallait simplement
reconnaître au père prétendu le droit de disposer de son bien.
Alors, par donation ou legs, il eût pu améliorer le sort de
l'enfant auquel il s'intéressait. D'ailleurs, le droit d'adoption,
dans des circonstances déterminées, pouvait atteindre le but
que se proposait le législateur. Mais il n'entre pas plus dans
l'esprit de la Révolution de protéger l'honneur des familles
que de respecter le droit de propriété.

La loi de l'hérédité s'appliquait aux familles privées comme
à la famille royale. Les princes, malheureusement, n'ont pas
toujours compris que l'intérêt de leurs sujets était le même
que le leur, et qu'il importait à l'État que toutes les familles
fussent sous la loi de l'unité et de la perpétuité.

Si la démocratie, telle que nous l'avons, est par elle-même
un gouvernement de corruption, il est cependant un moyen
de l'assainir, c'est de restituer aux familles qui la composent
le droit chrétien. Reconnaissez au père de famille le droit
d'élever ses enfants et de disposer de son bien, et toutes ces
petites familles besoigneuses, misérables, toujours à la veille
de se dissoudre par l'émigration, ou par la vente du bien
paternel, se raffermiront, retrouveront l'aisance et une autorité équivalente à leur nombre et à leurs intérêts. Une fois en
possession du pouvoir, les pères de famille imprimeront aux
mœurs françaises le caractère de la moralité. Ils rendront aux
lois l'autorité dont elles sont dépourvues. N'est-ce pas la seule
manière d'entendre le suffrage universel? Par la charge qu'ils
remplissent et les responsabilités qu'ils assument, les pères
de famille sont les arbitres naturels de la paix sociale et de
l'intérêt public, mais le législateur français s'est systématiquement fait l'adversaire de la famille et du père de famille.

La loi qui autorise la reconnaissance de l'enfant naturel
interdit la recherche de la paternité : notre ancien droit la
tolérait et elle est encore en usage en Angleterre. Le code est
en contradiction avec lui-même : du moment qu'il admet une
paternité et une filiation qui ne découlent pas du mariage,
il reconnaît implicitement qu'elles peuvent être prouvées en
dehors du mariage, et il semble qu'il aurait dû autoriser la
recherche de la paternité. Le législateur a reculé par crainte
du scandale, et parce qu'il ne tenait pas à réprimer les mauvaises mœurs. Il arrive qu'un grand désordre social se produit.
La peine d'une faute commise à deux retombe sur une seule
des parties, sur la femme, à qui reste la charge d'élever l'enfant. De là tous ces infanticides que les cours d'assises traitent
avec bénignité, parce que le principal auteur du délit primitif
s'est esquivé sous la protection de la loi.

Les meurtres ou tentatives de meurtres exécutés sur les

séducteurs par leurs complices, rencontrent aussi et par la même raison l'indulgence des cours d'assises et de l'opinion publique. Les femmes trompées semblent en état de légitime défense. Est-il nécessaire de rechercher la paternité pour atteindre une responsabilité qui se dérobe? Les relations coupables, immorales, peuvent être constatées, et non la paternité. Il paraît donc que le délit de séduction, facile à prouver, doit entraîner la responsabilité légale. Or, ce délit peut être atteint civilement par l'article 1382 du Code, qui pose ce principe : « Tout fait quelconque de l'homme qui cause à autrui du dommage oblige celui par la faute duquel il est arrivé à le réparer. » C'est à la jurisprudence à presser cet article et à en faire sortir ce qu'il contient. Les tribunaux sont en mesure d'apprécier les dommages-intérêts et d'en ordonner l'emploi. La responsabilité des faits de séduction sera ainsi partagée, et la justice pourra s'exercer sur des crimes qui n'auront plus pour excuse l'impunité d'un complice.

CHAPITRE XI

RECHERCHE DE LA PATERNITÉ

Des faits d'une immoralité révoltante résultent de l'interprétation de l'article 340 du Code civil qui interdit la recherche de la paternité. Toute la charge de la séduction retombe sur une seule des parties, la partie la plus faible et souvent digne de commisération. Le séducteur en est quitte à bon compte. La séduction, ce n'est pas seulement la honte et la misère pour la femme et l'enfant, c'est encore l'infanticide, le vol; c'est l'enfant élevé pour la police correctionnelle avant de passer par la cour d'assises.

L'ancienne jurisprudence admettait la recherche de la paternité. Les fauteurs de la Révolution n'avaient certes pas intérêt à maintenir une telle disposition du droit. Les révolutions ne se font pas par les gens les plus moraux d'un pays; Louis-Napoléon l'a constaté lui-même dans son *Histoire de Jules César*, par une phrase qui a fort déplu à son entourage, qui en a vainement réclamé la suppression. Au moment du Code civil, l'institution du mariage n'existait plus que pour mémoire; la facilité des divorces la réduisait au concubinat des anciens Romains. La séduction fut jugée peccadille. Tant pis pour la femme! l'union fortuite ne crée pas de paternité ni d'autorité paternelle.

Faut-il revenir à la recherche de la paternité, et nous rattacher à la maxime : *Creditur virgini parturienti?* Cette maxime règne encore en Angleterre, où la fille séduite peut déclarer le père de son enfant. Il s'ensuit beaucoup de procès scandaleux. Cette déclaration de paternité est la forme prise par l'ancienne jurisprudence pour appliquer le principe général exprimé dans l'article 1382 du Code civil : « Tout fait quelconque de l'homme qui cause à autrui un dommage, oblige celui par la faute duquel il est arrivé à le réparer. » C'est là un des fondements du droit naturel. L'application qui en a été faite est-elle juste ? Les anciens légistes ne donnent pas de raisons; la jurisprudence se formait de coutumes diverses, d'affaires particulières, d'une formule vive et bien trouvée. Elle s'appliquait plus ou moins, ainsi que bien d'autres dispositions contradictoires, dont la magistrature se tirait par sa liberté d'appréciation, et par l'autorité administrative qu'elle joignait à son autorité judiciaire.

Nous partons de ce principe. *Pater is est quem justæ nuptiæ demonstrant*, que l'article 312 traduit ainsi : « L'enfant conçu pendant le mariage a pour père le mari. » Tel est le droit naturel. En effet, le mariage est le seul moyen de constater la paternité. La femme, par son seul témoignage, ne peut la constater : *Testis unus, testis nullus.* Renverserait-on une règle si constante, si universelle, et dans un cas où aucun contrôle n'est possible ? Le témoignage de la femme est sujet à caution; elle est intéressée dans la question, et sa véracité ne repose que sur une honorabilité douteuse. L'homme lui-même n'a aucun titre pour affirmer sa paternité en dehors du mariage. Comment la nature a-t-elle remédié à l'impuissance de prouver la paternité ? Par l'institution du mariage. Un des grands événements de ce siècle, c'est l'article 67 du *Syllabus*, déclarant que, par le droit de la nature, le lien du mariage est indissoluble.

La proposition condamnée est celle-ci : *Jure naturæ matrimonii vinculum non est indissolubile.* Ce qu'on appelle en général la science du droit naturel a été fondé par des protestants. Grotius, Puffendorf, Vattel, Bartamaqui, sont protestants. Quoiqu'ils n'aient eu aucune autorité pour constituer la science du droit naturel, leurs considérations servent de règle à tous les manuels destinés à la jeunesse et à l'enseignement des écoles. Ce droit naturel, fondé sur le rationalisme et sur le protestantisme, était surtout dirigé contre l'Église et contre la pratique des nations catholiques. Et nous devons dire que, parmi les catholiques, beaucoup s'imprégnaient de ces doctrines. C'était donc un préjugé fort répandu que le divorce est de droit naturel, et que le catholicisme avait seul pu rendre indissoluble le mariage en en faisant un sacrement. Erreur fatale, destructive de l'esprit de famille chez tous les peuples non catholiques, et destructive de la religion même chez les peuples catholiques. Prétendre l'Église contraire à la nature, n'est-ce pas fournir un argument aux imaginations ardentes, aux esprits superficiels?

Pie IX a rendu un immense service à l'ordre social; il a restauré la famille humaine, atteinte par tous les systèmes contemporains. Il a complété le droit naturel pour toutes les nations, en donnant la sanction humaine la plus haute au dogme de l'indissolubilité du mariage. Car pour les peuples non catholiques, le Souverain Pontife est encore la plus haute de toutes les autorités, tant la sagesse humaine dont il est revêtu éclate dans l'histoire.

Le mariage est de droit naturel, et son effet est de fixer, de déterminer la paternité. Le mariage est donc un fait public; sans cela, comment les relations des personnes pourraient-elles s'établir? Si le consentement des parties forme seul le mariage, ce consentement a besoin d'être connu, de se manifester par certains signes. Il faut des témoins au mariage. De là ces fêtes, ces cérémonies qui, chez tous les peuples, accompagnent le mariage. Les Romains faisaient découler de ces cérémonies légales la puissance paternelle, en d'autres termes, la paternité. L'enfant ainsi né faisait partie de la personne du père, il en était la continuation. L'union consacrée, les produits en sont légitimes. Les esclaves, pour qui le mariage légal n'était pas reconnu, ne pouvaient exercer l'autorité paternelle; ils n'étaient pas censés pères.

Le droit naturel n'exclut du mariage aucune classe sociale; il assure d'une manière absolue, complète, la situation de l'enfant. La filiation et la paternité, qui sont une seule et même idée, viennent du mariage. S'il n'y a pas de mariage, que décide le droit naturel? L'enfant est *vulgo conceptus*, il n'a pas de père; il ne peut nommer son père. Il n'est plus couvert par la maxime : *Pater is est quem justæ nuptiæ demonstrant*; y substituerez-vous cette autre : *Pater is est quem blanditiæ demonstrant?* C'est une révolution dans les idées. C'est le renversement du mariage, du mariage perpétuel, social. Et que

voyons-nous à la place? l'union passagère, fortuite, née du
caprice. Le triomphe du concubinat plébéien sur le mariage
patricien a amené la dépopulation de l'Empire, la chute de
l'ancienne civilisation.

Si la paternité existe en dehors du mariage, le mariage
devient inutile. Il n'y a pas, comme se l'imaginent beaucoup
de gens, un mariage naturel consistant dans la simple cohabitation. L'article 67 du *Syllabus* nous dit positivement que le
mariage est perpétuel, d'après le droit de la nature. Le mariage se distingue donc de l'union fugitive. Et s'il prouve la
paternité, l'union accidentelle ne peut offrir cette preuve ni
être assimilée au mariage. Car le but du mariage, c'est la
procréation des enfants.

N'y a-t-il pas une paternité illégitime, comme il y a une
union illégitime? Dans le vrai mariage, consenti pour la vie,
la paternité résulte du mariage lui-même, de ce consentement
solennel que se sont donné les époux, de tout ce qui fait du
mariage un acte public et social. Dans l'union fortuite, vous
êtes obligés d'attribuer la paternité à un fait obscur, placé
hors de vos investigations, entouré de fraude et d'obscurité.
Vous êtes exposés à vous tromper, à commettre un mensonge.
Comment la justice se prononcerait-elle sur un fait qui lui
échappe et que la science est incapable de fixer? La nature,
qui fonde l'ordre social sur le mariage, n'attribue la paternité qu'au consentement préalable, qui est le mariage lui-
même. Elle étend à tous les hommes la doctrine des *justæ
nuptiæ*, par opposition aux *blanditiæ*, qui expriment la passion,
le caprice, la débauche. La paternité naturelle n'est qu'une
hypothèse. C'est donc vainement, à notre avis, qu'on se lan-
cerait à la recherche de la paternité. On ne découvrira rien de
positif, on atteindra tout au plus à une probabilité. Avons-
nous besoin de dire que rien n'est plus contraire à l'esprit du
droit, et que notre législation tout entière répugne à ce principe? Dans le doute, le juge français absout. Le mariage est la
seule preuve de la paternité. Voilà ce que constate la morale
de tous les peuples. Juger autrement, c'est ébranler le mariage,
mettre tout en suspicion, ravir à la famille son titre de gloire
et son principe d'existence.

La légitimation des enfants par mariage subséquent n'est pas admise par la coutume anglaise; c'est une application stricte de ce principe qu'en dehors du mariage il n'y a pas de paternité. Dans l'Église catholique, plus indulgente, le mariage opère la légitimation des enfants. Mais n'allez pas croire que l'Église soit contraire au principe : elle suppose que le mariage a été dans l'intention des parties, supposition non gratuite, puisque par le fait il se réalise et qu'il a pu, à l'origine, manquer seulement de la formalité sociale du témoignage. Cette légitimation s'opère et la paternité est déclarée, non en vertu d'un acte de justice, d'une décision particulière rendue par une autorité étrangère, mais par le mariage lui-même. Si l'époux affirme que ce sont ses enfants, l'Église ni la société n'ont aucune raison de le croire ; il se marie avec la mère de ces enfants, la preuve est faite. En sorte que, dans ce cas si important, c'est le mariage qui fait la paternité.

Le Code civil ne se pique pas d'une logique serrée. Après avoir décidé dans l'article 340 que la recherche de la paternité est interdite, il ajoute : « Dans le cas d'enlèvement, lorsque l'époque de cet enlèvement se rapportera à celle de la conception, le ravisseur pourra être, sur la demande des parties intéressées, déclaré père de l'enfant. » Le juge prononcera sur une simple présomption. Le législateur, qui, à cause du scandale, a rejeté l'ancienne jurisprudence sur la recherche de la paternité, reste ici fidèle à l'esprit de cette jurisprudence, quant à la théorie des preuves. On sait que, suivant la doctrine des Parlements, il y avait des quarts de preuve, des tiers de preuves, des demi-preuves, et que moyennant une addition ingénieuse plusieurs témoignages équivoques ou renseignements insignifiants se trouvaient former une preuve complète. C'est une doctrine de probabilisme entièrement opposée à l'esprit de notre droit moderne.

Ainsi, nous ne reconnaissons de paternité que dans le mariage et par le mariage, et nous repoussons la recherche de la paternité dite naturelle. Cependant, nous sommes d'accord au fond, et on le pense bien, avec ceux qui demandent *la recherche de la paternité*. C'est une formule que nous écartons en l'honneur des principes que nous venons d'exposer. Comment

donc viendrons-nous au secours de la femme séduite et force-
rons-nous son complice à prendre la part de responsabilité
qui lui revient? Nous formulons notre principe : *la responsabilité
du séducteur*. Dans la recherche de la paternité, le tribunal
opère un mariage par voie d'autorité, et sans même consulter
les parties. C'est là un acte étrange au point de vue juridique.
Il est vrai que ce mariage est de rang inférieur et produit une
paternité inférieure et une filiation inférieure dont le Code
règle les droits et les devoirs. Le concubinat semble ainsi
reconnu par le législateur, et produit des effets analogues au
mariage. La responsabilité du séducteur est une idée naturelle,
évidente par elle-même. Elle ressort de l'article 1382. Mais
comment l'appliquer? Les monuments de la jurisprudence sont
muets ou stériles, et la responsabilité du séducteur a été jusqu'ici illusoire. Une nouvelle loi est-elle nécessaire ?En d'autres
termes, l'article 1382 suffit-il pour constituer la responsabilité
efficace du séducteur?

La séduction jette une femme sur le pavé, dans la honte,
dans la misère, avec un enfant qui sera mal élevé et sur qui
ne veillera personne. C'est là un péril social. En Angleterre les
orphelins ou enfants abandonnés ont pour tuteur le grand
chancelier. N'y aurait-il pas à organiser une tutelle de ce
genre, confiée à la magistrature? Il saute d'abord aux yeux
que la condamnation pécuniaire est la répression la plus efficace et la plus utile. Nous mettons à part certains cas particuliers où le ministère public devra intervenir pour requérir
une peine proprement dite. Nous ne nous occupons ici que de
la responsabilité du séducteur envers la femme et envers
l'enfant. Nous ne disons pas que le séducteur est le père de
l'enfant; mais à coup sûr, la situation de l'enfant, par suite de
la séduction, est misérable, précaire; elle se confond avec la
situation de la mère. Comment en serait-elle séparée? En
déshonorant la mère, seule ressource de l'enfant, le séducteur
porte préjudice à l'enfant. Il crée ou il contribue à créer à
l'enfant une situation que l'opinion publique flétrit. Ne doit-il
pas réparer ce dommage dans une juste limite? La question,
devant la justice, se présentera dans son ensemble et avec cette
unité. Le tribunal ne recherche pas le fait épineux de la pater-

nité ; il constate les faits matériels de cohabitation, les relations coupables, et fixe une indemnité qui s'appliquera autant à la mère qu'à l'enfant. Aussi, ce serait au tribunal à déterminer l'emploi de cette indemnité et à en assurer le placement. Car il y a ici d'engagé un principe de droit public ; la société a été lésée ; elle se défend en limitant le mal, en le réparant autant que possible.

En constituant le délit de séduction avec sa responsabilité spéciale, nous allons plus loin que la recherche de la paternité et nous obtenons un résultat plus complet. L'article 342 déclare que l'enfant n'est pas admis à la recherche de la paternité dans le cas où la reconnaissance n'est pas admise ; c'est-à-dire dans le cas où l'enfant serait adultérin ou incestueux. La simple responsabilité est plus étendue, et peu importe la position du séducteur. L'article 1382 est d'une souplesse infinie et il se prête à tout, le juge, en définitive, restant maître de l'application. Il s'agit d'inspirer un nouvel esprit à la magistrature. Quand la conscience publique parlera, la magistrature, sans toucher à la loi, en tirera de plus graves conséquences. L'élément coutumier s'introduirait ainsi dans la jurisprudence de la façon la plus légitime, et la responsabilité se plierait à toutes les exigences de la morale, sous la direction de la magistrature. La conscience publique est blessée par la proclamation de la paternité naturelle, paternité qui est cependant un délit et qui se trouve constituer un état légal reconnu par le législateur et la magistrature. La responsabilité du séducteur juridiquement développée, substitue à cet état légal attribué à l'immoralité une notion simple, droite, la notion du délit de séduction, délit qui est dans nos lois, mais dont nos mœurs relâchées restreignent la gravité.

Nous prévoyons une objection, non de la part de ceux qui veulent rétablir la recherche de la paternité. Est-ce que la femme ne spéculera pas sur un homme riche ? Eh bien ! quand cela serait ! n'y a-t-il pas eu un délit commis à deux ? Il s'agit non de décharger la femme, mais de partager la responsabilité. L'indemnité n'a pour but que de permettre d'élever l'enfant et d'empêcher la femme de tomber dans le désespoir ou dans le dernier degré de l'infamie. Les légistes ont à cet égard un axiome célèbre : *In pari causa turpitudinis melior est causa possidentis.* Vous vous êtes mis dans l'embarras par un délit contre la morale sinon contre la loi, tant pis pour vous, je ne m'occupe pas de vos affaires : c'est vite dit. Mais la justice a précisément pour objet d'entrer dans le détail des ignominies ou des perversités qui comparaissent devant elle, pour faire la part exacte de chacun et distribuer les responsabilités.

C'est la présence des criminels qui excuse la présence des juges et des avocats dans les sociétés. La loi qui punit le délit vient en aide au délinquant, en ne dépassant pas la mesure d'une répression équitable. A un certain degré, la turpitude est un fait social qui tombe sous la répression de la loi. Si la séduction est un délit à deux, elle entraîne une responsabilité égale pour les complices. Le délinquant ne peut être puni au delà de son délit ; et c'est ce qui arriverait si une part des conséquences du délit n'était pas assumée par le complice qui jusqu'ici a su en esquiver le fardeau.

Que produirait la recherche de la paternité? Elle donnerait à l'enfant le droit des articles 756, 757 et 758 du Code civil. Les enfants naturels ne sont pas héritiers, dit l'article 756; néanmoins il leur accorde des droits sur les biens de leurs père et mère. Ils sont donc en réalité héritiers légaux, nécessaires, pour une portion déterminée, et dans les conditions fixées par le législateur. Ils viennent fortifier le principe de division déjà ancré dans nos lois. Le législateur les appelle pour augmenter le nombre des copartageants forcés; c'est une extension du principe qui nie le droit de propriété et soumet les biens au législateur. La recherche de la paternité aurait donc ce résultat d'augmenter le nombre des héritiers, d'amoindrir encore le droit de propriété. Le principe de la responsabilité invoqué dans l'article 1382 ne soulève aucune de ces questions irritantes. Il réduit le fait à une indemnité dont la quotité et l'emploi sont fixés par le tribunal. Il ne s'agit pas seulement de l'enfant; le sort de la femme lié à celui de l'enfant mérite de nous arrêter. Pourquoi séparez-vous l'enfant et la femme? La séduction cause un dommage à la femme aussi bien qu'à l'enfant. La recherche de la paternité ne pourvoit qu'au sort de l'enfant. Est-ce là une justice complète? L'article 1382 étend sa protection sur tous. Il permet de proportionner la réparation, et ne laisse aucun intérêt en dehors de son action.

La recherche de la paternité a donc cet inconvénient de scinder un intérêt complexe, et de ne faire porter la protection de la loi que sur une seule des parties intéressées. L'intérêt de la femme n'est-il pas aussi précieux que celui de l'enfant? Et, d'ailleurs, les deux intérêts ne sont-ils pas liés? Le Code civil traite l'enfant naturel avec une grande faveur; il l'assimile presque à l'enfant légitime par une réaction contre la loi antérieure, qui ne faisait aucune distinction entre les enfants légitimes et les enfants naturels. La Révolution, en effet, supprimait le mariage. En haine du catholicisme, elle effaçait le principe d'indissolubilité. Elle ne respectait pas même le droit naturel que l'article 67 du *Syllabus* déclare reposer sur le mariage indissoluble. Avec la facilité du divorce, tous les enfants se trouvaient naturels au même titre. Cette égalité rêvée par le législateur trouva cependant les mœurs récalcitrantes. Il fallut établir quelques différences, et le Code civil s'en chargea. Mais il maintenait le divorce, et, dans sa pensée, l'enfant naturel n'était que de peu inférieur à l'enfant légitime. C'est ce qui explique les dispositions si nombreuses et si bienveillantes du Code en faveur de l'enfant naturel.

Depuis la promulgation du Code civil, un grand fait s'est produit, c'est la loi de 1816, abolitive du divorce. Cette loi, due à l'influence chrétienne, et proposée par un grand chrétien, M. de Bonald, ne rétablissait pas le mariage chrétien, mais elle élevait l'espèce de concubinat qu'avait établi le législateur à la dignité d'un mariage de droit naturel dont l'indissolubilité est l'essence. Bien des parties du Code civil sont, par ce fait, frappées de discrédit ou arrêtées dans leur développement. C'est de ce côté que le législateur doit porter ses regards, parce que là se manifestent des lézardes dans l'édifice. Il n'y a plus de cohésion. Ainsi tout ce qui a trait aux enfants naturels s'inspire de l'état antérieur à 1816; et, en ce qui concerne le mariage, le principe dirigeant de notre droit est posé par la loi de 1816.

Voyez-vous le fils à la recherche de son père à travers le

dédale de la procédure! Au fond, il ne désire qu'une chose,
non pas s'assurer un nom, mais se procurer des ressources
pécuniaires. C'est là le seul but de son action. Il poursuit la
réparation du tort commis à son égard par l'auteur présumé
de ses jours. Si son droit est réel, il se produit d'une manière
peu édifiante pour la morale publique. L'article 1382 a-t-il
besoin d'un complément? on peut le lui donner. Il manque
d'une sanction pénale. Nous l'avons vu, la séduction n'est pas
seulement un tort privé ; par ses conséquences, elle devient
souvent un tort public. De là découle l'intervention du magistrat. Quand la séduction se manifeste par la naissance d'un
enfant naturel, elle trouble la cité, porte atteinte à l'ordre
social. Alors, la séduction est un délit public qui appelle l'intervention de la magistrature. Pourquoi le magistrat ne ferait-
il pas immédiatement une enquête? La femme est déjà suffisamment punie, nous ne réclamons rien contre elle ; mais
d'autres sont complices de ce délit de séduction dont les fruits
apparaissent. Ceux-là seront appréhendés, cités à comparaître :
la société leur demande des garanties, à titre de pénalité, si
des circonstances aggravantes l'exigent et surtout comme
réparations pécuniaires qui déchargent la société du soin
coûteux d'entretenir des êtres sans famille et sans ressources.
C'est ainsi que le législateur peut agir en demeurant fidèle aux
principes ordinaires du droit et à la logique judiciaire. Nous
ne proposons à la justice que de reconnaître des faits matériels, palpables, et d'infliger une responsabilité qu'elle apprécie
elle-même, ce qui est sa fonction habituelle et ce qu'elle pratique à peu près tous les jours.

L'article 1382 suffit à tout, et si une clause pénale est nécessaire, rien n'est plus facile au législateur que de déterminer
d'une manière plus précise le délit de séduction. La séduction
est immorale, elle se révèle par des circonstances matérielles
qu'il appartient au témoignage de mettre en relief. Mais le
législateur peut décider que la naissance seule de l'enfant
naturel constitue le délit légal de séduction.

Avons-nous réussi à signaler les vices de la formule : *Recherche de la paternité* et les avantages juridiques et pratiques
de cette autre formule : *Responsabilité du séducteur* ou *création du*

délit de séduction? Le lecteur jugera; il a eu les deux systèmes sous les yeux. Ce qui est certain c'est que la jurisprudence ou la loi ne saurait rester en cet état. Il faut pourvoir à un grave péril de l'ordre public, à l'immoralité croissante, à l'iniquité qui accable la femme sous une responsabilité double de celle qu'elle mérite et qui sacrifie totalement l'enfant non reconnu. Des voix généreuses se sont élevées. Une étude patiente des législations de l'Europe sur cette matière a été entreprise. Une grande iniquité sociale subsiste; d'une manière ou d'une autre, elle doit disparaître. Avec ceux qui ont traité la question autrement que nous, nous faisons appel aux gens éclairés, à la magistrature et aux législateurs.

CHAPITRE XII

LA PUISSANCE PATERNELLE

I

Cette expression est toute romaine et présente une idée bien différente de celle que nous nous en faisons dans notre droit. La famille romaine constituait un groupe politique. Le père, c'était le maître. Quand Jupiter est qualifié par les poètes de « père des dieux et des hommes » cela veut dire : maître des dieux et des hommes. Les maisons patriciennes ont grandi sous ce régime. Vivant de la guerre, aspirant à la domination, le peuple romain mit de côté, de bonne heure, les lois de la nature et s'organisa sous la loi de la discipline militaire la la plus intense. Dans la famille, le père prit un pouvoir absolu. Il absorba tous les droits que la nature, le mariage eussent pu laisser à sa femme et à ses enfants. Il gardait ses enfants sous sa puissance pendant toute leur vie. Sinon, il les émancipait, c'est-à-dire qu'il les vendait. Ce droit primitif est rempli d'embûches et de fictions ; il se dresse comme une surprise contre les étrangers et même les nationaux qui n'appartiennent pas au patriciat. Il semble traiter les droits et les intérêts, à la façon de l'enlèvement des Sabines, cette origine de la famille romaine. La propriété était fondée sur le droit de conquête ; et la ruse et la violence avaient plus de part à la procédure qu'une saine notion du droit.

Le pouvoir absolu régnait donc dans la famille, et toutes les fictions du droit tendaient à le maintenir. Mais les plébéiens étaient soigneusement tenus à l'écart d'une organisation qui aurait fait leur force. Ils étaient exclus du mariage solennel et de la puissance paternelle qui en découlait, à peu près comme, dans les temps modernes, les Irlandais se sont vus dépouillés du droit d'aînesse et de transmission intégrale. Les Anglais, par ce moyen, ont réussi à ruiner toutes les familles catholiques, tandis que les familles protestantes ont pu durer et prospérer. Les plébéiens à Rome se bornèrent au mariage libre qui n'entraînait aucune formalité religieuse ni aucune fiction de droit et ne produisait pas la puissance paternelle. La puissance paternelle n'avait donc à Rome rien de commun avec les sentiments de la famille. La plupart des mariages s'accomplissaient sous la forme du concubinat. Le divorce en devint un accompagnement. La femme était une simple associée, elle n'était pas *loco filiæ* et ne tombait pas *in manu mariti*. Associée par sa dot, elle se retirait en emportant sa dot. Sa principale préoccupation était d'empêcher son mari de la prescrire, de gagner sur elle l'usucapion. Chaque année la femme, pour interrompre la prescription, s'absentait du toit conjugal pendant trois nuits ; c'est ce qu'on appelait la *trinoctium usurpatio*.

Les légistes français s'efforcèrent d'adapter à notre droit chrétien ces institutions bizarres, très propres au but qu'elles poursuivaient, mais étrangères à nos mœurs et à nos intérêts. Ils établirent la fiction que le droit romain devait régner en France, à défaut des coutumes. Et sous prétexte que les coutumes étaient incertaines ou insuffisantes, ils invoquaient sans cesse les textes du droit romain. Ils parvinrent dans le Midi à donner à l'autorité paternelle une couleur de la puissance paternelle chez les Romains, en plaçant le fils sous la tutelle perpétuelle du père, en donnant au père le droit de s'opposer au mariage de son fils, jusqu'à l'âge de vingt-cinq ans, malgré les canons de l'Église.

Il est vrai que cette imitation du droit romain les amenait à reconnaître aux filles le droit d'exiger une dot de leur père. Ils nous imposaient toutes les contradictions du droit romain. Pour corriger la puissance paternelle, ils portaient atteinte au droit de propriété. Ils attribuaient aux enfants un droit nécessaire sur les biens du père. Ce régime de division rendit les provinces du Midi plus accessibles que d'autres aux idées de la Révolution. Ce n'est pas, en effet, dans les pays qualifiés de

droit écrit que la Révolution a rencontré de la résistance ;
des pays de droit coutumier, la Vendée, la Bretagne, la Normandie, ont seuls, quoique tardivement, protesté à main
armée contre la Révolution. Mais il faut le dire, le droit coutumier était affaibli partout. Il était, du reste, écrit depuis
longtemps. La réduction des coutumes, à partir du xvᵉ siècle,
marqua une ère nouvelle. Les légistes introduisirent autant
qu'ils purent, d'une façon frauduleuse, les principes du droit
romain dans les coutumes. C'est contre l'Église que les
légistes voulaient relever la puissance paternelle. Ils introduisaient chez nous une servitude dont l'Église avait affranchi
les chrétiens. Le père de famille chrétien se doit à ses enfants,
il a la charge de les guider dans la vie ; il exerce auprès d'eux
une autorité qu'il tient de Dieu, et qui est naturellement
limitée par la loi divine et le droit naturel. Ainsi les enfants
ont le droit de disposer d'eux-mêmes ; leur vocation est dans
leurs mains. En revanche, quand ils ont été élevés, ils n'ont
aucun droit sur les biens de leur père. Le père a accompli
sa tâche ; c'est à eux à remplir par le travail et l'initiative
personnelle leurs devoirs d'homme et de chrétien.

Tronchet disait au Conseil d'État : « Dans les pays régis par
le droit coutumier, la puissance paternelle n'était qu'une
autorité de protection qui durait jusqu'au mariage ou jusqu'à
la majorité. » Dans le droit chrétien, la paternité est un devoir
bien plus qu'un droit. Un père ne peut s'affranchir de ses
obligations. Et, en général, il est permis de renoncer à un
droit. Aussi Berlier, dans la discussion du code, demandait-il
que l'expression fastueuse de puissance paternelle fût écartée
et qu'on y substituât « l'autorité des pères et mères ». Il
avait assurément raison, mais le préjugé formaliste l'emporta :
ce qu'on appelle « la puissance paternelle » n'est plus qu'un
pouvoir de tutelle. Rien d'essentiel n'est conféré au père en
dehors des pouvoirs d'un tuteur. C'est seulement quand il
s'agit de mariage que le fils est soumis au père jusqu'à l'âge
de vingt-cinq ans. C'est un vestige du droit romain. Mais il
est facile de comprendre la préoccupation du législateur. Le
fils a une réserve dans les biens du père ; par son mariage, il
dispose d'une partie éventuelle de la fortune de son père. Il

est tout simple que le père exerce une surveillance sur le
mariage de son fils. Le fils, jusqu'à vingt-cinq ans, achète de
sa liberté son droit sur les biens de son père. Le mariage de la
fille ne peut être arrêté par le père que jusqu'à l'âge de vingt
et un ans. L'Église ne reconnaît pas cette législation arbitraire.

Ce n'est pas seulement l'autorité paternelle qui est anéantie
dans nos lois, c'est l'autorité du propriétaire. Maître de son
bien, investi de la liberté de tester, un père saurait faire respecter son autorité et assurer l'avenir de ses enfants. Le Code
civil déclare que « l'enfant doit à tout âge honneur et respect
à ses père et mère ». Cette formule n'a pas d'application juridique ; elle est même démentie par cet ensemble de dispositions légales qui mettent des bornes au droit de propriété et
donnent aux enfants tant de moyens d'attaquer le testament
paternel. Sans ce droit de disposer, l'autorité du père est
désarmée. En pays coutumier, disait-on, droit de puissance
paternelle n'a lieu. Cela est vrai ; mais la coutume réglait la
disposition des biens et assurait la dignité du père et de la
mère. Si l'autorité paternelle n'est plus rien chez nous, c'est
que l'État a empiété sur les attributions de la famille et a
absorbé la société domestique. En s'emparant de l'éducation
des enfants, il fait de la paternité une sinécure ; et les enfants
ne sont pas sans s'apercevoir qu'ils sont élevés par l'État et
non par leur père. La religion contribuait surtout à relever
l'autorité paternelle ; elle implantait dans l'âme des enfants
un respect profond pour le père. L'éducation nouvelle propage
d'autres notions.

L'État dirige toutes les branches de l'enseignement. Par les
écoles primaires, secondaires, supérieures, spéciales, il s'assimile tous les individus. Il n'y a pas jusqu'aux salles d'asile
qu'il n'accapare. Il a envahi toutes les fondations de la charité.
Que laisse-t-il à l'initiative des pères de famille ? Il a mis la
main sur l'éducation des filles. L'éducation commune chez les
Grecs consistait en jeux, en courses, en gymnastique, en exer-
cices militaires. L'État n'enseignait ni morale, ni philosophie,
ni religion. Il y avait des maîtres d'art, de philosophie, de
rhétorique. Allait, en payant, les entendre qui voulait. L'art,

la science, la littérature étaient libres et ne tombaient pas en régie. Les césars eurent des professeurs attitrés ; des villes eurent aussi à leurs gages, sous l'Empire, des déclamateurs, des faiseurs de conférences. François Ier reprit cette tradition en instituant le Collège de France. Cette littérature d'État n'eut jamais grand succès.

L'État a entrepris de pétrir l'intelligence de tous les Français dans un moule déterminé, c'est si bien son but qu'il interdit toute autre éducation ou instruction que celle qu'il distribue. Il tend à l'idéal chinois, et il l'a déjà en grande partie réalisé. Le rôle de la famille est effacé. Cet enseignement, cette éducation appartiennent à la famille et spécialement à son chef. Le système de la Révolution ne connaît pas d'intermédiaire entre l'individu et l'État, il réduit en poussière toutes les associations naturelles, tous les droits collectifs fondés par le temps, toutes les traditions, et transporte à l'État la gestion de tous les intérêts de famille, la direction de tous les sentiments privés. Il atteint ce double but par l'éducation nationale et le Code civil. Quelle serait donc, dans une telle société, la fonction du père de famille ?

L'État moderne, comme César, est le père de famille universel! Il a hérité de tous les pères de famille réduits à néant dans la société nouvelle. Ce pouvoir absolu de l'État constitue, non une force de résistance ou un principe d'action, mais une désorganisation sociale, et la société moderne croulera plus facilement que l'ancien régime. Trois fois depuis moins d'un siècle, ne s'est-elle pas trouvée sans défense devant l'étranger? Cet État tout-puissant n'est-il pas l'institution la plus fragile, et ne s'est-il pas dix fois brisé au moindre choc?

II

La déchéance absolue de l'autorité paternelle est consommée par les lois d'instruction obligatoire qui ont été étendues à tous les Français. Elles expriment le communisme. Le communisme d'État s'affirme depuis un siècle. Il triomphe sur toute

la ligne. Son adversaire naturel, c'était la famille. La loi civile
lui a enlevé toute sa force; la loi politique achève de la dissoudre. Il a fallu du temps. Les lettrés acceptent cette transformation; ils y concourent de leurs efforts. Ne sont-ils pas
embrigadés par l'État? Il les prend à son service et les charge
d'instruire la jeunesse et de diriger l'opinion. Il n'y a plus de
traditions de famille; c'est à l'école que l'enfant apprend
chaque jour ce qu'il doit croire et penser. Les chefs de famille
n'ont aucune influence sur l'école; il y a plus : l'école n'a pas
même de caractère local. Les professeurs sont étrangers au
pays; ils dépendent d'une administration centrale et ne
demandent qu'à quitter la localité où ils sont. L'avancement
est la question qui les touche. C'est la même école partout. On
y supprime la tradition catholique. On y enseigne des systèmes historiques ou scientifiques tout nouveaux. La famille
n'intervient pas dans cette éducation. Le respect décroit dans
le cœur des fils. Il naissait de la vie en commun, de la constante supériorité du père sur le fils. Dans les relations de
famille se formaient nos premières impressions, nos meilleurs
sentiments. Le fils moderne ne voit son père qu'à la dérobée;
sa pensée se développe sous l'œil et par les soins d'autres
maîtres; c'est à eux qu'il doit ce qu'il sait, et la famille n'est
plus pour lui qu'une école d'ignorance et de préjugés. Heureux
quand il n'apprend pas à la mépriser!

Le suffrage universel affaiblit singulièrement le respect dû
à l'autorité paternelle. Les jeunes gens sont élevés pour le
vote politique; ils sont en majorité. Le vote de la jeunesse
pèse plus que le vote de l'âge mûr. En cas de dissentiment, les
jeunes l'emportent. Quel respect concevront-ils pour des
pères arriérés? Nous sommes « la jeune France ». L'expression
date de 1830. Est-ce donc pour la France un honneur ou un
profit d'être gouvernée par des enfants? La Révolution française a été faite par des jeunes gens de vingt-cinq à trente-
cinq ans. Aussi [remarquait-on alors combien les familles se
divisaient : les pères regrettaient l'ancien régime ou marchaient
lentement vers le nouveau; les enfants s'y précipitaient et
entraînaient tout. Depuis 1789, nous voyons toujours en politique les jeunes aller d'un côté et les anciens d'un autre. L'au-

torité paternelle est bafouée par la politique contemporaine. Admis au scrutin à titre d'égalité avec leurs fils, les pères sentent leur déchéance. Ils comprennent que les idées qu'ils représentent ne sont plus de saison, et les fils le comprennent encore mieux.

Le sentiment du respect a donc disparu; l'égalité n'est pas un principe de respect. Le respect rentrera dans la famille quand les chefs de famille seront seuls appelés au vote. Ce sera encore un suffrage universel, et plus universel que le nôtre, puisqu'il sera réellement représentatif des intérêts des femmes et des enfants. Le suffrage de l'individu est irresponsable. Le père de famille sait qu'il a charge d'âmes et que les personnes qui sont sous sa direction sont les trois quarts de la nation. En votant en qualité de père de famille, il pense nécessairement à sa femme et à ses enfants, et émet un vote conservateur. La famille est fondée sur l'inégalité, inégalité qui soumet par le sentiment du devoir la force à la faiblesse et impose à l'autorité un plus grand dévouement. Le suffrage universel communiste anéantit l'esprit de famille. Et ce n'est pas l'institution du divorce qui augmentera le respect des enfants pour leur père.

Le chef de famille, même jeune, n'a déjà plus les illusions de la jeunesse. Il a une responsabilité, ses opinions prennent un autre tour. Il apprend à envisager d'un œil plus calme les intérêts sociaux, par la raison bien simple que la famille est le principal de ces intérêts. Le législateur moderne a toujours refusé de compter pour quelque chose la qualité de père de famille; il a constamment repoussé toute tentative de lui attribuer une place dans nos constitutions. Il proclame la loi du nombre et le privilège absolu de la majorité. Politique aveugle, puisque les majorités ne sont pas stables, et que les dissidences qui se traduisent déjà en proscriptions risquent de rendre dans l'avenir tout gouvernement impossible. Le vote moderne est révolutionnaire. Qui peut en douter? Et si nous avions un gouvernement républicain, ce gouvernement serait périodiquement menacé par les élections. La famille est l'élément conservateur par excellence. Aucune démocratie n'a pu subsister sans le sentiment profond de la famille. En

Suisse, de petites démocraties chrétiennes se sont élevées, qui n'avaient pour se gouverner que ce principe de la famille. Il leur suffisait ; il leur assurait des magistratures gratuites, une tradition constante. Le jacobinisme moderne les a renversées. L'unique loi du nombre, c'est la force érigée en droit, c'est le système des représailles substitué à l'esprit de conciliation. L'intérêt de toutes les familles est le même; c'est un terrain commun; il peut servir de base à l'édifice politique. Les dissidences ensuite ne seraient plus que secondaires. Le vote anarchique fondé sur le nombre livre la France et son gouvernement à des secousses sans fin. Il atteste l'impuissance du législateur à formuler un principe de conservation sociale.

Le vote des chefs de famille déplace le point de vue politique et le ramène aux conditions générales de l'ordre public. L'électeur considéré comme un mandataire vote pour ceux que leur âge ou leur incapacité empêchent de voter. L'électorat est-il un droit personnel ou une fonction? La question se résout suivant qu'on part du principe de la famille comme fondement de la société ou de l'individualisme qui nous reporte au *Contrat social* de J.-J. Rousseau. On s'est demandé souvent si le vote doit être public ou secret. Si le vote est l'exécution d'un mandat public, il semble qu'il doive être public. Par là le mandataire rend compte de son mandat et se soumet au jugement des parties intéressées. Cette publicité implique et constitue la responsabilité. Elle est éminemment conservatrice. Les hommes de révolution réclament le scrutin secret, et l'établissent partout où ils sont les plus forts. Pourquoi se cacher si l'on ne commet pas une mauvaise action? Ils allèguent qu'il faut garantir l'indépendance de l'électeur. N'est-ce pas plutôt pour couvrir des votes qu'on n'oserait pas avouer? Si toute la nation doit être représentée directement ou indirectement, les incapables ont un tuteur naturel qui est le chef de famille. Dans les principes de notre législation, ils ne sont pas privés des droits civiques, mais seulement de l'exercice de ces droits. La famille embrasse toute la population; elle est l'unité primordiale. Tous les dénombrement qui, à diverses époques, ont eu lieu en France pour des fixations d'impôts s'arrêtaient aux *feux*. L'expression est encore en usage ; un feu, c'est une

famille, un foyer, une maison. Aller plus loin, c'eût été disperser un faisceau indivisible. Ainsi l'unité de la famille était
respectée ; la politique s'adressait au chef de famille et l'autorité paternelle en recevait autant de force que d'honneur.

En fait, notre suffrage universel est restreint puisqu'il tient
en dehors du vote les trois quarts de la population. Il est facile
de dire : cette population est incapable. Elle doit avoir des
tuteurs ; où sont-ils ? On parle de centralisation : au fond, on
se plaint d'un centre unique où tout vient s'absorber. Et ce
qu'on demande, sous le nom de décentralisation, c'est la mul-
tiplication de centres où la vie politique puisse circuler. Le
suffrage universel fondé sur la famille serait une première
assise des libertés locales. La famille attachée au sol, au foyer,
rayonne dans un espace limité. Elle représente la localité. Elle
touche aux intérêts plus qu'aux opinions. Les opinions bouleversent, les intérêts raffermissent. La masse des électeurs
obéit, non à des intérêts précis, étudiés, mais à des opinions
vagues, retentissantes. Ils aspirent à quelque transformation
sociale, plutôt qu'à un gouvernement régulier. Une fois pénétrés de cette pensée qu'ils représentent des intérêts et non des
opinions, les électeurs seraient plus calmes, moins avides de
changement, plus soucieux de la morale publique. La liberté
communale est le prolongement de la liberté de la famille ; et
naturellement la France retrouverait un équilibre politique.
Elle se gouvernerait elle-même, au lieu d'être gouvernée par
Paris. L'incapacité de la province, la servitude politique où
elle est réduite, a sa source première dans l'effacement, l'annulation du chef de famille. Ce père n'est rien ; l'intérêt local
n'est rien, ou il obéit au mot d'ordre de Paris, et il est moins
que rien puisqu'il agit contre lui-même et contre sa propre
nature.

La société moderne est punie par où elle a péché : elle
écarte l'autorité paternelle comme obstacle et ne la retrouve
plus comme appui. Cette cause du père de famille est-elle donc
impopulaire ? Dans beaucoup de contrées du Centre et du Midi
de la France, le paysan peut encore disposer de son bien et
transmettre intégralement son petit domaine, sans s'astreindre
aux formalités ruineuses du Code civil. Les enfants respectent

la volonté paternelle. Leur intérêt est de conserver l'harmonie de la famille. Les classes populaires ne sont pas ennemies du père de famille. C'est dans la classe lettrée que l'opposition se manifesterait. Mais, là aussi, bien des illusions sont tombées. Un retour général s'y produit vers des idées d'ordre. Et il n'y a qu'un moyen de mettre de l'ordre dans l'État, c'est d'en mettre dans les intérêts de famille et de localité. Nous atteindrons ce résultat par la restauration de l'autorité paternelle.

Nous réclamons des droits politiques pour le père de famille et il n'a pas même la libre disposition de son bien. La loi lui permet de dissiper follement sa fortune, non de la conserver, ni de la distribuer selon les vues de sa sagesse. Ce n'est pas de lui, mais de la loi que les enfants tiendront leur part. Sa liberté de tester est une dérision. En l'exerçant, il peut faire des mécontents, mais non fonder un établissement durable et pourvoir à l'avenir de ses enfants. Les enfants ont une part assurée dans l'héritage et ne sentent pas la nécessité du travail. N'est-il pas reçu que les *espérances* sont une fortune? On spécule sur la perspective de succéder à son père et à sa mère qui sont moralement dépouillés de leur vivant par la loi ou par leurs enfants. Cette liquidation anticipée des familles est le vœu le plus cher de nos lois, et il se réalise chaque jour par le mouvement normal des affaires et des intérêts.

CHAPITRE XIII

L'ADOPTION

L'adoption ne joue pas un grand rôle parmi nos institutions juridiques, elle était étrangère aux mœurs et aux traditions de la France avant 1789. Et encore aujourd'hui, elle ne répond à aucun intérêt de notre temps et de notre société. Pour expliquer cette anomalie, il faut se reporter à l'ancienne Rome dont s'est inspiré le législateur français, quand il a discuté le principe de l'adoption le 18 janvier 1792. A Rome, la famille naturelle était bannie du droit. Le droit considérait non la famille que forme le mariage, mais la société domestique réunie sous les lois d'un chef. La famille désignait l'ensemble des personnes et des biens soumis à cette autorité. A vrai dire, il n'y avait pas d'autorité paternelle, puisque c'est seulement en qualité de maître que le père exerçait l'autorité sur ses enfants. Aussi pouvait-il, en les émancipant, renoncer à toute autorité sur eux, rompre tout lien entre eux et lui. Il en est autrement du père qui, étant institué par la nature, ne saurait briser les relations qu'elle établit. La dignité paternelle est indélébile. Sur elle ont reposé les royautés chrétiennes. Ce fondement manque à la famille romaine, qui, n'étant pas fondée sur la nature, se recrutait par l'adoption.

Cette adoption a de frappantes analogies avec le système de la clientèle, qui constituait l'influence des grandes familles en plaçant sous leur patronage un nombre plus ou moins grand d'individus et de famille astreints à des devoirs de fidélité envers les patrons. L'adoption fut, avec le cours du temps, une transformation de la mancipation. Les faibles eurent intérêt à se donner en adoption à ceux qui pouvaient les protéger. A Rome, une puissante oligarchie concentrait en elle tout l'État. Les affranchissements n'augmentaient qu'en apparence la classe des hommes libres. En qualité de patron, l'ancien maître gardait un droit sur ses affranchis, et ceux-ci étaient tenus à des devoirs envers lui. A défaut d'héritiers, le patron héritait de ses affranchis.

Le côté politique de l'adoption est donc le même que celui de l'ancienne famille romaine. Il devait plaire aux législateurs de la Révolution qui voulaient fonder la famille en dehors de la nature et du christianisme. Alors les naïfs s'imaginaient que les riches s'empresseraient d'adopter les pauvres pour partager leur fortune avec eux ; c'est le temps où il y avait des fêtes pour la vieillesse et pour toutes les vertus. L'idylle coulait à flots en même temps que le sang sur les échafauds. Le mariage avait disparu, remplacé par le concubinat. On fondait la famille sur l'adoption. On revenait à la république romaine des derniers temps avant de passer au césarisme : on offrit des primes aux filles-mères. Les césars n'allaient pas jusque-là ; ils accordaient des exemptions aux pères de nombreux enfants. Et personne n'osait affronter les charges du mariage, et l'empire se dépeuplait.

Les césars suivirent la loi commune : y avait-il une famille impériale? Non, c'est par l'adoption que les césars désignaient leurs successeurs. Ils s'associaient par adoption un collègue. Ce genre d'élection était dans les traditions républicaines. L'empereur, cette incarnation vivante de la souveraineté du peuple, ne pouvait transmettre son pouvoir qu'en vertu du mandat qu'il avait reçu. Il était donc nécessaire qu'il nommât son successeur ou que, par sa bouche, le peuple fût censé le nommer. Comment le fils légitime aurait-il succédé à un mandat? Le droit ne permet pas de choisir un mandataire qui n'est pas encore né. La fiction ramenait le pouvoir dans la main d'un fils électif. Pour que le fils de la nature et du mariage vînt au trône, il fallait une consécration nouvelle, un acte de volonté qui l'investît du mandat impérial. C'est ce qui avait lieu par l'association à l'empire. Malgré l'effort de la nature, le gouvernement dynastique, héréditaire, contrarié par le principe de la souveraineté du peuple, ne put jamais s'établir à Rome. Cette souveraineté populaire, toujours en acte

dans la personne des empereurs, limitait cruellement la durée
du pouvoir sans bornes qu'elle conférait en imprimant à ce
pouvoir un caractère viager et en armant contre lui le bras de
quiconque se sentait la force d'aspirer à l'empire. Et c'est en
vain qu'on essaya de tromper par d'autres fictions cette fiction
de la souveraineté du peuple. Elle se retournait sans cesse
contre le pouvoir qu'elle livrait à tous les excès et à toutes les
compétitions.

La société chrétienne répudie la paternité élective dans la
famille et la royauté élective dans l'État. La grande innovation,
ce fut l'institution du mariage. Le monde se repeupla ; la
nature reprit ses droits et chassa les fictions. Sous la première
race de nos rois, le principe d'adoption subsiste encore, il
disparaît sous la seconde. Nos anciennes coutumes n'en offrent
pas de traces ; ou si, dans des rédactions récentes, il est mention de l'adoption, c'est dans un sens tout différent du droit
césarien. Fondée sur l'indissolubilité du mariage et sur le
devoir du père de famille, la famille tendait à la perpétuité,
et cette perpétuité était celle du sang. Elle n'avait pas un chef
de choix, mais le chef que la Providence lui donnait. Elle se
constitua par la naissance et non par l'élection. Il en fut de
même de la société chrétienne, cette image agrandie de la
famille. Le pouvoir politique et le pouvoir domestique s'atta-
chèrent à la naissance.

Quel est le régime qui assure aux hommes le plus d'ordre
et de stabilité ? Nous le savons après une longue expérience.
Galba dit dans Tacite : *Optimum quemque adoptio invenit.* Qui
porterait encore le même jugement, après l'exemple de l'empire romain, de la Pologne, de nos gouvernements modernes ?
La royauté française est une substitution, non un mandat.
C'est à ce titre qu'elle a grandi ; et quand l'idée de mandat est
apparue dans la politique, la royauté touchait à sa dernière
heure. Louis XVI fut proclamé représentant du peuple ; les
légistes de la royauté avaient souvent dans les Parlements
caressé cette conception d'un mandat conféré au roi par la
nation. La logique entrait en scène. Il résultait du mandat que
le mandataire devait rendre compte à son mandant ; et comme
il n'y avait pas de procédure organisée contre le roi, on

marchait sur la pente du régicide. Le mandat explique le choix, l'élection. Il est tout simple que Bonaparte se soit emparé d'une doctrine qui favorise les ambitions. Le titre de l'adoption lui a souri. Le conquérant dont la pensée ne quittait pas les empereurs romains a pu prévoir qu'un jour il aurait besoin, pour continuer son œuvre, d'un homme fait à sa main. N'a-t-il pas songé à adopter le prince Eugène?

C'est par leur côté politique que l'adoption et le divorce plaisaient à Bonaparte. Il sacrifiait la famille française à son ambition. Autour de lui, l'engouement pour les institutions de la république romaine suffisait pour égarer les esprits. Toutefois le législateur, comprenant le peu d'étendue qu'aurait chez nous le principe de l'adoption, en a fort restreint l'application. On sent que le législateur est heureux, après avoir créé la famille purement civile, de créer la famille factice. Chez les Romains, l'adoption constituait véritablement la famille telle qu'ils l'entendaient. Elle mettait le père et le fils adoptifs dans les rapports ordinaires de puissance et de subordination, en rompant tout lien entre l'adopté et sa famille naturelle. Chez nous, l'adoption n'est qu'un contrat de bienfaisance qui conserve à l'adopté tous ses droits dans sa famille naturelle. Les révolutionnaires français n'ont vu dans l'adoption que le côté philanthropique. Ils étaient, pour le langage et les sentiments, en plein XVIIIᵉ siècle. Pendant la Terreur, le charme et l'innocence des mœurs champêtres reluisaient sur les théâtres et attendrissaient le public. Beaucoup de pièces finissaient par l'adoption d'un orphelin.

Dans la discussion du titre de l'adoption au Conseil d'État, M. Malleville s'exprimait ainsi : « L'adoption pourra être utile comme mesure politique, parce qu'il importerait grandement à l'État que les citoyens recommandables par les services qu'ils ont rendus, et que les circonstances ont éloignés du mariage, ou dont l'union a été stérile, pussent, par des choix éclairés et communément préférables au hasard de la naissance, lui laisser des enfants qui leur ressemblent. » Ce rêve du premier commentateur du Code civil ne s'est pas réalisé, quoique dans la loi rien ne s'y oppose. Si le choix vaut mieux que la naissance, on peut supprimer le mariage et ne plus

reconnaître d'autre paternité que celle de l'adoption. Au
Conseil d'État, le principe de l'adoption accepté, la discussion
roula sur la procédure de l'adoption. Deux systèmes se sont
produits, l'un qui fait de l'adoption une affaire privée et laisse
aux tribunaux le soin de la régulariser, et c'est le système qui
a triomphé. L'autre envisageait l'adoption au point de vue
politique et demandait qu'elle fût conférée par une loi. L'ins-
tigateur le plus puissant de ce système fut le premier consul ;
ses paroles sont curieuses : « L'adoption n'est ni un contrat
« civil, ni un acte judiciaire. Qu'est-ce donc? Une imitation
« par laquelle la société veut singer la nature. C'est une espèce
« de nouveau sacrement, car je ne trouve pas dans la langue
« de mot qui puisse bien définir cet acte. Le fils des os et du
« sang passe, par la volonté de la société, dans les os et le
« sang d'un autre. C'est le plus grand acte que l'on puisse
« imaginer. Il donne des sentiments de fils à celui qui ne les
« avait pas, et réciproquement ceux de père. D'où doit donc
« partir cet acte? D'en haut comme la foudre. »

Il y a beaucoup de J.-J. Rousseau dans cette tirade, et sous
l'emphase, un esprit politique et des visées qui ont pu et dû
échapper au Conseil d'État. Il est évident que le premier
consul ne veut pas de l'adoption pour les simples particuliers;
il la transporte dans l'ordre politique et se la réserve à lui-
même. Il essaie d'introduire dans la direction de l'État un
principe qui se rapproche de l'unité, de l'hérédité, et arrache
à l'élection populaire une partie de sa folle puissance. Qu'il
ait eu ou non un fils, il pourra s'en choisir un à qui il transmettra
ses desseins. Le Conseil d'État n'a pas compris ou n'a pas fait
semblant de comprendre. D'ailleurs, la légalité n'eût que faiblement entravé le premier consul.

En 1801 l'institution du mariage n'avait plus qu'une existence nominale en France. Et il n'est pas étonnant que le
consul ait cherché à concentrer dans la main de l'État ou du
prince l'exercice du droit d'adoption. Il donnait par là plus
de solennité à l'adoption. Il disait à ses légistes : On ne gouverne les hommes que par l'imagination. Mais cette filiation
légale qui remplaçait si facilement la filiation de la nature a
paru une fiction trop forte. Le Conseil d'État confectionnait

une loi civile; il voyait l'impossibilité d'acclimater sérieusement en France une institution qui cadrait avec l'ancienne
famille romaine, mais qui n'avait plus d'utilité à une époque
où il n'y avait plus de grandes familles et où la politique et la
loi leur ôtaient tout moyen d'action et d'influence. En 519
l'empereur Justin déclara que l'adoption était contraire aux
bonnes mœurs, et qu'à l'avenir, ceux qui voudraient avoir des
enfants légitimes devraient se marier. Justinien, son fils et
son successeur, confirma cette loi ou cet avertissement légal.
On reconnaît ici l'inspiration chrétienne et le progrès de nouvelles mœurs.

Le moderne Justinien sentait la difficulté de lutter contre
la nature. Il encourageait son Conseil d'État en lui rappelant
que, selon les idées anciennes, le législateur était maître de
tout : « Qui tient lieu de Dieu sur la terre? Le législateur. »
Cette exaltation de la puissance sociale n'est que le préliminaire de l'autorité impériale. Dès le début, le premier consul
s'octroie la mission impériale; il s'en pénètre et en pénètre
les autres. Dans d'autres circonstances il rappelait, sans être
aussi chrétien que Justinien, les emphatiques prérogatives
des césars et affichait l'infaillibilité. Ce législateur, cette
société qu'il invoque sont inertes de leur nature; ils ne vivent
et n'agissent que dans la personne de César qui les représente.
Plus tard la volonté impériale eut force de loi. Et il est aujour-
d'hui admis en jurisprudence que les décrets qui n'ont pas été
argués d'inconstitutionnalité continuent d'être en vigueur,
fussent-ils même opposés aux principes de nos constitutions
modernes. Les républicains du jour ne se sont-ils pas targués
de ces décrets pour violer le domicile des citoyens et mettre la
volonté des préfets au-dessus des décisions des tribunaux?
Comment ces décrets auraient-ils été décrétés d'inconstitutionnalité par le Sénat, quand la volonté de César était toute la
constitution? *Quidquid principi placuit legis habet rigorem*; voilà
le texte du droit romain, et les sénats impériaux en ont été
de tout temps parfaitement convaincus. La fiction d'un Sénat
s'opposant aux volontés de César figure à un bon rang parmi
les innombrables fictions du régime constitutionnel.

La fiction de l'adoption est sortie fort amoindrie des discussions du Conseil d'État. Elle tire toute sa substance des lois de Justinien. Or, sous Justinien, cette partie du droit romain se trouvait profondément modifiée. L'Église avait grandi, les lois chrétiennes du mariage s'étaient développées ; de vraies familles se formaient, et il n'était plus nécessaire de suppléer à la réalité par la fiction. La famille factice du vieux droit répugnait à la conscience publique. Justinien, par conciliation, garda le nom en rejetant la chose. Il maintint l'adoption en lui attribuant des effets conformes à la société nouvelle. Aussi l'adoption ne transporte plus l'adopté dans la famille de l'adoptant ; elle devient un contrat personnel entre l'adopté et l'adoptant. Toute idée de puissance paternelle en est écartée. Le premier consul comprit que, telle qu'on la voulait, l'adoption n'était plus une imitation de la nature, mais une simple institution d'héritier.

C'est la critique fondamentale que méritait le projet de loi. Dès lors, à quoi bon nous plonger si avant dans les fictions du droit romain ? Quelle est l'utilité de ces fourberies de droit ? Le résultat de l'adoption c'est de donner à l'adopté le nom et l'héritage de l'adoptant, à moins que celui-ci n'ait eu, depuis l'adoption, un ou plusieurs enfants légitimes, auquel cas l'adopté partage avec eux. L'adopté reste dans sa famille naturelle où il garde tous ses droits. Voilà donc un homme qui a, aux yeux de la loi, deux pères et deux mères, une famille naturelle et une famille fictive. Il y a une famille de trop ; les Romains ne commettaient pas cette inconséquence. Ils ne connaissaient qu'une seule puissance paternelle. L'imitation de la nature n'a rien de sérieux de la part du législateur moderne. L'article 343 veut que l'adoptant soit sans enfant et qu'il ait cinquante ans d'âge et quinze ans de plus que l'adopté. Mais l'article 345 permet à l'adoptant, dans certaines circonstances, d'être seulement plus âgé que l'adopté. Ces circonstances dramatiques sont d'avoir retiré l'adoptant « des flammes ou des flots ». C'est très bien de retirer quelqu'un des flammes ou des flots ; mais il peut arriver que le sauveur ait six mois de moins que son père adoptif. Est-ce là une imitation de la nature ? Le législateur détruit d'une main ce qu'il édifie de l'autre et se promène de fictions en fictions.

D'après l'article 346 l'adopté doit être majeur et apporter le consentement de son père et de sa mère jusqu'à 25 ans. C'est comme pour le mariage et nous avons le spectacle de deux citoyens se choisissant pour père et fils. Quoi de plus comique? Au fond, l'adoption est une institution d'héritier. Et à ce titre elle est inutile, puisque nous pouvons disposer de nos biens en faveur de quelqu'un comme si nous l'avions adopté. Pourquoi le législateur de 1801 ne s'est-il pas arrêté à cette idée d'institution d'héritier? C'est que cette idée découlant du droit de propriété sonnait mal aux oreilles révolutionnaires et manquait de cachait philanthropique. La dépopulation de l'empire romain inquiétait les césars; ils cherchaient par tous les moyens à pousser les citoyens au mariage. L'adoption, comme beaucoup d'autres institutions qui n'ont pas plus de valeur, dérive de cette pensée que le législateur peut encourager efficacement les hommes au mariage, comme si la nature ne se chargeait pas de ce soin. Pour rétablir la population, il fallait, ce à quoi on songeait le moins, ramener la moralité dans l'Empire. Alors les mariages n'eussent pas été stériles. Le christianisme a relevé de sa déchéance l'espèce humaine. Il a fondé la perpétuité du mariage. Il a fait du père de famille, non plus le maître, mais le serviteur de tous ceux qui lui sont soumis; il lui a imposé le devoir de veiller sur eux, de les protéger, d'assurer leur avenir. De florissantes familles se sont élevées et ont repeuplé les solitudes de l'empire romain.

La confusion des familles et des patrimoines a succédé à l'ordre qu'avaient conservé nos coutumes. Des législateurs s'ingérant de parler au nom de la nature ont proclamé les *Droits de l'homme*. Et dans ces prétendus droits de l'homme tout est hostile à la nature. Il n'y a rien pour la famille ni pour l'indissolubilité du mariage, sans laquelle la famille est le jouet du caprice et de la passion. Le mariage perd son caractère naturel, il n'est plus qu'un contrat ordinaire, un bail résiliable à la volonté des parties. En haine de l'ancien régime, on s'est jeté dans les innovations les plus rétrogrades. L'expérience du passé, quoi qu'elle ait été assez éclatante, ne suffit pas, à ce qu'il paraît; et nous revenons aux mêmes folies antichrétiennes, où l'ancienne France a sombré en 1789.

CHAPITRE XIV

LA TUTELLE

I

L'enfant a besoin d'un guide, d'un soutien, et il le trouve naturellement dans son père. Mais si le père vient à mourir, qui prendra soin de l'enfant et veillera sur ses intérêts? Le droit coutumier qui agglomère les intérêts, et unit, autant que possible, les familles dans l'indivision, s'occupe peu de la tutelle. Quant à ses biens et à sa personne le mineur reste dans la famille, son bien est garanti par l'indivision même; la famille est une corporation où les intérêts de l'enfant sont connexes à d'autres intérêts. La famille est un petit État, elle a son conseil. Dans les communautés rurales, ce conseil était toujours en action. Le chef de communauté devait souvent prendre conseil pour les affaires de sa gestion. Nos lois modernes voient dans la famille une association qui a pour objet une liquidation future, un partage de pertes et gains. Tout le système légal est organisé en vue de l'égalité qui doit régner dans ce partage. Autre était la pensée du droit coutumier qui considérait la perpétuité et non la dissolution de la famille, et qui faisait tout concourir au maintien des habitudes dans la vie commune.

La famille moderne n'est plus une communauté. Il faut qu'elle élève ses enfants pour faire leur chemin dans le monde et gagner leur vie. Le protecteur, le directeur de l'enfant est donné par la nature; c'est le père. Certes, le législateur pouvait ne pas s'en mêler; la nature veille sur l'enfant par la prévoyance et la tendresse d'un père et d'une mère. Ce que de telles autorités ont décidé partout et toujours est bien la vérité sociale. La coutume générale nous montre les pères de famille conservant leur foyer et réglant eux-mêmes le sort de leurs enfants. Et comme les enfants se soumettent, quoiqu'ils soient les plus nombreux et les plus forts, nous devons en induire que leur soumission est dans la nature et en vue de leur propre intérêt. Cette tutelle paternelle, le législateur français l'a confisquée.

Le genre de protection assuré par nos lois au mineur découle de l'idée que le législateur s'est faite de la famille et de l'autorité paternelle. Il a confisqué l'autorité paternelle, il va sans dire que l'État est le vrai tuteur de l'enfant. Il assume tous les soins du tuteur; il enlève à la famille toute responsabilité. Comment l'enfant a-t-il été protégé dans ses intérêts? Élevé par l'État, il doit aspirer aux nombreuses places dont dispose l'État. Mais il y a plus d'appelés que d'élus, et la masse des mécontents est un élément perpétuel de troubles. Leur instruction, leurs goûts, leur interdisent les professions industrielles. L'État ouvre l'appétit des jeunes gens sans leur donner à manger. Il ne distribue pas seulement l'instruction secondaire, mais l'instruction primaire et professionnelle. Ces jeunes gens qu'il destine à l'industrie et au commerce se heurtent à la concurrence universelle et à des lois qui brisent parmi nous tout élan industriel ou commercial. L'État se résout à faire des bacheliers français, à enseigner les langues vivantes au lieu du latin et du grec. Il s'imagine par là favoriser le commerce; mais ces pauvres bacheliers ne seront propres qu'à devenir professeurs de langues. On n'a jamais vu l'État enseigner le commerce et l'industrie. Qu'il n'entrave pas le travail et la production, c'est tout ce qu'on lui demande. Mais l'État français, depuis un siècle, pour abolir les traditions de religion et de famille, s'est fait le chef universel, le tuteur universel des familles françaises. L'État prépare les enfants au commerce et à l'industrie. Cette prétendue préparation est un leurre ou un piège. Au moment de se lancer dans la carrière, ces nourrissons de l'État s'aperçoivent qu'ils sont dénués de ressources pour soutenir contre les nations étrangères la concurrence du travail.

Quel appui tireront-ils de leurs parents qui ne les ont pas

élèves et qui d'ailleurs rivés à des lois de contrainte n'ont pas la liberté de disposer de leur patrimoine? Se livreront-ils à des entreprises lointaines, quand à chaque instant ils peuvent être rappelés par le décès d'un père, d'une mère, d'un frère? Ils comptent sur l'avenir; ils l'attendent les bras croisés; cet avenir est toujours incertain et souvent bien réduit sinon anéanti par les frais de procédure. Si le père est dépouillé d'autorité par la loi, le fils est obligé de reconnaître qu'il n'est pas dans une autre position, et qu'il lui sera interdit de disposer de son bien, de transmettre son héritage de commerçant ou d'industriel. L'État dont il a reçu les leçons est son héritier nécessaire. Il se charge de sa succession et de l'intérêt de ses enfants. Le pupille de l'État est toujours en tutelle, et c'est surtout quand, ayant accompli sa tâche, il veut se donner un successeur. L'État lui a appris, dans ses études, qu'il était souverain, membre d'un peuple souverain. Et ce souverain est en minorité, en enfance perpétuelle. Il n'a ni la liberté de tester, ni le droit de propriété. La loi écarte de lui comme une mauvaise tentation toute pensée de prévoyance. Elle s'est chargée de tout. Et, du reste, tous les citoyens français en sont là. Un sénateur, un député, le président de la République, sont en tutelle. Ils peuvent disposer du patrimoine d'autrui, et ils en disposent en le soumettant aux lois de leur invention. Ils la dépècent, l'accablent d'impôts, établissent des tarifs arbitraires, bouleversent les intérêts du travail. Ils sont en tutelle comme les autres; ils acceptent cette condition avilissante qui leur offre toutefois tous les profits du désordre et de l'instabilité. Nous avons l'honneur d'être gouvernés par des gens reconnus par la loi incapables de gérer leurs propres affaires et d'élever leur famille.

Il ne faut donc pas s'étonner que l'État moderne enlève les enfants à leurs parents. Il imite le corps des janissaires qui arrachaient les petits enfants des familles chrétiennes, les transportaient dans leurs casernes où ils les élevaient sous le joug d'une discipline formidable, pour haïr le nom chrétien et oublier leur famille. Les procédés ne sont différents qu'en apparence. Que doit penser des droits et des devoirs de la famille, le jeune homme qui est sorti des écoles de l'État?

Sait-il ce que c'est que la tutelle paternelle? Il n'a connu, expérimenté dès sa plus tendre enfance, que la tutelle de l'État. Et comment résisterait-il aux leçons qu'elle lui a inculquées? Il a appris de bonne heure qu'il était l'égal de son père et de sa mère, que toutes les opinions étaient bonnes et toutes les vérités contestables. Tout l'enseignement a eu pour but de flatter sa vanité, d'exalter son orgueil; mais quand il s'agit de prendre une profession, de travailler pour vivre, apparaît le manque de sérieux d'une telle éducation. Et la lutte s'établissant contre ceux qui ont suivi une autre méthode, il est facile de juger l'arbre à ses fruits. Est-ce que sur tous les marchés du monde, la prépondérance des nations qui ont conservé les principes de l'autorité ou de la tutelle paternelle n'est pas visible? Et l'impuissance ou la nullité de nos compatriotes à l'étranger n'atteste-t-elle pas le vice de notre tutelle d'État? Cette tutelle d'État est déjà une large application du communisme, et personne sans doute n'ignore que le communisme mutile la personnalité humaine, éteint tout esprit d'initiative; dans l'ordre économique, le communisme, c'est la misère et l'obstacle permanent de la production. A quoi bon travailler, amasser, pour qu'après nous le fruit de nos efforts échappe à notre volonté et tombe dans le gouffre d'une collectivité anonyme? Travaille-t-on volontiers pour qu'un autre dispose de nos épargnes?

L'État est un terrible tuteur, il ne nous lâche pas. Quand il nous a bien triturés à son image, il a l'air de nous laisser libres. Mais patience! Si nous sommes devenus quelque chose, et avons pris possession de nous-mêmes, si des pensées d'avenir et de volonté propre nous surviennent pour nos enfants, nos amis ont un intérêt public; si nous voulons, avant de quitter cette vie, donner une suite à nos travaux, à l'œuvre que nous avons commencée, fixer le sort de ceux qui nous sont chers, l'État se présente sous la forme d'une foule de gens de loi et nous dit: que de soins superflus! j'ai tout réglé, je connais mieux que vous vos affaires; vous avez acquis du bien, je le distribuerai convenablement; ce bien n'était pas dans vos mains une véritable propriété; c'était un pécule, et le pécule de l'esclave ou du fils de famille était toujours à la

disposition du maître : si, à cause des progrès de la civilisation
vous n'êtes pas mon esclave, vous êtes au moins mon affranchi,
je vous succède, en qualité de maître ou de tuteur perpétuel ;
mais rassurez-vous, je suis bon prince et je ne prendrai pas
tout. C'est là le discours de l'État; on le trouve dans tous les
livres et tous les cours de droit. C'est pour organiser cette
tutelle de l'État sur tous les intérêts et toutes les familles que
la science juridique s'évertue depuis tant de siècles. Ce régime
d'État paralyse l'activité individuelle et réduit chacun à la
portion congrue à la gamelle commune. La jeunesse est élevée
en vue des fonctions publiques; elle est écrémée par l'État qui
prend pour lui ce qu'il y a de meilleur. Le travail des bureaux
absorbe ce qu'il y a de plus intelligent dans le pays. Les fruits
secs des examens se lanceront dans la vie politique. Les plus
déshérités se résigneront au commerce, à l'industrie, au la-
bourage. De carrière assurée, lucrative, il n'y en a pour personne. Les fonctions publiques sont devenues une proie pour
le parti dominant ; et il faut renoncer à la douce quiétude de
s'y éterniser.

Chercherez-vous la stabilité en dehors des fonctions publiques? La liberté de tester pourrait seule l'assurer. Elle est
l'âme de l'agriculture, du commerce et de l'industrie. Elle
donne à nos efforts un but certain et elle en est le stimulant
le plus énergique. Qu'avez-vous donc à offrir à cette jeunesse
que vous avez pris sous votre tutelle? Tous ces déclassés sont
sans moyens d'existence; leur tuteur lui-même les condamne
à l'appauvrissement. Il leur ravit l'expérience, la sollicitude
paternelle qui aurait pourvu à leur sort, leur aurait ménagé
l'avenir. Ils n'ont plus même le foyer de la famille, dernier
asile des éclopés de la vie. Que d'institutions publiques pour
soulager la misère et la maladie, qui seraient inutiles si le
foyer de la famille, reconnu insaisissable, demeurait intact;
une telle ressource ne vaut-elle pas celle de l'hospice et de la
bienfaisance publique? Le père de famille met chacun de ses
fils en état de gagner sa vie; c'est sa sollicitude constante. Il
connaît leurs goûts, leurs aptitudes; il a pu les préparer de
longue main à la position qu'ils doivent occuper; il a disposé
ses ressources pour suffire à tous dans les conditions qu'a

déterminées sa sagesse. L'État abandonne son pupille et le livre à lui-même. L'éducation qu'il a reçue n'est ni agricole, ni industrielle, ni commerciale. Elle est abstraite, générale. Ces savants qui n'ont pas le moyen de vivre ne sont aptes qu'à révolutionner l'État. Est-ce que la masse des boursiers n'a pas fourni à la Révolution en 1789 un formidable contingent? Aujourd'hui, la classe ouvrière somme l'État d'avoir à la nourrir. C'est, en effet, là qu'aboutit l'éducation et l'instruction communes. L'État est fort embarrassé, et on le serait à moins. Ces ouvriers n'ont pas de travail, mais ils sont électeurs. Ils ont rang parmi nos politiciens et envoient dans les Chambres des députés porteurs de leurs revendications. L'État n'est-il pas leur tuteur? ou ce qui est mieux, ne sont-ils pas l'État lui-même? La liberté de tester, qui permet à chacun de fixer sa condition ou de la recevoir de sa famille, ne délivrerait-elle pas l'État de grands soucis?

Mais l'essor de la famille a été entièrement brisé par les lois qui l'ont assujettie à l'État. Le législateur français a voulu favoriser les enfants, non par tendresse pour eux, mais dans une pensée de nivellement social et pour détruire les influences paternelles jugées aristocratiques. Dans la famille, le père et la mère constituent une aristocratie, et les enfants sont une démocratie. Les hommes de 89 ont commencé par abaisser les têtes qui s'élevaient dans la famille. Qu'est-ce que l'aristocratie sinon une extension de l'autorité paternelle? Les pères, en transmettant à leurs aînés une autorité prépondérante, ont fondé ces familles territoriales qui, partout, ont été associées à la puissance publique. La Révolution a égalisé tous les membres de la famille. Elle a même dépassé le but, ce qui est souvent un moyen de le mieux atteindre. Les pères ne favorisaient pas la Révolution; les fils lui donnaient de telles espérances qu'on proposa, dans les journaux du temps, l'expropriation en masse de l'autorité paternelle. Les lois de la Révolution ont été faites contre le père de famille. Il est dépouillé de la libre disposition de ses biens; et pendant sa vie, l'éducation de ses enfants lui est ôtée. Qui est-il? un intendant, un comptable, un gérant de la chose d'autrui. Voilà le père de famille! Les enfants y ont-ils gagné? ils attendent avec indolence l'héritage paternel, n'osent se livrer à aucune entreprise qui exigerait l'esprit d'initiative. Le législateur n'a pas compté sur l'énergie de la jeunesse; en lui faisant sa part à l'avance, il a borné ses désirs et l'a confinée dans une ambition médiocre. Elle s'est habituée non à compter sur elle-même et sur son travail, mais à tout attendre d'une succession problématique et de la protection de l'État.

II

Si la faiblesse de l'âge soumet tous les enfants à la tutelle, il est une autre faiblesse qui nous ramène en quelque sorte à l'enfance par l'irresponsabilité, et nous ôte le sentiment de nous-mêmes et de nos actions, c'est la folie ou l'imbécillité. La loi pourvoit l'insensé d'un tuteur qui veille sur sa personne et sur ses biens.

La procédure organisée par le Code civil est simple. Tout parent est appelé à provoquer l'interdiction; la demande est adressée au tribunal de première instance; les faits d'imbécillité, de démence ou de fureur doivent être articulés par écrit. Le tribunal ordonne la formation du conseil de famille; après avoir reçu l'avis du conseil, il interroge le défendeur; ensuite il prononce. S'il n'y a pas appel du jugement ou si le jugement est confirmé, il est nommé un tuteur et un subrogé tuteur à l'interdit, selon les règles de la tutelle pour les mineurs. Il appartient au tribunal de décider, suivant les cas, que le défendeur ne pourra transiger, aliéner, hypothéquer sans l'autorisation d'un conseil judiciaire.

Le Code civil veut que les revenus d'un interdit soient employés à adoucir son sort; il laisse au conseil de famille le soin de décider si le malade sera traité à domicile ou placé dans une maison de santé. L'interdiction cesse avec les causes qui l'ont déterminée, mais l'interdit ne reprend l'exercice de ses droits qu'après un jugement de mainlevée. Le législateur n'a omis aucune précaution. Tout jugement en matière d'interdiction ou de nomination d'un conseil judiciaire doit être rendu sur les conclusions du ministère public. Tel était notre droit quand est intervenue la loi du 30 juin 1838 sur les aliénés, qui a opéré une véritable révolution. La philanthropie s'est attachée aux aliénés, parce qu'il y avait là une mine à exploiter. Sous prétexte d'améliorer le sort des personnes, mille systèmes ont surgi qui ont fait la fortune de leurs auteurs. Enfin, on s'est engoué de la prison cellulaire, invention protestante qui avait, dit-on, pour but de moraliser les coupables. C'était déjà une pensée singulière. Le législateur s'en empara avec empressement. Substituer l'action administrative à l'action religieuse, n'était-ce pas un gain pour la société moderne? La prison cellulaire parut une torture raffinée, mais c'est bien pis, employée comme moyen curatif. Alors elle donne lieu à des conséquences qui n'ont pas tardé à se manifester et qui dépassaient la pensée du législateur. Moraliser la peine! est-ce que pendant des siècles des ordres religieux, des chrétiens ne pénétraient pas dans les prisons pour y porter des adoucissements au sort des prisonniers et y faire entendre des paroles de réconciliation? A côté de la justice humaine apparaissait la charité, chacune dans sa sphère et n'empiétant pas l'une sur l'autre.

On a voulu transformer la peine en hygiène morale. On est naturellement porté à nier le mal et la culpabilité. Et le coupable n'a plus été qu'un malade à qui la société devait ses soins. Sous l'empire de cette idée, on était sur la pente de constituer une médecine d'État qui mettrait sur la même ligne les coupables et les malades et prétendrait leur appliquer des moyens curatifs. C'est le résultat produit par la loi de 1838. Cette perversion de l'action sociale, de la responsabilité légale a eu le plus funeste effet pour les individus et pour la sécurité publique. Si le crime est une maladie mentale tout pourra être qualifié de maladie mentale. Et, sous prétexte de maladie, on enlèvera aux tribunaux le droit de veiller sur la liberté des personnes. Qui est compétent en fait de maladie? Le médecin. Seul juge en cette matière, il s'empare du malade pour le soigner. Ce malade peut être un coupable, il échappera à la justice. N'a-t-on pas cent fois plaidé devant les cours d'assises la folie de prévenus qui n'étaient que des scélérats? La médecine aliéniste trouvait de la folie à tout. Le moindre tic, le

moindre trait excentrique lui suffisait pour déclarer que tel ou
tel n'avait plus la liberté de ses actions. Mais il arriva aussi
que des gens innocents furent enlevés comme malades, déposés
dans des maisons de fous, séquestrés de leurs familles et
rendus réellement fous pour peu qu'ils eussent l'esprit faible
ou impressionnable. La complicité des médecins est-elle
établie? Par la nature de leur spécialité et la préoccupation
constante de leur esprit, les médecins aliénistes participaient
à la folie de voir des fous partout. Ils étaient disposés à reconnaître un fou sur un examen superficiel et presque instantané.
Ils donnaient légèrement un certificat qui, sans autre examen
ou confrontation, conduisait à la maison de fous.

A quelles manœuvres criminelles ne se prêtait pas la facilité
de la loi? C'est un parent qui fait enfermer un parent pour
jouir plus tôt de son héritage; c'est une femme qui se débar-
rasse de son mari, ou un mari de sa femme. Les tribunaux
ont retenti de nombreuses et scandaleuses affaires. La loi
de 1838 n'offre aucune garantie aux individus. Elle les met à
la merci de la cupidité, de la malveillance, d'un certificat de
complaisance. Le médecin aliéniste n'encourt aucune responsabilité. Il y a donc une atteinte à la liberté privée. Et pourquoi? Parce qu'on a renoncé aux sages prescriptions du Code
civil pour la mise en interdiction. Interroger le prévenu de
folie, consulter le conseil de famille, faire intervenir la justice,
voilà une procédure complète et qui résout toutes les difficultés. Un individu est taxé de folie; c'est une affaire de
famille, c'est à la famille à prendre soin de lui, comme s'il
était atteint de toute autre maladie. Mais le moyen curatif est
un internement, une sorte d'emprisonnement forcé, la liberté
individuelle est engagée. C'est le devoir de la justice d'intervenir. La procédure sommaire de la loi de 1838 enlève aux
tribunaux une de leurs principales attributions et la transmet
au premier venu, à un parent, à un médecin. Cette attribution
est cependant de droit public. A qui appartient-il de décider
de notre liberté? Si quelques précautions sont indiquées par
la loi, elles sont inefficaces, ainsi que l'expérience l'a dé-
montré. L'esprit de la loi, c'est que le médecin aliéniste ait
le dernier mot. Et le médecin qui dirige une maison d'aliénés

est toujours porté à la complaisance pour soutenir le certificat de son confrère.

L'idée de réunir les fous dans un grand établissement est sujette à caution. Le contact de toutes ces folies diverses n'est-il pas de nature à troubler encore plus l'intelligence de ceux qui n'ont qu'une spécialité de folie? Mais c'est le point de vue de la liberté individuelle qui nous intéresse. La loi de 1838 établit un asile d'aliénés pour chaque département; le gouvernement est le gardien, le directeur de ces asiles créés avec les fonds des départements. Ne semble-t-il pas que nous sommes une nation de fous? Le plus fou, c'est le gouvernement qui se charge de la direction de tous les fous. C'est pour lui un moyen de se rattacher le corps médical jusque-là indépendant de l'État. Tous les asiles sont en effet placés dans les mains de médecins choisis par l'État. La loi invite le préfet, le président du tribunal, le juge de paix, le maire de la commune à visiter les asiles. Mais, en général, ils ne voient que par les yeux du directeur. Quand ils arrivent, souvent tout est fini. La vraie question ce n'est pas seulement de traiter les personnes détenues dans les asiles, mais de savoir si ces personnes y ont été justement amenées. Est-ce que la commotion d'un enlèvement subit et dans de telles circonstances n'est pas capable de troubler un esprit même sain? Et n'est-il pas facile à un directeur de fous de faire passer cette surexcitation momentanée pour une folie dangereuse? Ce n'est pas le traitement des aliénés qui est en jeu, c'est la façon dont un Français est privé de sa liberté, sans qu'il ait pu se défendre, et sans que sa famille ait été prévenue.

Le Code civil offrait toute garantie à cet égard. Il laissait un conseil de famille et à la magistrature à juger de l'état de la personne taxée d'imbécillité, de démence ou de fureur. Ces faits sont visibles, ils s'accusent par des marques certaines. Un homme du monde les constate tout aussi bien qu'un médecin et avec plus d'impartialité. Il est clair, d'ailleurs, que la justice a toujours le droit et qu'elle aura souvent le devoir d'appeler les hommes de l'art pour s'éclairer. L'article 8 de la loi sur les aliénés renverse toutes ces garanties en permettant à un directeur d'asile de recevoir une personne sur le seul

certificat d'un médecin. Et ce médecin peut être gagné; et il
n'a aucune responsabilité. Si encore, on vous transférait dans
une prison ordinaire, mais dans une prison de fous! La Bastille était plus humaine, on y était bien traité et l'on n'en
sortait pas déshonoré. Si nous avons cent asiles d'aliénés, c'est
cent bastilles échelonnées sur toute la face du territoire,
prêtes à recevoir ceux que plusieurs milliers d'inconnus
peuvent y envoyer. Il était bien inutile de démolir la Bastille.
Suivant la remarque de Berlier au Conseil d'État : « Il était
bien rare que des lettres de cachet relatives à la réclusion
d'un fils de famille ne fussent pas précédées d'une délibération
des parents. » Il y avait cependant la garantie d'un chef de
famille; l'État exigeait une enquête plus complète. Ici, point
de délibération d'aucune sorte. Les lettres de cachet, autrefois
réservées à M. le lieutenant de police, sont tombées dans le
domaine public. Les ramasse qui veut, c'est très simple :
l'article 8 de la loi sur les aliénés impose trois conditions à un
directeur d'asiles pour qu'il y admette quelqu'un : 1° il doit
recevoir « une demande d'admission, contenant les nom, pré-
noms, profession, âge et domicile, tant de la personne qui la
formera que de celle dont le placement sera réclamé, et l'in-
dication des degrés de parenté, ou, à défaut, de la nature des
relations qui existent entre elles. »

Ainsi, un étranger, n'importe qui, peut rédiger une demande
d'internement contre un ami, un parent ou même un étranger;
et cette demande est régulière, et un directeur d'aliénés est
autorisé à l'accueillir! que dis-je? c'est son devoir de l'accueillir. Une autre pièce est fournie, et c'est : 2° le certificat du médecin, indiquant la maladie et la nécessité de
la traiter dans une maison d'aliénés. Le troisième document
remis au directeur au nom de la loi est un passeport ou une
pièce constatant l'individualité de la personne à placer. Le
premier venu peut se procurer toutes ces pièces sans éveiller
de soupçons. Dans la pratique le certificat de deux médecins
est exigé. Mais c'est plutôt un piège qu'une garantie, car le
second, comme dans les actes notariés, signe de confiance.
Telle est encore la pratique, et plusieurs procès l'ont révélée.
Saisi de nombreuses pétitions pour l'abrogation de la loi

de 1838, le Sénat impérial s'est renfermé dans un silence
prudent. Il était pourtant dans ses attributions constitution-
nelles de protéger la liberté individuelle menacée par une loi
arrachée à l'inadvertance des anciennes assemblées. Pendant
que le législateur s'efforce d'adoucir les rigueurs de la prison
préventive et de diminuer le pouvoir des magistrats sur notre
liberté, les médecins aliénistes, aux termes de la loi de 1838,
continuent de signer des lettres de cachet.

Un certificat auquel vous êtes étranger et que vous n'avez
pas été à même de contrôler vous jette dans ma prison où
votre raison est en péril, et où vous laissez le meilleur de
votre réputation, si vous en revenez. La loi de 1838 nous
soumet à un pouvoir occulte qui opère en secret, par coup de
main. En Angleterre comme en France les maisons d'aliénés
sont nombreuses, et il ne paraît pas que les détentions arbitraires y soient rares. Les formalités pour y entrer ne sont
pas plus difficiles que chez nous. Certains drames de famille
racontés par quelques feuilles anglaises ont même donné à
entendre, il y a une vingtaine d'années, que plusieurs des
établissements d'aliénés sont les maisons de correction des
sociétés secrètes, les oubliettes de la franc-maçonnerie. Le
secret et la peur grossissent bien les choses. Ce qui est étrange,
c'est que toutes les garanties légales s'abaissent devant un
fait simplement allégué. Les tribunaux sont dépossédés de
leur juridiction ordinaire. La moindre réclamation a besoin
de preuve en justice, et l'assertion la plus exorbitante s'en
passe. L'aliéné ou prétendu tel est mis hors la loi, il est
dépourvu de la protection légale au moment où elle lui est le
plus nécessaire.

Si la folie tourne en fureur et menace le public, l'autorité
civile est armée de tout pouvoir. S'il s'agit d'une démence
paisible, elle sera mieux traitée dans la famille. C'est à la
famille à en décider; et si elle se trompe, la magistrature
locale est là pour la redresser. Il est impossible qu'un médecin
dispose de notre liberté en présence de la magistrature impuis-
sante, et que sans enquête ni confrontation le premier venu
décide que tel ou tel est insensé et doit être interné. D'où
lui vient ce zèle? Qui lui a donné cette mission? N'est-il pas

suspect? Toute une procédure est nécessaire pour sauvegarder
la personne et les biens de l'aliéné. Le Code civil y a pourvu.
L'idée n'est pas venue au législateur qu'on pût séquestrer un
justiciable, s'emparer de ses biens par un acte de bon plaisir,
sans consulter l'autorité protectrice de la liberté individuelle.

La loi de 1838 bouleverse les principes les plus élémentaires
du droit. Alléguera-t-on que l'internement par lettre de cachet
ménage la réputation de l'aliéné? La détention dans une
maison de santé a autant d'éclat qu'un jugement d'interdiction;
et puis la question n'est pas là; elle porte sur la réalité de
l'aliénation. Dans la discussion de la loi de 1838, on n'a signalé
aucun inconvénient, aucun danger résultant du Code civil. La
médecine et la liberté individuelle sont choses fort distinctes;
et le législateur les a confondues en se faisant médecin et en
s'attribuant le droit de guérir les insensés. Son premier devoir
était de protéger la liberté individuelle, qui n'est pas si grande
dans notre pays. Le même système poursuivi et développé
par la République moderne a laïcisé les hôpitaux, pour employer le jargon du jour. L'État s'est investi du droit de guérir
les malades et de rendre la raison à ceux qui l'ont perdue.
Rien n'échappe à son omnipotence; quelque jour il inventera
une religion; il en a déjà inventé une du temps du Directoire.
Il en viendra peut-être là quand il sera fatigué de l'athéisme
actuel. Il est probable qu'il tient à la loi de 1838, précisément
parce qu'elle méconnaît la liberté individuelle. La magistrature
qui aurait fait respecter cette liberté a été épurée. La vie
privée n'a plus aucun moyen de se défendre; toute initiative
lui est ravie.

Ce despotisme de l'État est plus fort que jamais; il se développe, même sans aucun intérêt pour l'État. Il fallait des
places aux médecins aliénistes. On a créé les maisons de fous,
puis on s'est arrangé pour les remplir ou en rendre le recru-
tement facile. Qui croira que nous avons besoin d'un asile de
de fous par département? Il y a des fous en France; et nous
savons par la statistique que le nombre en augmente au fur
et à mesure de nos révolutions.

Il y a toutefois des limites. Beaucoup de ces faibles d'esprits
qu'on dirige vers les asiles seraient mieux dans leurs familles.

Et si au lieu d'élever de somptueux palais pour les aliénés, les départements s'étaient contentés de les secourir à domicile, la subvention eût été insignifiante, comparée à ce qu'ont coûté les asiles. Les familles se sont donc déchargées sur l'État et sur le département de leurs obligations envers les insensés ou les esprits faibles. Il est évident qu'en fait les asiles d'aliénés ne réalisent pas tout ce qu'on en pourrait craindre. Il reste toutefois que le législateur ne se préoccupe plus de la liberté individuelle. Mais depuis 89, elle est sacrifiée à l'État.

Rien ne laisse prévoir une réforme pacifique des lois, à une époque où l'on ne songe à les modifier que pour les rendre plus hostiles à tout esprit de famille et à tout principe de liberté individuelle.

CHAPITRE XV

LES BIENS

Après s'être expliqué sur les personnes, le législateur français, suivant la disposition adoptée par le droit romain, arrive aux choses. Dans quels rapports juridiques l'homme se trouve-t-il avec le monde extérieur? Se plaçant d'abord dans une théorie d'école, à l'exemple des jurisconsultes romains, le législateur procède par définitions. Ce qui le frappe surtout, c'est la qualité de mobilité ou d'immobilité attachée aux choses matérielles. Tous les biens sont meubles ou immeubles, dit l'article 516. C'est incontestable, mais quelle conséquence en tirer? Dans le droit romain, encombré de subtilités, il y avait des règles pour les meubles et des règles pour les immeubles. Comme plus important, l'immeuble reçoit une protection toute spéciale. Dans la réalité, la distinction fléchit, et le législateur est bien obligé d'admettre que le bétail et les instruments aratoires qui garnissent une ferme sont immeubles par destination et suivent comme accessoire le principal, qui est le sol. Aristote exprime d'une façon gracieuse cette sorte d'immobilisation du bétail en disant : « Le bétail est un champ vivant. » La notion d'une ferme ne permet pas d'en distraire par la pensée les animaux qu'elle occupe. Le code, en consacrant l'intégrité de la ferme, essaie de la protéger contre les subtilités du droit.

Dans quelle catégorie de biens se rangent les droits et actions? Il semble difficile d'attribuer à un droit une qualité physique. Ce droit n'est-il pas immatériel dans son essence? Comment se confondrait-il avec les choses? Que je réclame une somme d'argent ou une maison, le caractère fondamental de mon droit est dans la justice ou l'injustice de ma prétention :

n'est-ce pas s'arrêter à une apparence grossière que de qualifier mon droit de mobilier ou d'immobilier? Le juge examine si j'ai tort ou raison; il est indifférent que ma réclamation ait pour objet un meuble ou un immeuble. C'est là un côté très secondaire du droit. A la rigueur cependant, on conçoit l'analogie qui a entraîné le législateur. Mais souvent la théorie tourne à l'absurde. Dans un procès où l'honneur est en jeu, dira-t-on que l'action est mobilière ou qu'elle a pour but principal une somme d'argent? La somme d'argent est un moyen d'exécution.

La fiction des meubles immobilisés conduisait à une autre fiction plus dangereuse, la mobilisation des immeubles. Nous avons été envahis par les idées de mobilisation du sol. L'école saint-simonienne a inauguré ce mouvement sous l'Empire; et c'est sous son influence que les garanties établies par le Code civil pour retarder l'expropriation ont été supprimées dans l'intérêt des capitalistes prêteurs. Le législateur partait de ce principe que la vente d'un immeuble devait être aussi rapide que celle d'un objet mobilier. C'est une vraie mobilisation du sol. Le législateur coupait ainsi tous les liens qui retiennent le sol dans les familles et constituent encore la fixité des intérêts agricoles.

Les longueurs de l'expropriation n'ont été abrégées et les frais diminués que dans l'intérêt des prêteurs jaloux de rentrer dans leurs fonds ou désireux d'acheter à vil prix les biens hypothéqués. La perfection du système, c'est que les biens immobiliers puissent circuler avec la même facilité que le billet de banque. Ce n'est pas une utopie. Une loi de la Convention a formulé ce système en termes d'une effrayante simplicité. Le propriétaire prenait hypothèque sur lui-même, en obtenant du bureau des hypothèques un certificat constatant la somme dont il grevait sa propriété; et ce certificat, il le passait dans le commerce comme un billet à ordre. C'était une vraie monnaie, puisqu'à ce papier correspondait la valeur la plus réelle, la terre, valeur encore plus réelle que l'or et l'argent. Se figure-t-on quinze ou vingt milliards de titres hypothécaires livrés ainsi à la circulation? Grâce à ce système quelques milliers de capitalistes ou financiers pourront un

jour se rendre maîtres de la totalité de la propriété foncière.
Ce sera l'expropriation du peuple français par lui-même. Les
propriétaires n'eurent pas le temps de profiter des moyens de
se ruiner; d'ailleurs la Convention leur faisait concurrence,
en jetant par milliards ses assignats sur la place. Et l'on sentait tellement l'impossibilité de la réalisation que les assignats
subirent immédiatement une immense dépréciation, avant de
tomber à zéro. Le sol, c'était autrefois la patrie et la famille;
il n'était pas au plus offrant et dernier enchérisseur. Aujour-
d'hui, c'est un capital, une valeur. Pourquoi ne participerait-il
pas au mouvement perpétuel qui entraîne les capitaux et les
valeurs !

Les auteurs du Code civil ne rompaient pas absolument avec
le passé. Ils y tenaient par l'importance qu'ils attachaient à la
propriété foncière; mais ils ne la protègent pas pour elle-
même, à cause de l'utilité de ses produits et de l'appui qu'elle
prête au bon gouvernement et à la bonne administration des
sociétés. Ils la protègent dans un but fiscal et d'égalité politique. Napoléon, qui mêlait des idées contradictoires, créa une
noblesse calquée sur la féodalité. Cette noblesse n'était pas
territoriale; les majorats pouvaient être constitués en rentes
sur l'État, en actions de la banque de France ou de divers
canaux. Le fief reposait sur la fixation de rentes et d'actions
immobilisées. Les meubles, cependant, se partagent toujours
par égale portion entre les héritiers; l'or et l'argent sont tout
ce qu'il y a de plus divisible. Le sol, au contraire, constitue
une unité politique et agricole; à un certain degré de division,
il perd toute valeur. Le législateur, qui tend à ce résultat,
transporte à une autre classe l'influence sociale. La Révolution
française s'est accomplie contre les propriétaires; Napoléon
ne les aimait pas; il les tenait pour ses ennemis et ne voulait
pas leur donner des armes. Est-ce que partout où il passait,
en Italie, en Espagne, en Allemagne, il n'abattait pas l'institution féodale de la propriété, c'est-à-dire l'indivision du fief et
la transmission intégrale? La propriété foncière, à ce point où
elle est une puissance, lui était aussi antipathique qu'aux
césars de Rome et de Byzance. Et cependant il prétendait
ressusciter l'Empire de Charlemagne; et il fondait en faveur de

ses compagnons d'armes des fiefs mobiliers auxquels, par le
décret de janvier 1808, il conférait le privilège de l'immobilisation. Cette œuvre factice n'a pas subsisté ; ces fendataires
d'un nouveau genre ont demandé à se débarrasser de leurs
fiefs pour payer leurs dettes, et le pouvoir législatif leur a
permis de rentrer dans le droit commun. La noblesse impériale est toute décorative comme les distinctions de la Légion
d'honneur, fondée à la même époque pour récompenser les
services rendus à la révolution.

Au fond, la rente sur l'État n'est rien par elle-même. Elle
constitue une simple créance. Or, le créancier est l'opposé du
propriétaire : c'est celui qui n'a pas et réclame son dû. Des
créanciers ne sauraient être les soutiens de l'État ; ils n'ont
rien de commun avec lui. Leur unique sollicitude, c'est le
payement de leurs créances. Avant que l'État solde les services
publics, il faut qu'il songe à sa dette. La dette restreint les
ressources qui pourraient être employées en améliorations
générales ; le créancier est, par la nature de son titre, l'adversaire de l'État. Le propriétaire, lui, fait partie de l'État, il est
essentiellement conservateur. La propriété foncière alimente
l'État et lui fournit des hommes. C'est donc une pensée chimérique de fonder une noblesse sur le grand-livre. Toute
rente est aujourd'hui rachetable. Autrefois, les rentes foncières
constituées à perpétuité n'étaient pas rachetables. Elles formaient un démembrement de la propriété. Le rentier avait,
non une créance, mais une vraie propriété. L'interdiction du
prêt à intérêt est la cause principale qui a multiplié chez nous,
avant 1789, les rentes foncières. Tant qu'ils offraient un gage
certain, les propriétaires trouvaient facilement à emprunter.
Le prêteur achetait une partie du revenu du sol. Le propriétaire du sol n'était jamais exposé à un brusque remboursement. Et comme la marche du temps fait hausser les produits
de la terre et augmente la quantité de la monnaie, la charge
du propriétaire diminuait d'année en année. Il est vrai que le
rentier jouissait de la plus complète sécurité ; l'avilissement de
la rente n'était senti que par ses héritiers. Ce régime des
rentes foncières, par suite de la division des propriétés, devenait onéreux à l'agriculture.

L'Assemblée constituante abolit les rentes foncières comme entachées de féodalité. C'est ce qu'il est difficile de comprendre. En définitive, la rente foncière ne différait pas de l'hypothèque de nos jours, sinon qu'elle était beaucoup plus douce pour le débiteur. Une Assemblée pourrait encore par un décret purger toutes les hypothèques et remettre aux débiteurs leurs dettes. Mais alors les créanciers sont spoliés. L'Assemblée constituante, prenant le contre-pied des républiques de l'antiquité, a favorisé, enrichi les propriétaires aux dépens de leurs créanciers. Sieyès mit le doigt sur la question en remarquant que l'abolition pure et simple des dîmes et rentes foncières dépouillait les uns au profit des autres, sans que la nation en retirât aucun avantage. Les titulaires de la propriété, par l'éviction de leurs copropriétaires, se voyaient seuls maîtres ; sans sacrifices de leur part, un décret leur transférait une propriété qu'ils n'avaient pas achetée. La Révolution s'emparait de ces biens puisqu'elle les donnait ; elle marquait ainsi son droit sur toutes les propriétés et elle rattachait à sa cause une foule de petits propriétaires. Les dîmes, les rentes foncières en nature, ne gênaient pas l'agriculture. C'est en nature que le paysan aime le mieux payer ; la difficulté, pour lui, vu le peu d'étendue de ses relations, c'est de se procurer de l'argent. L'ancienne société ne lui imposait pas l'obligation d'avoir toujours l'argent à la main. Il n'était pas forcé de vendre à tout prix sa récolte, pour solder son fermage. Quand les fermages sont en quotité de récolte, ils se paient facilement. Alors le propriétaire reçoit la portion de récolte destinée à être vendue ; il supporte les chances de cette vente, et c'est un souci de moins pour le fermier. Le métayage encore en vigueur dans une partie de la France, ne sépare pas l'intérêt du propriétaire de l'intérêt du fermier, il unit les deux intérêts, et produit cette union des classes que le système du fermage est loin de favoriser. Dans le fermage, les intérêts sont distincts et contraires. Il n'y a pas association mais antagonisme.

Le législateur moderne ne veut pas que la propriété s'impose des entraves perpétuelles. En cela il a raison ; mais son but est de rendre le sol disponible pour une circulation incessante. Il pense aux droits fiscaux, non à la famille et à l'agriculture.

La propriété doit être libre pour demeurer entre les mains
d'une famille qui la cultivera en toute sécurité, sans craindre
l'expropriation et avec les ressources de l'aisance.

La doctrine exposée par Mirabeau devant l'Assemblée constituante, c'est que la nation est propriétaire du territoire, et
que, par ses représentants, elle en peut disposer comme elle
veut, n'ayant distribué les biens que d'une façon révocable.
C'est la doctrine du communisme, elle inspira les spoliations
de l'époque. Les rédacteurs du code essayèrent de réagir
contre ce communisme. Dans un premier projet soumis au
Conseil d'État, il était dit : « Tous les biens sont meubles ou
immeubles; ils appartiennent à la nation en corps, ou à des
communes ou à des particuli ers. » Toute cette seconde partie
a disparu dans le vote définitif. Elle avait cela de bon qu'elle
affirmait la propriété des communes sur leurs biens ; elle était
incomplète et dangereuse en ce qu'elle niait les droits des
corps particuliers, hospices, écoles, associations, etc. Une
corporation a le droit naturel de posséder. L'individu propriétaire en s'unissant à d'autres individus, ne perd pas sa propriété ; et s'il lui imprime un caractère collectif, c'est en vertu
de son droit individuel de propriété. La propriété collective
est donc légitime, sans quoi les intérêts qui se réfugient dans
l'association, pour échapper à l'impuissance de l'isolement,
demeureraient sans garantie. A moins de tout précipiter dans
le communisme de l'État, il faut admettre à l'existence les
corporations ou collectivités volontaires.

Le mot de commune indique quelque chose de commun, ce
sont certain biens destinés à un usage perpétuel, et sur lesquels
les habitants actuels ont un droit de jouissance et non d'aliénation. Ils n'ont pas le droit d'en dépouiller les générations
futures qui sont appelées à en jouir par la loi de substitution
primitive. Comment est née cette loi? par l'usage, par la répétition paisible des mêmes faits pendant un long temps. C'est la
coutume qui a constitué dans les familles rurales, après la
chute de l'empire romain, les relations entre les propriétaires
et les cultivateurs, et assuré aux familles rurales, sous l'influence du christianisme, la perpétuité des tenures ; et dans
les familles le bien rural restait indivis. Il a paru tout simple

de considérer la commune, la paroisse comme une famille plus grande et également perpétuelle et qui devait aussi avoir son bien héréditaire. Les biens communaux donnent à l'habitant un droit de bourgeoisie, un privilège. Ils le retiennent au sol; ils restreignent pour lui les chances de pauvreté ou de misère. Ce ne sont pas des discours qui empêcheront l'émigration des paysans dans les villes. Ils s'en vont parce qu'ils ne trouvent plus le travail des champs facile ni même possible. Nos lois modernes, loin de rattacher l'homme à la terre, ont tout fait pour l'en détacher. Elles ont, à la suite de nos troubles civils, aliéné la plus grande partie des biens communaux. La politique du jour a endetté toutes les communes. Le paysan a-t-il intérêt à cultiver pour vendre ses produits au-dessous des prix de revient? Le législateur qui règle le sort de la propriété foncière et de l'agriculture est étranger aux intérêts du sol et ne rêve que la prépondérance des agglomérations urbaines.

Dans plusieurs communes, les habitants ont procédé au partage des biens communaux à l'instigation ou par la complaisance de l'administration préfectorale. Ces habitants n'ayant qu'un droit d'usufruit sur les biens communaux commettaient un véritable vol, en s'en attribuant la propriété. Le résultat, c'est que l'émigration vers les villes continue, et qu'on ne songe même plus à l'entraver, tant elle est passée à l'état de fait accompli.

Une idée confuse de décentralisation a germé dans notre pays. Notre gouvernement centralisateur en a saisi l'occasion d'étendre son influence, en se servant de l'obstacle même. Ce fut d'abord un lieu commun qu'il fallait augmenter les attributions des conseils municipaux. Pour nos financiers et nos hommes d'État le progrès social gît dans la dépense. On poussa donc les conseils municipaux à s'endetter et à vendre les biens communaux. Toutes les communes se sont jetées dans les emprunts en guise de décentralisation. Il est clair que c'est la centralisation qui gagnait du terrain, et que l'affaiblissement du principe provincial et de la personnalité communale rendait le gouvernement plus maître partout qu'il n'était auparavant. Sans biens particuliers, une commune n'a plus qu'une

existence nominale. Le conseil n'a qu'une charge d'administrateur; il ne peut emprunter qu'en vue des revenus et non
d'un capital disponible. Il n'est pas le maître de la commune,
il n'a pas le droit d'en compromettre l'avenir. Voilà comment,
par des idées burlesques de décentralisation et de liberté communale, on arrive à dépouiller, à ruiner les communes. Le
système actuel considère la commune non dans la suite des
générations, mais dans le fait des habitants présents. Ce n'est
plus qu'une agglomération fortuite, transitoire, dont la prévoyance ne dépasse pas l'intérêt du moment.

La commune n'a pas le droit d'aliéner ses biens; et à cet
égard, on conçoit qu'un acte législatif soit nécessaire, pour
autoriser une aliénation. Les légistes en ont tiré la conséquence
que les communes sont des mineures. Si c'était vrai, la liberté
municipale serait une chimère. Est-ce que des mineurs peuvent
avoir la qualité d'administrateurs et gérer la chose d'autrui?
Ce n'est pas en tant que mineures, que l'aliénation des biens
communaux est interdite aux communes. C'est que les communes sont usufruitières et non propriétaires. Pour un corps
perpétuel la propriété se résout en usufruit. Il est naturel que
les communes ne disposent pas de ce qui ne leur appartient
pas. Elles sont dans la situation de tout le monde. L'intendant
qui gère vos biens a-t-il le droit d'aliéner? Les légistes, en qua-
lifiant les communes de mineures, montrent le cas qu'ils font
de la liberté communale. Et nous ne nous étonnerons pas
qu'ils se soient toujours montrés hostiles aux libertés locales.
Le droit d'aliénation est étranger au droit d'administration.
Les communes ne sont ni mineures ni incapables. Mais, d'après
les légistes, le plus bel usage que l'on puisse faire de sa propriété, c'est de la vendre; et qui n'a pas le droit de vendre
n'est rien pour eux. Un droit qu'ils prisent moins, c'est celui
de conserver qui ne donne lieu en effet ni aux droits fiscaux ni
aux procès et liquidations forcées.

Le droit d'emprunter est très limité pour une commune. Une
génération n'a pas le droit de vivre aux dépens de celles qui
viendront après elles. Ce principe, autrefois connu et pratiqué,
a été abandonné depuis la Révolution française. L'école révolutionnaire a prétendu faire le bien des générations futures

sans les consulter, et comme si ces générations dussent être incapables de pourvoir à leurs intérêts. Vous rejetez une dette immense sur l'avenir ; êtes-vous sûr que l'avenir n'acceptera pas votre succession sous bénéfice d'inventaire, ou ne la répudiera pas? Nous connaissons ce sophisme : n'est-il pas juste que nos fils paient les améliorations que nous leur léguerons? Nous ignorons ce que les fils en penseront ; s'ils nous traitent comme nous avons traité nos pères, nous ne devons pas attendre beaucoup de leur respect pour les œuvres de nos mains ou les conceptions de notre esprit. Les goûts, les situations changent. Et l'idée d'enchaîner l'avenir pourrait bien n'être que la prétention de notre fatuité. Le vrai, c'est que les bienfaits que nous léguerons à nos descendants, sont équivoques, sujets à contestation, et que les dettes, qui en sont la contre-partie, ne sont malheureusement que trop positives.

CHAPITRE XVI

LA PROPRIÉTÉ

Les auteurs du Code civil ont sérieusement cru qu'ils rétablissaient le droit de propriété ; et après les étranges doctrines
de la révolution, cette illusion leur était permise. Les décrets
de l'Assemblée constituante renversaient toutes les notions
reçues sur le droit de propriété et transféraient à l'État le haut
domaine des choses. Toute la pensée du législateur est renfermée dans cet article 544 : « La propriété est le droit de
jouir et disposer des choses de la manière la plus absolue,
pourvu qu'on n'en fasse pas un usage prohibé par les lois ou par
les règlements. » L'incohérence de cette rédaction saute aux
yeux. Qu'est-ce qu'un droit *absolu* soumis à toutes les lois
ou règlements qu'il plaira à l'autorité législative ou administratives d'édicter ? Un Français peut violer les lois et les règlements sans cesser d'être propriétaire ; seulement il encourra
selon les cas divers peines ou amendes. L'article 545 pose
le principe de l'expropriation pour cause d'utilité publique.
L'application de ce principe a pris de si vastes proportions,
que la propriété n'est plus qu'une tolérance de l'État. L'histoire de la vigne de Naboth nous apprend que les Hébreux
ignoraient l'expropriation pour cause d'utilité publique.

Les anciens ont forgé le roman historique d'une communauté primitive du genre humain. Les publicistes protestants des xvi° et xvii° siècles l'ont reproduit et Montesquieu en a hérité. Ainsi, les hommes épars, sans lois ni
magistrats, auraient, après mûre délibération, renoncé à la
communauté pour vivre sous des lois politiques. Ils auraient
établi un gouvernement pour être le distributeur de tous les
droits individuels. Le communisme primitif n'est pas anéanti ;

il a passé des individus dans l'État. Et l'on pense bien que, s'il a existé au début de l'humanité, il a toujours le moyen de revenir. Ce qu'une délibération a fait, une autre délibération peut le défaire. Rousseau a développé ce système de communisme dans son *Contrat social*. L'effet de ce roman est d'écarter Dieu de l'origine des choses et de nous montrer la société comme l'œuvre de l'homme et non plus de Dieu. L'homme s'est ainsi créé lui-même et il n'a plus à rendre compte de ses actions à son créateur. La liberté individuelle ne luit qu'un instant; elle abdique entre les mains de l'État. Voilà, en pratique, la consécration de l'absolutisme.

La société est fondée sur la loi naturelle et sur la loi religieuse, et elle a pour origine une famille, société première et parfaite qui, en se développant ou se brisant dans ses diverses ramifications, a produit tous les peuples connus ou inconnus. C'est le témoignage des Livres saints et il est conforme à celui de la raison, qui ne saurait se figurer l'homme en dehors de la famille. Adam a reçu la terre en patrimoine; et il n'est pas dit que ses enfants l'ait actionné pour faire cesser l'indivision. Les pouvoirs humains, même dans les républiques de l'antiquité, sont des déviations ou des transformations de l'autorité paternelle dont fut investi celui qui, après Dieu, a fondé le genre humain. Cette autorité, en commençant à s'exercer par notre premier père, appliquait une loi qu'il n'avait pas décrétée et qui lui venait de plus haut que lui.

Le droit social, comme le langage, a été en acte avant d'être en précepte. Il s'ensuit que la volonté humaine n'est productive du droit que si elle se rattache aux données de la loi naturelle. Montesquieu affirme que les hommes « ont renoncé à l'indépendance naturelle pour acquérir la liberté ». Ce trait ne serait que puéril sans une définition de la liberté : La voici dans l'*Esprit des lois*, l. XXVI, ch. xv : « La liberté, c'est l'empire de la cité. » En d'autres termes, la liberté, c'est le gouvernement, c'est l'État. Montesquieu est d'accord avec Hegel; mais en faisant l'*Empire* et la *Liberté* synonymes, il oublie que Tacite a dit que ce sont choses inconciliables.

Dans l'*Exposé des motifs* qu'il a présenté au Corps législatif sur le titre de la propriété, Portalis légitime le droit par la

nécessité : « L'homme a un droit naturel aux choses nécessaires à sa subsistance et à son entretien. » Le communisme
surgit sans effort d'un pareil droit. Ce droit étant le même
chez tous les hommes aboutit à l'égalité absolue. Si l'on
prétend avec Portalis que « le besoin et l'industrie sont les
deux principes créateurs de la propriété », nous demanderons
pourquoi il arrive si souvent que le besoin et l'industrie sont
impuissants à créer la propriété. Portalis rejette le *Contrat
social;* il y substitue une doctrine qui a été reprise et com-
mentée par MM. Cousin et Troplong : « Le principe du droit est
en nous, il n'est point le résultat d'une convention humaine
ou d'une loi positive ; il est dans la constitution même de
notre être et dans les différentes relations avec les objets
qui nous environnent. » D'une façon ou de l'autre, le droit
résulte de notre force, de notre volonté, de la nécessité, de
l'utilité, etc. Nous voilà rejetés dans la communauté primitive
dont les légistes ont eu tant de peine à nous tirer et où chacun,
sans se soucier des autres, exerçait sa farouche indépendance
en prenant sa force et sa volonté pour la mesure de tout
droit. L'éclectisme a voulu rendre respectable le droit de propriété, et en en cherchant la justification dans la raison individuelle, il est arrivé à la négation de l'ordre social : il a prouvé
qu'en creusant trop sous le droit de propriété, on s'expose à
en couper les racines. La raison de l'homme n'a pas plus
créé la propriété que la famille. Et la philosophie qui exalte et
divinise cette raison court à toutes les folies.

La théorie de Portalis n'est que le droit du premier occupant.
La force et le travail se sont approprié les biens vacants ; et
nous saisissons un rapport de cause à effet entre le travail
et les fruits, mais la force et le travail conduisent à la possession et non à la propriété. Selon Portalis, l'agriculture a
transformé la possession en propriété, parce que, sans droit
fixe de propriété, elle deviendrait impossible.

Les révolutions auxquelles la race humaine est en proie
depuis la chute originelle ne nous permettent pas sans doute
de saisir à travers les âges une évolution paisible et constante
du droit de propriété. Il est certain que les premières sociétés
ont été fondées non par la propriété, comme le prétend Por-

talis, mais par des chefs de famille agissant au nom de la divinité.

Le premier père de famille a reçu de Dieu le monde en domaine, et sa royauté embrassait tous les pouvoirs nécessaires à la conservation de l'ordre social. Comment nier une vérité aussi simple, à moins de se placer en dehors du dogme chrétien? Ni le travail ni la réflexion n'ont transféré ce droit de propriété à Adam; il l'a reçu de Celui qui avait le droit de le donner, parce que la terre était à lui par droit de création. Si, après la chute, Adam a été obligé de travailler, de cultiver, il n'est pas seulement devenu propriétaire de la portion qu'il défrichait. Et aucun de ses fils n'eût pu se soustraire à son autorité pour s'emparer d'une autre partie du sol. Le droit de propriété n'avait qu'une source légitime, la volonté d'Adam, du premier propriétaire. Et il s'est répandu sur la terre plus ou moins régulièrement, mais toujours en vertu de ce principe, que la propriété découle du propriétaire ou de coutumes qui suppléent par la prescription à l'abandon du droit. Les usurpateurs ont cherché des sophismes pour se légitimer et remplacer l'adhésion des anciens propriétaires qui leur manquait.

On a essayé, de notre temps, de nier le droit de transmission dans la famille, en s'appuyant sur le principe de Portalis et de Cousin, que la propriété est fille du travail. La propriété est le droit du père de famille. La loi des Douze Tables confond les deux idées; *Paterfamilias* signifie propriétaire. Les pères de famille ont divisé et légué le sol, suivant le même droit qui leur avait été transmis; dans l'ordre établi par la Providence et par suite de la donation faite au premier homme, la volonté du père de famille ou du propriétaire est productive du droit de propriété. La violation du droit n'en altère pas le principe, et le voile de la prescription a pu légitimement s'étendre sur des irrégularités d'origine. Le droit demeure : ce que vous acquérez par vous-mêmes ou par la volonté d'un autre est bien à vous; mais vous puisez votre droit à la source même de la vie sociale, dans la volonté de Dieu qui a donné le monde au premier homme. De cette donation découle la légitimité de tous les actes translatifs de propriété, pourvu qu'ils émanent de la volonté du propriétaire.

Le communisme a existé, non comme fait primitif de l'humanité, mais par la volonté des chefs de tribus qui ont constitué des cités souveraines. Le droit des pères de famille se transmettait à la cité, à l'être moral qu'ils formaient. C'est ainsi que les cités grecques ont été fondées. Le communisme de l'empire romain se développa dans le sens de la cité universelle. Tous ces gouvernements de violence ont eu une courte durée, et le communisme même dont ils s'inspiraient n'eut jamais qu'une réalité douteuse, et sans cesse contrariée par les événements ou par les instincts de la nature humaine. Il fallut que le christianisme vînt ranimer le droit de propriété pour relever l'ordre social; il l'apportait dans le monde avec le principe de la famille. Et rien ne prouve mieux la relation intime de ces deux faits. Le droit de propriété se modela sur la famille et en suivit les développements.

L'autorité paternelle a fondé le droit de propriété, et par là l'ordre social. D'où vient le droit de punir, cette sanction de l'ordre social? La plupart des criminalistes le font découler de l'utilité publique, du droit de défense. Cette théorie suppose que l'homme s'est mis en société de propos délibéré et dans un but d'intérêt. Elle s'évanouit devant le fait constant, universel de la société naturelle. Ne devons-nous pas alors recourir à l'autorité paternelle et comprendre que notre premier père a eu originairement le droit de punir : celui qui a donné la vie n'a-t-il pas juridiction sur la vie? Ce droit qui est en Dieu lui a été transmis comme garantie du pouvoir suprême. Et du premier père de famille il a passé à tous les autres dans une mesure qui s'est indéfiniment modifiée. Dans cet ordre d'idées la légitimité de la peine de mort est incontestable. La société qui l'applique représente les pères de famille : elle exerce une juridiction qui remonte jusqu'à Dieu ; elle remplit le devoir de maintenir par l'expiation du crime la justice parmi les hommes.

Dans un sens général la propriété foncière devient la patrie, la chose paternelle, la chose sociale et politique par excellence. On sait qu'aujourd'hui le sol français, étranger à toute autorité politique, n'est plus qu'une marchandise offerte à tous, et même à nos ennemis : en sorte que notre patrie menace de

devenir un jour la propriété des étrangers, grâce à la Révolution française et au Code civil !

Si la direction sociale n'est pas laissée aux propriétaires,
nous tombons dans le fonctionnarisme et dans l'instabilité
politique. La propriété, unie à l'autorité paternelle pour perpétuer le foyer domestique, est le vrai fondement des États.
Notre loi moderne exproprie de toute autorité le père de
famille ; elle lui ôte la direction de son patrimoine et l'éducation de ses enfants. Que lui reste-t-il ? Les décrets récents
sur l'instruction forcée sont le complément du Code civil ; ils
achèvent l'œuvre législative. Le Code civil enlève au père de
famille le droit de propriété, les décrets de proscription le
privent de ses enfants. Le cycle jacobin s'est reformé aussi
complètement qu'en 1793. Lamoignon et Daguesseau avaient
projeté de codifier les coutumes et ordonnances. Ils nous
auraient donné un Code civil moins mauvais que le nôtre et
plus favorable aux droits fondamentaux de la famille. La
Révolution a été tout de suite à l'extrémité des doctrines
césariennes, pour les appliquer à l'absolutisme démagogique.
L'influence des légistes, sous l'ancien régime, a été prépondérante pour altérer la notion du droit de propriété. Les mœurs
luttaient encore ; les familles se rattachaient à des principes
de fixité entretenus par le christianisme. La digue a été rompue.
Il est admis aujourd'hui que la propriété mobilière est supérieure à la propriété foncière. Elle a tous les bénéfices de la
loi et, par-dessus tout, le droit de s'associer, de se perpétuer.
Et cependant, qu'est-ce que la propriété mobilière, sinon une
créance sur l'État ou sur le public, une hypothèque sur la propriété foncière ?

CHAPITRE XVII

LA POSSESSION

La théorie de la possession tient une grande place dans notre droit rural. La distinction du possessoire et du pétitoire est la source d'une multitude de procès. Le juge de paix décide le possessoire; le pétitoire, qui est l'action en revendication de propriété, va au tribunal d'arrondissement. L'opposition entre la possession et la propriété est flagrante. Le possesseur vise à la propriété; il prend, il empiète sur son voisin, et espère qu'un jour la prescription couronnera ses efforts. Il a besoin de la possession pour arriver à la prescription. Et s'il a possédé depuis un an et jour, il est maintenu dans sa possession par le juge de paix, et son adversaire est obligé de l'attaquer au pétitoire. Il s'agit de cultivateurs ayant des parcelles non bornées, quelquefois imperceptibles. Les frais d'un procès sont souvent supérieurs au dommage causé. Alors celui qui a empiété reste possesseur. Les baux ne servent pas toujours à trancher les différends; ils mentionnent des contenances inexactes; les ventes sont faites en indiquant plus qu'il n'y a et sans garantie de contenance. Chaque bail est ainsi un nid à difficultés ou à procès. Comment borner tant de pièces de terre insignifiantes? Le bornage emporterait la valeur de la propriété. D'ailleurs la parcelle bornée n'échapperait pas aux divisions et subdivisions qu'impose la loi des partages forcés. Le bornage serait toujours à recommencer. Les limites des champs sont improductives; et vu la petitesse des champs les limites occupent beaucoup d'espace. Le paysan excelle à les reculer. Cette façon de s'arrondir prend le nom de possession. Si le voisin s'aperçoit à temps de l'empiétement, il s'adresse au juge de paix. Si l'empiétement est difficile à déterminer, les deux voisins se surveillent et les hostilités reprennent à la première occasion.

Il semble que l'empiétement soit un délit et qu'il devrait être réprimé comme tel. Le législateur le qualifie de possession, et, à ce titre, le protège. Vous empiétez sur le sol de votre voisin dans un but d'appropriation; le législateur ne juge pas cette action coupable; il ne vous demande que de la prolonger suffisamment. Si vous êtes maladroit ou si votre adversaire déjoue votre projet, vous en serez quitte pour rentrer dans vos limites; la loi ne vous en veut pas autrement. La possession est donc une propriété inférieure ou un acheminement légal à la propriété. Comment, sur un sol approprié, chacun peut-il acquérir ainsi par voie d'empiétement? Les biens sont-ils au premier occupant? Et ne dirait-on pas que la possession reconnue par nos lois est une conséquence de la théorie du premier occupant? Il en est ainsi, et il faut remonter au droit romain pour saisir le procédé qui transforme le fait en droit. Le peuple romain a réduit le monde en province ou en pays vaincu; le mot de province n'a pas d'autre signification. Le principal effet de la conquête, c'est la confiscation du sol.

Le peuple romain en devient propriétaire; et c'est en qualité de propriétaire qu'il en tirait des impôts. Les vaincus gardaient le sol pour le cultiver; mais ils étaient censés possesseurs, n'ayant qu'un titre révocable. Par la suite, le sol provincial acquit une sorte de stabilité; mais il reste admis, en principe, que l'empereur, successeur du peuple romain, avait le droit universel de propriété, et que toutes les tenures dépendaient de lui. En définitive, les possessions, par leur importance et leur étendue, étaient la vraie propriété romaine. Les subtilités du droit sur l'occupation, la détention, la possession, sont innombrables. Savigny les expose dans son livre confus sur la *Possession*. Ce qu'il y a de plus clair, c'est que la possession est le triomphe du fait sur le droit, et que, par elle, le fait et le droit se confondent. Les textes du droit romain supposent fréquemment qu'un homme est dépouillé par ruse ou par force de sa maison, de son champ; ils tranchent les questions de droit relatives à ce genre d'événement.

Il semble que, dans les intérêts privés ou de famille, rien ne
fut assuré sous l'empire, et que tout droit, pour se défendre,
eut besoin d'une force matérielle immédiate. C'était, en effet,
la situation générale : ce qui explique l'importance juridique
des faits, des actes de violence et de force. Si le droit politique
était fondé sur la conquête, le droit privé reposait, par analogie, sur la force et sur la ruse, légèrement palliées de formules juridiques.

L'Allemand Gans, pour justifier la possession, nous assure
que « la volonté personnelle devient un droit lorsqu'elle agit
sur une chose ». Cela suppose la chose abandonnée au premier
venu dans un système de communisme. Autrement la présomption est contre vous. Le docteur Stahl dans sa *philosophie
du droit*, présente cette doctrine : « La loi protège le fait de la
possession comme tel ; voilà pourquoi une théorie possessoire indépendante de la propriété est spéciale au droit romain ;
le possessoire et le pétitoire sont des procès complètement
différents : l'un se base sur une obligation résultant d'un délit,
et sans avoir aucun égard au droit à la chose, l'autre n'a pour
fondement que le droit absolu sur la chose. » Sans doute,
attaquer la possession peut être un délit ; mais est-ce toujours
un délit ? Et si c'est un délit, pourquoi n'encourt-il pas de
pénalité ? La loi venge le trouble porté à la possession ; le juge
décide quel est le vrai possesseur sans s'enquérir de la propriété. Il s'agit de savoir si la possession en soi est légitime.
Le premier possesseur n'a-t-il pas commis un délit, et ce délit
n'est-il pas certain, si la propriété est certaine ? Pourquoi le
juge le laisse-t-il impuni ? Si vous ôtez à la possession la présomption de propriété, vous lui ôtez toute base morale ; la loi
ne protège pas les faits en tant que faits, mais en tant qu'ils
sont légitimes. Qu'importe au législateur qu'une maison
appartienne à Pierre ou à Paul ? Il veut uniquement qu'elle
appartienne à qui de droit. Les lois n'ont pour mission que
d'opérer la distinction pratique du juste et de l'injuste, autant
qu'il est nécessaire au bon ordre de la société.

La possession en soi, c'est la possession envisagée en dehors
de la propriété, c'est-à-dire en dehors du principe qui seul la
légitime. Établir à côté de la propriété un droit négatif de la

propriété, n'est-ce pas favoriser la fraude? Cette procédure
spéciale par laquelle le juge maintient en possession celui
qu'il sait avoir empiété sur le propriétaire, n'est-elle pas
étrange et ne confond-elle pas les notions ordinaires du droit?
La théorie de la possession a été introduite en droit romain
par les édits des préteurs, afin de protéger les droits et les
intérêts provinciaux. Les interdits que notre ancien droit
dénommait la complainte et la réintégrande avaient pour but
d'écarter le trouble apporté à la possession ou de rétablir le
possesseur évincé. Le possesseur semblait une sorte de propriétaire, il représentait un intérêt légitime. Et en l'absence
du droit de possession, le droit de propriété n'aurait pas
repris son empire. L'anarchie seule aurait régné. La possession était donc alors un acheminement légitime à la propriété ;
et le droit de propriété s'est, en effet, développé dans toute
l'Europe méridionale, par la suite même de ce droit de possession laissé à lui-même à la chute du césarisme. Dans notre
société moderne, la possession vient, non commencer un honnête droit de propriété, en l'absence d'un propriétaire, mais
troubler un propriétaire existant ou le dépouiller. Elle dérange
un état social légalement établi. Elle remplit un rôle absolument contraire à celui qu'elle a exercé sous l'empire romain ;
c'est à la fin du XIIᵉ siècle, époque qui marque l'invasion des
légistes et l'affaiblissement de la société chrétienne que les
principes de la possession furent introduits en France. Nous
n'avions pas cependant alors un *ager publicus* offert au premier
occupant et aux essais de la culture. Le sol était approprié
par les familles, les corporations, les individus.

La théorie des légistes inquiétait les droits existants, jetait
au milieu des coutumes une conception juridique qui exigeait
l'emploi, l'intervention d'hommes de loi pour juger les causes
des particuliers et des corporations. Par ces importations d'un
droit étranger, les légistes sapaient la cohésion des tenures
et ébranlaient tous les intérêts constitués sur la coutume. La
théorie des légistes consacrait deux propriétés dont l'une
avait la prétention de manger l'autre. Ils ouvraient l'accès à
ces débats interminables sur le pétitoire et le possessoire, qui
ont fait tant de bruit autrefois et dont la relation remplit tant

de volumes. Ils s'enrichirent en semant la division dans les intérêts de la société féodale, et leur influence ne cessa de grandir avec la royauté.

Le droit féodal suppose le sol occupé, et la théorie de la possession ne s'explique que par un sol vague, livré aux incursions. C'est l'hypothèse de la communauté primitive des anciens. Cicéron nous dit que les philosophes considéraient le monde primitif comme un théâtre où chacun était maître de sa place tant qu'il l'occupait. Plus tard on sentit la nécessité de conserver le droit même en l'absence de l'occupation ; ce fut le passage de la possession à la propriété. Mais pourquoi, la propriété définitivement établie, perpétuer le principe de la possession devenue sans objet ? Le droit de premier occupant s'éteint lorsque tout est juridiquement occupé. L'article 539 du Code civil déclare que les biens vacants et sans maîtres appartiennent à l'État. Il n'y a pas un point du territoire français qui n'ait un maître. Le droit de prise s'exerce donc sur un propriétaire : de quel droit ? N'est-ce pas le droit du pirate en pleine mer ? Et quand la possession ainsi acquise se légitime par une courte prescription, n'est-ce pas l'iniquité se légitimant par sa durée même ? Le paysan entre en plein dans la doctrine des légistes ; il ne demande qu'à empiéter sur ses voisins ; il y est encouragé par la loi qui lui dit : prends habilement, gagne le possessoire, on n'osera peut-être pas te poursuivre au pétitoire, et ton vol, avec le temps, se changera en propriété. La prescription et la possession sont distinctes. La première s'opère en dehors des voies de fait et de la mauvaise foi ; la seconde est un fait consacré par la loi en dehors de toute notion de droit.

Nous avons vu les théoriciens de la possession se jeter dans le panthéisme et affirmer la sainteté de la volonté humaine, et son droit sur les choses même quand elle est injuste. Ainsi, le fait injuste est juridiquement respectable ! Cette notion antisociale remonte à la théorie du premier occupant, à cette communauté négative où chacun aurait eu droit à tout ce qui n'était pas occupé. Les légistes, par leurs doctrines, ont enraciné cette idée. Dans le principe, dit Toullier, la propriété était confondue avec la possession et se perdait avec elle ;

avant l'établissement de l'état civil, la terre n'était à personne,
les fruits étaient au premier occupant. Le légiste breton ne
nous apprend pas à quelle époque s'est montrée cette société.
Les sauvages sont des debris de familles qui ont rompu avec
la tradition et qui s'éteignent misérablement. J.-J. Rousseau
en a fait l'idéal de l'humanité, et il se sert de cette fable pour
expliquer l'ordre social. Le communisme de Rousseau a fortement impressionné la génération contemporaine et toutes
les lois de la Révolution en portent l'empreinte. L'école révolutionnaire, fidèle à ses antécédents, veut renverser l'échafaudage des légistes et retourner de la propriété à la possession,
et de l'appropriation du sol à une sorte de communisme.

Les saint-simoniens ont profité de cette contradiction du
fait légal et du droit, pour réclamer l'abolition de l'héritage.
L'État, maître suprême des hommes et des choses, aurait distribué « à chacun selon sa capacité, à chaque capacité selon
ses œuvres ». Ce n'est pas l'égalité républicaine des Robespierre et des Saint-Just : c'est l'exploitation de la masse par
les habiles. Et le mouvement financier dont les saint-simoniens ont été les instigateurs sous Louis-Napoléon indique
assez le but de la secte. La théorie de l'État tout-puissant,
telle qu'on l'entendait autrefois, et telle qu'on l'entend aujourd'hui, repose sur la négation du droit de propriété, et tend à
lui substituer un droit de possession vague, viager et soumis à
toutes les restrictions de la loi. Il n'est pas difficile de saisir
ce caractère de notre législation moderne, en la prenant à son
point de départ de 1789, et en la suivant jusqu'à sa conclusion
sous le jacobinisme actuel.

Les légistes ont poussé ce cri naïf : *Beati possidentes*. M. de
Bismarck l'a répété : et des traités de droit politique n'en ont
été en Allemagne que le développement. Toute la politique
moderne n'est-elle pas fondée sur le fait, sur ce qu'on a
appelé « le fait accompli ». Ce fait accompli n'a rien de commun avec la prescription. C'est le fait simple de possession.
Aussi le droit des gens a-t-il disparu ; chaque puissance prend
ce qui est à sa portée ou à sa convenance. On fait même la
guerre sans la déclarer. La force prime le droit : elle a pris
sa revanche : c'était le contraire autrefois, du moins en prin-

cipe. On ne se donne plus la peine de colorer les entreprises
de la force. Les traités ne sont plus observés, des États placés
sous la garantie des grandes puissances européennes ont été
envahis sans protestation. Les souverains ont renié leur
signature. Le semblant d'ordre politique, qui a suivi la victoire européenne sur la Révolution française, s'écroule de
toutes parts; les nations entre elles ne reconnaissent plus
d'autre droit que la force. L'empiétement qui se faisait à la
sourdine sur quelques pieds de terrain se produit en grand
sur des territoires non inoccupés mais faiblement défendus.
En Afrique, en Asie, en Europe, cette politique se propage et
s'applique. Heureux les occupants! Voilà une nouvelle morale;
mais profitera-t-elle à tous ceux qui la professent? Les forts
ou les habiles d'aujourd'hui seront-ils les forts ou les habiles
de demain?

Les nations européennes ont abandonné le Souverain-Pon-
tife; elles ont refusé de maintenir les traités qui, en 1814, ont
réglé l'état politique de l'Italie en rétablissant l'Église dans
son ancienne souveraineté temporelle. Ces nations sont-elles
toutes également puissantes? Et n'y en a-t-il pas parmi elles
de moins fortes que d'autres? Si celles-là tombent un jour
sous la loi de la force, à qui se plaindront-elles? n'ont-elles
pas elles-mêmes proclamé le droit qui leur est applicable?
L'année 1870 a renversé le droit des gens et inauguré le
principe du fait accompli. Dégagé des raisonnements captieux
et obscurs dont l'étayaient les légistes, le dogme juridique du
fait accompli apparaît dans toutes ses conséquences. Ni le
droit des gens fondé sur le christianisme, ni le droit des gens
fondé après le traité de Wesphalie, sur l'équilibre européen,
n'ont plus cours. Ceux qui ont cru que les nuageuses théories
des légistes se renfermeraient dans la sphère des intérêts
privés, se sont trompés. Ce n'est pas sans prévoir qu'elles se
prêteraient à tous les caprices du despotisme que tant de
princes ont aidé à leur propagation et les ont soutenues.

CHAPITRE XVIII

L'USUFRUIT

L'utilité de la propriété foncière se résume dans l'usufruit. Et même l'usufruit indéfiniment prolongé se confondrait avec la propriété. Ce qu'il y a de plus dans la propriété entière, c'est le droit de disposer de la chose, le *jus abutendi*. Mais ce droit qui implique la faculté de la détruire est-il si précieux? importe-t-il tant à l'espèce humaine? A quoi servira-t-il aux femmes, aux enfants, à beaucoup d'hommes incapables de se conduire? N'est-ce pas un bienfait pour une famille qu'une main prévoyante ait mis en sûreté ce droit dangereux, pour n'en laisser aux membres de la famille que le côté utile, le *jus utendi*, *fruendi*? Pourquoi le droit de propriété serait-il dans le commerce? Est-ce que les droits et les intérêts essentiels de la famille sont dans le commerce? Les légistes et les économistes ne rêvent que ventes et liquidations. Mais l'homme d'État qui voit la paix sociale attachée à la stabilité des familles applaudit aux institutions qui permettent à la famille de se perpétuer.

Si le droit de propriété n'est pas employé à assurer la fixité de certains faits, de certains éléments sociaux, il n'a plus que l'utilité d'un usufruit transitoire. Et cet usufruit est nécessairement influencé dans sa qualité par les révolutions ou changements auxquels le droit est soumis. Est-ce que les biens, qui changent fréquemment de propriétaires, sont mieux administrés ou mieux cultivés? Tombent-ils toujours entre les mains d'un propriétaire aisé, qui consacre à la culture ses soins et ses capitaux? L'hypothèse de ventes successives atteste le contraire. On vend parce qu'on est forcé de vendre ou qu'on se dégoûte de la culture. Le système du Code civil

entrave la production. L'exploitation agricole, comme toutes
les exploitations, a besoin d'un régime stable, qui accumule
l'expérience et le capital sous une direction unique et permanente; ce qui n'est possible que par la transmission intégrale
de l'exploitation rurale, aux conditions déterminées par le
propriétaire lui-même.

Entre les mains du père de famille, l'usufruit est un moyen
de gouvernement. Ce n'est pas un droit de propriété qu'il faut
à tel enfant dissipateur ou incapable, c'est un usufruit qui le
mettra à l'abri du besoin. Le législateur pénètre-t-il dans
chaque famille pour en apprécier le caractère, l'aptitude, l'intérêt? Saura-t-il mieux que le père de famille distribuer le
patrimoine ou en assurer la productivité ? La loi qui condamne
à se disperser le capital formé pour la production anéantit la
valeur de ce capital ou la réduit aux plus minimes proportions.
Seul, le fondateur d'une maison, d'une famille, a mission de
pourvoir à la conservation de cette maison, de cette famille;
n'a-t-il pas travaillé pour ses enfants? La vente du bien de
famille n'est pas le but qu'un législateur sensé doit poursuivre
Aux États-Unis et dans diverses contrées de l'Allemagne, sous
l'impulsion de lois nouvelles, les petits cultivateurs affran-
chissent tout ou partie de leur bien de toute possibilité d'hypothèque ou d'aliénation, afin de réserver à leur héritier le
moyen de vivre avec sa famille. Livrée à elle-même, la classe
laborieuse tend à conserver, à perpétuer l'instrument de son
travail et à le transmettre intact, parce que morcelé il ne
remplit plus les conditions nécessaires à l'existence d'une
famille.

La société civile est une vaste substitution transmise d'une
génération à une autre. On lit dans les *Mémoires* de Saint-
Simon que le droit d'emprunter n'était pas pleinement reconnu
à l'État. Les plus sages esprits y mettaient des restrictions.
C'est au point que plusieurs reconnaissaient au roi de France
le droit de répudier les dettes de son prédécesseur si elles portaient atteinte aux ressources et à l'unité du pays. Cette doctrine tenait à cette idée que la société est une substitution, et
que chaque génération jouit des fruits de cette substitution
sans avoir le droit d'en entamer le capital. Par ce principe, le

pouvoir de l'État était limité. Il n'était pas permis au gouvernement d'accaparer les ressources de l'avenir. Le roi avait la couronne en usufruit, et non en propriété. C'est pour cela qu'il ne pouvait en disposer.

Les familles souveraines sont heureuses, même à notre époque, de s'approprier ces principes. Mais veillent-elles avec autant de soin à ce que les familles particulières, qui en partageaient le bénéfice, puissent encore les invoquer? La notion de l'usufruit nous conduit ainsi sur les sommets de la politique et de l'histoire. L'usufruit touche aux plus graves intérêts. Les forêts affectées de temps immémorial à la jouissance des communes sont des usufruits perpétuels : ni la commune ni les habitants ne peuvent en disposer. Les communes ont eu à pâtir de nos guerres sociales. Pour la plupart elles ont été dépouillées. La France n'a plus ses forêts : de simples particuliers ne peuvent garder ce genre de propriété, qui donne à long terme ses produits et qui ne convient qu'à une famille ou corporation perpétuelle. Nos familles à partage forcé se hâtent de les vendre ; elles demandent et obtiennent facilement l'autorisation de défricher. Le Midi, dénudé, a perdu une partie de sa végétation ; il est en proie aux inondations, parce que les forêts qui couvraient ses montagnes ont été détruites. Ces forêts entretenaient la fraîcheur et les sources, elles disciplinaient les eaux. En général, les pays de domination romaine sont en proie à la sécheresse. Les historiens nous décrivent l'étendue de leurs forêts où s'abritait l'indépendance des populations. Les Romains, aussi destructeurs que les Arabes et les Turcs, n'ont rien laissé subsister ; l'Espagne, le Midi de la France et l'Italie ont subi cette loi du vainqueur. Nos huit millions d'hectares de bois ont été en butte aux attaques des financiers, et nous avons eu bien de la peine à les défendre contre la dent meurtrière du fisc. Les forêts retiennent les habitants des campagnes par les affouages (ad focum) qu'ils en tirent. La conservation des forêts est nécessaire pour notre marine et la construction en général : et notre législation nous force de nous adresser à l'étranger.

Les propriétaires de bois se plaignent souvent des obligations que leur impose l'administration forestière. Mais ils n'ont

jamais eu sur les forêts un droit de propriété pure et simple.
Ils ne les ont reçues que chargées de la servitude de ne pas
défricher. Comme particuliers, ils ont intérêt à défricher ; mais
la France a intérêt à ce qu'ils ne défrichent pas. Cet intérêt
public a, de tout temps, été reconnu. Qui ne peut exercer
qu'une jouissance viagère a évidemment intérêt au défrichement. Seul, le propriétaire perpétuel réserve l'avenir. Il ne
vise qu'à conserver ; et il faut aux forêts un système de conservation qu'un propriétaire collectif et perpétuel est seul capable
de leur assurer.

Nos lois de morcellement frappent toute grande culture. Les
forêts périssent dans les divisions d'héritages ; elles ne se
protègent que par leur masse. Ce qui est vrai des forêts l'est
aussi des pâturages. Comment l'élève du bétail se développe-
rait-il sur un morceau de terre ? Les pâturages communaux
offraient aux plus pauvres habitants des campagnes le moyen
d'avoir une vache et quelques moutons. Avec les divisions et
les défrichements il faut y renoncer. Les partages de biens
communaux dépouillent la majorité au profit d'une infime
minorité. Le pauvre devenu propriétaire est bientôt obligé de
vendre, faute de ressources pour cultiver utilement. Simple
usager, il avait un bénéfice net, appréciable et qu'il n'était pas
exposé à perdre. Ne sait-on pas que la richesse de la Suisse
consiste dans ses biens communaux ? Nos révolutions démocratiques ont cruellement pesé sur les populations rurales. Un
décret du 14 novembre 1792 ordonna le partage des communaux entre les habitants. Un autre décret du 10 juin 1793
modifia le premier en déclarant le partage facultatif, et en exi-
geant, pour qu'il fût obtenu, l'assentiment du tiers des habitants. Il y eut de vives réclamations. Les paysans étaient aisément victimes des intrigues qui les poussaient à demander le
partage. La Révolution voulait s'attacher le peuple des campagnes. En lui distribuant des terres, elle savait qu'elle se
créerait de hardis partisans, liés à elle par l'intérêt de la spoliation. C'est ainsi qu'elle distribua à des prix dérisoires les
terres de la noblesse et du clergé. Cette politique nous jeta
dans des proscriptions et des lois agraires imitées de l'antiquité païenne. Imbus des principes du droit romain sur l'*ager*

publicus, les chefs de la Révolution française considéraient le
sol comme la propriété de la nation ; et en qualité de représentants de la nation ils le distribuaient à leurs amis, comme
autrefois Marius et Sylla à leurs vétérans.

Les traces du communisme s'offrant partout dans nos lois,
sait-on ce que représentent les droits de mutation ? Ils représentent l'idée qu'à la mort du détenteur les biens retournent
à l'État, et que l'État, moyennant finance, les rend aux héritiers.
La vente, qui opère un changement de propriétaire, est assimilée à la mort quant aux droits de mutation. Telle est l'origine historique des droits fiscaux. A différents titres, la propriété foncière paie au moins à l'État le cinquième de ses
revenus : c'est la quotité que se réservaient les Pharaons, et
l'histoire nous dit que les rois d'Égypte étaient propriétaires
du quart ou du cinquième sol. N'est-ce pas un peu la situation
de nos gouvernements modernes ?

Comment les communes sont-elles devenues propriétaires ?
Il n'y a pas de date précise. La coutume a établi les relations
entre les seigneurs et les cultivateurs. La race germanique
procède du droit d'association : elle part de ce principe, contraire à celui des légistes, que c'est l'association qui fait le
gouvernement. Avant tout, elle conçoit l'homme dans l'association et dans la propriété collective, qui est la conséquence
matérielle du principe d'association. Si les Francs avaient
dévié de ce principe, le christianisme l'aurait inculqué aux
différents groupes ruraux, à titre de fraternité chrétienne. Que
le propriétaire ait, par des concessions, attiré des cultivateurs
sur son domaine, ou qu'il ait laissé à d'anciens colons prendre
des fruits de diverse sorte, en encouragement des services
qu'ils rendaient, toujours est-il qu'il se forma des usages non
écrits mais gravés dans les mémoires et qui constituaient
entre le maître et les serviteurs un accord tacite, une association véritable. La population rurale avait ainsi conquis sur les
forêts, sur les prairies des droits d'usage qui devenaient un
usufruit perpétuel ou une propriété perpétuelle.

Les usages communaux sont ainsi une coutume immémo-
riale, le plus précis, le plus positif des droits, puisqu'il est
toujours un fait visible, palpable, permanent et qu'il s'exerce

en présence et de l'aveu de tous ceux qui auraient eu intérêt à
le contredire. Sont venus les légistes avec leurs formalités
frauduleuses : ils ont introduit l'idée que les titres écrits
étaient les meilleurs, les vrais titres et qu'ils l'emportaient de
beaucoup sur la coutume et sur la possession d'état. C'était le
bouleversement de toute la société chrétienne qui n'avait pas
d'autre droit que la coutume et n'en imaginait pas d'autre. Du
moment qu'il fallait un titre, bien des familles se retournèrent
contre les communes et leur demandèrent leurs titres. Il y eut
des procès qui généralement se décidèrent contre les communes. Il y en eut même de notre temps, et nos tribunaux
jugèrent comme les Parlements. On exigeait des titres de ceux
qui avaient le plus incontestable de tous les titres, la prescription la plus authentique. Il est à remarquer que, dans ces circonstances, le parti démocratique se garda bien de soutenir
l'intérêt des communes, tant la Révolution est hostile aux
droits et aux intérêts populaires. Les arrêts de la justice se sont
unis aux spoliations des guerres sociales pour dépouiller les
communes. La ruse des légistes et les cupidités qu'elle servait
furent appuyées par une fausse économie politique. On préten-
dit que les biens des communes produiraient davantage par
la culture des céréales, comme si toutes les terres réclamaient
cette culture et que la plupart des biens communaux ne fussent
pas des bois ou des prairies. Cette destruction spoliatrice devait
détacher des champs le paysan et le pousser vers les villes. N'é-
tait-ce pas décréter pour un grand nombre d'habitants l'absentéisme obligatoire?

Dans les débats que soulève la possession, le point capital
est de savoir à qui incombe la preuve. Les légistes, invoquant
les textes du droit romain, attribuaient aux seigneurs le bénéfice
de la possession et rejetaient sur les communes le fardeau de
la preuve. Par une fiction de droit, ils supposaient que les
seigneurs, maîtres du territoire à l'origine, n'avaient fait aux
habitants que des concessions gracieuses, révocables, et
qu'ainsi c'était aux habitants à prouver le contraire. Ils mettaient leur fiction au-dessus d'une coutume six ou sept fois
séculaire; ils tenaient le passé pour non avenu et dénué de
faits juridiques. Ils biffaient d'un trait toute la coutume chré-

tienne, pour nous rejeter dans une conception juridique qui divisait simplement les hommes en libres et en esclaves, et n'attribuait le droit qu'aux premiers. La communauté chrétienne se révélait partout ; elle était le fruit naturel de l'Église. Ces villages, corporations ou communautés de cultivateurs, tendirent à se perpétuer, à se procurer les ressources nécessaires. De là le bien commun, ces usages concédés ou obtenus. Les relations des tenanciers entre eux et avec leurs seigneurs n'étaient plus les relations de maître à fermier du droit romain ou de notre droit actuel. Les légistes eurent l'art de mettre les communes en suspicion, en leur demandant leurs passeports ; elles n'en avaient pas. Et cette manœuvre les livra sans défense aux incursions de la chicane et de la mauvaise foi. Emportés par leurs préjugés de droit romain, Dumoulin et d'Argentré prirent parti pour les seigneurs, et ils furent suivis de la plupart des légistes. Les usages relatifs aux forêts dénotaient une copropriété. On conçoit que cette copropriété ait représenté le prix des services rendus à la culture. La société chrétienne ne reconnaissait pas l'esclavage juridique des Romains ; et cet esclavage n'existait plus depuis la chute de l'empire, puisque le serf ou serviteur avait droit à la religion et à la famille. Comment n'aurait-il pas eu droit à la propriété? Cette propriété lui est venue par le travail, elle est née du développement des intérêts communs.

Soit ignorance ou mauvaise foi, les légistes affectèrent de ne rien comprendre à tout ce passé chrétien de la France. Ils ne comprenaient même pas le droit romain qui fut moins une législation régulière et appliquée qu'une conception arbitraire et logique de légistes qui se posaient en législateurs. Placés au point de vue du césarisme, ils n'avaient rien de commun avec la société chrétienne qu'ils avaient persécutée pendant trois siècles. Les principes d'union, de corporation, inconnus de la société païenne, enveloppaient tous les intérêts privés et de famille. Les biens ruraux appartenaient à des familles, à des corporations, et se perpétuaient sous la forme de l'indivision. Les relations entre seigneurs et cultivateurs établirent par les usages une sorte de copropriété des forêts. Sous les noms d'usufruit, de possession, d'usage, de propriété ou de copropriété, ces droits des habitants sur les forêts constituent un démembrement de la propriété. Le seigneur était en relation avec la masse des habitants, avec la commune. Il traitait avec cette commune; les usages sont le fruit d'un accord tacite ou formel. Ils se défendent par eux-mêmes et n'ont pas besoin de titres écrits, certificats, chartes, attestations. En bonne justice, c'était aux seigneurs qui prétendaient rentrer dans leurs droits à prouver leurs droits. C'est au demandeur, non au défendeur, à faire la preuve. Ce principe est de tous les temps et de tous les pays, et il eût prévalu sans l'intervention de légistes, car il exprime une vérité naturelle. Les habitants n'avaient qu'à s'abriter sous l'ancienne formule : *Possideo quia possideo*. Les coutumes se sont formées pour la protection des classes laborieuses dont le droit romain s'inquiétait fort peu. La réforme du XVIᵉ siècle déchaîna les légistes sur la société chrétienne. En France, l'assaut fut formidable, et la société civile fut encore plus abîmée que la société religieuse.

Des décisions arbitraires tranchèrent des questions de droit entre seigneurs et habitants. Il y eut des ordonnances royales qui supposèrent que les seigneurs avaient été spoliés par les communes. Rien n'était plus absurde, puisque le seigneur avait toujours été en mesure de protester et d'affirmer son droit. Si donc il s'est tu et a laissé au fait le temps de se légitimer, d'acquérir la prescription, c'est qu'il y a consenti et la possession est devenue irrévocable. Des défenseurs maladroits de la noblesse, entre autres Boulainvilliers, se réfugiaient jusqu'au début de cette histoire et prétendaient que les Francs s'étaient partagé tout le territoire de la Gaule et avaient laissé pour héritiers tous les nobles de France. Cette fable ne s'appuie sur aucun document contemporain et elle est contraire aux faits les plus avérés. Cette division de la France en peuple franc et conquérant, représenté par la noblesse, et en peuple gaulois et conquis, représenté par le reste des Français, rentre dans la donnée des légistes ; elle méconnaît tout le développement historique imprimé par le christianisme aux événements politiques et aux intérêts particuliers. Le système de Boulainvilliers a accrédité l'idée qu'il y avait deux Frances, celle des nobles et celle des roturiers ; Frances ennemies, puisque la distinction remonte à la conquête et s'en inspire. En 1789, les préjugés contre la noblesse éclatèrent avec fureur, et les prétendus vaincus crurent prendre leur revanche. L'influence néfaste des légistes avait produit des divisions d'intérêts, des sentiments d'antagonisme qui devaient se transformer en haines sociales et nous amener au temps des proscriptions romaines et du césarisme.

CHAPITRE XIX

LES SERVITUDES

Sous ce nom, que le droit romain appliquait aux choses comme aux hommes, la loi désigne les relations que les fonds de terre peuvent avoir entre eux à raison de leur position. Les différentes charges imposées à un fonds au profit d'un autre sont des servitudes : elles découlent de la situation des lieux, de la volonté de la loi ou de conventions entre propriétaires. Un champ est entouré d'autres champs : il en résulte une mitoyenneté de haies, de murs, de fossés; des droits d'égout, de passage, établis pour le service de la culture. Des conduites d'eau, des rivières non navigables, des chemins vicinaux traversent plusieurs héritages; il faut s'entendre, se concerter pour les travaux à entreprendre à frais communs. La division du sol divise les servitudes, que de contentions judiciaires! Appliquée à un sol d'une certaine étendue, la culture ne connaîtrait pas ces entraves. Le morcellement est la grande servitude de la propriété foncière; il la rend instable, il en diminue les produits en multipliant les frais d'exploitation. L'incertitude des limites suscite d'innombrables procès. Des magistrats ont proposé le bornage obligatoire. Ce renouvellement du cadastre entraînerait mille difficultés, sans compter la dépense. Ce cadastre, qui est toujours à recommencer, a coûté plus de cent millions. Le cadastre n'est sérieux et ne vaut ce qu'il coûte que si les contenances qu'il décrit sont immuables. Tant que la loi n'aura pas fixé le *minimum* d'étendue d'une terre, tout cadastre exact et utile sera une chimère. Les limites de nos cent cinquante millions de parcelles varient à l'infini.

Il a été souvent question d'une entente entre les cultivateurs. C'est encore là une chimère. Nos lois nous la rendent impossible. L'intérêt de chaque cultivateur, vu la petitesse des propriétés, est minime. Et puis personne n'est sûr de conserver le même bien ou de le transmettre à un héritier. La dépense n'est rien si elle est payée d'une augmentation de revenus. Mais cette augmentation est illusoire, si au bout de quelques années la propriété vous échappe. Le temps manque à toutes les entreprises agricoles de longue haleine, le propriétaire n'a sur sa chose qu'un droit restreint et viager. La propriété et la culture vont au hasard, et maintenant elles ont l'air de ne plus aller du tout. Des fous ont réclamé l'assurance obligatoire pour toutes les récoltes. C'est une nouvelle tentative de communisme. La grêle, les inondations frappent certaines propriétés; ces propriétés, malgré ce péril, sont souvent d'un excellent rapport. C'est à elles de se précautionner, de former une assurance mutuelle. De quel droit associeraient-elles à leurs désastres des propriétés qu'elles n'associent pas à leurs bénéfices? Les biens valent plus ou moins, suivant les risques qu'ils courent, et ils sont achetés en conséquence. Il serait donc injuste d'établir entre les propriétaires une solidarité qui n'est pas dans la nature et qui est un acheminement au communisme. L'assurance n'ajoute rien à la richesse publique, elle rend simplement à l'agriculture ce qu'elle lui a enlevé. Quand cette idée d'assurance universelle et obligatoire a été lancée, nous étions sous le socialisme impérial, et il s'agissait moins de venir en aide à l'agriculture que de fournir des fonds d'agiotage aux sociétés de crédit qui se fondaient.

Les banques agricoles ont-elles prêté aux cultivateurs? Il leur fallait tant de garanties que bien peu de cultivateurs pouvaient les fournir. Améliorez votre culture, disait-on aux cultivateurs. Mais comment le cultivateur améliorera-t-il une propriété morcelée qu'il n'est pas sûr de conserver et dont il n'aura pas le temps de retirer le prix de ses avances? Il est endetté parce que ses charges légales se renouvellent périodiquement. Aussi toutes ces banques, qui devaient payer la dette hypothécaire, l'ont-elles laissée exactement dans le même état. La dette est inhérente au sol. Le cultivateur n'a pas le droit de conserver, de perpétuer sa culture, de trans-

mettre intact le sol qu'il a défriché. Il n'est pas maître de son
bien et vous l'invitez à l'améliorer!

On se berce d'illusions; on croit possible, avec notre législation successorale, l'agglomération des parcelles rurales. Et
plusieurs fois nos gouvernements modernes se sont prêtés à
l'obtention d'une loi qui diminuait les frais d'enregistrement
pour les échanges de parcelles. Il est évident que ces échanges
seront insignifiants; et s'ils réussissent, ce ne sera que pour
un temps bien court, puisque la mort du propriétaire remettra
en partage la propriété ainsi agrandie. Sans le droit de transmettre intégralement la propriété, toute tentative pour l'améliorer sera vaine ou imprudente. Les agriculteurs ne profiteront
pas plus de la loi des échanges que des divers crédits agricoles, dont le soin se borne à prêter sur les constructions
urbaines. Les améliorations agricoles supposent l'aisance du
cultivateur; et toutes nos lois concourent à rendre le cultivateur misérable.

La procédure d'expropriation irritait par ses lenteurs les
capitalistes. Le paysan peut être exproprié en un tour de main.
Ce n'est pas assez, un législateur insensé invite le paysan à
emprunter sur son bétail, sur sa récolte future. Tous les
moyens de se ruiner lui sont libéralement offerts. Il est à
remarquer que le capital ne risque rien : en cas de malheur, il
prend le champ hypothéqué à la moitié de sa valeur. Il gagne
toujours. Et les légistes et les économistes trouvent que le
prêteur et l'emprunteur sont à deux de jeu et placés dans les
mêmes conditions d'indépendance. Ils abritent l'intérêt agricole sous la liberté de l'usure. Les ventes de propriétés rurales
en Hongrie, en Autriche, se sont opérées par milliers et ont
causé un grand émoi. De nombreuses familles ont été expulsées de leur toit héréditaire et sont tombées dans le paupérisme et le vagabondage, parce qu'en 1848 les lois protectrices
des tenures rurales ont été abrogées, sur la demande des
juifs et des financiers de Pesth et de Vienne.

C'est par la réforme des lois qui la régissent, et non par
l'emprunt, que la propriété foncière se relèvera. Les instituts
agronomiques, les fermes-écoles, les chambres d'agriculture,
les primes d'honneur, les croix du Mérite agricole ne sont

14

rien pour le paysan. Il s'aperçoit que tous les gens titrés qui
vantent les merveilles de l'agriculture sont les premiers à
déserter la campagne. Toute l'épargne du pays se jette hors
de l'agriculture; elle s'enfouit dans l'agiotage et les placements d'État. Calculez ce que nous avons perdu en Espagne,
en Italie, en Turquie, etc. Cette épargne en se portant sur
notre agriculture eût doublé la valeur de notre sol. Mais le
capitaliste qui achèterait une portion du sol français voudrait
en être le maître comme il l'est des capitaux qu'il dirige.
Il refuse de se placer sous la tutelle du législateur. Il se
désintéresse de la production nationale et la laisse aux mains
indigentes qui l'exploitent. Une partie de notre nourriture
nous arrive d'Amérique. Un logicien en induirait que les théories de l'économie politique ont pour but d'affamer la France;
mais par le libre-échange, les économistes tiennent encore le
haut du pavé; ils règnent dans les assemblées, dans les écoles.
Nous sommes pris aux fictions les plus grossières.

En 1865, le Crédit foncier a prêté 450 millions à la ville de
Paris; il en a prêté 150 aux communes, non pour la culture,
mais pour des travaux dits d'utilité publique. Voilà ce qu'on
appelle crédit foncier ou crédit agricole. C'est au point qu'on
prie le gouvernement de ne pas s'occuper de l'agriculture,
pour ne pas lui faire plus de mal qu'elle n'en ressent. Sous
l'Empire, quand les conseils généraux se sont mêlés d'agriculture, ils ont réclamé l'embrigadement des gardes champêtres. C'était supprimer l'autorité du maire, dont le garde
champêtre est l'unique agent, et ôter à la commune toute
liberté d'action. Avec notre suffrage universel, l'administration
des communes devient un pillage. Ce sont les non-proprié-
taires qui gouvernent, et il en est à Paris et dans les grandes
villes comme dans les moindres villages. Aussi les habitants
aisés fuient la campagne; les riches vont vivre à Paris où ils
se perdent dans la foule; les pauvres vont demander du travail
aux villes voisines.

L'idée d'un code rural est venue plusieurs fois. Après bien
des délibérations, on n'a jamais abouti. Toutes les améliorations proposées échouaient devant ce morcellement du sol
qui arrête tout. S'entendra-t-on pour endiguer une rivière,

diriger un cours d'eau, constituer un syndicat permanent? Il
y a là un travail d'ensemble qui embrasse une vaste étendue
du pays; des centaines de petits propriétaires plus ou moins
obérés et plus disposés à se quereller qu'à s'entendre, sont
incapables d'une pareille tâche. D'ailleurs, ils rencontreraient
l'obstacle de la loi et de l'administration publique. S'ils prenaient des décisions pour maintenir et conserver, ils empié-
teraient sur l'avenir et ils seraient bien vite rappelés à la
réalité, c'est-à-dire à l'impuissance. Comment un grand nombre
de petits propriétaires endigueront-ils une rivière s'il ne leur
est pas permis de constituer une association perpétuelle?
Toute entente n'est-elle pas déjouée à l'avance par nos lois
de partage et de liquidation forcés?

Est-ce que la loi n'est pas un enseignement permanent? Et
qu'enseigne-t-elle, sinon le désordre et l'anarchie? Quel appui
donne-t-elle au propriétaire pour gérer sa propriété, au père
de famille pour élever ses enfants? Une association pour
vaincre un fleuve, reboiser une montagne, mais c'est le chef-
d'œuvre de l'esprit de famille et de conservation sociale. Un
siècle de liberté de tester l'inculquerait à nos populations.
Elles attendent tout de l'État. L'État, leur interdisant toute
action collective, les condamne à l'égoïsme. Que peut l'homme
isolé? Mais de quoi n'est-il pas capable s'il unit ses efforts à
ceux de ses semblables?

Privés du droit d'association, nous tendons au communisme. Le principe d'association et de corporation est le plus
grand obstacle au socialisme d'État. Aussi le césarisme et la
démagogie l'ont-ils en horreur et tournent-ils toutes leurs
armes contre lui. L'affaiblissement du droit de propriété est
la conséquence de la loi qui réprouve l'association; il mène
droit à l'omnipotence de l'État. Quelle résistance opposeront
nos millions de propriétaires qui, loin de nourrir les autres,
n'ont pas de ressources suffisantes pour se nourrir eux-
mêmes?

D'après l'article 648 du Code civil, « le propriétaire qui veut
se clore perd son droit au parcours et vaine pâture en proportion du terrain qu'il y soustrait ». Cet article est d'une application probablement impossible. Il signale le fait de commu-

nisme spécial et momentané qui, après la récolte, dans une
partie de la France, se produit lorsque les champs particuliers
ne sont pas clos. Il semble ainsi que le sol soit commun et
qu'il retourne au communisme, quand l'occupation particulière dont il a été l'objet cesse par l'enlèvement de la récolte.

Les anciennes paroisses rurales, que nous désignons aujour-
d'hui sous le nom de communes, se rattachaient par leurs
biens à l'ordre conservateur de la société; elles n'étaient
spoliées que dans les temps de troubles. Le calme revenu, les
édits de nos rois les ont souvent protégées en leur permettant
de rentrer dans les fonds aliénés. Dans ces circonstances, les
communes n'avaient cédé qu'à la force. Des édits royaux de 1600,
de 1667, ont réparé des injustices qui ne frappaient pas seulement de petites communautés, mais qui introduisaient dans
l'État un principe de désorganisation, en détachant du sol les
habitants de la campagne. La politique comprenait alors qu'il
n'est pas bon qu'un groupe de Français unis entre eux par des
relations perpétuelles de voisinage n'ait pas, en tant que
groupe spécial, un lien matériel commun. Ce lien, le plus
stable, le plus utile aux petits, c'est la propriété foncière.
La paroisse (le mot signifie voisinage) avait ainsi sa propriété
civile et sa propriété religieuse.

La Révolution de 89 a enlevé leurs biens aux communes
rurales. Six cents légistes ou bourgeois convoqués sous le nom
bizarre de Tiers-État formaient la majorité de l'Assemblée
constituante. Ils prirent frauduleusement le nom de députés
des communes. Les communes n'ont été pour rien dans les
nominations des députés. Les élections se sont faites par bailliages; et les bailliages rappellent nos arrondissements actuels.
Les communes, comme les provinces, furent sacrifiées. L'esprit
communal est étranger à toutes les lois de l'Assemblée constituante. S'il était malade avant 1789, il a reçu le coup de mort
par la Révolution. Les légistes opérèrent la liquidation sociale,
et mirent à l'encan ou distribuèrent tous les biens de communauté ou de corporation.

Est-il utile que la propriété foncière n'ait pas de maîtres
permanents? Et conçoit-on une bonne culture sans une longue
suite d'efforts continus? Les lois de division qui ont été une

arme de guerre contre l'ancien régime se retournent contre
le nouveau ; des millions de propriétaires qui ne vivent que du
travail de leurs mains forment notre démocratie ; et, si la loi
leur ôte le moyen de consolider, de conserver le sol qui est
leur instrument de travail, elle tue la démocratie qu'elle a
instituée ; elle la jette dans une anarchie sans fin. Le législateur craint que ces propriétaires n'arrivent à une certaine
indépendance territoriale. Quel est donc ce système de gouvernement qui redoute les dix hectares qu'un paysan peut
réunir à la sueur de son front ? Mais le paysan est un aristocrate, s'il peut conserver son bien et le transmettre. Pourvu
qu'il ne conquière pas l'aisance pour lui et sa famille, la loi est
satisfaite.

La propriété foncière est sous la servitude de l'État. Par
suite, le commerce et l'industrie, qui prospèrent par l'agriculture dont ils tirent les matières premières qu'ils fabriquent
et exportent, tombent dans le dénûment et ne soutiennent
plus la concurrence étrangère. L'agriculture, l'industrie et le
commerce constituent la trilogie économique. Ces termes,
sans être égaux, découlent l'un de l'autre et sont dans des
rapports de cause à effet. L'agriculture est la base, et elle-
même repose sur le droit de propriété dont elle subit les vicissitudes. Les maisons d'industrie et de commerce suivent la
même loi, et à quel avenir peuvent-elles prétendre, si la
volonté qui les a fondées est dans l'impuissance d'en poursuivre le développement et d'en assurer la transmission ? Tous
les intérêts de la richesse publique sont impliqués dans notre
droit successoral et nos lois agraires.

Ces lois n'ont pas été faites par des agriculteurs, des industriels, des commerçants. Elles sont l'œuvre de légistes, d'économistes, de politiques, qui ont mis leur intérêt dans la liquidation des patrimoines et la dissolution des familles. La classe
improductive nous gouverne : les classes productives ont été
soigneusement éloignées des affaires. Il n'est pas difficile de
comprendre que ces deux classes ont des intérêts opposés. Il
faut à la première du changement, du bruit, un vaste mouvement de capitaux. La seconde réclame le droit de travailler
et de gérer ses affaires, en comptant sur l'avenir ; elle aspire à

la liberté de tester qui peut donner la stabilité à ses entreprises. Un peuple « vit de bonne soupe et non de beau langage », et il a plus besoin d'agriculteurs que de politiciens affamés. Sous le règne du progrès, les derniers venus sont les premiers; et l'État est remis aux mains les plus inexpérimentées. Un peu plus d'agriculture, un peu plus d'expérience dans la politique !

CHAPITRE XX

LES SUCCESSIONS

I

Avant d'aborder le titre des successions, le Code civil s'explique sur les différentes manières dont s'acquiert la propriété. Il signale les donations, les testaments, les successions, l'effet des obligations, l'accession, la prescription. Nous avons vu, à plusieurs reprises, dans notre siècle, le gouvernement s'emparer des biens de prêtres, de religieux. Il prétend à la propriété des églises, des couvents, des séminaires, des palais épiscopaux. Comment ces biens lui sont-ils parvenus ? En vertu de quels contrats en est-il en possession ? Il n'allègue aucun des titres légaux que mentionne le Code civil. L'Église ne revendique pas les biens vendus au moment du Concordat. Il s'agit des biens qui n'ont pas été vendus, et qui, aux termes du Concordat, ont dû être rendus au culte. L'État invoque plusieurs lois. Mais les lois ne dispo   nt pas du droit de propriété, elles n'ont aucune autorité pour transférer la propriété. Et le Code se garde bien de dire que la propriété peut être transférée par la législation. Ce serait, en effet, un retour au droit de confiscation, que toutes les chartes et constitutions s'accordent à réprouver. Et cependant la politique a méconnu ce principe ; des décrets arbitraires ont prononcé de vastes spoliations. Nous touchons ici à une fiction du droit dont les conséquences sont incalculables.

L'article 713 s'exprime ainsi : « Les biens qui n'ont pas de maître appartiennent à l'État. » Il est assurément en France peu de biens sans maître. Tout ce qui est susceptible d'occupation est   occupé. Et notamment les biens des religieux

étaient possédés. Si l'État avait un droit de propriété à faire
valoir, il n'avait qu'à porter sa réclamation devant les tribunaux. Au mépris des lois, il s'est mis lui-même en possession
par la force. Les théoriciens de la force n'ont pas été à bout
d'argument. Ils ont dit : Une congrégation ne peut posséder ;
or, les religieux forment une congrégation et les biens sont
sans maître : donc l'État s'en empare. Au point de vue du
droit, il restait à l'État à démontrer devant la justice : 1° que
la congrégation est un délit ; 2° que les religieux ne sont pas
propriétaires. Les légistes de l'ancien temps ont posé les pré-
misses des raisonnements modernes en l'honneur de la confiscation. Ils établissaient que la congrégation tirait son origine
de l'autorisation royale, qui pouvait être retirée. Quand le roi
avait besoin d'argent, il supprimait la congrégation, l'être
moral ; et les biens se trouvaient sans maître. C'est avec ce
genre d'argument qu'on essaya en 1789 de colorer les spoliations. Le Code parle de biens sans maître, de biens abandonnés. L'expression dont il se sert constate un fait, elle ne
préjuge pas un droit.

Le maître d'un objet, c'est celui qui le détient. A quel titre le
détient-il ? Ce sera à la justice à en décider ? Il est possible
que le maître de l'objet ne soit pas le vrai propriétaire. Dès
qu'il est là, n'eût-il qu'un droit d'occupation, il n'en peut être
délogé que par un droit plus fort que le sien. Aussi n'a-t-on
jamais pu déclarer de bonne foi que les biens des religieux
étaient sans maître. Ils avaient un maître ; ils étaient sous une
possession régulière, à laquelle n'a été opposée aucune raison
de droit. L'État devait prouver son droit de propriété. Mais
alors il lui aurait fallu expliquer comment il avait acquis ces
biens, par quel contrat ou testament il s'en trouvait investi.
Le Code civil n'offrait aucun abri à cette prétention. L'État
prend ce qui est à sa convenance ; et quand la loi n'est pas
assez large pour lui, il y supplée par la violence et la ruse.

Sous Louis-Napoléon un projet de loi fut préparé pour
affecter une part d'enfant à l'État dans toutes les successions.
Le projet ne vit pas le jour. C'était assez patriarcal : de cette
façon du moins, l'État n'aurait pas eu besoin d'assassiner
pour hériter.

La matière des successions a toujours offert beaucoup d'attrait aux socialistes. La loi de succession est la véritable constitution des États. La famille embrasse tous les intérêts sociaux, et du principe d'indivision ou de division qui la caractérise dérivent toutes les formes de conservation ou de dissolution sociale. Nous sommes en présence de deux systèmes : l'un qui laisse au propriétaire, par la liberté de tester, le droit de disposer de son bien pour le temps où il ne sera plus ; l'autre qui rend l'État, le législateur maître de régler l'évolution des biens par suite de décès. La liberté de tester, les coutumes qu'elle engendre, conduisent à la transmission intégrale du bien de famille. La loi, au contraire, formulée par les jurisconsultes romains, dont notre Code civil s'est porté l'héritier, pousse à la division du bien de famille et l'impose. La théorie romaine, c'est que les héritiers sont des maîtres; *heres* et *herus* sont le même mot. L'institution d'héritier était devenue une fiction ; cet héritier, qui était le plus souvent un esclave chargé de vendre les biens et d'acquitter les legs, ne continuait nullement la personne du défunt. Pour inculquer les principes de la dispersion de tout l'héritage, les jurisconsultes romains divisaient théoriquement l'hérédité en douze onces ou parties d'un ensemble appelé *as*.

Selon Merlin, le droit naturel ne connaît pas d'héritiers, et la loi est obligée de les choisir pour empêcher les biens de retourner violemment au premier occupant. Il ajoute qu'un mort ne peut disposer de ce qu'il n'a plus, et qu'ainsi le testament est nul de soi, à moins que la loi ne le relève et ne lui donne la vie. Cette opinion est générale parmi les légistes et n'en est pas plus vraie. Le testament n'est pas l'œuvre d'un mort, mais d'un vivant. Il prend sa source dans la volonté du propriétaire, il a déterminé le droit de l'héritier, en soumettant ce droit ou plutôt l'exercice de ce droit à un délai marqué par le décès du testateur. N'est-ce pas dans la nature ? Et la nature, qui veut que l'homme se perpétue par la famille, ne lui impose-t-elle pas le droit et le devoir de pourvoir, par la disposition de son bien, à l'entretien et au bien-être de cette famille qui continue sa personne ? Le contraire impliquerait que la famille n'est pas dans la nature, et que la vie de l'homme doit s'écouler dans l'isolement et être le terme de toutes ses préoccupations. Tel n'est pas le vœu de la nature, de la Providence. Nous étendons notre pensée sur l'avenir de notre famille. Nos soins, nos travaux n'ont pas d'autre mobile; c'en est du moins le mobile le plus constant, le plus universel. C'est seulement par des préjugés de légistes, par un parti pris de méconnaître toute expérience, que Merlin et beaucoup d'autres ont pu s'imaginer que la nature n'invite pas le père de famille à veiller sur l'avenir de ses enfants et qu'elle abandonne ce soin à l'État ou au législateur.

Si le père de famille laisse naturellement son bien à sa famille, il le laisse dans des conditions qu'il fixe. Il est l'auteur du bien, il l'a fondé : à lui d'en régler l'évolution. Ses enfants n'y ont pas de droit par eux-mêmes; ils tirent leur droit de la volonté du propriétaire, ou de la coutume, quand le père décède intestat. Le testament a sa valeur propre : la volonté du propriétaire chef de famille est efficace, et par elle-même translative de propriété. Attribuer ce droit à l'État, au législateur, c'est affaiblir ou détruire le droit de propriété et nous ramener au communisme. Le testament a sa racine dans la vie du testateur et le droit de l'héritier date de la facture du testament; mais il est soumis à une condition suspensive, qui est la vie du testateur. Le testament est un acte sérieux. De quel droit dites-vous à quelqu'un : Vous venez de signer votre testament, il est sans valeur, c'est un chiffon de papier?

De ce que vous pouvez déchirer votre testament, est-il sans valeur? Le billet de banque que vous avez à la main est-il sans valeur parce que vous pouvez le jeter au feu? Si votre testament n'a pour vous qu'une valeur morale, il a pour d'autres une valeur positive. La nullité prétendue du testament, du vivant du testateur, n'est qu'une fiction de légistes pour aboutir à la doctrine que le testament vaut par la loi et non par la volonté du propriétaire. Le testament n'est pas un contrat; il ne dépend que de la volonté du testateur. Mais tel qu'il est, et tant qu'il n'a pas été révoqué ou modifié, il a une valeur; et qui le soustrairait serait coupable et responsable devant la justice. Le propriétaire n'a-t-il pas le droit de disposer de son bien d'une manière totale et absolue? A plus forte raison, il a le droit d'en disposer sous des conditions et restrictions. C'est ce qu'il fait par le testament, souvent qualifié d'acte de dernière volonté. Ce n'est pas la mort qui atteste ou constate la volonté du testateur; elle ôte seulement au testateur la possibilité de changer de volonté; et par là le droit de l'héritier ou légataire arrive à échéance.

Le législateur prétend exprimer la volonté des défunts; c'est la raison donnée par Justinien, et les légistes français ne l'ont pas dédaignée. On ne la conçoit que si les propriétaires sont hors d'état de manifester leur volonté. Ce n'est pas le cas, puisqu'ils affirment leur volonté; la fiction est trop forte. Un père, dit-on, doit aimer également ses enfants, et, en conséquence, leur partager également son bien : cet argument sentimental séduit plusieurs personnes. Si le bien était toujours en meubles, rien de plus simple; et, en effet, la règle générale est que les meubles et les capitaux se partagent également, à moins de disposition contraire du père de famille. Là n'est pas la difficulté. Comment partager également une ferme, une usine, une maison de commerce? Le partage, c'est l'anéantissement des intérêts constitués, c'est la ruine d'entreprises lucratives. Le salut de ces entreprises est dans la continuation de la direction première avec les ressources nécessaires. Il faut donc qu'un des enfants, celui qui sera le plus capable ou que le père aura choisi et préparé d'avance, puisse lui succéder; alors il acquittera envers ses frères et sœurs les dispositions du père de famille. N'est-ce pas l'intérêt de tous? La liquidation qui égaliserait les parts les diminuerait de moitié.

Il ne s'agit pas seulement d'affection, mais de prévoyance. N'y a-t-il pas des enfants incapables de se conduire, prodigues? N'est-il pas sage de leur assigner une pension qu'ils ne pourront dissiper? Qui sera meilleur juge que le père de famille des aptitudes de ses enfants? Un motif politique, l'égalité, a inspiré le législateur français. Qu'on ne nous parle plus de l'affection familiale ou du « devoir de la piété paternelle ». Le législateur veut l'égalité des fortunes; il n'ose pas l'imposer à tous les Français; il se borne à y soumettre les enfants d'une même famille. Que cette égalité soit ruineuse, détruise des intérêts en voie de formation, n'importe : la passion politique domine tout, et ici le calcul se joint à la passion. Le législateur sait bien qu'à force de diviser les patrimoines, tout le monde en aura un peu sans pouvoir en vivre. Cet idéal de l'égalité dans l'impuissance et la pauvreté se réalise en France. La politique du jour s'en accommode. Mais les familles en sont-elles plus stables, plus florissantes? Et le père de famille remplit-il mieux sa mission, qui est d'élever ses enfants et d'assurer leur avenir?

Le législateur n'a pas voulu correspondre aux sentiments présumés du défunt. Ce qui le prouve, c'est qu'il écarte de la succession la femme. Elle vient après les héritiers, et, comme il y en a une longue série, elle n'arrive presque jamais. L'affection la plus forte est ainsi éconduite. D'après la *Novelle* 118, en usage dans une partie du Midi de la France avant 1789, le parent le plus proche en degré héritait. Aujourd'hui, la succession se divise en deux parts égales, l'une pour la ligne paternelle, l'autre pour la ligne maternelle. Un héritier lointain, inconnu du défunt, peut appréhender la succession. Avant 1789, chaque ligne recueillait les biens qu'elle avait fournis; elle les reprenait, ce qui était facile et épargnait tous les frais de partage. C'était la règle *paterpa paternis, materna maternis*. Elle découlait du principe de la conservation des biens dans les familles. Elle gardait un haut caractère de moralité, en ne dépouillant pas une ligne au profit de l'autre. Ce ne fut pas du goût des légistes. Les liquidations de succession font, à elles seules, vivre la classe des gens de loi; elles constituent pour toute la famille un désastre matériel et des embarras domestiques, qui s'ajoutent à la perte d'un de leurs membres.

Le Code civil a rejeté à la fois la Novelle 118, qui désignait le successeur selon le degré de l'affection présumée, et la règle qui ramenait les biens au centre d'où ils étaient sortis. Il a livré les familles aux frais de procédure, à la honte de l'expropriation. Il semble que le système du Code civil a les inconvénients des deux autres systèmes sans aucun de leurs avantages. Ce que le législateur n'explique pas, il nous est facile

de le comprendre. Son idée fixe, c'est la destruction des fortunes héréditaires. Il la suit avec une habileté implacable. Il
confond tous les biens dans une seule masse successorale, en
effaçant tous les signes de provenance. Et pour qu'aucune
ligne ne pût se reconnaître, il a attribué à la ligne paternelle
moitié des biens de la ligne maternelle, et à la ligne maternelle
moitié des biens de la ligne paternelle. L'impersonnalité des
biens, la mobilisation du sol, voilà le principe fondamental du
Code civil.

Les fictions dont se couvre le législateur sont percées à
jour. S'il invoque le système de l'affection présumée, c'est pour
lui donner le plus solennel démenti. Qu'est-ce que la représentation, cette fiction de l'article 739, sinon la disposition la
plus contraire à l'affection présumée du défunt ? Le législateur
veut diviser et morceler, il cherche partout des héritiers, il
convoque au butin le plus de prenants part possible ; et il
repousse dans la personne de la femme l'héritier le plus
affectionné. Pourquoi ? c'est que la femme, en héritant, ajournerait le partage des biens. Son rôle est éminemment d'ordre
et de conservation sociale. Si l'ancien droit la protégeait, le
nouveau la dédaigne et l'humilie. Elle n'a pas même dans l'héritage cette part d'enfant que lui adjugeait la loi romaine. C'est
qu'en effet elle arrêterait les biens au passage et leur fermerait
le chemin de la circulation où le législateur a tant de hâte
de les lancer.

N'est-il pas singulier que le législateur moderne, qui ne
laisse échapper aucune occasion de réglementer nos intérêts,
ait complètement méconnu le droit des femmes dans la
famille ? N'est-ce pas la preuve qu'au fond il ne s'inspire pas de
l'intérêt des femmes quand il leur accorde l'égalité de partage
dans les successions ? Il se sert des femmes comme d'un
moyen pour morceler les héritages. Son unique pensée est
celle du morcellement ; et quand le droit des femmes y
mettrait obstacle, il sait les repousser ou les tenir à l'écart.

II

Les légistes rattachent l'ordre successoral à des idées d'occupation et de communisme. C'est de là qu'ils partent pour implorer le secours de la loi contre l'anarchie. A chaque décès les biens redevenant commun seraient au plus fort ou au premier occupant, fiction dont Toullier croit trouver la trace dans le gibier et le poisson que nous prenons. C'est une erreur; ce n'est pas à titre de premier occupant que nous nous emparons du gibier ou du poisson, c'est en vertu du droit de chasse ou de pêche; nous usons d'une faculté sanctionnée par la loi. Si les biens vacants et sans maître appartiennent à l'État, le gibier et le poisson sont à l'État. C'est l'État qui donne le droit de les prendre et met à ce droit certaines conditions ou restrictions. Ce droit de premier occupant que rappelle Toullier heurte la disposition du Code qui attribue à l'État les biens vacants.

Ce légiste est influencé par la théorie générale du communisme primitif : « Le droit des enfants, dit-il, à la succession de leurs père et mère est fondé sur la nature même, sur le droit de premier occupant, ou plutôt sur l'occupation continuée, droit antérieur à toute société et qui reçoit une nouvelle force dans l'état civil. » C'est la théorie des jurisconsultes romains et des héritiers *siens* qui sont censés continuer la personne du défunt. Les enfants ne sont pas premiers occupants : ils n'ont pas eu la volonté d'occuper. Et puis, que devient la mère dans cette occurrence? N'est-elle pas première occupante, avant les enfants? Pourquoi n'est-elle pas admise au partage? Dans le droit romain, la femme, ayant le rang de fille, partageait au moins avec ses enfants. Treilhard, dans l'exposé des motifs du titre des successions, reconnaît entre le père et les enfants une sorte de communauté de biens, et dans la succession du père ou de la mère, une jouissance continuée par les fils. Rien donc de mieux établi que la fiction du communisme légal.

Cependant les droits et les intérêts de la société ne peuvent pas reposer régulièrement sur le mensonge. Le communisme

familial est aussi faux que le communisme primitif. Les légistes
sont obligés de déguiser leur pensée ; ils n'affirment pas un
communisme pur et simple, mais une espèce de communisme ; un état sans nom et sans définition précise.

Ce prétendu communisme est la fable imaginée pour ôter
au père de famille le droit de propriété. Le communisme suppose une indivisibilité de patrimoine. Pourquoi ce partage,
à la mort de l'administrateur commun? Ce n'est pas non plus
un communisme volontaire qui associe les enfants au père.
D'où vient leur droit à l'héritage? Ils n'en ont pas d'autre que
la volonté du législateur. Et le législateur puise dans la théorie
du communisme son droit de distribuer des parts d'héritage.

Le droit de propriété n'est qu'une fiction, s'il n'a pas remplacé ce communisme, et si les enfants ont, pour entrer dans
l'héritage, d'autre droit que la volonté de leur père. Les
enfants succèdent par cette volonté, non à titre des services
qu'ils auraient rendus ou de l'affection dont ils seraient l'objet.
L'affection et la fortune sont choses disparates, sans lien juridique. Un fils n'a que des devoirs envers son père; loin que la
paternité le constitue créancier, elle lui impose une dette de
reconnaissance. Il a reçu la vie, le plus grand des bienfaits ;
comment s'acquitterait-il? C'est dans la volonté du père qu'est
le droit des enfants à l'héritage, et non dans un sentiment
d'affection qui n'est pas du ressort du droit. Au reste, la
théorie du communisme n'est pas toute en faveur des enfants.
Elle implique un droit de confiscation dont l'empire romain a
largement usé, ainsi que la république française. Ce communisme de principe se réalise par l'égalité forcée des partages
de famille.

L'égalité des biens et des fortunes est l'idéal antique. Mais
a-t-il jamais été réalisé? et l'effort constant pour y atteindre
n'est-il pas la cause de l'instabilité qui a réduit les petites
sociétés païennes à une si courte durée? Athènes commence
à Marathon et finit à Chéronée. Cent cinquante ans de troubles
et de gloire. Et sans l'esclavage, qui constituait un élément
fixe, soustrait aux agitations de la politique. Athènes n'eût
pas subsisté quinze ans. L'égalité contredit la liberté humaine.
L'effort continuel d'un peuple pour réaliser l'irréalisable, c'est

notre histoire depuis 1789. D'autres inégalités n'ont-elles pas succédé à celles qui ont été renversées? Les récriminations ont-elles cessé contre un ordre de choses qui ne satisfait pas toutes les cupidités, toutes les ambitions? Sont-elles moins vives, moins acerbes? Reculeront-elles davantage devant la violence et le crime? Dans son *Histoire du droit de succession*, Édouard Gans, jugeant la France de 1830, prétend que, « sans y penser, sans le vouloir, et par des moyens tout différents, la France est arrivée à avoir une constitution plus semblable qu'on ne le croit à la constitution des sociétés antiques ». Une cité grecque, c'est une ville dominante. Est-ce que Paris n'est pas la formule de la France? c'est là, depuis un siècle, que se décident les affaires et les événements. La politique et les idées s'y façonnent. La France politique, judiciaire, administrative, militaire, littéraire, etc., n'est qu'une annexe de Paris.

Cependant l'auteur du Code civil eut des doutes sur la perfection de son œuvre; il s'effraya de cette égalité universelle qui faisait reposer l'ordre social sur le sable; il voulut, lui aussi, adosser des familles durables à son trône, et reprendre avec plus de vigueur pour son compte les principes d'aînesse et de substitution. Il créa les majorats. Il invitait les familles à en faire les fonds, il se chargeait de fournir les titres. Ces majorats fondés sur le grand livre de la dette publique manquaient d'un vrai caractère politique et n'assuraient aux titulaires aucune influence. Toutefois une telle tentative modifiait profondément le cours de la loi de succession pour toute la classe riche. Le temps aurait montré que les classes populaires ont encore plus besoin d'être protégées contre le morcellement indéfini des héritages que la classe bourgeoise. Napoléon le savait; la folie guerrière, l'utopie de l'empire d'Occident, le détourna de se consacrer exclusivement à la France; et, autant qu'il était en lui, la France périt dans ses mains, comme dans les mains de son neveu, quoique ce dernier se fût écrié : La France ne périra pas dans mes mains!

Notre loi de succession organise l'instabilité. Elle fixe à cinq ans le terme de l'indivision volontaire entre cohéritiers (art. 815). Tout pacte contraire est nul. La concorde de frères jouissant en commun est poursuivie comme un délit. Il faut que les biens circulent ; malheur à qui tente de les arrêter un instant? L'article 826 donne à chacun des héritiers la faculté de demander en nature sa part des meubles et des immeubles. S'il y a dix immeubles pour dix héritiers, chaque héritier aura un dixième de chacun des immeubles, et les dix immeubles formeront cent immeubles. Tout héritier doit rapporter à la succession ce qu'il a reçu du vivant du défunt, et les partages peuvent être rescindés pour cause de lésion de plus du quart. A défaut d'enfants, la division entre les deux lignes est toujours là pour amener une liquidation forcée.

La France est en liquidation permanente. Ses dix millions de familles, tous les individus qui les composent, sont soumis à la loi du partage forcé et de la liquidation judiciaire. En Angleterre, quelques tentatives ont été faites devant la Chambre des communes pour introduire des modifications dans la coutume des successions. La question s'est présentée sous la forme d'un règlement des successions *ab intestat*. Dans ce cas seulement, on demandait le partage égal. Mais c'était une atteinte à la coutume. La liberté de tester, en se développant et s'universalisant, a formulé un fait de sagesse sociale et qui est accepté comme tel. Un père de famille oublie de tester : le législateur va-t-il s'emparer de la succession et la régler? Non. Ce serait reconnaître le principe qu'il est bon et utile que le législateur intervienne dans les successions. Alors on s'adresse à la coutume, dont la mission est précisément de maintenir les intérêts privés et de la famille hors de l'action de l'État.

La volonté du père de famille est censée conforme à la coutume, tant qu'elle ne se manifeste pas dans un sens opposé. Une fois la main de l'État posée sur les successions *ab intestat*, elle ne tarderait pas à s'étendre sur les autres successions et à restreindre les testaments. Le principe de la coutume a toujours triomphé dans la Chambre des communes. Dans bien des circonstances, le testament est inutile. Un petit propriétaire, un cultivateur sera-t-il forcé de faire les frais d'un testament? Quelle serait la force de la coutume, si la coutume ne valait pas par elle-même? Dans les discussions de la Chambre des communes, les orateurs s'attachent surtout à cette considération, que la transmission intégrale des héritages ruraux favorise le maintien de l'ordre publique, tandis que la division incessante des héritages communique au gouvernement une instabilité analogue à celle de la propriété foncière. Il paraît qu'en Angleterre, les petits propriétaires n'ont nullement l'habitude du testament; ils s'en rapportent à la coutume.

En écartant, en ce qui les concerne, l'autorité de la coutume, on donnerait au législateur, immédiatement, une immense influence sur la dévolution des biens. Ainsi : le petit bien est garanti. Il est mis à l'abri des hommes de loi. Le testament imposé n'exigerait-il pas la main d'un homme de loi? La coutume protège donc les petites propriétés au même titre que les grandes et même avec plus de scrupule. L'exemple de la France effraie les Anglais et les met en garde contre les innovations du Code civil. Ils redoutent par-dessus tout l'invasion du Code civil. Au commencement du siècle, ils ont soutenu une guerre de vingt-cinq ans pour s'en garantir. Dans une discussion qui eut lieu à ce sujet à la Chambre des communes, un orateur s'exprime ainsi : « En fait, la libre disposition de la propriété a été supprimée en France. » (*Séance du 2 mars* 1859.) L'idée que la loi peut disposer de la volonté du testateur n'entre pas dans la tête de nos voisins.

Un orateur a fait remarquer assez finement que les substitutions n'étaient pas abolies en France et que toute la terre de France était substituée, de telle sorte que ses propriétaires ne peuvent pas en disposer. C'est assez vrai. Les propriétaires passent et ne transmettent rien. Ils se succèdent sur le sol; à la mort de chacun d'eux le bien retourne à l'État, qui en règle la dévolution. N'est-ce pas l'État qui est le propriétaire? N'agit-il pas en vertu d'une substitution perpétuelle, qui le rend maître et directeur de toutes les parties du territoire occupées momentanément par les particuliers? Ce système légal fonctionne depuis longtemps, et il était en germe depuis plus longtemps, avant de prendre possession du pays.

Les discussions du Parlement nous révèlent la profonde horreur des Anglais pour les légistes. La principale raison qui frappa la Chambre des communes, c'est que la division des

héritages *ab intestat*, en forçant les petits propriétaires à faire
un testament, introduirait un légiste au domicile de tout
homme sur le point de mourir. Cette intervention lui apparaît
comme un signe de ruine et de prochaine expropriation pour
l'humble famille qui le reçoit. Si la sécurité sociale repose sur
la coutume, il n'est pas nécessaire que tout propriétaire s'inquiète de ce qui arrivera après lui. Il teste avec la coutume;
la coutume fait partie de lui-même. Il a vécu dans la coutume
et avec la coutume; pourquoi ne mourrait-il pas plein de confiance en elle? Elle ne lui a pas été imposée par un législateur
étranger; et, par toute la tradition de ses ancêtres, il a contribué à la former.

L'égalité forcée des partages de succession est-elle compatible avec l'existence d'une monarchie constitutionnelle ou
d'une république régulière? Où trouver en effet des hommes
indépendants pour concourir au gouvernement et remplir les
fonctions gratuites nécessaires aux localités? La propriété
foncière seule les fournit. Sinon l'État est livré aux intrigues,
aux cupidités, aux ambitions, aux utopies de toute sorte.
L'instabilité de la famille et des intérêts privés rejaillit sur
l'État. Comment échapperait-il à l'ébranlement général? Une
constitution suppose une permanence, une stabilité. Et les
changements périodiques qui se produisent dans les familles,
dans la propriété, dans l'État, indiquent que ni la famille, ni
la propriété, ni l'État ne sont constitués chez nous.

C'est donc avec raison que les Anglais, en accueillant avec
dédain toute proposition de modifier leur coutume successorale, croient défendre leur monarchie et la constitution séculaire de leur pays. Par un rapport intime, profond, la loi de
succession embrasse l'intérêt privé et l'intérêt public. Elle
unit tous les droits dans une synthèse dont les effets se manifestent, suivant qu'elle s'inspire de la doctrine césarienne ou
du fait de la famille, considérée comme principe générateur de
l'ordre social.

III

Une cause économique préside à la transmission intégrale du bien des familles. Puisque la vie est pénible pour l'homme et qu'il doit vivre à la sueur de son front, il est naturel qu'il se réfugie dans l'esprit de famille et y cherche appui et consolation. D'un autre côté, la famille primitive ne peut longtemps contenir ceux qui naissent d'elle, le sol devient trop étroit pour la nourrir. A un moment donné, il faut se séparer. Dans quelles conditions doit s'opérer cette séparation? Cette famille subira-t-elle une liquidation? Tout ce qui la constitue sera-t-il mis à l'encan? Mais le bien patrimonial, qui valait par l'unité et l'accord de la famille sous la direction de son chef, perd de sa valeur, est vendu à vil prix. Les frais de justice, en cas de minorité d'un des enfants, absorbent une partie du prix de vente. Il s'agit en effet, ne l'oublions pas, de ces familles de cultivateurs dont l'avoir de quelques mille francs s'évanouit sous la main des gens de loi dès qu'il y tombe. En proie à ces vicissitudes, la petite propriété ne peut fournir tous ses fruits. Elle réclame la stabilité et un cultivateur aisé qui ne lui ménage rien de tout ce qui est nécessaire pour une production de plus en plus abondante.

Les économistes ne nient pas cette conséquence. Le sol destiné à faire vivre une famille ne saurait être morcelé, à moins qu'on ne pose en principe que toutes les petites familles doivent être expropriées, et qu'elles ne méritent pas la protection du législateur. Ici s'élève une objection qui est pour beaucoup la pierre d'achoppement : vous déshéritez les cadets, vous les sacrifiez à l'aîné, vous violez la loi d'égalité qui doit s'appliquer à des frères également aimés; la justice passe avant l'économie politique! Nous ne disconvenons pas de la gravité de l'objection, et si elle était exacte dans son énoncé, elle trancherait la question. La vérité est que les cadets ne sont nullement dépouillés, et qu'ils ne font entendre aucune plainte dans les pays où règnent les institutions de transmission intégrale. Avant tout, il faut considérer que l'égalité forcée des partages de succession ramène dans un nombre incalculable de familles l'institution d'aîné par l'unité d'enfant. La Normandie, qui passe pour la province la plus riche de France, est aussi celle où la stérilité des mariages est le plus répandue.

Les cadets ainsi supprimés ne se plaindront sans doute pas; mais la France a le droit de se plaindre de sa population qui décroît, et des étrangers qui viennent chez elle acheter le sol, s'installer et se substituer à nos nationaux. C'est ainsi que les Anglais trouvent le moyen de se créer de nombreux établissements en Normandie, et de reprendre ainsi peu à peu possession du pays d'où ils ont tiré leurs institutions et leurs coutumes. Les familles étrangères appliquent alors le principe d'indivision et gardent le sol qu'elles ont acquis. Nous n'avons pas à nous inquiéter des cadets de ces familles; ils s'en rapportent à leur coutume, et ne fatiguent pas la justice française de leurs réclamations en égalité de partage. N'est-ce pas une démonstration que ces cadets ne sont pas à plaindre? Nous sommes menacés de n'avoir plus de cadets. L'égalité que leur octroie le Code civil n'est en définitive qu'une égalité dans la misère; plus il seront nombreux, moins ils auront à partager. La logique révolutionnaire conclut qu'ils ont intérêt à ne pas exister. Mais enfin, s'il en reste quelques-uns, est-il juste qu'ils soient privés d'une part dans l'héritage paternel?

La transmission intégrale est toute territoriale; le capital mobilier demeure disponible dans la main du père de famille, et souvent les cadets pourront avoir autant ou plus que l'aîné. Quelques arpents de terre nourrissent une famille qui travaille de ses propres mains. Que se passe-t-il dans ces familles de cultivateurs? La Savoie, avant l'invasion du Code civil, renfermait une population rurale attachée au sol. L'héritier ou fils aîné, en succédant à son père, se considérait comme le protecteur-né de ses frères et sœurs. Il songeait d'abord à leur établissement. Le capital amassé dans ce but par le père servait à fournir des dots, à procurer des moyens de travail. Tel restait au foyer paternel et y vivait en travaillant. Tel autre y revenait après des revers et y était accueilli. La quotité disponible était plus forte que celle de notre Code civil, et le père pouvait maintenir son héritier dans le bien de famille. Les cadets, par la division du bien, auraient-ils obtenu plus?

Il est évident tout d'abord que les frais de liquidation enlèveraient une partie des biens au profit du fisc et des gens de justice. Dans beaucoup de cas, la plus grande partie du patrimoine y passerait. Le législateur en est convaincu puisqu'il cherche à épargner ces frais aux fortunes de deux ou trois mille francs. Les familles plus aisées n'offriraient aux cadets, par le partage, qu'un maigre bénéfice. Ce bénéfice est plus que compensé par cette amitié entre frères qui réserve un asile, une protection à celui des frères ou sœurs qui n'a pas réussi ou se trouve dans le malheur. Cette retraite possible n'est-elle pas un avantage appréciable? Cette extension de la paternité dans la personne de l'aîné est toute dans l'intérêt des cadets. Vu la modicité des fortunes et les frais de justice, le partage n'attribue aux cadets qu'une part illusoire. Et cette part, ils sont obligés de l'attendre ; et en l'attendant ils perdent l'occasion de s'établir au loin. Et le jour de la liquidation n'amène souvent que de cruelles déceptions.

L'exploitation rurale est-elle partageable? Des bâtiments de ferme peuvent-ils être scindés? Divisez la ferme, il y a trop de bâtiments pour celui qui les aura dans son lot. Et celui qui ne les aura pas sera forcé de faire des constructions coûteuses. Dans l'un et l'autre cas, c'est une perte. En définitive, il n'y a pas pour chaque Français une quotité de terre capable de le nourrir. Il faut que les uns se livrent à la culture et que les autres entrent dans l'industrie, le commerce, les professions libérales, etc. Ceci admis, il est indispensable que le *minimum* d'étendue du sol cultivable soit suffisant pour l'entretien d'une famille. Dans l'industrie et le commerce, la transmission intégrale est nécessaire, si l'on ne veut pas perdre toute la clientèle. La liquidation, en ruinant l'aîné, ne laisserait entre les mains des cadets que des sommes insignifiantes, en comparaison du bénéfice réalisé par l'aîné. Croit-on que ce bénéfice ne profite pas aux cadets?

Est-ce que le père de famille, en transmettant son héritage, ne veille pas sur tous ses enfants? Est-ce qu'il n'impose pas à son héritier et successeur des charges en rapport avec sa position? Seulement, il veut, avant tout, conserver la maison, l'industrie qu'il a fondée. Et il est le seul juge des conditions dans lesquelles il espère qu'elle prospérera et durera. Si nous supposons une fortune moyenne, une ferme qui rapportera quatre ou cinq mille francs à son propriétaire, est-ce que l'éducation libérale qu'ont reçue les cadets et les chances qui l'accompagnent n'équivalent pas à ces quatre ou cinq mille livres de rentes? La plupart des cadets se sentant un peu d'ambition ou de talent préféreront leur sort à celui de leur aîné. Dans le système de la transmission intégrale, l'aîné est assuré de son avenir; mais c'est un avenir médiocre qui n'aboutira jamais à la fortune et se bornera à un régime de conservation. Régime rude d'ailleurs, auquel il est préparé dès son enfance. Et à cause de cela, le plus souvent, il restera avec son père, au milieu des travaux de la campagne, et il ne recevra pas une éducation aussi brillante que ses frères. Il est récompensé par l'estime locale qui s'attache à lui, par la conscience de remplir ses devoirs de chef de famille.

Les cadets ont partagé les capitaux mobiliers, ils ont été destinés à des carrières diverses. Au point de vue de la fortune et de leurs espérances, ils sont certes les égaux de leur aîné. Le préjugé français veut que la transmission intégrale n'ait pour objet que la création ou la conservation des grandes familles. Ce préjugé est né de l'ancien régime et de la Révolution. En ce qui concerne la noblesse, nous ferons remarquer qu'elle était ruinée avant 89, et que les coutumes, remaniées depuis le XVe siècle, n'attribuaient à l'aîné, en préciput, que le manoir principal et le vol du chapon, c'est-à-dire un enclos de quatre ou cinq arpents. Aucune loi ne protégeait les terres de la noblesse contre l'hypothèque, la vente, la liquidation. Cette noblesse, ruinée pour avoir échangé la vie des champs contre la vie brillante de la cour, coopéra activement ou sans le savoir à la Révolution. Il n'était pas question de transmission intégrale sous l'ancien régime; tout, dans la politique et les antécédents, y répugnait.

La vie oisive et luxueuse que menait la noblesse est étrangère aux idées et aux intérêts que représente la transmission intégrale. Ce qui convient au luxe, c'est une législation qui favorise les dépenses, par conséquent les dettes, les hypo-

thèques, les liquidations. La transmission intégrale est conçue
dans une autre pensée. Elle vise à la conservation du bien
dans la famille. Elle est faite pour ces milliers de familles
laborieuses qui cultivent le sol ou s'adonnent à l'industrie.
Elle répond à la nécessité d'une production de plus en plus
abondante, pour une population qui s'accroît sans cesse. Elle
s'inspire d'une économie politique qui ne veut pas que le
capital agricole, industriel, commercial se dissipe, à peine
amassé et au moment où il va se développer et produire
davantage. Est-ce que cette richesse des familles stables ne se
déverse pas en partie sur les cadets, toujours assurés d'une
assistance efficace, et mis en demeure de pourvoir à leurs
existence par leur travail. C'est là en effet le point important.
Il importe que la jeunesse, par la basse espérance de l'héritage paternel, ne se livre pas à la fainéantise. L'État y est
encore plus intéressé que l'honneur des familles. Sa puissance
et sa richesse ne résident-elles pas dans une jeunesse nombreuse, pourvue des premières ressources et de la bonne
direction que donne la famille, et se livrant aux entreprises
du négoce et de l'industrie?

Qui ne voit que nos cent cinquante millions de parcelles
territoriales et nos cinq millions de propriétaires indigents
constituent des patrimoines dont la division est plus profitable
au fisc et aux gens de loi qu'aux cadets qui se les disputent?
L'augmentation de la richesse agricole, par l'agglomération
de ces parcelles, multiplierait les matières premières pour
l'industrie et ouvrirait de nouvelles voies au commerce. Est-ce
que là ne se présentent pas pour les déshérités de la fortune un
travail fructueux, une lutte pleine d'attrait? Nous ne colo-
nisons pas, parce qu'il n'y a pas de cadets qui consentent
à s'expatrier. Le Français, élevé dans les principes de 89,
passera trente ans à attendre un lambeau d'héritage. Pendant
ce temps, il vivra d'intrigue ou de misère. Il préfère cela à
courir la fortune, à braver une existence dure ou laborieuse
pour conquérir au loin la fortune ou fonder une famille. Le
Code civil, en effet, par sa loi implacable de liquidation forcée,
brise dans l'œuf tout espoir d'exploitation agricole, industrielle ou commerciale.

Si les cadets étaient consultés en assemblée générale sur la prérogative d'ainé, il nous semble qu'après mûre délibération, ils se prononceraient pour la transmission intégrale de l'exploitation qui fait vivre la famille. La raison leur montrerait que tous les enfants ne peuvent pas recueillir, chacun en son entier, la situation du père, et que cette situation partagée n'offre plus de consistance et s'évanouit. N'ont-ils pas intérêt à ce que leur ainé continue la personne du père et exerce à leur égard une sorte de suprématie qui se résout en une protection dévouée? S'il n'y a pas d'ainé, il n'y a pas de paternité continuée, tous les enfants sont égaux et tous cadets. Par suite, ils deviennent étrangers les uns aux autres. Qu'est-ce qui fait la fraternité? La paternité sans doute. La mort du père éteint la famille, et à la place de cette famille se trouvent des frères séparés, isolés qui fonderont ou ne fonderont pas de familles. L'avenir le sait, et ces familles, en tous cas, ne seront qu'éphémères. Malheur au frère qui n'aura pas réussi! Où cherchera-t-il un appui? Aucun de ses frères ne lui doit rien. Il a reçu sa part, et peut-être a-t-il plaidé pour l'avoir plus ronde.

Avec l'ainé qui détient l'héritage, il en est tout autrement. Cet ainé a reçu et accepté la mission de continuer envers ses frères l'affection et le dévouement paternel. Il sait que c'est son devoir, et ses frères le savent et l'opinion le sait. Comment hésiterait-il à le remplir? D'ailleurs le devoir n'est pas si onéreux. Il y a place au foyer; la maison est grande, elle n'a pas été divisée. Elle a été construite pour servir d'abri pendant des siècles à une famille nombreuse. La prévoyance du père de famille primitif s'est répandue sur tous. Décidément, tous ces cadets se trouvent bien d'avoir des ainés. Détruisez tous ces points de repère, ces assises fixes de la production, l'armée du travail se débande, l'anarchie règne, la production se ralentit, et l'ouvrier des champs et de la ville, abandonné à lui-même, est livré à tous les mauvais conseils. N'en sommes-nous pas là? La production agricole dépérit au nom de l'égalité. L'ouvrier ne gagne que sa vie, et il la gagnerait plus abondante avec le système d'inégalité qui est dans la nature, inégalité qui n'est du reste que la variété des aptitudes et des fonctions.

La transmission intégrale s'applique avant tout aux classes laborieuses, et c'est pour elles qu'elle a subsisté pendant tant de siècles dans l'Europe chrétienne et qu'elle subsiste encore ou tend à se rétablir dans de puissants empires. Quant aux grandes propriétés, elles ne peuvent être qu'en petit nombre. Elles sont nécessaires pour la conservation de biens qui perdraient tout à être morcelés et qui sont d'une utilité nationale. Comment les forêts échapperont-elles à la destruction si elles n'appartiennent pas à des corps perpétuels comme les communes, les collèges, les hôpitaux, les corporations, ou bien si elles ne sont pas à de grandes familles, qui les détiendront à perpétuité et, par suite de la transmission intégrale, ne seront pas forcées de les défricher? Il est bon qu'un pays ait des citoyens au-dessus des autres par la fortune héréditaire et l'indépendance qu'elle procure. Dans certaines fonctions, ils serviront l'État mieux que d'autres; ils n'ont pas à faire fortune ou à flatter la popularité. Leurs avis auront plus de poids; et si l'on tient à avoir des législateurs, qui moins qu'eux sera pris de la manie de tout refondre, de tout remanier?

Plaindrons-nous les cadets de ces grandes familles, s'ils ne sont pas aussi riches que leur aîné? Ne nous donnons pas ce ridicule. Soyons assurés qu'ils ne manqueront de rien, et que toutes les carrières leur sont ouvertes, à la condition qu'ils travaillent et ne se consument pas dans l'oisiveté. Ne fût-ce que par orgueil, ils ne garderont pas une position inférieure. Laissons ces cadets se tirer d'affaire. En vérité, on dirait que les prolétaires n'ont fait une révolution en 89 que pour les cadets de la noblesse, qu'ils s'imaginaient déshérités par leurs aînés. C'était de la bonté de reste; elle était, de plus, ridicule, puisque les cadets de noblesse partageaient suffisamment l'héritage paternel, et ne méritaient pas la compassion que les historiens de la Révolution leur témoignent. La transmission intégrale crée dans tous les rangs de la population des chefs de famille capables de gouverner, dans une indépendance relative, leur maison agricole, industrielle ou commerciale, et très capables par cela même de participer à l'administration locale ou générale de la France.

Le danger de l'instabilité dans les intérêts qui se rattachent à la propriété foncière et à l'agriculture ne se révèle pas seulement d'aujourd'hui. Si chez les principales nations de l'Europe l'opinion publique s'en inquiète, en France elle n'y a pas toujours été indifférente. L'auteur même du Code civil, qui voyait dans le morcellement forcé et indéfini des héritages le moyen le plus sûr de détruire l'influence des anciennes familles, se réservait de revenir au principe contraire pour consolider son œuvre. Par son institution des majorats en 1808, il posa en effet les jalons de son nouvel édifice. Le temps lui a manqué, et d'ailleurs il est douteux qu'il pût faire rebrousser si loin la Révolution. Il n'est pas moins utile de se rendre compte de l'esprit de cette institution des majorats qui n'a pas fonctionné et n'a laissé qu'un souvenir vague et indécis. La pensée de Napoléon était de détruire par le Code civil l'ancien système féodal de l'Europe qui lui était hostile, et de le remplacer par une féodalité qui aurait relevé de lui-même et se serait étendue sur toute l'Europe méridionale. Sa correspondance est pleine de ce projet, qui a reçu partout des commencements d'exécution. De là ces grands feudataires et ces distributions de bénéfices, sous des conditions absolument contraires aux textes du *Code Napoléon*. On eût pu s'étonner de cette étrange contradiction, mais les jacobins transformés en impériaux trouvaient excellent le principe d'inégalité appliqué à leur profit. L'opinion non plus ne s'indignait pas de ces faveurs subites, de ce luxe prodigieux. Preuve évidente que ce besoin d'égalité qu'on prétendait satisfaire par le Code civil était factice, uniquement imaginé pour se défaire de l'ancien régime. Napoléon, l'homme le plus populaire qui fût jamais, le comprit, et il n'hésita pas à mettre entre les mains du peuple le moyen de triompher du Code civil par la fondation des majorats.

Le Code civil répondait à une pensée systématique d'anarchie dirigée contre l'ancien régime; le système des majorats constituait un effort d'ensemble pour rétablir l'ordre social sous le césarisme. Ce système des majorats est très simple et d'une grande portée. Dans une adresse du Sénat qui reflète la pensée de l'Empereur, les motifs allégués ne laissaient aucun doute. Il s'agit de « consolidation de l'ordre social ». Les vieux révolutionnaires qui peuplaient le Sénat sentaient le besoin d'arrêter une instabilité qui les menaçait eux-mêmes, et ne reculaient pas devant les mesures les plus énergiques. Ce n'est pas seulement la propriété que le Sénat veut rattacher au principe d'hérédité et de substitution. Il y voit aussi la restauration de la famille dissoute par les lois de la Révolution ; il ne craint pas d'en appeler aux « souvenirs de famille rendus plus touchants, à la mémoire des aïeux devenue plus sacrée, à l'esprit d'ordre, d'économie et de conservation fortifié par l'intérêt le plus naturel, celui des descendants ». Certes, tout un système social se révèle ici ; nous ne sommes même plus sous l'ancien régime, mais bien au delà. Que l'impulsion se fût continuée, et le territoire français aurait bientôt échappé à l'influence du Code civil.

Sous l'ancien régime, qui était, à beaucoup d'égards, un régime de décadence, la noblesse formait une classe à part. Le système des majorats créait une aristocratie facultative, fruit de l'effort individuel. Quiconque avait un titre le pouvait transmettre par le droit de primogéniture en le transformant en un fief réel, en le rattachant à un bien immobilier, incessible et insaisissable, d'un revenu déterminé. En constituant un majorat de 200,000 livres de rente, vous deveniez un duc de l'Empire. Vous étiez comte de l'Empire avec un majorat de 30,000 livres de rente, et baron avec un majorat de 15,000 livres. Enfin, le simple chevalier de la Légion d'honneur rendait héréditaire son titre de chevalier en constituant un majorat de 3,000 livres de rente.

Il y en avait pour toutes les fortunes. Sans doute, il fallait l'agrément de l'empereur ; cette nouvelle féodalité se rattachait par le serment d'allégeance au nouveau Charlemagne. Si l'on songe à l'amour des Français pour les titres et les distinctions, on doit croire que les cadres de l'aristocratie impériale auraient été rapidement remplis. Fidèle au principe de territorialité, l'empereur ne reconnaissait qu'un titre par famille et un seul titulaire ; les autres membres de la famille rentraient dans la classe ordinaire. Le titre eût impliqué richesse, indépendance, loisirs pour le service public. La participation du

peuple aux affaires publiques suppose un grand nombre
d'hommes indépendants par la fortune, élevés en dehors des
préoccupations de l'intérêt personnel, étrangers aux bassesses
ou aux complaisances nécessaires pour avancer dans les fonctions publiques. En un mot, ce qu'on appelle « gouvernement
libre » n'est possible qu'avec des hommes capables de s'occuper gratuitement de la chose publique. La noblesse française, avant 1789, avait rompu avec les traditions ; elle avait
dès longtemps établi dans son sein le principe démocratique
de l'égalité de ses membres, puisque tous étaient également
nobles. La première conséquence, c'est que les partages de
biens amenèrent un appauvrissement universel de la noblesse
et, par suite, la déconsidération d'un corps qui ne se soutenait
plus que par les faveurs de la cour.

La ruine de l'agriculture s'ensuivit. Des propriétaires obérés
sont de mauvais agriculteurs. Le proverbe : Pauvre agriculteur, pauvre agriculture ! est d'une vérité absolue. Le système
des majorats tendait à multiplier sans cesse le nombre des
propriétaires riches, indépendants ; il assurait à l'agriculture
un avenir de progrès et de puissance, outre qu'il créait sur
toute la surface du sol des propriétaires aptes à toutes les
fonctions de l'administration gratuite. On s'aperçoit que l'administration risque de tomber entre les mains de pauvres
diables qui demandent leur inscription au bureau de bienfaisance. Ceux qui ont encore quelque chose veulent des places et
n'ont aucune indépendance. Serons-nous mieux gouvernés en
payant nos administrateurs ? C'est à l'expérience à en juger ;
mais ce régime n'a rien de commun avec les idées de liberté
politique dont nous aimons à nous étourdir.

Le morcellement du sol, excessif déjà sous l'ancien régime
et à peu près tel qu'il est aujourd'hui, réduisait déjà notre agriculture à un état notable d'infériorité. La famine a joué son
rôle dans tout le cours de notre Révolution, dont elle a, du
reste, inauguré les débuts avec un sanglant éclat. Les propriétaires obérés ne vivant pas sur leurs terres, et en opposition
avec les paysans, durent prendre la fuite. Il ne resta plus nulle
part l'ombre d'un gouvernement local. Avons-nous besoin
de dire qu'un système de propriétés indépendantes aurait

maintenu dans la province des hommes liés aux populations, et depuis longtemps à la tête des administrations locales? La conservation des biens dans les familles sous le régime des majorats aurait donc ce double résultat politique et agricole. Elle donne la propriété foncière pour assise à l'État, une propriété foncière riche qui n'aurait jamais songé à recourir à ces institutions de crédit dont la France foisonne depuis un demi-siècle et qui ont pour effet direct l'expropriation de l'agriculture et le règne des financiers.

Au fond, le système des majorats nous ramenait à la liberté de tester, au droit de propriété. Il permettait de fonder des propriétés et des familles perpétuelles, et de compenser, par des principes de stabilité, les principes d'instabilité de notre société moderne. Il donnait à l'initiative privée un énergique essor. Il est puéril de dire avec Montesquieu que les majorats ont pour but de soutenir la splendeur des familles qui entourent le trône. Ce ne sont pas les grandes fortunes qu'a eues en vue Napoléon; il est facile de voir que les petites ou moyennes fortunes pouvaient aisément arriver à s'agglomérer et à se mettre en état de résister à l'usure ou à l'absorption. Avec tous ces systèmes de crédit foncier ou agricoles et tant de moyens de fournir de l'argent aux cultivateurs, il semble que l'agriculture française aurait dû prospérer, et que cette agriculture qui nous nourrissait autrefois devrait encore nous nourrir. C'est le contraire qui arrive. Le morcellement du sol, la pénurie des propriétaires et cultivateurs vont en augmentant. Le peuple français n'a plus de quoi vivre, il est obligé de demander une partie de sa subsistance à l'étranger.

CHAPITRE XXI

LE TESTAMENT

I

Le plus grand fait de l'ordre juridique est la transmission des biens d'une génération à une autre. Cette transmission constitue, à vrai dire, toute la société politique; elle lui imprime son caractère définitif de société stable ou instable. et par là aussi détermine le caractère de son gouvernement. Comment croire que la nature n'y a pas pourvu et supposer qu'elle ait attendu un législateur pour régler le mouvement qui porte la famille à se perpétuer? Des familles ont vécu et se sont développées avant qu'il y eût des lois écrites et des assemblées délibérantes. Par quel moyen? par le testament, par l'acte de dernière volonté du père de famille. En pouvait-il être autrement? La plus simple prévoyance n'imposait-elle pas au chef de famille le soin de pourvoir à l'avenir de sa maison, de ses enfants? Devait-il laisser ses enfants en lutte pour le partage de sa succession et condamner à voir disparaître, dans de sanglantes dissensions, l'œuvre de sa sagesse et de son travail? Non, il a dû, c'est l'instinct de la nature humaine et son penchant le plus fort, chercher à conjurer de pareilles chances, en maintenant l'ordre, la paix, la hiérarchie dans sa maison. Il atteignait le but en se choisissant un héritier, en le marquant à l'avance ou en le déclarant seulement au dernier moment de sa vie.

Ce testament, cette volonté du père de famille qui n'a son efficacité qu'à la mort est-il fondé sur le droit naturel, ou bien ne prend-il sa valeur que du législateur, qui a déclaré valables les volontés des mourants? La question est grave. On dit :

Vous ne pouvez pas agir, avoir une volonté quand vous n'êtes
plus là; par conséquent, c'est le législateur qui relève cette
volonté caduque, et lui assure efficacité dans la mesure où il
le juge convenable. C'est donc au législateur à régler le testament et à en fixer les conditions. Dans ce système, la mort
nous dessaisit de tout. Mais le législateur veut bien condescendre à nos désirs, pourvu qu'ils soient conformes à sa
volonté. Leibniz a essayé de donner pour fondement au droit
de tester l'immortalité de l'âme; M. Troplong semble se rallier
à cette conception philosophique. L'idée, pour être ingénieuse,
ne nous paraît pas juridique. Le droit ne mêle pas les affaires
de l'autre monde avec celles de celui-ci. Sa compétence est
bornée aux choses de la terre. Nous voulons, écartant la théologie et la philosophie, nous renfermer dans les limites exclu-
sives du droit naturel, et établir la liberté de tester sur les
principes les plus certains du droit de propriété.

Il est admis que le droit de propriété n'a pas son fondement
dans la loi civile et la volonté du législateur. Il est par lui-
même et remonte à une source plus haute. Cette doctrine
s'oppose au communisme d'État et consacre l'initiative et l'indépendance individuelle. Je suis propriétaire, j'ai sur ma chose
un droit de disposition absolue, je puis la donner, la vendre, la
louer, l'échanger, la modifier. Et je puis, à ces différents actes
de la vie civile, apposer telle ou telle condition ou modification
qu'il me plaira, en restant dans les bornes de la raison. Ces
actes sont valables parce qu'ils sont le produit de ma volonté.
On objecte que le testament n'est pas le produit de la volonté,
puisqu'il se réalise quand le testateur a perdu toute volonté.
Le testament est-il donc un acte nul et sans valeur pendant
la vie du testateur? Il est, lui aussi un acte de sa volonté, et
de sa volonté la plus sérieuse. Dans ce système, il ne vit pas,
il est mort en naissant; seulement, à la mort du testateur, la
loi, le législateur interviennent; ils touchent le testament de
leur baguette magique et le testament ressuscite. Oui, mais le
testateur n'a pas le droit de tester, il a usé d'une complaisance du législateur, et il a su que la loi ne validerait pas
toutes ses volontés.

En fait, c'est le législateur qui prend, à notre décès, possession de nos biens par le testament obligatoire qu'il nous impose et que, par bonté, il nous promet de modifier légèrement. Il nous rend la possession amoindrie et soumise aux réductions légales. Nous n'avons pas le droit de tester, il nous est retiré par le Code civil. Ajoutons que, d'après le même code, nous n'avons que très imparfaitement le droit de donner. Ce n'est pas que le législateur ait craint notre prodigalité. Il se méfie au contraire de notre esprit de conservation. Il protège de toutes ses forces les actes juridiques par lesquels nous dissipons ou perdons notre bien. Mais enfin, si nous écartons les embûches et les empiétements du législateur, nous trouvons qu'en droit naturel nous pouvons donner, par cela seul que nous sommes propriétaires. Je donne ma propriété; l'acte est valable, et à plus forte raison l'acte qui donnerait la moitié ou le quart de la propriété. A plus forte raison les conditions que je mets à la donation et qui la restreignent, s'imposent et sont valables. Est-il vrai que le testament n'existe qu'après la mort, et que du vivant du testateur, il ne donne ou ne confère rien ?

C'est là tout le débat. Le testament peut être révoqué sans que l'héritier ou le légataire y puissent rien. Or, une obligation facultative n'est pas une obligation. Si je signe ce billet : Je vous payerai dix mille francs si je veux, le billet est assurément nul. Il est une contradiction dans les termes : le mot *je payerai* est annulé par l'expression *si je veux*. Cet autre : « Je vous payerai dix mille francs, si je vais en Amérique », est valable, quoiqu'il me soit facultatif d'aller ou ne pas aller en Amérique. Vous avez une chance qui peut se réaliser. Cette chance est quelque chose, elle a un intérêt appréciable. Qu'est-ce que je vous donne par mon testament au moment où je le signe? Je vous donne une chance. Vous succéderez à mes biens, si je ne manifeste pas une volonté contraire. Il n'y a pas de contradiction dans les termes. J'ai constitué en votre faveur une espérance. Pour la détruire, il me faudrait revenir sur ce que j'ai fait, m'avouer à moi-même que je me suis trompé ou que j'ai agi à la légère. J'ai agi avec réflexion. Un événement grave et imprévu pourrait seul me faire changer. Il est probable que vous me succéderez; vous avez toute

16

chance. Ma volonté vous investit de cette chance qui représente un grand intérêt.

Après tout, les enfants, du vivant de leurs parents, n'ont que cette chance; ils hériteront si les parents le veulent bien. S'il plaît aux parents de dépenser tout le bien, les enfants n'ont rien à prétendre. La chance des enfants est tout à la merci des parents. Et cependant, n'est-elle pas considérée comme sérieuse et renfermant un intérêt de premier ordre? Les enfants, quoiqu'ils n'aient rien par eux-mêmes, ne vivent-ils pas comme s'ils devaient espérer hériter? Et l'opinion publique ne les tient-elle pas déjà comme participants de la fortune de leurs parents? La chance des enfants repose sur la volonté naturelle et présumée des parents de leur conserver l'héritage. Elle est sérieuse, les usuriers le savent. Et nombre de mariages se font en vue de cette chance. Le législateur l'a si bien compris, qu'il interdit tout pacte sur une succession future. Cette chance, cette espérance des enfants est pour eux un intérêt très réel, quoique reposant sur la seule volonté des parents. Eh bien! le testament, quoique reposant sur la seule volonté du testateur, est un intérêt précieux pour le légataire. Sans être plus sûr que les enfants d'arriver au résultat, il a une chance, la probabilité que le testateur maintiendra sa volonté et que ce n'est pas sans de bonnes raisons qu'il a disposé de sa fortune.

Ainsi le testament n'est pas nul, mort, sans valeur au moment de sa confection. Il constitue, au profit du légataire, une chance, une espérance légitime. Intérêt appréciable, droit qui prend sa source dans la volonté de celui qui a pu disposer de la chose. Ce droit, d'abord faible et presque imperceptible, va se développant avec le temps. La mort du testateur ne le crée pas, et il n'est pas besoin qu'une main étrangère le tire de la mort. La mort du testateur l'a confirmé, rendu définitif. Ce droit aléatoire, chaque jour accroissait sa valeur. Il se fortifiait en approchant du terme. Chaque jour de moins diminuait pour le légataire la chance contraire d'un changement de volonté du testateur. Un instant avant la mort de ce dernier, l'espérance du légataire touchait à la certitude. La certitude est venue naturellement par le laps régulier du temps, comme une prescription. La prescription, ne s'accomplirait pas s'il n'y avait pas eu commencement de droit à l'origine. La possession paisible a accru chaque jour le commencement du droit, cette chance, cette espérance première jusqu'au moment où elle devenait une réalité.

Le testament crée une chance, la chance que le testateur ne changera pas de volonté. Cette chance se déroule comme une prescription à travers le temps. La possession, qui est pour vous la chance de devenir propriétaire au bout de quelques années, peut être interrompue et anéantie par la réclamation du vrai propriétaire, comme la chance du légataire peut sombrer par l'intervention du propriétaire ou testateur qui modifie sa volonté. Le légataire n'a pas comme le possesseur un temps fixe devant lui pour entrer dans la réalité de son espérance. Mais ce temps, pour être incertain dans nos prévisions, n'en est pas moins marqué par la nature des choses. La mort est plus ou moins proche; la validité des obligations comporte souvent un espace de temps indéterminé. Je puis prendre dix ans pour acquitter une dette. Si le moment est incertain, le testateur peut aisément l'embrasser dans son calcul en disant : je vous lègue mon bien si je ne change pas de volonté. Or, c'est seulement à la mort que la condition suspensive s'éteint et que l'impossibilité de changer désormais de volonté établit le droit définitif sur la tête de l'héritier ou légataire. Ce droit a pris naissance au moment de la confection du testament. Il consistait en une chance suspendue par la possibilité d'un changement de volonté.

Un mort ne peut pas transmettre : cela est vrai, et cette assertion est même une simplicité. C'est l'objection faite au testament. Mais jamais personne n'a prétendu que le mort pût transmettre. C'est le vivant qui transmet, et c'est d'un vivant que le légataire ou héritier a reçu son investiture. Cela peut se soutenir, même dans l'opinion que le droit du légataire n'apparaît qu'à la mort du testateur. Dans la réalité, le moment de la mort est le dernier moment de la vie, et ces deux moments se confondent en un moment indivisible. Le droit que tient le légataire du premier moment de la mort, il le tient aussi du dernier moment de la vie. Ce n'est pas le mort qui signe et

prétend faire valoir sa volonté au delà du trépas. C'est le
vivant qui a manifesté sa volonté, en maintenant, à ce dernier
moment, par une non-révocation, la décision prise auparavant.

Le testament a une valeur spéciale pendant la vie du testateur. Est-ce qu'alors il serait permis de le dérober? Et si le
testateur avait remis le testament au légataire, est-ce que ce
dernier n'aurait pas le droit de poursuivre en justice celui qui
s'en serait emparé? La justice considérerait qu'il y a là un
droit, un intérêt. La mort du testateur fixe une date incertaine, le moment où le légataire entre dans la pleine possession du droit dont il tient l'espérance de la volonté du testateur. C'est la volonté du testateur qui a créé le droit. En
tout cas, la succession est immédiate, elle se réalise à cet
instant indivisible où l'homme est vivant et mourant. Pour
exprimer cette continuation ou cette non-interruption des rapports juridiques par la mort, l'ancien droit disait : le mort
saisit le vif. Il aurait pu dire aussi le vivant saisit le vivant.
Il n'y a pas de solution. La maxime s'appliquait à la succession au trône de France. Et le Code civil s'applique aux héritiers légitimes. La mort de leur auteur les investit. Pas une
minute, pas une seconde ne saurait être intercalée entre celui
qui s'en va et celui qui succède. Mais sans la volonté du testateur, cela peut être opéré par la seule volonté du propriétaire consignée dans le testament. Ce testament libre est le
sceau du droit de propriété. Plus que tous les autres actes
translatifs ou modificatifs de la propriété, le testament est
d'intérêt social. La liberté de tester est la sanction du droit
de propriété et de l'autorité paternelle, et elle a ses racines
au plus profond du droit naturel.

II

Montesquieu s'embrouille dans les lois de succession. Il
cherche les lois qui conviennent à telle ou telle forme de gouvernement, et parait croire que la nature et l'histoire offrent
des types précis de gouvernement. Rien n'est moins exact. Il

semble que la royauté et la république sont une antithèse : et
cependant ne voyons-nous pas qu'elles se confondent tellement sous nos yeux qu'elles ne se distinguent plus que par des
nuances imperceptibles? Nos royautés démocratiques et nos
républiques jacobines ne reproduisent-elles pas le même fait
social? Que la tyrannie vienne d'un seul ou de plusieurs, n'est-
ce pas la même tyrannie? Et si l'autorité n'a d'autre principe
que le nombre et la force, toutes les insurrections ne sont-elles
pas légitimes? Les présidents Mac-Mahon et Grévy diffèrent-
ils du roi Louis-Philippe, qui règne et ne gouverne pas, selon
la formule de M. Thiers? Si nous considérons la prépondérance
attachée en France à la Chambre élective depuis bientôt un
siècle, nous pouvons conclure que nous sommes toujours en
démocratie ou en république. L'empire même ne fait pas
exception, car il résidait moins dans ses institutions que dans
la personne de son chef, et ce chef se portait l'héritier et le
représentant du peuple souverain lui-même. La Pologne avait
un roi et s'appelait la république de Pologne.

Chaque peuple a son gouvernement propre comme chaque
particulier son tempérament. Et ces gouvernements nés de
traditions et de mille circonstances oubliées et inconnues
échappent à l'analyse. Ce qu'il y a de plus clair, c'est qu'ils
prospèrent ou périclitent par les mêmes principes d'ordre ou
d'anarchie. Le premier, le plus incontestable de ces principes,
c'est la famille. Suivant qu'elle est ou non constituée pour
l'unité et la durée, elle rend ferme et stable la société politique
ou la livre aux dissensions. Royauté ou république, peu importe : quel est l'état de la famille? en d'autres termes, quel
est le rôle du père de famille? quel est son droit sur ses biens
et quel est le système de succession? Or, deux grands faits
marquent toute l'histoire : ou bien la famille se perpétue par
la transmission intégrale du patrimoine et assure aux chefs de
famille la prépondérance politique : ou bien, par la division
forcée des héritages, il s'ensuit une anarchie permanente,
entremêlée de césarisme, si les instincts militaires de la nation
le comportent.

Nous pouvons dire qu'il y a deux droits, le droit coutumier
et le droit césarien. Le premier exprime les instincts et les

sentiments de famille, la volonté renouvelée de génération en
génération des membres de la famille associés dans une même
idée d'unité et de perpétuité. Le droit d'aînesse n'est lui-même
qu'une coutume. C'est parce que la majorité des pères de
famille ont transmis leur titre à l'aîné plutôt qu'à un autre,
que la coutume s'est établie et a fait loi. Aucune loi n'eût pu
créer une semblable institution. Et d'ailleurs, la loi qui l'eût
créée eût pu la défaire. La coutume exprime la nature : famille et nature ne sont-ils pas synonymes? *natura*, *nasci*? La
perpétuité de la famille est dans la nature ; mais alors nous
n'avons plus besoin de législateurs. La coutume a donc pour
ennemis tous les esprits qui aspirent à dominer. Elle écarte
les ambitieux et les révolutions. Les législateurs et les légistes
veulent des familles et une société instables qui soient toujours
à régler, à triturer, à transformer sous un jet continu de lois
et de constitutions.

Le testament, sous l'influence du législateur et des circonstances, a pu être dirigé contre la coutume. En droit romain, le testament est le moyen de dissiper, de disperser sa fortune. La conservation du bien dans la famille est étrangère à l'ancienne
Rome. L'héritier est souvent un esclave, afin que, si la succession
est mauvaise, les actions des tiers s'exercent contre la personne
de l'esclave et que les condamnations ne soient pas prononcées
au nom du défunt. A l'origine sans doute, l'institution d'héritier et les formalités qui l'accompagnent, indiquent la transmission intégrale. Une loi est nécessaire pour accomplir cette
transmission, cette continuation de la personne. Mais le préteur introduit bien vite l'obligation pour le testateur d'exhé-
réder nominalement ses enfants ; ensuite, il lui impose de leur
laisser un quart de ses biens.

Le droit prétorien s'est servi du testament pour diviser les
biens de famille. C'est ainsi qu'en France, les pays du droit
écrit favorisaient le testament. Dans les pays de coutume, on
professait en théorie qu'il n'y avait pas lieu au testament ;
mais les légistes, en falsifiant les coutumes, introduisirent un
partage forcé analogue au testament du droit écrit. Il est
facile de concevoir que la libre disposition des biens proclamée par les légistes devait en arriver là. La coutume avait

transformé la notion de la propriété. Les pères de famille, mus par l'instinct de conservation ou par une haute prévoyance, attribuaient leur bien comme une substitution perpétuelle à leur famille, sous la direction de l'héritier, continuateur du chef primitif. De propriétaire le père de famille devint tuteur, administrateur. Il n'eut plus le droit de disposer du patrimoine. Ce patrimoine était celui de la famille, non plus un bien propre.

Il en résulte que la faculté laissée aux chefs de famille ou prise par eux dans des temps de révolution, de disposer par testament ou donation du bien de famille, fut une usurpation, une iniquité véritable. Par là le chef de famille disposait de ce qui ne lui appartenait pas, il spoliait sa famille. Le testament cependant est de sa nature conservateur; la preuve en est que partout où il agit dans le sens de la dissolution de la famille, il cède à des lois impérieuses. Laissé à lui-même, le propriétaire incline à la conservation sociale. Les pays où la liberté de tester subsiste à côté de la coutume de la transmission intégrale gardent la coutume fortifiée chaque jour de l'adhésion des pères de famille qui renouvellent les substitutions ou n'usent pas de la faculté de les interrompre. Grâce à cette influence de l'esprit de famille, il règne aux États-Unis, au Canada, en Angleterre, dans toute l'Allemagne, une paix sociale que les pays du Midi de l'Europe, nourris de droit romain et de traditions césariennes, ne connaissent pas. Dans ces pays le testament est en honneur et la liberté de tester fonctionne régulièrement, plus ou moins complète, et en tout cas bien supérieure à la liberté dérisoire que nous offre le Code civil. Ce code, ennemi de la propriété, n'est-il pas le principe de notre instabilité politique? Le problème d'un gouvernement perpétuel avec des familles éphémères est d'une solution chimérique. La république, encore plus que la monarchie a besoin de la liberté de tester. Elle tend trop visiblement à l'anarchie par son principe électif, pour qu'il ne lui importe pas de limiter le domaine de l'anarchie en s'appuyant sur des familles indépendantes et stables.

Les peuples qui ont hérité du droit romain sont étrangers à la liberté de tester. Ils ne puisent pas leur droit en eux-mêmes, dans le droit naturel ; leur droit est fixé par le législateur.

Ainsi, c'est une loi qui, dès le début à Rome, ratifie le testament devant l'Assemblée du peuple. Plus tard, c'est le préteur qui en détermine les conditions. En France, les rois, les légistes s'ingénient à trouver des règles pour la volonté des mourants, comme si cette volonté n'était pas autonome. C'est donc un préjugé répandu chez nous, que le testament appartient à la loi, et que nous n'avons le droit de tester que dans la mesure concédée par le législateur. On dit : le testament est un acte du pouvoir législatif, et quiconque teste fait acte de législateur et non de propriétaire. Si ce n'est plus le propriétaire qui teste, il n'y a plus qu'un droit de législateur, droit équivoque, soumis lui-même à la loi, dans la doctrine des jurisconsultes.

Notre testament est une dérogation à la loi de succession *ab intestat*. Cette dérogation n'est pas un droit propre, mais une permission du législateur. C'est à notre détriment que nous sommes ainsi tous transformés en petits législateurs. Est-il vrai que la faculté de tester ne dérive pas du droit même de propriété? Les Romains ont méconnu le droit de propriété et imprimé à leur droit un caractère de destruction sociale. Ils ont vu dans le bien de famille et la famille, à la mort du chef, non un fief ou une société destinée à se perpétuer, mais une proie pour les héritiers. De là toutes les lois sur les partages de succession. Ils ont donné au propriétaire le droit de partager son bien, et pour cela ils l'ont fait législateur en sous-ordre, ils l'ont délégué à un partage qui est le vœu de la loi.

Le propriétaire est législateur en vertu de sa propriété. Ce droit de législation se borne à l'étendue de sa propriété et n'est ainsi que la libre disposition de sa chose. Il ne le tient pas du législateur, puisqu'il est admis généralement par les légistes que la propriété ne vient pas du législateur, et qu'elle est antérieure à la loi. S'il en est ainsi, comment le législateur politique, sans une contradiction expresse, pourrait-il, au nom du prétendu droit de législation, envahir cette propriété et l'annuler dans les mains du propriétaire nominal? Si je suis propriétaire, c'est pour disposer de mon bien ; autrement je suis un simple usufruitier.

Le législateur poursuit le propriétaire dans ses derniers retranchements. Il lui dit : Je te donne le droit de tester, pourvu que tu testes selon ma volonté, et sans moi tu n'aurais pas le droit de tester, car les morts n'ont pas de volonté. Mais le droit de tester n'est qu'une forme spéciale du droit général de disposer de son bien. Est-ce que les pays de liberté testamentaire se plaignent? Est-ce qu'ils ne progressent pas en population et en puissance? La liberté de tester n'est pas une théorie creuse, élaborée dans le cerveau des métaphysiciens; elle tient à la terre par ses racines mêmes; elle relève de l'agriculture et de l'industrie, et s'assimile à nos intérêts les plus vifs et les plus pressants. Tout se réduit à savoir s'il n'est pas de l'intérêt public que la famille soit régie par son chef naturel plutôt que par un législateur qui procède de parti pris, coule tous les intérêts dans le même moule et courbe toutes les volontés sous le même niveau.

Les inconvénients que l'on déduit par voie de raisonnement de la liberté de tester peuvent être étudiés et appréciés facilement, puisque les nations les plus nombreuses et les plus puissantes servent de champ d'observation. Les adversaires se plaisent à invoquer les souvenirs de l'ancien régime. En quoi ils se méprennent : car l'ancien régime, sur cette question, ressemble au nôtre. Les Domat, les Pothier, les Daguesseau, ne professent point à cet égard d'autres principes que les légistes du Code civil. Il est puéril, quand nous avons sous nos yeux des exemples vivants, d'invoquer un passé qui ne peut plus se défendre et qui se présente à nous dans une confusion d'idées conservatrices et d'idées révolutionnaires qu'il est difficile de démêler. Il faut en revenir à la seule question qui se pose : le droit de propriété, en dehors de la liberté de tester, a-t-il quelque valeur, et n'est-il pas dépouillé de sa prérogative essentielle.

La nature veut que je reste maître de mon bien jusqu'à mon dernier souffle, et que cependant je ne perde pas la faculté d'en disposer, ce qui serait en réalité une confiscation anticipée. Le testament garantit ma liberté et ma propriété. Le législateur ne me permet pas d'être propriétaire, je le suis en vertu du droit naturel. Il ne me permet pas de disposer de ma propriété, j'en dispose en vertu de ma volonté, et en cela je suis législateur. Mais je suis législateur parce que je suis propriétaire. Or, si j'ai le droit de disposer d'une manière absolue par la donation entre vifs, ce qui n'est contesté par personne, j'ai à plus forte raison le droit de disposer d'une manière moins absolue, de fixer des conditions et des délais.

Par le testament, je donne actuellement et immédiatement, sous des conditions et des délais qui amoindrissent singulièrement la donation. Ce n'est pas un arbre qui porte tous ses fruits; c'est un germe jeté en terre, il croîtra grâce au temps; c'est l'espérance de l'héritier ou légataire. Le droit coutumier qui a fleuri pendant tant de siècles est le produit d'une volonté persistant jusqu'à la mort. C'est parce que tant de pères de famille ont voulu, au moment de quitter la terre, que leur famille fût réglée d'une certaine façon, et que tant d'enfants ont respecté cette volonté, que la coutume s'est établie. Et comment s'est-elle perpétuée? par la volonté des pères et des enfants de la respecter.

Ce testament oral ou écrit opérait la transition d'une génération à l'autre, et alliait le principe de stabilité au principe de mouvement représenté par la génération nouvelle. Il n'y avait pas de solution de continuité; les intérêts ne subissaient pas un arrêt de développement. L'acte de volonté dernière met le sceau au testament; il l'achève et le complète. Il se produit sous une forme négative. Il suffit que le testateur n'ait pas révoqué le testament, son silence le confirme. Mais, sous les conditions et délais qui le constituent, le testament valait. Il tirait de la volonté du testateur son autorité et les espérances qu'il donnait. Le législateur, par mille ruses juridiques, s'efforce de mettre la main sur la famille et la propriété. Ce n'est pas d'aujourd'hui que datent ces fourberies: elles remontent loin dans les siècles et s'autorisent d'éclatants exemples. Mais le droit naturel a la vie dure, et il semble se relever plus vivace sur les ruines de tant de révolutions.

III

Les nombreuses populations de cultivateurs dans le Midi et le Centre de la France s'attachent à la transmission intégrale de leur petit domaine. Elles luttent de tous leurs efforts contre le Code civil. C'est pour elles surtout que la liberté du testament est un principe de conservation sociale. Ces débris du droit coutumier s'en vont chaque jour emportés par les nécessités légales. En général, les légistes du Midi attribuent au droit romain cette liberté de tester, et se glorifient des institutions que la conquête romaine leur a imposées. Nous croyons qu'ils ont tort de ne pas reconnaître dans les influences chrétiennes le principe qui a relevé la famille et constitué le droit de propriété parmi les nations modernes.

L'institution d'héritier est célèbre en droit romain ; elle sert de base à tout le testament qui s'écroule et tous les legs avec lui, si l'héritier n'est pas institué. Mais le plus souvent l'héritier est un esclave ; c'est sur lui que retombent les charges de la succession ; c'est contre lui que s'exercent les actions des intéressés et, si la succession est mauvaise, c'est l'esclave héritier qui sera déclaré insolvable et non le défunt. La succession devait être divisée entre les enfants ; chacun avait à revendiquer une légitime fixée par la loi. Le Digeste est plein d'exemples de partages de succession. Il consacre à toutes ses pages l'impossibilité de constituer un bien indivis. L'idée de conserver un bien, de le transmettre intégralement dans un but familial ou économique est aussi antipathique au Digeste qu'à notre Code civil.

D'ailleurs, le testament est la suite du droit de propriété. Quel était le droit de propriété dans les provinces ? Les jurisconsultes professent que le sol provincial appartenait en toute propriété au peuple romain, et que les provinciaux ne pouvaient avoir que des possessions révocables. Tel fut le droit jusqu'à la fin de l'empire. S'il s'est modifié, c'est en vertu de coutumes dont les historiens du droit ne se rendent pas compte, parce que le fait est étranger au droit césarien. Le droit n'organisait pas plus la propriété que la famille. Il créait la famille instable. Avec la faculté du divorce, il rendait le mariage illusoire. Et l'on peut dire que le mariage universellement accepté ne différait guère du concubinage moderne.

Les césars chrétiens firent souvent de bonnes lois, cependant le plus illustre d'entre eux, Justinien, résume dans le Digeste tout un droit païen qui ne cadrait plus avec la société chrétienne, et maintenait à peu près, dans l'idée religieuse et politique, le droit et les prétentions des césars païens. Les recueils du droit byzantin ont-ils reçu leur application? Dans quelle mesure la Gaule a-t-elle été soumise au droit romain? Le droit romain a-t-il même jamais existé comme législation précise? Les lois écrites ont cela de particulier, elles peuvent subsister sans être appliquées. Le législateur croit avoir fait une œuvre mémorable, en les fixant sur le papier ou le parchemin, sur le marbre ou sur le bronze. De là à une application constante, il y a loin. Il arrive même fréquemment que les lois sont impraticables ou absurdes. Le Sénat prenait des mesures politiques. Et les lois qu'il édictait sur les intérêts privés n'avaient aucune efficacité devant le préteur qui s'arrogeait le droit de les interpréter contrairement à leur esprit. Ce droit du préteur plaçait les intérêts privés sous la décision de l'arbitraire. A proprement parler, il n'y avait pas de droit. Les décisions, les consultations des prudents ou jurisconsultes en tenaient lieu. Il suffit d'ouvrir le Digeste pour comprendre qu'il n'a jamais été en vigueur. C'est un livre d'étude, non de législation.

A l'époque où il fut compilé, rien ne subsistait plus de l'ancienne société païenne. C'était au VIᵉ siècle ; le mouvement des esprits et des intérêts provoquaient d'autres formules légales. Le despotisme qui soutenait l'immense machine de l'administration romaine n'était plus qu'une ombre et ne pesait plus, depuis plusieurs siècles, sur les populations de la Gaule. L'empire était à peine né qu'un autre empire, tout spirituel, s'installait à Rome même, et de là rayonnait sur les provinces par ses envoyés chargés de les conquérir. Une autre notion de la famille et de la propriété s'infiltrait dans les âmes, se développait avec le temps et s'assimilait les intérêts. Au concubinat romain succédait le mariage indissoluble. A l'unité, à la perpétuité de la famille se rattachait, par un lien nécessaire, le bien de famille, perpétuel aussi. La loi n'agissait pas; c'est contre la loi et malgré la loi que grandissait le christianisme. Il trouvait son appui dans les coutumes qui se formaient sous son influence pour protéger la famille chrétienne et assurer son avenir.

Y a-t-il donc des analogies entre la famille chrétienne et la famille païenne? La famille païenne est fondée non sur la nature, mais sur la force et sur le droit de propriété. Ce mot même de famille s'applique aux esclaves et aux biens, et la femme et les enfants en font partie à titre d'esclaves. Du moins leur condition juridique ne diffère pas de celle des esclaves. Tel est le vieux droit, et il laisse des traces jusqu'à la fin de la république et jusqu'au commencement de l'empire. Le père de famille, dans le langage du droit, c'est le maître, celui qui domine un certain groupe de personnes. Ses enfants sont ceux qu'il adopte; et il peut par l'émancipation ou la vente se débarrasser de ceux que le mariage lui a donnés. C'est par l'adoption que les grandes familles ont perpétué leur influence. C'est par l'adoption que les césars essayaient d'assurer à l'empire une sorte d'hérédité.

Cette conception de la famille a-t-elle rien de commun avec la famille chrétienne? Dans les pays dits de droit écrit, les légistes étaient parvenus à conserver quelques traits de cette ancienne organisation. Et ils nous présentèrent la famille du Midi sous une forme patriarcale. La minorité des fils durait jusqu'à 25 ans. Est-ce là le vrai régime de famille? L'Église catholique ne reconnaît pas cette minorité prolongée; elle laisse les chrétiens libres de contracter mariage bien avant cet âge. Elle limite ainsi l'autorité paternelle. A plus forte raison, le grand-père se trouve dénué d'autorité à l'égard de ses petits-fils. Comment aurait-il une autorité qui enlèverait au père sa prérogative et lui interdirait l'exercice de ses devoirs les plus essentiels? Ces conceptions du droit romain n'ont plus de raison d'être sous le droit chrétien. Ce qui gênait le chef de famille, c'est le principe de la légitime introduit par le préteur et qui assurait à chaque enfant sa part dans l'hérédité paternelle. Le mariage du fils devait tôt ou tard emporter un lambeau de l'hérédité et le transporter dans une autre famille. Le père s'inquiétait de cette perspective, et il est assez naturel qu'il voulût que son consentement fût obtenu par son fils. Quant à sa fille, elle avait le droit d'exiger une dot pour son mariage.

Il était ainsi porté une très grave atteinte au droit de propriété. Notre Code civil ne va pas si loin, puisqu'il ne donne pas une action à la fille pour forcer son père à lui fournir une dot. En principe la liberté de disposer était restreinte. En fait, la vie chrétienne rectifiait ce qu'il y avait d'erroné dans la conception du droit. La légitime des enfants était moins élevée que dans notre législation actuelle; d'autre mœurs rattachaient les enfants à la tradition paternelle; la religion cimentait les liens de famille. Au fond, c'est elle qui constituait tout l'ordre social des petites familles vouées à la culture du sol. Ce n'est certes pas le droit romain qui a insinué dans les esprits le soin de perpétuer la famille par la perpétuité d'un bien indivis ou collectif. Cette conception est uniquement chrétienne, et les législateurs qui, comme les nôtres, se sont inspirés du droit romain, ont concentré tous leurs efforts pour désunir cette famille perpétuelle et en disperser les membres et les biens. La désignation de l'héritier par le chef de famille s'imposait d'abord; c'était le seul moyen de continuer l'œuvre commencée. Plus tard la coutume parut établie de désigner l'aîné.

Que le chef de famille puisse disposer de moitié, ou du tiers ou du quart, il se trouve limité dans son droit; d'autres ont, sans sa permission et malgré lui, un droit sur son bien. Une petite culture peut être entravée longtemps par de telles dispositions légales. Pour conserver le bien à un seul enfant, les familles modernes se bornent à ce seul enfant. C'est la conséquence du partage forcé. Et le droit romain ou byzantin, qui a assuré aux enfants un droit contre leur père, est la source où ont puisé les législateurs et les légistes pour dissoudre ou affaiblir les familles. Les pays où l'administration romaine a régné en ont gardé une débilité pratique qui s'accentue chaque jour en présence des nations où le principe de la famille a été moins entamée. A mesure que se sont éteintes ou amoindries les traditions chrétiennes, le principe de division dans la famille s'est dégagé de ses entraves et s'est épanoui en liberté. Nous subissons ces conséquences ; ce n'est pas seulement la famille, c'est le droit de propriété qui est atteint à l'endroit le plus sensible par un législateur dont l'unique souci devrait être de le protéger.

On s'est imaginé qu'il fallait régler par la loi les affections et les droits de famille, comme si le père n'était pas le législateur naturel de sa famille, et comme si le propriétaire n'était pas le maître légitime de son bien. Par ce système on a sans doute détruit les grandes familles ; mais on a surtout frappé les petites, incapables de résister à un partage, puisqu'elles étaient en général constituées sur un *minimum* de bien de famille. Du moment que la famille n'a plus le moyen de vivre, elle se disperse, tombe dans le prolétariat et sert d'aliment aux révolutions qui se préparent. La liberté de tester affirme le droit de famille et de propriété. Dépasse-t-elle le but? Donne-t-elle lieu à des abus que le législateur soit obligé de prévoir et de réprimer? Que l'expérience prononce. Tous les peuples de l'Europe chrétienne sont en mesure de rendre témoignage. Là où la liberté de tester s'est confondue avec la coutume, a-t-on vu les familles se ruiner, et les fils attenter à l'autorité des pères? Non, dans tous ces pays, les biens de famille se conservent, le père gouverne en paix son petit État, et la population se multiplie.

Le phénomène inverse se produit dans notre société moderne. Avec l'appui de la loi, tous les enfants sont en guerre dans la famille. Les partages suscitent des querelles qui viennent se dénouer devant les tribunaux et dissipent la majeure partie des ressources de la famille. Le législateur s'est posé en père de famille universel; il a cru mieux connaître les sentiments de la nature que les pères eux-mêmes. Il a établi la tyrannie la plus intense, en s'établissant au foyer de chaque famille, en s'y faisant juge de tous les droits et de tous les intérêts. Dans une pensée de fiscalité et de despotisme, il livre le foyer paternel et le bien de famille à un encan perpétuel. L'historien superficiel voit quelques grandes familles qui disparaissent, il ne pénètre pas dans l'intérieur de ces millions de familles obscures où la ruine se glisse, sous le couvert des lois, à chaque minute du jour, puisque aucune n'échappe à la liquidation à bref délai. Ce petit cultivateur, cet ouvrier aspire à conserver son gagne-pain qui est celui de sa famille; la modicité de ses ressources lui inculque le principe d'indivision et de continuité. La justice lui apprend qu'il n'a le droit de disposer de son bien ni par donation ni par testament, et que l'État en est propriétaire plus que lui.

CHAPITRE XXII

LES DONATIONS

I

Le titre des donations est conçu dans un esprit de défiance contre le propriétaire. Son droit n'est reconnu que d'une façon parcimonieuse. Il est cependant naturel qu'on puisse disposer de son bien. Ce n'est pas seulement le propriétaire qui est mis en suspicion. Le contrat de donation intéresse une autre personne, le donataire. Celui-ci est privé de la faculté de recevoir, si le donateur est privé de la faculté de donner. De quel droit le législateur intervient-il? Les deux parties ne sont-elles pas majeures, maîtresses de leurs droits? Ce droit naturel de donner et de recevoir est confisqué par le législateur. C'est lui qui en détermine les limites et les conditions. Il prend contre le père l'intérêt des enfants, comme s'il pouvait avoir pour les enfants plus de tendresse ou de prévoyance que le père lui-même. Aussi n'obéit-il qu'à la pensée de soustraire le bien à la volonté du propriétaire. Il commence par poser un principe plein d'embûches, c'est que, pour donner comme pour tester, « il faut être sain d'esprit ». Quoi donc! Les autres contrats n'exigent-ils pas la saineté d'esprit? Une vente, un échange consentis par un fou seraient-ils valables? Le législateur tombe dans le ridicule. Il veut imiter le préteur romain. A Rome, le père de famille a d'abord la liberté de tester, mais quand le mouvement des esprits et des intérêts développe l'influence plébéienne, le préteur tend à la restreindre, à la supprimer. Pour cela il a recours à ces fictions de droit, à ces ruses juridiques ou politiques dont le génie romain est si prodigue, ruses grossières qui ne trompent personne. Il suppose que le testateur

17

qui n'institue pas ses enfants pour ses héritiers, n'est pas sain d'esprit. Et, sous ce prétexte, il déclare nul le testament. La fiction du droit romain a passé dans le Code civil où elle n'est d'ailleurs d'aucun usage, car jamais un jugement ou un arrêt n'a été motivé sur ce singulier prétexte. Si le testateur est insensé il faut prendre la peine de le prouver.

La loi limite la quotité disponible, qui est de la moitié des biens du disposant s'il ne laisse qu'un enfant à son décès, du tiers s'il en laisse deux, et du quart s'il en laisse un plus grand nombre. Comment, dans de telles conditions, le père songerait-il à confier à l'un de ses fils la suite de ses affaires? La loi lui ôte toute liberté à cet égard. Aux yeux du législateur, il semble que les enfants aient absolument besoin de la succession paternelle pour vivre. Mais, dans la plupart des cas, les enfants sont obligés de se créer une position en dehors de l'héritage paternel. Ils sont dans le commerce, l'industrie, les fonctions publiques. Leur part d'héritage sera pour eux un appoint. L'égalité de partage leur apportera une fraction souvent moindre que ce qu'ils auraient eu de la volonté paternelle. La conservation de l'entreprise paternelle laisserait plus de capital disponible entre les mains du père pour les enfants non-héritiers. Ils bénéficieraient des frais de justice et de liquidation. Un père est dans l'impossibilité d'associer un de ses fils à ses affaires. Dans la culture, dans le petit commerce, il ne préparera pas un de ses enfants à lui succéder. Cet enfant, après avoir travaillé vingt ans avec son père sans rien gagner, sans faire d'économies, se trouverait, à la mort de ce dernier, réduit à la portion des autres, et obligé de quitter la maison ou la petite propriété vendue pour établir les lots. Ses frères, pourvus ailleurs seraient dans une meilleure condition. La loi interdit au père de transmettre l'instrument de son travail, ses moyens d'existence, la situation qu'il a acquise par sa persévérance et sa probité. Une influence sociale disparaît avec lui.

Il se produit ici un phénomène étrange, c'est l'impuissance d'un fils de remplacer son père, de le continuer; ni après sa mort, ni pendant sa vie, le père ne peut assurer à son fils une position certaine. La donation serait toujours révocable. Tout ce qui est capable de durée, tout ce qui ressemble à une substitution est proscrit avec fureur. De nos jours cependant, nous voyons la classe rurale en Allemagne constituer des biens de famille inaliénables, de véritables majorats de culture. Ces cultivateurs ne redoutent pas les substitutions; ils les tiennent pour utiles à tous les membres de leur famille. Pas plus pour cultiver la terre que pour gouverner l'État, il ne faut des hommes sans ressources. L'indigence est une mauvaise conseillère.

Cela est encore plus vrai pour celui qui travaille de ses mains que pour l'homme d'une classe élevée. Le travail manuel n'exige-t-il pas un domicile assuré, une sécurité d'existence? C'est parce que l'ouvrier est faible qu'il a besoin de plus de protection. Il le comprend si bien que de lui-même il va au devant de ces majorats, de ces substitutions, que les classes riches sont disposées à déserter. Il s'inspire de l'esprit de famille; et la famille n'est-elle pas le type d'une inégalité qui est tout à l'avantage des faibles et des petits?

On convient que l'égalité générale des fortunes est une folie; l'égalité forcée des partages est le moyen pratique de la réaliser. Si le régime de substitution ne favorisait que des oisifs, il se condamnerait lui-même. Il n'en est pas ainsi, puisque, étendu aux classes populaires, il met entre leurs mains un meilleur et plus durable instrument de travail. Si l'oisiveté de la noblesse française a été signalée, c'est que chacun des enfants se croyait assuré de vivre, et méprisait les travaux lucratifs. La propriété foncière n'est pas une sinécure pour celui qui veut y donner ses soins et exercer l'influence qu'elle impose. Quant aux professions du commerce et de l'industrie, on n'a jamais dit qu'elles fussent oisives. Sous le feu de la concurrence, il faut monter sans cesse pour ne pas déchoir. Est-ce possible, sous une législation qui brise toute initiative individuelle? Nous sommes plongés dans le suffrage universel, vaste mer où nous risquons de sombrer si nous ne nous rattachons à quelques points de repère. L'esprit de famille est le correctif nécessaire.

Les substitutions sont abolies; la loi du 17 mai 1826, qui les reconnaissait jusqu'au deuxième degré inclusivement, a disparu devant les lois de 1835 et de 1849. Depuis plus d'un demi-siècle en France, la question est posée sur son véritable terrain. Il ne s'agit plus du droit d'aînesse que personne ne réclame, mais du libre et plein exercice du droit de propriété. Avant 89, le droit d'aînesse subsistait dans la plupart des familles riches non comme une institution économique destinée à protéger l'unité des exploitations, mais comme un avantage personnel pour l'aîné. Il était peu étendu et n'avait aucun caractère de conservation rurale. Nous n'avons qu'à consulter le terrier de nos anciennes communes rurales, nous le trouverons souvent aussi morcelé que de nos jours. Le morcellement date du XVI° siècle. La quotité disponible assurée par le Code civil dépasse le plus souvent la valeur du préciput d'avant 89, de ce manoir qui n'était qu'une charge, de ce vol du chapon qui n'était qu'un enclos de deux ou trois arpents. L'état de fortune des familles nobles au moment de la Révolution indique que, dans cette classe, les biens subissaient la loi du partage. Quoique l'intégrité des fiefs ait été attaquée sous Philippe-Auguste, au commencement du XIII° siècle, la coutume de transmission intégrale avait encore lieu dans la noblesse; mais déjà toutes les propriétés roturières étaient soustraites à la coutume des fiefs et partagées selon les principes du droit romain. En 89, la noblesse, devenue trop nombreuse par l'anoblissement des cadets, se trouvait appauvrie par les partages que nécessitait l'entretien d'une classe qui ne travaille pas, et qui, par conséquent, court à la ruine en se multipliant. Le droit d'aînesse n'est efficace que si les cadets, à chaque génération, entrent dans la classe des bourgeois ou des travailleurs, et ne demandent qu'à leur énergie propre leurs moyens d'existence et le rang qu'ils doivent occuper dans la société.

Quand la Chambre des pairs repoussa le projet de M. de Villèle sur le droit d'aînesse, la France libérale battit des mains comme si elle eût été sauvée d'un immense péril. Sait-on à quoi elle échappait? Ce projet se bornait à attribuer à l'aîné des mâles la quotité disponible, si le défunt n'en avait pas disposé, et cela seulement dans les successions payant 300 francs d'impôt foncier. Il était toujours loisible au père d'écarter l'application de la loi, en disposant de la quotité disponible. Le projet était donc insignifiant. Le projet n'arrétait aucun partage et ne contribuait en rien à maintenir les biens dans les familles. Il blessait l'égalité en attestant la préférence du législateur pour l'aîné. C'est au père de famille, c'est à celui qui a gagné le bien, à en faire la distribution. La fortune publique est entre les mains des propriétaires, des industriels, des commerçants, des capitalistes; c'est à eux à en diriger l'emploi et non à l'État.

A l'époque du Code civil, nous sortions de la barbarie; il n'était question ni d'agriculture, ni de commerce, ni d'industrie. Est-il étonnant que le législateur n'ait pas protégé des intérêts qui ne se manifestaient pas? Ces intérêts ont pris des développements qui ne leur permettent plus de rester sous la tutelle du Code; ils n'ont plus besoin de conseil judiciaire. La classe des commerçants et des industriels y est surtout intéressée. Pour leurs établissements, la liquidation, c'est la mort. Est-ce à l'État à en apprécier la valeur? Ceux qui les ont fondés sont seuls aptes à en décider. C'est leur droit comme propriétaires et pères de famille, et le socialisme qui les en dépouille est une source de révolutions.

La faculté de donner et de recevoir est restreinte de diverses sortes. Les hôpitaux, les hospices et autres corps d'utilité publique ne peuvent recevoir sans y être autorisés. Il est interdit de donner par personnes interposées. L'article 911 désigne les personnes interposées qui sont les pères et mères, les enfants et les descendants et l'époux de la personne incapable. Nous avons vu, sous Louis-Napoléon, une cour d'appel frustrer un évêque de l'héritage qui lui avait été légué, sous prétexte qu'il devait le rendre à M. le comte de Chambord. En Belgique, un ministère libéral a modifié les dispositions des défunts, changé la destination des legs, et confisqué les dons affectés aux collèges catholiques et à l'Université de Louvain. Ainsi tout donataire peut être déclaré personne interposée. Les légistes ont trouvé le moyen de se faire une arme de la probité même du donataire. Ils sont d'autant plus sûrs qu'il rendra le bien que son honorabilité le désignait à la confiance du donateur. Alors toute donation est annulable. Le délit ce n'est plus de garder; dans l'hypothèse du fidéicommis, ce serait un vol. Il est légitime, la justice le pardonne, et même elle le glorifie. Le délit

c'est d'être honnête et de rendre ce qu'on s'est obligé à rendre.
Voilà une morale indépendante.

Le législateur est jaloux du droit de donner ; cette prérogative du propriétaire le choque. Il n'admet pas qu'on fasse
acte de liberté en sortant de la ligne qu'il a tracée. C'est se
mesurer avec lui et lui disputer le terrain qu'il a usurpé : nous
sommes *siens* ; notre volonté n'est pas à nous ; comme chez
l'esclave romain, elle est à notre maître, et notre maître,
c'est l'État. Donner, c'est le suprême exercice du droit de propriété ; c'est un acte de souveraineté ; le législateur n'en supporte l'idée que s'il la réduit à des proportions insignifiantes.
Il nous chicane la misérable quotité disponible qu'il nous a
octroyée. Les tribunaux, inclinés à marcher dans le sens de la
loi, sont portés à l'exagérer dans l'application. Dans un temps
de persécution, on verra partout l'interposition de personnes.
Expression adéquate du droit de propriété, le droit de donner
s'évanouit. Ce qui en reste, loin de nous présenter un emploi
utile, n'est qu'un appel aux vérifications d'arbitres et à l'action
judiciaire. La quotité disponible n'a-t-elle pas été dépassée ?
Un héritier n'est-il pas lésé de plus du quart ? Procès sur
procès, et pour peu que l'animosité fraternelle s'en mêle, les
dissentiments de famille s'envenimeront, l'héritage y passera.
Et, de cette façon, nous revenons à l'égalité cherchée par le
législateur. C'est en effet le résultat pratique de la législation.
Le propriétaire ne peut ni donner ni conserver : il est cerné par
la loi, toutes les issues lui sont fermées. Il se résigne, il se
rend ; il essaie même de se consoler en se persuadant que l'Europe nous envie notre Code civil, notre magistrature et nos
principes de 89.

Le législateur français a voulu l'instabilité de la propriété.
Ne pouvant nous refuser officiellement le droit de donner, il
l'annule par les restrictions ; et ce droit si simple et si naturel
ne produit que des effets équivoques. L'article 894 prétend
que, par la donation entre vifs, « le donateur se dépouille actuellement et irrévocablement de la chose donnée en faveur du
donataire qui l'accepte ». Cela semble péremptoire, et ce n'est
qu'une ruse de guerre. Le législateur, par un retour offensif,
revient sur le droit de propriété et lui arrache la concession

qu'il lui a faite. Il déclare, à l'article 953, que la donation sera
révoquée : 1° pour cause d'inexécution des conditions; 2° pour
cause d'ingratitude; 3° pour cause de survenance d'enfant.
La première condition va de soi : cependant une jurisprudence
socialiste déclare acquis aux communes ou à l'État les dons
qui ont été faits aux églises ou aux institutions religieuses.
L'ingratitude est un terme bien vague; et quand la loi la définit,
on s'aperçoit que la donation a de la peine à se tenir debout.
Les exceptions emportent la règle, et la donation n'est plus
que provisoire. La survenance d'enfant révoque la donation :
pourquoi? Le père, en donnant avant la naissance de cet
enfant, l'a-t-il volé d'avance? Dans ce cas, la donation est un
piège; le donataire a compté dessus; et puis, tout d'un coup,
elle se dérobe et retourne au donataire franche de toute dette
ou charge du chef du donataire.

L'ingratitude, définie par l'article 955, consiste : 1° en
attentat à la vie du donateur; 2° en sévices, délits ou injures
graves contre lui; 3° en refus d'aliments. Il y a là des circonstances invraisemblables ou difficiles à constater. Qu'est-ce
qu'une injure grave? Elle désigne tout et ne désigne rien. Ce
contrat de donation n'est pas sérieux; il suppose que les
parties contractent sans savoir ce qu'elles font. Le contrat n'est
jamais définitif. La donation n'est pas assise sur la tête du
donataire; le donateur peut la ressaisir par moyens détournés,
et souvent même de connivence avec le donataire, pour frauder
des tiers. La révocation des donations est le vœu de la loi.
Les donateurs et les donataires ne peuvent, par des conventions particulières, se soustraire à toutes ces chances de révocation. Il n'y a d'irrévocables que les donations en faveur du
mariage. Mais, avec le divorce, il est difficile que ces donations se maintiennent. Elles s'accordaient avec la perpétuité
des mariages : elles jurent avec les mariages provisoires.

Pris en masse, nous ne sommes pas faits pour vivre de notre
bien, attendu que nous n'en avons pas assez, et même que la
plupart n'en ont pas. Le développement de la population
réduit nécessairement le territoire à être insuffisant. Les
anciens qui limitaient la population, et qui d'ailleurs n'en
admettaient qu'une bien minime pour constituer l'État,

vivaient dans d'autres conditions que nous. Ils méprisaient le
travail, ne travaillaient pas, et subsistaient de leur bien ou
des subventions de l'État. Le peuple romain était un peuple
mendiant. Le législateur de 89 était plein de ces idées antiques. Et certes, si nous n'avions que deux ou trois cent mille
citoyens français, ce qui est à peu près le chiffre du peuple
romain, ils ne seraient pas embarrassés pour vivre, en supposant qu'ils eussent des esclaves. Notre immense population
vit de son travail et n'a pas d'autre moyen d'existence. Le
législateur méconnaît le droit, la nécessité du travail; il entrave
la liberté humaine, brise l'instrument du travail, interdit l'organisation, la direction du travail. Nos dix millions d'électeurs peuvent-ils vivre de scrutins et de ballottages? Le législateur moderne pourvoit à la politique et ne pourvoit pas à la
subsistance : dans sa passion pour la pauvreté et l'égalité
systématique, il interdit le travail aux familles, en empêchant
le père de famille de le régler. Il retient sur un sol incapable
de les nourrir des enfants que le père de famille aurait élevés
pour vivre de leur travail et devenir des citoyens utiles.

II

L'instabilité qui frappe toutes les entreprises destinées à la
production des subsistances et des objets d'industrie est une
application de la doctrine qui méprise et entrave le travail. Le
droit de propriété se promène d'une manière indécise sur
toutes les têtes, sans s'arrêter précisément sur aucune. Cette
situation qui nous condamne à une agitation stérile n'est pas
sans analogie avec l'époque qui a précédé la Révolution. Alors
aussi, vivre bourgeoisement ou noblement signifiait vivre sans
travailler. La propriété du sol encombrée de rentes foncières,
l'industrie et le commerce soumis à des règlements ministériels, en fallait-il davantage pour paralyser les forces productives du pays? La France de 89 était pauvre, et cette
pauvreté a été une des causes de la Révolution.

Croit-on que l'agriculture, l'industrie, le commerce, n'aient
aucun rapport avec le droit de propriété? Ils ne prospèrent

que dans la mesure où ils sont libres de régler eux-mêmes les conditions de leur développement. Dans la discussion du Conseil d'État, Treilhard invoqua un argument qui a fait fortune : « La circulation des biens encourage l'industrie et augmente les revenus de l'État. » Qu'elle augmente les revenus de l'État, c'est possible, mais ce que l'État prend est enlevé à la production. Quelle idée Treilhard a-t-il de l'industrie et de l'agriculture? La circulation d'un bien rural le rend-elle plus productif? Ces possesseurs qui n'ont pas le moyen de garder le bien et manquent de ressources pour le cultiver, l'ont-ils entretenu en bon état? Il n'y a pas d'agriculture sans une certaine aisance du cultivateur, et cette aisance n'est qu'une suite du principe qui maintient le bien de famille. Les donations et les testaments qui devraient être organisés dans ce sens n'ont, dans la pensée du législateur, que la mission de le diviser et disperser. Ainsi nos droits de donner et de tester sont autant de pièges.

M. Troplong prétend que le testament est le triomphe de la liberté dans le droit civil; et le testament du Code civil est son idéal! Les palinodies des légistes concordent avec les fictions de la loi. Le chancelier Bacon, qui se connaissait en fraudes de légistes, dit excellemment : *Non sunt pejores laquei quam laquei legum (de Just. universali. Aph. 53).* En cette matière du testament, les fictions du droit sont innombrables. Selon Papinien, c'est à l'État à faire les testaments, *testamenti factio non privati sed publici juris est.* Rien de plus clair. Et qu'en résulte-t-il? A Rome, l'institution d'héritier par le père de famille se change en institutions d'héritiers que le préteur désigne et à qui il partage les biens malgré la volonté du père de famille. Voilà le triomphe de la liberté dans le droit civil : au substitué que se donnait le père de famille succèdent des substitués légaux. Les enfants ne doivent plus rien à leur père. Ce n'est plus de la volonté paternelle qu'ils reçoivent le bien; il leur arrive de la main de l'État, propriétaire suprême dont ils sont bien obligés de reconnaître la compétence et la juridiction.

Les légistes professent que nous tenons de l'État le droit de disposer des choses. S'il retirait sa permission, « notre droit tomberait, et nous reviendrions à l'anarchie primitive ». C'est ainsi que les conditions et restrictions mises par l'État à notre droit de disposer des choses sont justifiées. Sommes-nous donc propriétaires par la volonté de l'État. Et n'est-ce pas, au contraire, par notre propre volonté? La chose qui nous devient propre ne puise-t-elle pas dans notre travail et notre volonté, la qualité d'être nôtre? Le vice d'origine même a pu être corrigé par une possession paisible et continue. Le droit de disposer de la chose est propre à nous et non à l'État. Le mot l'exprime, la propriété est particulière à chacun de nous. C'est de nous qu'elle vient et non de l'État, et c'est au propriétaire et non à l'État d'en régler l'exercice. Si l'État central, le législateur disparaissait, la population se trouverait en relation directe avec les propriétaires pour vivre et constituer au moins un ordre local ; cette situation s'est présentée à la chute de l'Empire romain. La population s'est rattachée aux propriétaires ; la nécessité de la culture a groupé les intérêts. Il n'y avait plus d'État, et la propriété a pris racine avec plus de force : du vivant de l'État elle était incertaine, précaire. L'État ne la protégeait pas, il l'empêchait, au contraire, de s'affermir, de se développer. Et quand, après plusieurs siècles, la notion de l'État, d'une domination étendue, rentra dans les esprits, elle servit de pivot à toutes les attaques contre la propriété, c'est-à-dire contre le droit des propriétaires de disposer de leur bien.

Le fait capital de toutes les discussions sur le droit de propriété, c'est la négation même du droit par les légistes. La fragilité des bases qu'ils lui donnent et les contradictions où ils se jettent indiquent assez qu'ils ne veulent pas le reconnaître. Toutes leurs théories aboutissent à faire de la propriété un don du législateur. Aussi n'admettent-ils pas la validité du testament en soi. C'est la loi qui rend valide le testament en le sanctionnant. Nous testons avec l'autorisation du législateur. L'homme, disent-ils, ne peut disposer de ses biens après sa mort. Mais la mort ne fait pas le testament. La volonté de donner est antérieure à la mort ; elle a sa valeur propre, elle constitue un droit qui, pour être soumis à une condition suspensive, n'en est pas moins un droit. L'échéance du droit n'en est pas le principe. Le droit remonte à la volonté qui a dicté le testament. C'est donc un vivant et non un mort qui teste. Les légistes écartent ce fait si simple par une fiction de droit. Ils supposent que le testament est la volonté d'un mort ; et comment la volonté d'un mort sera-t-elle valable si la loi ne lui rend la vie? Et en effet, si nous n'avons pas le droit de propriété, nous n'avons ni le droit de donation ni le droit de testament.

Les légistes, tant anciens que modernes, ont un faux point de départ; ils placent à l'origine des choses les hommes dispersés et sans droits, et attribuent par conséquent la société au législateur. La vérité est que l'homme a été créé en famille, en société. Il n'a eu à inventer ni la religion, ni le mariage, ni la propriété. L'origine de l'humanité, c'est une famille première divinement instituée. Le droit de propriété est donc un droit de famille, il a pour but l'entretien, la puissance de la famille. Le chef de famille en est l'administrateur, le directeur. Pourquoi a-t-il le droit, le devoir de fixer ses dernières volontés? C'est qu'il veille à l'avenir de sa famille. Est-il dans la nature, qu'avant de mourir, au moment le plus solennel de l'existence, le père de famille n'ait rien à dire à ses enfants et qu'il leur laisse un état en anarchie? Par le testament, il règle les affaires de sa succession. Son droit de transmettre, de partager, de régler est le seul moyen de pourvoir à la famille. Si chacun de nous se survit dans la famille qu'il laisse, n'a-t-il pas un droit, un devoir envers cette famille? Le testament s'explique donc comme un droit et un devoir de famille. Il naît dans la famille, il est l'expression de la double autorité du père et du propriétaire. Il prend sa source dans la nature; et il serait d'autant plus nécessaire et inviolable que la loi ne serait plus là pour en assurer l'exécution. Si la famille doit grandir et ne pas s'arrêter au premier degré, la liberté de tester est une institution sociale par excellence. Si la société politique attache quelque intérêt à se développer, et ne veut pas piétiner sur place en recommençant chaque jour sa constitution, si en un mot elle aspire à la perpétuité, elle ne trouvera son point d'appui et l'accompagnement nécessaire de sa destinée que dans la famille fortifiée, agrandie par la fixité du droit et l'entière liberté de tester et de donner.

Ces questions de droit sont entrées dans la politique par de vives effractions. Le 15 mai 1809 Napoléon réunit à son empire les États de l'Église en « révoquant la donation de son auguste prédécesseur Charlemagne ». Cette raison de droit est étrange; mais elle atteste l'intimité du césarisme et des légistes : un conquérant qui ne se serait pas frotté aux légistes aurait-il trouvé une pareille idée! La donation de Charlemagne! Il ne s'est donc rien passé depuis Charlemagne; la prescription n'a donc pas suivi son œuvre! Révoquer une donation après mille ans! que de fictions de droit il faut échafauder pour poser une telle question! C'est sans doute pour cause d'ingratitude que Napoléon révoque la donation de son prédécesseur. Mais il est juge et partie. Il faut donc supposer que le donateur peut lui-même, de son autorité propre, révoquer la donation, s'il estime que le donataire y a donné lieu. Et puis, comment les droits de Charlemagne sont-ils arrivés à Napoléon? autre fiction. Charlemagne était empereur d'Occident. Si Napoléon aspirait à un tel empire, il ne l'avait pas officiellement proclamé. Cette donation de Charlemagne, ainsi que celle de Constantin, ont joué un grand rôle dans l'histoire, quoiqu'elles ressemblent à des légendes. Le Dante, dans son pamphlet de *Monarchia*, s'appuie sur la donation de Constantin pour dépouiller le Saint-Siège. Il remarque que cette donation est nulle, parce que l'empire romain étant un et indivisible, Constantin n'a pas eu le droit d'en distraire une partie. De cette annulation découle la suppression du pouvoir temporel que le poète légiste réunit à l'empire d'Allemagne. Les empereurs allemands sont les successeurs des césars, à eux tous les droits de souveraineté et de propriété!

La souveraineté temporelle est venue aux Papes naturellement, en vertu du droit d'accession. L'autorité du vicaire de Jésus-Christ, entraînant l'indépendance absolue de la personne, conduisait à un droit de propriété ou de souveraineté matérielle. En l'absence des empereurs, les intérêts se sont groupés autour du Souverain Pontife; il s'en est trouvé le tuteur. La possession, l'état de choses s'est paisiblement continué. C'est ce qu'on appelle le pouvoir temporel. Constantin et Charle-

magne l'ont protégé, ils ne lui ont pas attribué un caractère
de donation véritable ou même de donation juridique. Ils
auraient pu donner ce qui ne leur appartenait pas. Le Dante et
Napoléon, deux Italiens césariens, se rencontrent dans la même
doctrine. Ils tournent le droit romain contre l'Église. Ils
arguent du droit contre l'autorité divine. C'est la prescription,
la possession continuée pendant des siècles qui a constitué
cette souveraineté des Papes sur une base absolument juridique.

Dans une lettre adressée aux évêques (13 juillet 1807),
Napoléon écrivait : « Héritier du pouvoir de Charlemagne,
nous sommes résolu à maintenir l'indépendance de notre
trône et l'intégrité de nos droits. » L'idée fixe de Charlemagne
lui trotte dans la tête. Mais Charlemagne ne renversait pas le
pouvoir temporel du Saint-Siège ; il ne cherchait pas, par des
subterfuges de droit, à rendre sa couronne indépendante de
l'Église. Il ne se posait pas en gallican. Et ici Napoléon affecte
le rôle de Louis XIV. Ne dirait-on pas qu'il est sur le point
d'être détrôné par Pie VII? Les idées de donation et de succession se mêlent et se confondent dans cette conception d'un
empire contradictoire, qui est à la fois césarien, chrétien,
gallican, ultramontain. Car, au moment du Concordat, Napoléon a été le plus grand des ultramontains. Il a reconnu la
souveraineté du Pape sur toute l'Église catholique, et a lui-
même concouru à l'enterrement du gallicanisme, en sollicitant
du Pape et par le Pape seul, une nouvelle institution de
l'Église en France. Mais il allie l'audace des césars aux super-
cheries du droit. C'est dans le creuset du droit qu'il entend
préparer les fondements de son empire. Ce droit des légistes,
jus romanum, *jus civile*, *jus Cæsarum*, n'est qu'une décoration
impériale et la justification de l'absolutisme ; il n'a jamais
rien fondé ni rien conservé.

À peine le Concordat signé, le nouveau Charlemagne n'est
déjà plus en accord avec l'Église. Il imagine, sans être chrétien, la cérémonie du sacre ; et dans cette même cérémonie, il
fait des réserves qui en annulent l'effet. Il se couronna de ses
propres mains, ôtant à cet acte du couronnement toute sa
signification ; et le peuple croit qu'il a été couronné par le

Pape. Il condense dans sa pensée toutes les subtilités des légistes sur la distinction des pouvoirs et les adapte à la formule juridique du nouvel empire d'Occident. Il est l'empereur légiste, le vrai successeur des empereurs romains. C'est par le droit non moins que par l'épée qu'il veut réduire les peuples. Il brise les résistances politiques par l'épée; il dissout par le droit les institutions aristocratiques et traditionnelles qui lui font obstacle. Ce caractère de la conquête romaine, il l'a transporté dans toutes ses conquêtes, en France, en Espagne, en Italie, sur les bords du Rhin.

Le Code civil suivait ses armées, et la loi des partages forcés s'installait avec notre domination. Et elle a plus duré que notre domination; elle règne encore dans le Midi de l'Europe. Les pays allemands qui l'avaient acceptée commencent à réagir avec une certaine force, et reviennent peu à peu à leurs anciennes coutumes de conservation sociale. Depuis le triomphe du christianisme sur l'empire romain, le despotisme s'est réfugié dans les arcanes de ce droit romain qui avait persécuté l'Église pendant trois siècles, pour y puiser des arguments et des prétextes. Les princes ambitieux, catholiques ou non, en ont trouvé. Napoléon seul a réalisé, dans toute son ampleur, la doctrine césarienne. C'est sur des idées empruntées au droit civil qu'il s'est appuyé. Il a invoqué les théories des légistes sur la propriété, les donations, les successions : du cercle étroit où elles s'agitaient dans l'intérêt des individus et des familles, il les a transportées dans les sphères politiques les plus hautes et les plus vastes. Et là a été le secret de sa grandeur et de ses revers.

CHAPITRE XXIII

DES CONTRATS

I

La légitimité des contrats est dans la liberté des individus, non que la volonté légitime tout ce à quoi elle s'applique, comme l'ont prétendu des docteurs d'outre-Rhin ; mais l'uniformité des relations sociales développées, par un long usage, a produit les types naturels des contrats. La vérité entre dans les actes juridiques par la bonne foi. Depuis le christianisme, c'est là une notion vulgaire. Il n'en était pas ainsi dans l'ancienne Rome. Le matérialisme primitif des institutions romaines réduisait le droit en faits et en formules : la conception du droit n'était que la force régularisée. La propriété, c'est la possession. L'autorité paternelle, c'est le pouvoir du maître sur l'esclave. L'État, c'est l'absolutisme de la cité sur les hommes et sur les choses. Les contrats sont *stricti juris*. La famille est une subdivision de la cité, un membre de la cité. Les actes individuels ont un caractère public. Tout ce qui modifie la personne du citoyen reçoit le cachet de l'État. Le système des formules juridiques, des fictions de droit, embrasse donc les contrats. La volonté, la liberté, la bonne foi sont subordonnées au formalisme qui seul réalise les actes légaux.

La vente simule d'abord le combat judiciaire par lequel la chose passe des mains du vendeur dans celle de l'acheteur. C'est ainsi que la rapine devient l'origine de la propriété. Comment ne pas voir dans cette fiction, qui s'est prolongée dans l'histoire du droit, l'attestation d'un état primitif où la force était le seul droit? Le mariage figure l'enlèvement de la femme à main armée. L'enlèvement des Sabines

est transformé en fait juridique. Le fait matériel de la tradition joue un grand rôle. Point de vente de champ sans la
présentation d'une motte de terre ou d'un brin de paille. Plus
tard une sorte de droit des gens s'est formé par l'affluence des
étrangers, par la pratique des plébéiens. Par les contrats
bonæ fidei, dégagés de formalisme, les intérêts et la volonté
des parties ont seuls prévalu. Mais cette victoire partielle du
bon sens et du droit n'empêcha pas l'ancien esprit de persister
et nous en avons la preuve jusqu'à nos jours. Les ruses du
préteur ont souvent déjoué le droit strict et rendu valables
des actes qui autrement auraient été frappés de nullité. Et on
peut dire qu'alors la bonne foi s'introduisait dans la cité avec
mauvaise foi. Cette bonne foi ne fut qu'une interprétation
arbitraire du préteur. Serré dans l'ancien formalisme, ou
livré au caprice du préteur, le citoyen voit sa volonté, sa liberté
juridique également compromise.

C'est seulement avec le christianisme que la bonne foi prend
la place principale dans les contrats. Par la distinction des
deux pouvoirs, l'homme échappe à l'absorption de l'État, rentre
dans sa liberté, reprend possession de sa conscience. Il devient
capable d'actes qui ont leur cause dans sa seule volonté. Il a
cessé d'appartenir à l'État ; à côté du citoyen il y a le chrétien.
Entre l'État et le citoyen, la rupture n'est pas entière. Il s'est
opéré un partage d'attributions. L'individu existe par lui-
même et sa volonté fait loi dans le domaine des intérêts particuliers. Le christianisme fonde le grand fait de la famille sur
la liberté. Les conjoints sont les ministres du sacrement de
mariage, l'autorité des parents n'intervient pas. Le dogme de
la liberté humaine s'implante par le sacrement de mariage
dans toutes les familles. De cette liberté, de cette autonomie
de la famille sortira la conception d'un droit pur et humain,
formulé par la coutume, sous l'influence de l'Église.

Sans repousser une certaine action de l'État pour tout ce
qui est d'ordre public, l'esprit chrétien pénètre les contrats
individuels, les obligations de famille. L'individu est libre et
s'oblige en vertu de sa liberté. Les obligations que nous imposent la religion, la nature, la société, témoignent de notre
liberté, mais n'en dépendent pas. Elles sont la part de Dieu,

la loi que nous devons volontairement accomplir. Cette loi ne nous assujettit pas; elle nous rend libres, notre conscience y adhère. M. de Savigny prétend que « l'idée de l'obligation consiste dans la domination sur une personne étrangère, non, cependant, sur la personne tout entière, mais sur ses actes isolés qu'il faut considérer comme une restriction à sa liberté, et un assujettissement à notre volonté ». (*Le droit des obligations.*) Qui ne sent un esprit tout imbu de paganisme; il ne voit dans l'obligation que la servitude.

L'obligation n'est pas une servitude, elle n'est pas imposée par la force; la violence lui ôterait son caractère juridique. Elle est un devoir découlant de la libre volonté, elle a sa cause dans les deux volontés qui se sont réunies pour la réaliser. Il n'y a pas là de domination ni d'assujettissement; et le terme défini par Savigny est plus obscur après la définition. En m'engageant, je ne restreins pas ma liberté, je l'étends, mon action en engage un autre envers moi. Le contrat est libre de part et d'autre. Et chacun a agi ou cru agir dans son intérêt. A quoi nous servirait la liberté si elle ne nous permettait, dans une juste mesure, de disposer de nous-mêmes et de ce qui nous appartient? Nous ne sommes pas isolés, nous vivons avec nos semblables. Dans ces relations nécessaires, nous échangeons nos services. Telle est la source des contrats et des obligations qu'ils engendrent.

Notre liberté n'est pas détruite par de justes lois ni amoindrie par des engagements légitimes. Le droit, dans son vrai sens, est le guide de la liberté, il n'en est pas l'adversaire. L'homme naît dans le droit naturel (*natura nasci*). Et ce droit, les législateurs ont essayé de l'affaiblir ou de le falsifier. M. de Savigny considère les obligations juridiques comme une servitude légale. Pour lui, la loi est une servitude. Et, en effet, elle vient du prince, du législateur, non de notre conscience. La société n'est pas une servitude nécessaire. S'il en était ainsi, rien ne serait plus propre à la faire détester et les socialistes auraient beau jeu. La société est un état naturel, le seul où l'homme puisse vivre.

Le matérialisme du droit romain conduit directement à la négation du droit. Ainsi, ce n'est pas le droit de propriété qui

18

est transmis. C'est la chose elle-même, la possession de la chose. A Rome vous pouvez vendre la chose d'autrui, parce que vous ne transmettez pas un droit, vous vous engagez seulement à livrer la chose, fait matériel. Notre Code civil attache à la manifestation de notre seule volonté l'effet des obligations. Ce n'est plus le signe extérieur qui constitue l'efficacité de l'acte juridique. Notre volonté est reconnue capable d'opérer par elle-même, parce qu'elle dispose du droit de propriété qui, lui aussi, est immatériel, et se distingue de la possession ou de la détention physique de la chose.

Avec la doctrine du stoïcisme, le droit romain devint un droit rationnel, universel. Et comme tel il développa jusqu'à la dernière limite la puissance de l'État. La plupart des jurisconsultes romains appartiennent au stoïcisme qui fut en définitive la doctrine de l'empire. Le panthéisme stoïcien s'accordait avec l'idolâtrie païenne ; il prônait la communauté universelle des hommes que réalisait l'empire. Sa morale, on le voit principalement par Épictète, était la résignation, l'indifférence politique. Elle convenait aux césars. Les jurisconsultes furent les agents des grandes persécutions césariennes contre l'Église. Les stoïciens aidaient à la servitude universelle et la justifiaient. Leur fatalisme, semblable à celui des musulmans, ne s'opposait à rien. Ils se tuaient sur un ordre de l'empereur, ou seulement pour échapper à l'ennui de l'existence, et finir au jour qu'ils avaient marqué. Ce fut une grande école d'absolutisme ; leur façon d'obéir à la raison seule aboutissait à faire l'empereur chef de la grande communauté, le représentant de la raison universelle. De là cette idée que l'empereur est « la voix vivante du droit ».

Les peuples non soumis à l'empire romain et restés fidèles à la tradition de la famille ont eu et conservent une autre idée du droit. Pour eux, le droit est inné et non factice, il réside dans la famille, en chacun de nous, dans toutes les associations formées par notre volonté. Le devoir de l'État, c'est de protéger ce droit, d'assurer son libre développement. L'État ne le crée pas, il s'y associe. Ce droit est immanent, perpétuel, il est l'expression de la nature humaine. Sans repousser toute réglementation, il redoute, il limite le légis-

lateur. C'est dans la coutume qu'il cherche sa règle. Les races
germaines ont encore cette idée du droit, bien différentes des
races méridionales, où le droit césarien a jeté de profondes
racines. Le droit romain était savant, idéal. Il s'est formé,
non par des votes et des discussions, mais par le mouvement
général d'une société qui tournait au césarisme et pour qui la
force était la seule loi. Il se forma des décisions des magistrats
et des consultations des prudents ou jurisconsultes, à qui l'empereur donnait force de loi ; c'est un spectacle unique dans
l'histoire. Cette justice était arbitraire et ne différait pas de la
justice turque. Chaque magistrat jugeait d'après sa propre
inspiration ou en consultant les faits de la cause. L'amas de
décisions que renferme le Digeste compilé par Justinien ne
fut jamais appliqué. Fait pour les Grecs qui n'en comprenaient
pas la langue, ce recueil fut plutôt un objet d'étude pour les
écoles de droit qu'une législation. Les trois quarts de l'empire
échappaient à la juridiction impériale. Mais, dans cet arsenal
de lois subsistaient des maximes, des doctrines très favorables
au pouvoir absolu, et vivement recommandées aux princes par
les légistes dans les luttes sans cesse renouvelées du sacer-
doce et de l'empire.

L'arbitraire du droit tend aux intérêts privés un piège qu'il
leur est impossible d'éviter. Notre Code civil déclare nulles
toutes les conventions contraires à l'ordre public et aux
bonnes mœurs. La vague de ces expressions prête singulièrement à l'arbitraire ; aussi en a-t-on fort abusé. D'étranges
interprétations se sont produites devant les tribunaux. N'a-
t-on pas décidé que l'action de tenir un pensionnat était
immorale ? N'a-t-on pas violé des engagements conclus avec
des ordres religieux comme contraires à l'ordre public ? Ce
n'est pas seulement la loi qui est détournée de son sens.
L'administration prend la place de la justice, et la justice à
son tour suit l'impulsion administrative. Les légistes s'accordent
à déclarer immorale la poursuite du délit de séduction. Il en
résulte une multitude de délits ou de crimes commis par les
filles trompées et qui trouvent grâce devant le jury parce que
le complice n'est pas sur le banc des accusés.

L'État moderne, violentant les consciences chrétiennes,

a laïcisé le mariage et porté atteinte à la volonté des parties. Il a établi la faculté de divorcer pour multiplier les mariages. C'est ainsi que sous Auguste, pour peupler l'empire, la loi offrait des primes de toute sorte aux mariages. Ce n'est pas le nombre, mais la fécondité des mariages qui remédiera au manque de population. Ces mêmes légistes, qui se disent favorables au mariage, empêchent, par leurs lois de division forcée, les familles de s'accroître et de prospérer. Les primes pour le mariage valent les primes pour l'agriculture. Et si vous n'avez que ces encouragements à donner à la famille et à l'agriculture vous n'avancerez pas beaucoup le problème social. La famille comme l'agriculture n'a besoin que de la liberté. Ces deux institutions ne sont pas si jeunes en ce monde qu'elles n'aient trouvé des règles pour se conduire, des lois pour se développer. Le législateur qui ôte à la famille les moyens d'existence et l'invite à se multiplier se recommande du paganisme et du droit romain. Son zèle pour le mariage n'est qu'une opposition déguisée au dogme du célibat ecclésiastique. C'est en vertu de ce principe que, dans notre grande révolution, les légistes ont poussé au mariage des prêtres. Ils invoquaient l'utilité publique, et le tort que faisaient tant de célibataires à la population.

Les mariages du temps d'Auguste n'ont pas empêché la population de s'éteindre. Ce qui est d'utilité publique, ce n'est pas qu'il y ait beaucoup de mariages, mais qu'ils soient moraux et religieux. Se marier n'est plus un devoir civique, c'en était un sous la Révolution, parce qu'alors nous retournions au paganisme romain. Cette utilité publique, cet intérêt de l'État est ainsi qualifié par Portalis dans le discours préliminaire du Code civil : « Nous appelons esprit révolutionnaire le désir exalté de sacrifier violemment tous les droit à un but politique et de ne plus admettre d'autre considération que celle d'un mystérieux et variable intérêt d'État. » Ordre public, intérêt d'État sont synonymes au fond, quand celui qui les définit est à la fois juge et partie. Le premier se tourne contre les intérêts privés, le second s'adresse à la politique et n'est le plus souvent qu'un argument de circonstance ou une fiction.

II

Les contrats aléatoires tiennent une grande place dans le mouvement des affaires et dans les intérêts privés. Qui ne songe à s'assurer contre l'incendie, la grêle, les inondations, suivant la nature des lieux? Les rentes viagères sont une autre sorte de garantie. Elles s'étendent et se multiplient. La destruction des corporations, l'instabilité des familles refoulent l'homme dans l'individualisme où il est souvent à l'étroit. Il cherche à en sortir. Il n'a personne à qui laisser son bien, il le convertit en une rente viagère. L'État s'est fait assureur, pour avoir l'argent de ses sujets. C'est un acte de socialisme. L'État entre dans le système d'avoir la manutention de toutes les fortunes privées. Il invite à les liquider, et à lui en transmettre le montant. La rente publique équivaut presque à la valeur d'un tiers du territoire français. Par les caisses d'épargne, toutes les économies des classes ouvrières vont à l'État. Par les assurances, l'État s'emparerait de plus en plus des propriétés privées. Il ne manque pas de publicistes pour prôner l'assurance obligatoire, et logiquement, l'État y sera un jour conduit. Toutes les terres ne sont pas également exposées à la grêle et aux inondations. Comment, sans violer la justice et entrer dans la voie du communisme, assujettir les unes à un impôt en faveur des autres? On y a renoncé, mais qui sait ce que l'avenir nous réserve? Toute tentative de l'État sur le domaine privé a de longues conséquences, par la raison que les familles n'offrent aucun point de résistance. Elles sont isolées, en liquidation perpétuelle. Elles ne demandent qu'à acquérir un peu de calme en confiant leurs fonds à l'État.

Les institutions communistes se développent à mesure que la famille se dissout. A l'assurance naturelle de la famille, de la corporation a succédé d'abord l'assurance de grandes compagnies financières. Puis l'État intervient et prend sa place, qui est toujours celle du lion. Nos lois nous interdisent l'avenir, nous nous renfermons dans le présent. Chaque génération s'isolera de la génération qui la suit, et dépensera le plus possible. Les chances du communisme s'augmentent de l'impuis-

sance des familles, de la facilité avec laquelle l'État attire tout
à lui. On lui offre, quand il ne prend pas. Comment ne serait-il
pas bientôt détenteur de toutes les fortunes ? Ce n'est pas que
l'assurance soit d'une utilité générale : elle rend à la propriété
ce qu'elle en a reçu. Elle remédie à des maux particuliers, que
l'assurance mutuelle, dans un rayon déterminé, serait en
mesure de guérir. Grotius, dans son commentaire sur les
Évangiles, croit que ces paroles : *mutuum date, nihil inde spe-
rantes*, s'appliquent aux mutualités. Il pense qu'il était d'usage,
chez les Hébreux, en cas d'incendie, d'inondation, etc., de
fournir en nature à la famille malheureuse tout ce qu'il fallait
pour réparer le dommage. Chacun y contribuait : ceux qui
n'avaient rien à donner, offraient leur travail. Ces habitudes de
fraternité semblaient une garantie réciproque : on donnait
dans l'espoir qu'en cas d'accident on recevrait également; et
c'était ainsi une sorte de prêt. Le *mutuum* est le prêt de consommation, il se rendait en nature. Le sens de l'Évangile
serait donc, d'après Grotius : faites des prêts, des dons de consommation en matériaux, en vivres, en argent, sans même
espérer qu'on vous rende la pareille un jour, si vous tombez
dans le malheur. Ce précepte de charité devenait une institution chez les Hébreux. Les chefs de famille gouvernaient
leurs biens et réglaient leurs relations avec les propriétaires
voisins. Des compagnies de spéculateurs ne s'enrichissaient pas
de ces calamités privées. Nos agriculteurs sont en proie à
toutes les sollicitations du dehors ; ils sont assaillis de projets
d'assurances ; toutes les compagnies de crédit viennent à eux.
Mais ce n'est plus le don de la charité. L'hypothèque et l'expropriation sont au bout. Car l'agriculteur, qui n'a pas le droit
de conserver son bien, a le droit de se ruiner, et il est sûr en
cela de remplir le vœu du législateur.

Sous Louis-Napoléon furent conçus des plans d'assurance
obligatoire et universelle. On oubliait de communiquer le
secret d'égaliser les risques. L'assurance n'eût été qu'une
quote-part de contributions, et surtout un moyen facile pour le
gouvernement de pénétrer dans la gestion de la propriété
foncière. L'assurance universelle rentre dans la solidarité des
socialistes. Dans ce système, l'État, résumant toutes les forces

de la nation, se chargerait de tout ; il estimerait les terres, les risques, les primes d'assurance. Au milieu de toutes ces expertises, le cultivateur ne serait plus maître de rien. Sa fortune devenue liquide s'écoulerait de ses mains dans celles des capitalistes ou prêteurs qui ne lui auraient fourni des fonds qu'en prenant des précautions. Si nous envisageons l'utilité de l'emprunteur, nous devons conclure que les indemnités payées à des agriculteurs par d'autres agriculteurs n'intéressent pas l'agriculture en général et ne sont pas d'intérêt public. L'assurance, pour être vraiment utile, doit s'agiter dans le cercle des intérêts privés. Cette confusion de l'intérêt public et de l'intérêt privé constitue le danger propre à la France moderne. Bien des risques seraient prévenus par le seul concours des intéressés, si l'État ne mettait pas obstacle à l'action individuelle et n'imposait pas à nos efforts et à nos sacrifices une limite si bornée. Les fleuves débordent : mais les riverains ont-ils la faculté de s'unir, d'endiguer ou de diriger le fleuve, de lui opposer des travaux permanents de défense? Le morcellement de la propriété, l'instabilité des intérêts, l'impossibilité légale d'assurer l'avenir d'une entreprise, livrent de nombreuses populations au fléau de l'inondation? Et ces inondations n'ont-elles pas pour cause le défrichement des montagnes autrefois boisées? Les forêts disparaissent parce qu'elles ne sont plus possédées par des communes, des corporations, des corps perpétuels. Leur utilité ne peut s'apprécier qu'à la longue ; la famille du Code civil n'a pas le temps d'attendre ; elle n'a qu'un court temps à vivre et elle s'empresse « de dévorer son règne d'un moment ». Les institutions communistes se propagent parce que le droit de propriété n'a pas eu une assiette fixe, et qu'il est forcé de restreindre son action dans la limite du viager.

Le jeu de bourse, l'achat ou la vente de rentes et de titres fictifs est le contrat aléatoire qui exerce le plus d'influence sur la richesse publique. Il attire les capitaux à la Bourse, il les détourne de l'agriculture, de l'industrie, du commerce. Les gouvernements trouvent de l'utilité à avoir des fonds élevés parce qu'ils songent toujours à emprunter et se placent dans une situation toujours besoigneuse, par un système de réformes

coûteuses ou par des folies guerrières ou autres, qu'il faut
payer. L'ancien régime fut pauvre, mais jamais il n'osa
affirmer son droit d'emprunter indéfiniment; il se sentait
arrêté par des principes de théologie et de droit naturel.
Avait-il le droit de dépouiller la génération future? La société
n'est-elle pas une substitution qui doit être transmise intacte?
Et le droit d'usufruit que nous avons sur elle est-il compatible
avec des emprunts qui engagent sérieusement l'avenir? De tels
scrupules ne sont pas de notre temps. Il faut un régime socialiste de l'argent, beaucoup d'argent. Toutes les réformes
tentées ont pour objet de jeter dans un fonds commun des
ressources financières arrachées à l'industrie privée ou
d'établir des impôts nouveaux. L'instabilité générale des intérêts matériels tourne les yeux des petites gens vers la Bourse
et les fonds d'État. Un gouvernement socialiste ou seulement
à moitié socialiste serait bien bon de ne pas emprunter quand
les fonds viennent à lui et que l'affluence des acheteurs de la
rente rend de plus en plus fructueuse la vente qui en est faite
par l'État.

Personne ne compte plus sur l'amortissement, qui n'est efficace que s'il n'y a plus d'emprunts. L'État diminuera la rente,
en offrant le remboursement. C'est ce qu'il a déjà fait. Les
rentiers sont fort embarrassés; on leur retranche sinon un
quartier, du moins un dixième. S'ils n'acceptent pas, ils vont
recevoir des centaines de millions. Mais où les porteront-ils?
quelles entreprises financières sont plus sûres que l'État? Les
fonds étrangers ont si souvent mal tourné qu'il n'est guère
sage de s'y aventurer. D'ailleurs, le taux général de l'argent
baisse de plus en plus. On cède; mais s'il était possible de
fonder des propriétés foncières, d'employer ses fonds en
travaux durables et productifs, croit-on que beaucoup de
rentiers hésiteraient à reprendre leurs fonds? Le système
financier agit contre les intérêts productifs du pays. Ces intérêts
ne sont pas révolutionnaires; ils aspirent à une stabilité et à
une continuité qui n'est pas dans l'ordre rêvé depuis 1789. La
magistrature s'est montrée hostile aux jeux de bourse. Elle
n'a jamais pu comprendre qu'on vendît la chose d'autrui,
malgré le texte formel du Code. Vendre le titre qu'on n'a pas,

n'est-ce pas, en réalité, disposer d'une chose qui est dans les
mains d'un autre? Si le contrat s'exécute, il faut se procurer
cette chose, l'acheter. Les financiers pouvaient se défendre en
se retranchant dans la définition de la vente par le droit
romain. La vente, en droit romain, n'avait pas pour objet de
transférer la propriété immédiate. Comme la vente n'était parfaite que par la livraison, le vendeur s'engageait seulement à
livrer la chose. La vente, ainsi entendue par les financiers,
n'était qu'une promesse de livrer. Et d'après nos lois, un mot
employé à tort ne préjudicie pas au sens que les parties ont
voulu lui donner. La promesse de livrer une fois admise
comme la vraie signification de la vente à la Bourse, il devenait
tout simple que, par une transaction, cette promesse se réduisît
en un payement de différences. Au reste, la magistrature a eu
rarement à s'occuper des affaires de bourse; elle ne brillait
pas par l'intelligence des choses financières; et ce n'est pas
non plus par là que se sont distingués les anciens légistes.

M. de Villèle disait à la Chambre des Députés le 30 avril 1824 :
« On ne peut tuer l'agiotage qu'en renonçant au système de
crédit adopté, qu'en éteignant la dette, mais tant qu'on sentira
la nécessité de recourir à des emprunts, il faudra bien conserver tous les moyens de crédit. » L'époque où parlait M. de
Villèle est loin de nous; il constatait une situation, il ne proclamait pas un principe. Il indique même que la dette publique
est un mal, un remède imposé par la suite de nos révolutions.
Il fait allusion à l'extinction de la dette publique. Il pouvait y
songer, ce vœu était celui de tous les hommes de l'ancien
régime; une longue paix eût permis de le réaliser. Malgré
tout, M. de Villèle est la plus éclatante personnification de
notre système de crédit. Il a été développé jusqu'à l'absurde;
alors, il avait la réputation de soutenir le trône. Les financiers
furent les ennemis de la Restauration et contribuèrent à la
renverser. Cette puissance de l'argent, née d'une révolution
qui abolit les lois contre l'usure, ne s'accordait pas avec les
souvenirs de l'ancien régime et avec les intérêts qui en reven-
diquaient le patronage. Depuis, les intérêts conservateurs ont
été tellement réduits à néant, que la finance est menacée dans
la plupart de ses conquêtes et prérogatives. Et le jour n'est

peut-être pas loin où les financiers s'accrocheront aux principes conservateurs pour éviter une ruine totale. Ils chercheront un placement dans le sol et ils exigeront que le droit de propriété ne soit pas illusoire.

La loi refuse sa protection au contrat de jeu. Elle ne donne pas d'action aux joueurs (art. 1965). Le législateur pense que le jeu doit être un amusement, une distraction. Il laisse à la passion, qu'il ne peut réprimer, le soin de se régler. La bonne foi absolue est la condition du jeu. Les parties s'y soumettent allégrement, et les dettes de jeu ont pris le nom de dettes d'honneur. C'est ainsi que, se mettant au-dessus de toute autre considération, les joueurs remplissent leurs obligations et dédaignent l'appui que leur offrirait la justice pour y manquer. D'ailleurs, une dette de jeu payée n'est pas sujette à répétition. Vous avez disposé de votre bien, le législateur respecte votre volonté. Si vous en aviez disposé pour fonder un établissement de famille ou d'utilité publique, la loi s'y serait opposée. Elle protège en vous moins le droit de propriété que l'usage que vous en faites. Il lui suffit que cet usage ne tende pas à la conservation de la chose.

Tout joueur de profession se ruine. Il semble qu'il y ait des gagnants et des perdants. Mais l'expérience nous montre beaucoup de joueurs ruinés et très rarement des fortunes du jeu. S'il n'y avait que deux joueurs ou deux parties, il y aurait un gagnant et un perdant. Mais le joueur continue de jouer. S'il joue contre plus riche que lui, il court à sa perte; son adversaire a plus que lui le moyen de fatiguer la mauvaise chance. Et, supposez un riche joueur, son sort n'est pas plus sûr. Il a en effet contre lui tout le public des joueurs, et les ressources réunies de ce public l'emportent sur les siennes. Tout joueur a contre lui, à la longue, une majorité de chances. Vous lui criez, quand la chance a bien tourné : arrêtez-vous! Ce serait raisonnable si le jeu était une entreprise de raison, un moyen de s'enrichir. Mais le joueur joue pour jouer et non pour s'enrichir. C'est là le caractère de sa passion.

Tous les jeux n'ont pas ce caractère de passion malsaine et le Code distingue ceux qui auraient un but utile (art. 1966) et il reconnaît les paris qu'ils suscitent, pourvu que les paris ne soient pas exagérés. Les courses de chevaux sont de ce genre. C'est une grande ressource pour un pays d'avoir de belles et nombreuses races de chevaux. Ce n'est pas seulement l'arme de la cavalerie qui en profite, c'est l'agriculture et l'industrie des transports à petite distance. Les courses de chevaux ont toujours été en honneur depuis les anciens jusqu'à nous. Il est à remarquer que l'élève du cheval comme du bétail en général exige la grande propriété. Un pays de noblesse est plus apte à produire des chevaux qu'un pays démocratique et à propriété morcelée. La France achète des chevaux en Allemagne ; elle avait sous le régime féodal plus de chevaux qu'aujourd'hui. Il était inutile alors d'encourager l'élève du cheval ; l'organisation sociale s'y prêtait.

CHAPITRE XXIV

LE MANDAT

Nous ne pouvons pas toujours agir par nous-mêmes ; nous sommes alors obligés de charger quelqu'un de nos intérêts. C'est notre mandataire, et nous répondons de ses actes, tant qu'il ne sort pas des limites du mandat. Quant à lui, il nous doit compte de sa gestion. Le mandat est de sa nature gratuit, quoique les parties puissent y mettre la condition d'un salaire. Tels sont les principes posés dans le titre du *mandat*. Pendant longtemps la doctrine du mandat n'a eu qu'une faible place dans la société chrétienne. Le principe de la souveraineté du peuple, renouvelé des Grecs et des Romains, a étendu la sphère du mandat. Le gouvernement s'est trouvé le mandataire du peuple, le pouvoir n'a plus été qu'une délégation. Il y avait un déplacement de mandat ; le pouvoir, par une novation de titre, venait du peuple et non plus de Dieu. Le césarisme exprime cette conception juridique : il donne pour racine à l'empire, à l'*imperium*, la souveraineté du peuple. Les anciens portaient le principe jusqu'à ses conséquences extrêmes, et ils admettaient l'assassinat politique comme une sorte de reddition de compte imposée à la tyrannie. L'empire romain, transformation de l'*imperium* républicain, était absolu, et ne connaissait ni frein, ni limites, ni contrepoids. Il n'avait pour limites que les conspirations militaires et le tyrannicide que l'antiquité n'a jamais osé condamner. Et pendant trois siècles, le tyrannicide immola autant de césars que la persécution fit de papes martyrs.

Le christianisme adoucit le pouvoir en le ramenant à son origine qui est Dieu. Le pouvoir apprit à respecter tous les droits, car tous les droits sont analogues au pouvoir, et ont, avec lui, une source commune qui est Dieu. Cette diversité de droits fondait la liberté politique. Le droit, sans doute, ne manquait pas d'une certaine représentation ; mais cette représentation, multiple dans ses éléments, n'avait pas le caractère du mandat. L'idée d'assemblées politiques où se réunissent les chefs de l'Église et les chefs de la société civile et militaire était familière à tous les États chrétiens. Sans être élus par le peuple, ils le représentaient par la connexité des droits et des intérêts. En haine de l'influence de la papauté, les princes accueillirent l'idée du mandat populaire que leur fournissait le droit romain. Mandataires prétendus du peuple et de l'opinion publique, les princes ne portèrent pas seulement atteinte à la religion ; ils s'attaquèrent au droit de propriété. La fiction du mandat populaire n'a porté bonheur à aucun. Quand Louis XVI fut proclamé le mandataire du peuple, ce fut la fin de la monarchie française. L'Assemblée constituante lui reconnut, pour la forme, un droit de *veto* ; et quand il voulut l'exercer, ce fut sa condamnation et sa mort. Il était cependant censé irresponsable. L'idée du mandat, soutenue par tant de légistes, fut la plus forte. Elle seule pouvait colorer la juridiction de la Convention. Un grand nombre d'orateurs, en motivant leur vote de condamnation, invoquèrent les exemples donnés par les anciens ; et Brutus eut l'honneur de figurer mille fois dans la sanglante rhétorique du temps : la Convention s'autorisa du meurtre qui l'a rendu célèbre, comme d'un précédent juridique.

Le régime représentatif n'a pas réussi en France. Installé par l'insurrection, en dehors de tout développement spontané, il a toujours gardé le caractère et le cachet de son origine. Il ne se perpétue que par les émeutes et les coups d'État. Les trois pouvoirs substitués à l'anarchie révolutionnaire de 1789 et à l'empire succombent tous les quinze ans à la désunion. La Chambre des députés, plus spécialement représentative du peuple, d'après le principe du mandat, est toujours prête à culbuter les deux autres pouvoirs. Elle donne le signal de l'insurrection. Par elle ont péri tous les gouvernements. C'est qu'en effet, en bonne logique, la souveraineté du peuple ne comporte pas de gouvernement. Quelle idée bizarre de vouloir

gouverner un souverain! Si le souverain n'est pas capable de
se gouverner, comment gouvernera-t-il les autres? Il est donc
naturel que les représentants du peuple détruisent sans cesse
le gouvernement. C'est leur mission. Le peuple est souverain;
et ces députés qui se posent en juges, précepteurs et législateurs du peuple ont tout l'air d'enchaîner leur maître et
seigneur. Ce sont des mandataires ou des valets infidèles;
s'ils veulent conserver quelque popularité, qu'ils se hâtent
de déchirer les lois et les constitutions! Ils n'y manquent
pas.

Pourquoi le mandat populaire est-il éminemment contradictoire et anarchique? Ce mandat repose sur un panthéisme
mystique, sur l'idée que le peuple, être vague et incomplet,
est le droit, la morale, la sagesse, et qu'il délègue ses dons
à son représentant. Qu'il ait cinq cents représentants ou un
seul, la condition du mandat ne change pas. Et les cinq cents
représentants sont aussi infaillibles que César tout seul.

On peut dire que le peuple souverain, le *populus imperator*
de Tacite, est devenu Dieu, puisqu'il a usurpé tous les droits
divins reconnus par les sociétés chrétiennes. Le mandat de
droit populaire est anarchique en tant qu'il est la négation du
mandat de droit divin, des droits et des libertés de droit
naturel qui limitent notre volonté comme celle de nos représentants. Le respect de Dieu, celui du droit de propriété et
celui de la famille s'appuient sur l'Église, sur les propriétaires,
sur les pères de famille. Ce sont là, dans l'ordre de leurs
fonctions, les représentants de Dieu. Ils ont reçu de lui mandat
de gérer les intérêts qui leur sont confiés. Et si la société a un
pouvoir suprême à sa tête, ce pouvoir qui est, lui aussi, investi
d'un mandat divin, est obligé de respecter, de protéger
d'autres mandataires du même Dieu, qui ne lui sont subordonnés que dans une certaine mesure. Le mandat populaire
épuré, borné à ce qui est de la compétence de l'autorité civile,
n'est pas contraire à l'ordre divin.

Les fauteurs de nos révolutions n'attribuent tant de droits
au peuple, que pour s'en revêtir eux-mêmes; et ils se servent
pour cela de la doctrine du mandat. Le dogme de la souveraineté du peuple n'a pas d'autre conséquence logique que d'af-

tabler de la souveraineté un homme ou une assemblée, souveraineté infinie, insensée, qui se détruit elle-même.

Il y a eu des républiques chrétiennes. Mais le mandat populaire n'était pas de même nature que le mandat exercé par les césars et par les continuateurs de la Révolution française. Dans les républiques catholiques de Suisse et d'Italie, la constitution respectait Dieu et les droits de l'Église. Le peuple s'y sentait libre sans avoir l'insolence de se croire souverain. De qui ou de quoi aurait-il été souverain? Le vote des pères de famille est représentatif en un sens, puisqu'ils sont chargés des intérêts de tous. Mais ils ne tiennent pas ce mandat des femmes et des enfants qui ne les ont pas élus. Ils exercent un mandat qui vient de Dieu ou leur est décerné par la nature. La souveraineté du peuple et le suffrage universel, qui en est l'expression ordinaire chez nous, sont deux chimères. Il n'y a pas de suffrage universel, car un tel suffrage se traduit logiquement par l'unanimité « et cet heureux phénix est encore à trouver », quoique les femmes et les enfants soient exclus du vote. Un peuple n'est vraiment représenté que par ceux qui sont à sa tête dans les différentes branches de l'ordre social, la religion, l'agriculture, l'industrie, le commerce, la marine, l'armée.

La loi nous impose des mandataires spéciaux pour le règlement de nos affaires. Le système de liquidation perpétuelle où sont tous les intérêts de famille en France exige l'emploi d'une nombreuse troupe de légistes. Le père de famille n'ayant plus qualité pour disposer de son bien et en régler sans frais l'évolution, est remplacé dans sa fonction essentielle par toute une classe d'hommes de loi, dont l'unique occupation est de partager les biens, de vendre les héritages, de liquider les fortunes. Si la nature impose à chacun le droit, le devoir de régler sa succession, l'État prend sur lui la tâche du père de famille. Comme disait un césarien, M. de Persigny, l'État est le père de famille universel, le mandataire universel de toutes les familles. Voilà son titre juridique; il l'a tiré des paperasses de Justinien. Et les légistes ont fourni des arguments pour la validité du mandat. Ils n'osent cependant pas soutenir que la nature confère ce mandat à l'État, ou que les pères de famille

le lui aient décerné d'un commun accord. Eh bien, d'où vient-il ?
C'est un mandat fictif. Si c'en est un de gérer les biens des
familles sans leur assentiment, c'en est un autre d'élever leurs
enfants malgré elles. Ainsi l'intérêt de l'État est tout autre que
celui de ses administrés ; il travaille sans cesse à détruire ce
que le père de famille recommence sans cesse, le bien de
famille et l'éducation des enfants.

Notre mandataire est devenu notre tuteur : il gère notre
personne et nos biens : ceux qui ont sollicité nos suffrages
nous marchent sur la tête. Et nous n'avons pas la consolation
de pouvoir accuser quelqu'un. Ce sont des anonymes ; ils ne
font que passer, nous n'avons pas le temps de les reconnaître ;
s'ils restaient, ce serait bénéfice. Les plus mauvais sont
toujours remplacés par de pires. Le coupable, c'est la loi,
l'absolutisme d'État, le principe de dissolution attaché à tous
les intérêts privés et de famille. Notre organisation judiciaire
est fondée sur l'incapacité présumée des Français à gérer leurs
affaires. Il va sans dire que leur fortune s'amincit et se réduit
souvent à zéro, en passant par les mains de tant de copartageants. Déjà l'ancien régime était célèbre par les frais de
procédure et la longueur des procès ; et nos légistes, par l'im-
mensité de leurs compilations, dépassaient les légistes de
toutes les autres nations. La part du fisc dans nos dépouilles
est toujours nette ; elle n'est primée par aucun droit. Il n'y a
pas de risque que la fortune ou même l'aisance se conserve
dans une famille. La loi nous inflige une pauvreté systématique, aliment constant de nos agitations périodiques, et des
utopies socialistes de nos gouvernements modernes.

La fiction de la souveraineté du peuple nous jette dans le
césarisme ou dans le gouvernement des majorités, mais les
majorités sont changeantes. La majorité, c'est la loi du plus
fort ; il n'est pas nécessaire d'être bien habile pour le deviner.
C'est le vieux système des factions et des proscriptions. Nous
le connaissons ; il est en pleine expérimentation. Et ce n'est
pas la doctrine du mandat qui lui portera le coup de mort. Le
mandat interdit toute transmission héréditaire du pouvoir ; il
est, en effet, personnel, rigoureusement attaché à la personne.
On a essayé de soutenir, en faveur de la royauté, que le peuple,

à l'origine, avait élevé une famille. C'est une fiction, et les mots élection et famille sont contradictoires. Les races royales s'implantent par la coutume, et par plusieurs faits d'hérédité paisiblement répétés. On ne les choisit pas : un mandat n'est pas déféré à des inconnus, à des êtres qui ne sont pas encore. Ce qui rend la doctrine du mandat politique chère aux libéraux, c'est qu'elle est la négation de l'hérédité.

Il est de règle que le mandant peut toujours révoquer le mandat. Le mandataire n'exerce qu'une autorité d'emprunt. Et quand même elle lui aurait été déléguée pour un temps indéterminé, il n'est pas armé contre le mandant pour la retenir malgré lui. Le mandat est révocable de sa nature, telle est la vérité juridique. Tous les gouvernements issus de la souveraineté du peuple sont atteints de cette infirmité, l'instabilité permanente. Ils n'y échapperaient qu'en reniant leur titre et leur origine. La royauté élective la plus solide va jusqu'à la mort du titulaire. La mort brise le mandat. Ce n'est pas que tous ces empereurs ou rois électifs n'aient eu le désir de l'hérédité ; il est trop naturel pour qu'ils ne l'aient pas eu. Aucun n'a pu atteindre à l'hérédité, ni à Rome, ni à Byzance, ni en Pologne. Le sceau du mandat s'effaçait à la mort du mandataire, et le mandant rentrait dans son droit anarchique. Ni le mandant, ni le mandataire ne peuvent sortir de leur étrange condition. Ils sont rivés au principe faux qui a infecté la naissance du peuple, et s'est répandu sur toutes les générations où il est devenu incurable.

Nous les avons vus à l'œuvre ces gouvernements de mandataires, de représentants du peuple. Nous avons vu le dernier empereur chercher la sécurité chez les Prussiens, plutôt que de revenir à Paris où le roi Guillaume voulait le renvoyer. Nous avons vu la régente, les ministres, le Sénat, les députés s'enfuir au plus vite. Le Code civil nous déclare que les biens vacants et sans maître appartiennent à l'État. Et quand il n'y a plus d'État ? Et quand l'État lui-même est devenu un bien vacant et sans maître ? Alors il est au premier occupant ; et la nation vacante est au premier venu. C'est ainsi que nos mandataires savent défendre le poste qui leur est confié. Et comment le régime des majorités qui n'est que le droit du plus fort

19

n'engendrerait-il pas la division et la haine? Il y en a qui,
pour se débarrasser de l'empire et de l'empereur, auraient
donné trois fois plus de territoire qu'on ne nous en a pris. Les
millions de suffrages ne manquaient pas à l'empereur; et
quelle force ou quelle lumière en a-t-il tirée? Ces plébiscites
partiels ou universels ont le défaut de n'avoir aucune valeur
juridique; ils seraient annulés devant un tribunal, puisque le
mandant ne sait ce qu'il fait. Les plébiscites ne remplacent
pas la coutume, la prescription. Louis-Napoléon n'a pas osé
revenir, parce qu'il craignait le jugement de son peuple. Il
sentait qu'il avait un compte à rendre au peuple français ou
plutôt au peuple parisien. Il pensa avec quelque raison que le
logement qu'il recevrait du roi de Prusse était plus sûr pour
lui que celui du palais du Temple ou du château de Vincennes.

L'Église n'a jamais reconnu aux peuples le droit de juger
les rois. C'est qu'en effet elle n'admettait pas que la royauté
fût un mandat populaire. Le Saint-Empire, conception plus
idéale que réelle, ne reposait pas sur l'élection populaire, mais
sur la désignation d'un petit nombre d'électeurs qui eux-
mêmes ne tiraient pas leurs pouvoirs du peuple. Ainsi le
Pape, désigné par les cardinaux, ne tient pas d'eux son
pouvoir: la papauté est une substitution perpétuelle. Elle se
transmet intégralement en vertu de la loi de son divin fondateur. Ce n'est pas l'Église qui nomme le Pape, et le Pape
est le vicaire de Jésus-Christ et non le représentant, le mandataire du peuple chrétien. Par voie de délégation divine, il
est le chef de l'Église et le père des fidèles. Pierre revit dans
chacun de ses successeurs; c'est l'hérédité la plus longue dont
l'histoire fasse mention. La dynastie des Papes n'est pas près
de finir. L'Église communique la durée à tout ce qu'elle soutient; elle seule assurera à la France la paix sociale, mais
c'est à la condition que les Français voudront bien ne se reconnaître souverains que dans la limite où les chrétiens l'ont
toujours été, en respectant les droits de l'Église, de la famille
et de la propriété.

CHAPITRE XXV

LA VENTE

I

Il n'y a pas de contrat plus fréquent que la vente. Elle tient dans la vie des Français une place immense, chaque jour elle touche aux intérêts les plus importants ; elle modifie et transforme les droits par un mouvement incessant ; son empire s'étend sur toutes les familles et sur tous les biens. Le système des partages et liquidations forcés lui soumet tous nos intérêts. L'unité, l'indivision des patrimoines est proscrite par le législateur. Cependant n'y a-t-il pas des droits, des intérêts qui ont besoin de s'agglomérer, de se tenir embrassés pour répondre à des affections de famille ou à une volonté prévoyante ? Tout n'est-il que lutte et individualisme dans le droit civil ? La vente, ainsi dégagée de toutes limites, exprime bien l'instabilité de la civilisation moderne. Restreinte autrefois par le régime qui plaçait les intérêts individuels et sociaux dans la corporation et dans la famille, elle s'étend désormais à tout par la chute des corporations et des droits de famille. Le sol est littéralement à l'encan et la vente en est la dislocation incessante et universelle.

La vente est légitime quand elle émane de la volonté du propriétaire. Il n'en est plus ainsi quand elle est imposée par le législateur. Alors, elle n'est plus qu'un moyen de dissolution appliqué par une loi générale. L'État m'arrache ma propriété : je suis propriétaire en vertu de la volonté qui m'a légitimement investi du droit de propriété, et c'est par ma volonté qu'un autre me succédera dans mes droits. L'État, par son intervention, s'attribue le privilège de disposer de ce qui est à moi.

En soumettant mon bien à une vente forcée, il en transmet lui-même la propriété, et pour la transmettre, il faut bien qu'il en soit le maître réel. Le Code déclare la vente parfaite par la seule volonté des parties. Mais, dans tous les cas de succession, la volonté des parties est forcée. Ce droit de propriété, substitué à la tradition du droit romain, est illusoire.

Et au fond la propriété n'est chez nous qu'un fait de possession, de détention. Et c'est à ce titre, qu'à notre mort, les biens retombent sous la main de l'État qui en règle l'évolution. La tradition de la chose vendue était logique en droit romain, puisque la propriété n'y était qu'un fait de détention. Pothier, légiste honnête et borné, suivait la théorie du droit romain, et dans son *contrat de vente* il n'accorde à l'acheteur qu'une action, un *jus ad rem*. Il n'admet pas que la volonté seule ait pu transférer la propriété. Les légistes ont de la peine à comprendre que la volonté du propriétaire est la source légitime du droit de propriété. S'ils le comprenaient, tous leurs systèmes tomberaient. Aussi n'ont-ils soin d'invoquer la volonté comme principe du droit, qu'en lui imposant des restrictions qui emportent le droit tout entier. Notre intérêt est-il de vendre notre maison, notre champ? Non, assurément, et la preuve est que toute vente territoriale indique le mauvais état des affaires, une liquidation forcée. Les exceptions confirment la règle. Mais le gouvernement socialiste, en quête de contributions, a besoin de ces ventes forcées, dont il soutire, en droits de timbre et de mutation, le bénéfice le plus clair. Tout notre système politique et financier repose sur l'idée d'une liquidation universelle et permanente. Adaptées à ce régime, les théories du Code civil concluent toujours à une intervention de l'État qui supplée la volonté des parties, et la guide d'autorité vers le but voulu. Dans un pareil système, la vente guette tous les biens et reste le principal aliment de la procédure civile.

On considère généralement la vente comme un contrat libre entre le vendeur et l'acheteur. C'est une hypothèse démentie par l'observation et par les faits. L'acheteur est libre; aucun achat n'est forcé. La vente est-elle libre? Le plus souvent, le vendeur obéit à la nécessité ou à la loi. Il faut qu'il vende

n'importe à quel prix. C'est donc l'acheteur qui fixe le prix.
Il y a ainsi dans la vente un principe d'iniquité ou d'inégalité.
Il y a une expression étrange, c'est celle-ci : réaliser sa fortune!
Cela signifie : réduire en chiffons de papier les maisons,
champs ou prés qui vous ont été légués. La seule réalité, c'est
que vous n'avez plus rien. Les billets de banque ne sont qu'une
promesse de paiement. Que deviennent les familles expropriées? L'État ne s'en inquiète pas. S'il y a des enfants mineurs,
c'est la ruine absolue des petites fortunes. La loi protège les
mineurs par un tel luxe de précautions, qu'une partie de leur
bien passe en frais de justice. Car à ces précautions minutieuses
s'attache un tarif qui n'est pas toujours mince. Ce sont là des
faits connus de tout le monde. Le législateur a quelquefois
tenté d'y porter remède, en diminuant les frais de procédure
pour les successions minimes, mais les officiers ministériels
ont autant de peine pour vendre un objet de quelques francs
que pour en vendre un de plusieurs milliers de francs. Leurs
frais d'écritures sont tout aussi considérables. Ces petites
successions s'évanouissent dans le partage. Ce serait le vœu
du père de famille, réglant sa succession, de conserver intact
le bien de famille ; et partout où la loi ne s'y oppose pas, ce
bien tend à l'indivision. Il y a, en effet, un *minimum* d'étendue
en deçà duquel l'utilité de la propriété foncière n'en compense
pas les charges.

S'il était facile de réaliser une vente, le vendeur pourrait se
livrer à quelque entreprise lucrative. Mais les ventes de petites
propriétés rurales ne se réalisent qu'à long terme et par
fragments. Une liquidation de succession dure dix ans, vingt
ans. Il faut donner du temps aux paysans pour payer. En
perdant la moitié de la valeur de votre bien, vous trouverez
des marchands de biens. Si vous avez besoin de votre capital
pour vivre, pour travailler, vous êtes embarrassé. Le
vendeur est écrasé par la vente. Quelle famille n'a pas une
succession à liquider! Il faut de l'argent pour parer aux
premiers frais. Si les choses vont bien, vous en serez quitte
au bout d'une dizaine d'années. Mais alors, c'est à vous de
laisser votre propre succession à vos héritiers. Vous leur
léguez une longue liquidation. Et il en est toujours ainsi ;

chaque génération lègue à l'autre des embarras de liquidation. Ainsi, nous n'avons jamais la libre disposition de notre capital. Nous n'avons pas le temps de réunir notre capital pour en jouir; sauf dans les grandes villes, la vente ne se fait pas au comptant. Et si vous aviez immédiatement votre capital, qu'en feriez-vous? Dans quelle entreprise le placeriez-vous avec toute sécurité? La loi vous interdit l'association, la vie en commun. Songez-vous à l'émigration : mais votre capital n'est pas disponible; et puis, vous êtes héritier. Tous les Français héritent jusqu'au douzième degré. Ces espérances vous rattachent au sol. L'activité féconde du travail, entravée au dedans, ne se porte pas au dehors. Nos colonies languissent, s'éteignent. Et peut-on qualifier de colons nos compatriotes qui, au lieu de cultiver la terre et de fonder des familles agricoles, se livrent à l'agiotage sur les terrains, à la vente des boissons, aux fonctions publiques? Ces prétendus colons sont toujours en France par le désir d'y retourner. La loi d'ailleurs interdirait toute fondation de forme héréditaire. La seule compensation de l'émigration, c'est la fondation d'une famille agricole. Le législateur s'y oppose en infligeant à la colonie la même loi qu'à la France. Mais à quoi bon quitter la France, si c'est pour la retrouver dans nos colonies?

La liquidation perpétuelle fait qu'il n'y a pas de fortunes liquides; elles sont toujours en voie de formation et de déformation. Elles n'ont pas une assiette fixe et une force d'action appréciable. Notre impuissance à coloniser, déjà visible sous l'ancien régime, tient à la loi qui, par le partage forcé, brise la volonté du propriétaire et énerve le principe de la famille. De hardis pionniers s'en allaient au Canada, à la Louisiane. Ils savaient apparemment comment se conduire dans ces lointaines contrées si différentes de Versailles et de Paris. Eh bien, le gouvernement royal les faisait suivre de la *Coutume de Paris*, rédigée par des légistes byzantins et fort semblable à notre Code civil.

Le Canada n'a prospéré que depuis le traité qui l'a donné à l'Angleterre, et surtout depuis que les Canadiens ont accepté la liberté de tester, que leur proposait le vainqueur. Chacun est devenu souverain sur son propre bien. Et les libertés

publiques sont sorties de ce germe qui les renferme toutes.
L'influence française décline d'heure en heure à la Louisiane
et notre langue s'y éteint sous la prédominance de la langue
anglaise. Mais il faut dire que les familles des colons, fidèles
à la Coutume de Paris, observaient la loi des partages égaux.
Plus près de nous, pareil phénomène s'observe en Alsace ; les
familles françaises tombent dans la pauvreté et se dispersent ;
les familles allemandes, respectant davantage la volonté du
père de famille, partagent moins les biens et gagnent d'année
en année en richesse et en influence. L'autorité du père de
famille sur la dévolution de ses biens est le signe des races
capables de se gouverner, de pourvoir sans intervention de
l'État à leurs intérêts immédiats de famille et de propriété. Des
races plus brillantes, mais politiquement inférieures, ont pu
cultiver d'autres talents : elles sont destinées à s'effacer sous
le flot montant des races où domine le principe de la famille.
Les nations où le césarisme a laissé son empreinte végètent
dans une agitation stérile. La population et la richesse ne se
multiplient que sous la loi du Créateur, qui a fait de la famille
le fondement de l'ordre social.

Le travail est la grande force d'une nation. Les races laborieuses conquièrent le globe ; elles s'y établissent non par la
force des armes, mais, par l'action lente d'un travail qui transforme la détention première du sol en une possession ou une
prescription, finalement en une propriété en souveraineté. Ainsi
s'est étendue la race anglaise ; ainsi se développe la race alle-
mande. La loi du travail s'impose ; elle est honorable dans tous
les pays où les cadets n'attendent pas l'héritage paternel, parce
qu'ils savent que le partage d'un petit bien serait la ruine de
tous les enfants et la désunion de la famille. Elevés dans ces
sentiments de subordination, ils respectent la loi de Dieu, et ne
comptent que sur eux-mêmes ; chaque génération augmente ses
ressources, ses moyens de travail, sans avoir à craindre une
liquidation. Le travail, en France, sous l'influence des idées
césariennes et juridiques, est généralement méprisé. Les
ouvriers ne pensent qu'à gouverner l'État. Tout commerçant
ou industriel enrichi lance ses enfants dans une autre carrière
que la sienne, dans les fonctions publiques. Tout fils de

bourgeoisie est fonctionnaire, à moins qu'il n'ait échoué dans ses examens ou sollicitations. Quel propriétaire un peu important s'adonne à la culture? Ceux qui ne peuvent pas faire autrement travaillent de mauvaise grâce et sans ressources suffisantes pour que leur travail soit vraiment fructueux. Le travail n'a aucune garantie. Le travailleur n'est pas le maître de ce qu'il a gagné; il n'est pas libre de disposer du fruit de ses efforts. Le démagogue méprise le travail comme le Romain du temps d'Auguste. Les fonctions publiques, les travaux publics sont notre *panem et circenses*. L'État se charge de nous nourrir. Et ses travaux improductifs ne font qu'endetter la France. Ce mépris du travail a pour conséquence l'appauvrissement général. Et quand d'immenses populations en Europe et en Amérique ne veulent vivre que par le travail, la race française s'obstine à vivre du congiaire (1) d'État et des aliments qui lui viennent du dehors, car elle en est arrivée à ne plus même produire ce qui est nécessaire à sa subsistance.

II

Tous les droits, tous les intérêts sociaux sont-ils dans le commerce? S'il est utile que les fruits soient livrés au commerce, l'est-il que le fonds producteur suive le même sort? N'est-il pas évident que les produits de l'industrie et du sol sont destinés à une rapide consommation pour les besoins de la vie de chaque jour? Voilà le domaine du commerce. Le fonds producteur doit demeurer fixe. C'est un capital accumulé, immobilisé. Il a sa valeur propre dans l'unité de direction qui lui est appliquée et qui lui fournit les ressources suffisantes pour un développement continu. Brisez cet ensemble, vous n'en tirerez que des débris impuissants. Le fonds producteur tend à s'immobiliser. Et en fait, il en est ainsi partout où le sol n'a pas été ravagé par les révolutions. Que de pays où l'on ne trouve pas de maisons à vendre! En France,

(1) On sait qu'on appelait de ce nom chez les Romains les distributions extraordinaires d'argent ou de denrées que faisaient au peuple les empereurs.

le gouvernement compte parmi ses bénéfices les impôts provenant des ventes d'immeubles. A parcourir les feuilles judiciaires, on dirait que tout le sol français est à vendre. Le fonds producteur de la nation est si faible qu'il ne se soutient pas par lui-même; ceux qui le détiennent et l'exploitent n'ont pas les ressources suffisantes pour le faire valoir. Comment s'étonner que la production s'en ressente, qu'elle baisse et ne soit plus en rapport avec la consommation du pays? Si notre industrie et notre commerce plient devant la concurrence étrangère, faut-il en chercher une autre cause? La stabilité du fonds producteur, exploitations agricoles, usines, maisons de commerce, est une loi de la nature. La mobilisation des immeubles, des fonds productifs, est l'idéal de la folie politique. Les produits seuls sont sujets à la vente qui les met à la portée de tous.

L'article 1674 du Code civil déclare la vente rescindable pour cause de lésion de plus des sept douzièmes. Les économistes se sont élevés contre cet article au nom de la liberté des contrats. Le législateur a compris que la vente n'est pas toujours libre; et il a voulu, dans une circonstance extrême, venir au secours du vendeur. Les économistes prennent le parti de l'acheteur, qui représente le principe de l'instabilité. Le droit canon n'attribue à la vente son caractère de sincérité que dans un juste prix. L'article 1674 est une application, quoique très mitigée, de ce principe, puisqu'il n'intervient qu'en cas de spoliation à peu près évidente. La nécessité où est souvent le vendeur ne permet pas de le mettre sur le pied d'égalité avec l'acheteur. Rien ne démontre mieux ce qu'il y a d'équivoque dans le contrat de vente appliqué aux immeubles, et combien la liberté du vendeur laisse à désirer. Or, n'est-ce pas la liberté des contractants qui constitue la validité des contrats? La coutume tend simplement à immobiliser les immeubles, et elle détermine les conditions de cette immobilisation. La loi pousse à la mobilisation des immeubles, et organise les diverses procédures d'expropriation. Dans la discussion du Conseil d'État, Portalis se montra favorable à l'action en rescision, qui fut combattue par Berlier. Le premier consul se joignit à Portalis par des observations qui sont

autant d'un jurisconsulte que d'un homme d'État : « Qu'est-ce
qu'une vente dont cette action n'assure pas la réalité, où le
vendeur transmet pour la somme la plus modique une propriété de la plus haute valeur? Une donation qui échappe à
toutes les formalités, à toutes les modifications auxquelles la
loi, dans sa sagesse, a soumis les actes de pure libéralité. »
Dans ce système, la vente, faussement qualifiée, n'aurait pas
d'existence juridique. Un juste prix est donc de l'essence de
la vente, sans quoi le contrat, perdant son équilibre, dégénère
en donation et exige l'application d'autres règles.

La rescision n'a pas lieu dans les ventes faites par autorité
de justice (art. 1684). Ici, le législateur se trouvait en présence
des ventes dites nationales. Sur ce point, le premier consul
s'exprime ainsi : « Il n'y aurait qu'une contre-révolution qui
pourrait opérer l'expulsion des acquéreurs des domaines
nationaux et rappeler les anciens propriétaires. » La contre-
révolution n'eut pas lieu. Louis XVIII sanctionna les ventes
nationales. Plus tard, la loi d'indemnité de M. de Villèle mit à
la charge de la France l'indemnité d'un milliard qui, en bonne
justice, aurait dû être payée par les acquéreurs des biens
nationaux. Au moment de la Restauration, la plupart des
acquéreurs s'attendaient à une transaction forcée avec les
familles dépouillées par la Révolution. Ils n'avaient pas eu le
temps de prescrire, et les biens, chargés de l'iniquité d'origine,
n'avaient pas encore acquis une grande valeur. Soit que les
émigrés eussent repris leurs biens en remboursant aux acquéreurs le prix et une indemnité de plus-value, soit que les
acquéreurs les eussent gardés moyennant indemnité, il y avait
un terrain de transaction marqué par les événements mêmes.
Cette conciliation des partis, qui ne s'est jamais opérée, se
faisait tout naturellement. Les haines avivées par les souvenirs
de spoliation, ont profondément divisé les Français. C'est par
là que la Révolution s'est perpétuée dans les esprits. Le
milliard d'indemnité eût suffi en 1814 pour parfaire la transaction. L'invasion du 20 mars 1815 nous eût été épargnée.
Toutes les propriétés, également légitimes, eussent repris leur
valeur. Il n'y a pas longtemps que, dans les ventes d'immeubles ruraux, les affiches avaient soin de mentionner qu'ils

étaient patrimoniaux, tant les immeubles d'origine « nationale »
subissaient encore de dépression. Quoiqu'elles eussent passé
par plusieurs mains, le discrédit s'attachait à ces propriétés.
Les acquéreurs avaient, en 1814, le plus grand intérêt à purger
une tache d'origine qui avilissait leurs biens. Ils n'ont pas cru
qu'ils pussent être amnistiés par la Restauration, et ils ont
secondé le retour de Napoléon. Les émigrés, dans leur détresse,
eussent bien accepté de n'être dépouillés que des sept
douzièmes.

En laissant un libre cours aux ventes nationales, nous avons
dénaturé le droit de propriété, et ôté toute base à notre gouvernement. Cette instabilité d'État, le Code civil l'applique
aux familles, il y asservit les intérêts domestiques qui tendent
en vain à s'y soustraire. C'est à peine si, çà et là, nous ren-
controns dans le Code des vestiges de l'ancien droit, déjà
effacés par les mœurs nouvelles. L'ancien droit favorisait le
vendeur. Toute vente d'héritage était alors considérée comme
un malheur public. Dans la plupart des ventes d'immeubles, la
faculté de rachat était stipulée au profit du vendeur. Ce droit
de réméré semble une réminiscence du droit hébraïque. La
faculté du rachat ne peut être stipulée pour un terme excédant
cinq années (art. 1660), elle est peu en usage. La division des
héritages, la mobilité des intérêts, laissent rarement place à un
désir de retour dans une maison ou propriété de famille. Le
réméré appartient à un ordre d'idées étranger au droit
romain et au Code civil. Maintenir le bien dans la famille, c'est
le principe de la loi mosaïque et de notre ancien droit coutumier. Si le bien de famille pouvait être conservé et transmis,
il présenterait une grande valeur d'affection; on ne s'en sépa-
rerait jamais sans esprit de retour. Sous l'impulsion de nos
lois, tous les intérêts s'écartent du sol et se concentrent dans
les villes et dans les fonds d'État, qui ne leur offrent, d'ailleurs,
aucun élément de stabilité.

L'immobilité de la propriété foncière est-elle contraire au
crédit et au commerce? Les économistes le prétendent. Il est
cependant une remarque bien simple. A côté de nous, toute
la propriété anglaise est immobilisée, substituée. Et l'Angleterre est une nation plus commerçante qu'aucune nation ne

l'a jamais été, et son crédit est sans rival dans le monde.
L'opinion de nos économistes est un préjugé révolutionnaire.
Ils ont sous les yeux l'exemple de la France, qui ne brille ni
par le commerce ni par l'industrie, et où la propriété foncière
jouit de l'instabilité la plus complète. Le sol est le fonds productif; il fournit les matières premières que l'industrie met en
œuvre et que le commerce transporte. L'agriculture est à la
base de l'industrie et du commerce. Le commerçant et l'industriel qui ne sont pas entravés dans leurs entreprises, les
développent, et par la transmission intégrale, en assurent
l'avenir. C'est sur la liberté de tester qu'a grandi la puissance
commerciale de l'Angleterre. C'est un fait d'observation, et
nos chambres de commerce, dans différentes enquêtes, l'ont
plusieurs fois signalé au gouvernement français. Les usines,
les manufactures, sont encore moins susceptibles de dépècement que la propriété foncière; elles réclament une continuité de direction que nos lois interdisent. A la mort du chef
de la famille, il faut liquider l'usine, en vendre les matériaux,
ou, si elle est vendue à vil prix, la direction n'est plus la
même, la clientèle se disperse. Ce qui faisait la prospérité de
l'usine, c'était la confiance inspirée par l'honnêteté, l'habileté
de la direction. C'est un héritage que recueille le fils succédant
au père. Mais le fils ne peut lutter contre la loi du partage
forcé. Et le père n'a pu songer à se choisir un successeur
parmi ses enfants.

« La vente, dit M. Troplong, fait circuler les valeurs mobilières et immobilières. » Quelle idée ce légiste a-t-il donc du
commerce et de l'industrie? Une maison qui serait vendue cent
fois en une année aurait bien circulé; quel service aurait-elle
rendu et en quoi aurait-elle augmenté la production nationale?
Il s'agit, avant tout, de produire. La production trouve vite
son chemin pour s'écouler vers les lieux de consommation.
Légistes et économistes ne pensent qu'à la circulation, puisque
c'est sur la circulation que les taxes et droits de mutation
sont perçus. L'intérêt social est dans la production, et il n'y a
pas de production puissante sans l'initiative personnelle et la
liberté de tester. C'est le moins que celui qui produit soit le
maître de la chose qui, sans lui, n'existerait pas. Ce droit de

disposer est l'incitation au travail et la récompense du succès. Nos légistes sont ennemis de l'industrie, parcequ'ils méprisent le travail, à l'instar des légistes romains. « Manger son fonds avec son revenu » est l'idée que les légistes caressent dans les autres, parce qu'ils sont là pour profiter des ventes, liquidations, contestations et partages. Depuis les Romains, les légistes n'ont pas vu autre chose dans l'économie politique. Ils encouragent le commerce de consommation. Quant au commerce de production, ils n'y comprennent absolument rien. Ce n'est pas la Révolution qui leur aurait montré des exemples d'industries florissantes. Les rédacteurs du Code civil n'ont rien prévu à cet égard. Les fermes, les usines ne sont pas destinées à la consommation ; elles n'aspirent pas à la circulation, qui est une consommation. L'argent circule et il remplit son office dans chaque main où il passe. Il est consommé chaque fois. Immobilisé, il ne produit rien, ne rend aucun service. Le capital producteur, terre ou usine, demande à rester en place et dans les mêmes conditions. Il n'a pas trop de toutes ses ressources, pour s'exposer à en perdre en chemin une partie, s'il étoit livré à la circulation. Le crédit ne s'attache qu'aux maisons solides qui ont pu braver longtemps toutes les vicissitudes de la concurrence. La vente des fonds de commerce ou d'industrie, qu'elle soit amiable ou forcée, ne les recommande pas à la confiance du public.

CHAPITRE XXVI

L'ÉCHANGE

Ce contrat joue un rôle insignifiant dans nos lois et dans nos intérêts. Il n'eût pu avoir quelque efficacité qu'en concourant à la formation de propriétés rurales. Mais toute tentative en ce genre est illusoire, puisque nos lois d'instabilité ne permettent à aucune propriété foncière de demeurer intacte. Le morcellement forcé du sol a atteint chez nous ses dernières limites. Il suffit, pour s'en convaincre, de jeter un regard sur notre cadastre. Décrété en 1791, il fut commencé en 1808. Il coûta cent cinquante millions, des plaintes nombreuses s'élevèrent, des commissions législatives furent nommées. Rien n'aboutit et pour une raison que l'on n'osait pas communiquer à l'impatience publique. C'est qu'il n'y a pas de cadastre possible dans un pays où la propriété se subdivise sans cesse et jusqu'à l'infiniment petit. Le cadastre alors est toujours à recommencer. Comment décrire cent ou cent cinquante millions de parcelles qui varient continuellement de propriétaires et de contenance? Songe-t-on aux frais de tant d'arpentages, d'expertises, de contestations judiciaires? A deux francs seulement par parcelle, c'est cent cinquante ou deux cents millions de francs.

Les contenances, en effet, sont indécises; les parcelles ne sont pas bornées; un abornement général et obligatoire serait une ruine ou au moins un embarras extrême pour des millions de propriétaires pauvres. Un cadastre ne serait sérieux que s'il fixait le *minimum* d'étendue des terres. Bien des pays, en Allemagne et dans le Nord de l'Europe, assignent à la propriété un *minimum*, qui est la contenance nécessaire à l'entretien d'une famille de cultivateurs. En Allemagne, aux États-

Unis, le paysan qui veut constituer un bien de famille inaliénable n'a qu'à inscrire sa volonté sur un registre public. Ce ne sont pas là des souvenirs d'ancien régime. Ces milliers de paysans n'obéissent qu'au sentiment de l'intérêt chez le propriétaire et le père de famille. En France, le morcellement du sol s'oppose à toute réunion de parcelles, parce qu'il est imposé par la loi et qu'une réunion momentanée de parcelles n'empêcherait pas l'action de la loi. Le législateur a eu beau alléger les droits de mutation pour les réunions de parcelles, personne n'a profité de la loi parce qu'elle était sans objet sérieux et ne pouvait pas garantir la perpétuité des réunions.

La moyenne d'une parcelle est de 30 ares : M. Bonjean l'a affirmé à la tribune du Sénat, dans une discussion qui eut lieu sous l'Empire à propos du cadastre, qui n'a été terminé qu'en 1850, et qui devait être renouvelé tous les quinze ans pour reproduire le mouvement fidèle des divisions et subdivisions de propriétés. Voici des chiffres précis sur notre situation territoriale. Depuis l'occupation du comté de Nice et de la Savoie, la France offre une surface de 53,935,294 hectares, dont 50 millions pour la propriété privée. Ces 50 millions d'hectares se divisent en 143,079,558 parcelles, dont 8,438,760 propriétés bâties. Le tout, dit M. Bonjean, représente une valeur vénale de plus de 100 milliards, un revenu de 3 milliards 200 millions et paye un impôt foncier de 168,300,000 fr., réparti en 14,028,000 cotes foncières, acquittées par 8,837,640 propriétaires. En 1851, et déduction faite de Nice et de la Savoie, les parcelles étaient de 136 millions 079,000, dont 7,577,783 en propriétés bâties. La valeur vénale était de 83,744,000,000 francs, le revenu imposable de 2,645,000,000 francs, et l'impôt foncier de 160,278,150 francs, se répartissant en 12,394,000 cotes foncières, acquittées par 7,578,000 propriétaires. Il n'est question que du revenu net du sol. D'après les renseignements que M. Bonjean nous fournit dans cette séance du Sénat du 6 avril 1866, il y a en France 42,000 châteaux et maisons de campagne de luxe et plus de 6 millions de maisons d'une valeur inférieure à 4,500 francs. À peine compte-t-on 60,000 propriétaires, dont la cote foncière soit au-dessus de 300 francs. Sur les sept millions et demi de propriétaires, trois millions sont exempts de la contribution personnelle et avoisinent l'indigence. M. Bonjean estime à 7 hectares et demi l'étendue de la propriété moyenne. Mais ce n'est qu'un total ; en réalité, cette propriété consiste en parcelles dont la moyenne est de 30 ares et dont la valeur moyenne est de 510 francs. Ce qui indique que la plus grande partie des parcelles sont inférieures à 30 ares. Le nombre des contrats de vente, d'échange, d'emprunts hypothécaires, s'élève à 1,200,000 par an. Des contestations roulant sur des valeurs de 10 ou 12 francs accusent 3,600 francs de frais d'actes et de justice. M. Bonjean a cité des exemples. Le seul remède qu'il propose, c'est le Code civil et l'abornement obligatoire ! Et ce n'était pas ironique de sa part, mais les chiffres sont là.

Quelle agriculture est possible dans ces conditions ? les limites des parcelles sont improductives ; et le cultivateur perd son temps en allant de l'une à l'autre, il fatigue ses chevaux inutilement. On a remarqué avec quelle ardeur autrefois il achetait tout ce qui touchait à ses parcelles. C'est qu'en réalité, une propriété agglomérée de 10 hectares rapportera deux fois plus que la même propriété divisée en 50 parcelles. Les paysans consultés n'ont jamais hésité à rendre ce témoignage. Ils résolvent le problème économique par un argument sans réplique, qui est l'expérience.

Une loi de 1824 facilitait les échanges de parcelles. Elle fut, comme aristocratique, abolie en 1834. Une contenance de 50 ares ébranlait l'établissement démocratique de Juillet ! La France a quatre fois plus de parcelles que d'habitants. Et cette démocratisation du sol ne s'arrête pas. Les échanges utiles à l'agriculture française nous sont interdits par nos lois. En revanche, elles favorisent l'échange avec l'étranger. C'est le système du libre-échange, vaste communisme des nations, et application universelle, dans l'ordre économique, des principes de la Révolution française. La France entre ainsi en concurrence avec le monde entier. Elle succombe à ce jeu où elle n'apporte pas les conditions nécessaires au succès, la paix sociale, la sécurité des moyens de travail. Sur notre propre sol, nous luttons péniblement contre l'étranger. Comment

irions-nous chez lui ravir sa propre clientèle? Nous sommes
même obligés de demander des produits alimentaires à l'Amérique. Au lieu de protéger l'agriculture nationale, le législateur a jugé bon de protéger l'agriculture étrangère. Mais il
est toujours sous cette impression que l'agriculture est aristocratique, et que la démocratie ne comporte que des agriculteurs pauvres et des domaines infinitésimaux. Les économistes en faisant les affaires de la Révolution ont livré la
France à l'étranger et désorganisé l'industrie française. Le
Mémorial de Sainte-Hélène rapporte cette maxime de Napoléon :
« J'ai toujours pensé que, s'il existait une monarchie de
granit, il suffirait des idéalités des économistes pour la
réduire en poudre. » L'émiettement du sol et l'individualisme,
n'est-ce pas, non seulement une monarchie, mais toute une
société réduite en poussière? Les économistes ont eu une
grande part dans la Révolution française. Le traité de commerce de 1786 entre la France et l'Angleterre fut si mal
conçu qu'il excita un mécontentement universel et prépara les
esprits à un changement violent. Nos villes manufacturières
subirent une vive secousse. Les droits établis par ce traité à
l'entrée et à la sortie du royaume avaient été si mal combinés
que dans plusieurs genres de marchandises, les Anglais,
tiraient de France les matières premières, les renvoyaient
fabriquées, et après avoir acquitté les droits d'exportation et
d'importation, vendaient à si bas prix que les fabriques françaises ne pouvaient soutenir la concurrence. Un historien du
temps, Montgaillard, remarque qu'il s'éleva, à la suite de ce
traité, quinze cents manufactures nouvelles en Angleterre, et
que grand nombre des nôtres diminuèrent leurs travaux ou
cessèrent totalement. En 1789 le port de Bordeaux était réduit
à une telle détresse qu'il y entrait quinze à dix-huit cents
vaisseaux de moins que les années précédentes. Les réclamations des manufacturiers et des négociants français avaient
été vaines, le cabinet de Versailles ayant à choisir entre le
traité de commerce et la guerre. Il ne se crut pas en mesure
de choisir la guerre, oubliant qu'un gouvernement français
risque toujours moins à s'attirer la haine de ses ennemis qu'à
froisser le sentiment national. M. Pitt s'est félicité devant le

20

parlement du traité de 1786, il a formulé le principe du libre
échange en disant que la France devait se contenter de ses
produits agricoles et que l'industrie devait appartenir à l'Angleterre. Les cahiers des états généraux se firent l'organe des
plaintes publiques. Et les trois Ordres, effrayés de l'incapacité
du cabinet de Versailles, demandaient que les traités de
commerce fussent ratifiés par le pays : n'était-ce pas aux
agriculteurs, aux industriels, aux commerçants français à fixer
les conditions d'un traité où leurs intérêts se trouvaient si
fortement engagés? Qui pouvait avoir plus qu'eux lumière et
compétence? Les producteurs se sont trouvés évincés de leurs
propres affaires prises en main par la classe improductive des
économistes. Sous Louis-Napoléon, adonné à toutes les
chimères que balbutiait son oncle, la folie libre-échangiste
triomphe complètement.

Tout grand peuple doit vivre de ses produits et suffire à sa
subsistance. En produisant toutes les industries qui lui sont
utiles, il augmente d'autant le capital national, le fonds productif du pays. La protection du travail national est donc le
premier devoir de tout gouvernement soucieux de l'intérêt
public. Il faut alors que le gouvernement s'appuie non sur des
économistes étrangers à la nation par leurs principes cosmopolites, mais sur les producteurs réels, sur les hommes qui,
par leur tradition et le travail de toute leur vie, sont identifiés
au sol. La nationalité ne se conserve qu'à ce prix ; en s'épar-
pillant sur le monde, elle se dissout; la fraternité universelle
des peuples la réduit à néant. Quelle place tiendrons-nous
dans le vote universel du genre humain? Faites de l'agriculture,
voilà votre spécialité, nous disait M. Pitt. Et notre agriculture succombe devant la concurrence étrangère. Alors, que
nous reste-t-il? Comme à ce héros de tragédie : « Une pauvreté
noble est tout ce qui nous reste. » C'est tout le bénéfice
que nous tirons de la science moderne de l'économie politique.

Une nation est à elle-même un marché indéfiniment exten-
sible. En créant d'autres richesses que la richesse agricole, on
ouvre le champ aux échanges entre nationaux. L'agriculture
nous donne le nécessaire, l'industrie nous procure l'utile et

l'agréable. Un des vices de l'économie politique c'est de ne pas distinguer la valeur intrinsèque des produits. La valeur vénale tient souvent au caprice, à la mode. Il y a une valeur réelle qui intéresse tout le corps social, et qui ne se confond pas avec la valeur vénale ou de convention. Des prés, des vignes, des bois ont une valeur courante comme une pièce de velours ou de mousseline ; ils ont de plus une valeur sociale qui est dans leur utilité et leur pérennité. Un arpent de terre qui vaut quelques centaines de francs a jeté dans la consommation, depuis Clovis, des produits qu'on peut estimer à deux ou trois cent mille francs. C'est une des raisons qui condamnent la vente du sol, sa valeur vraie et d'avenir étant toujours infiniment supérieure à sa valeur du moment. Et c'est pour cela aussi qu'une telle vente est une ruine pour la famille. Les produits du sol sont inépuisables : et quels produits ! Ceux que l'homme s'assimile et qui deviennent partie de lui-même. En sorte que c'est à la lettre que l'agriculture est la mère des hommes, car, selon saint Thomas, la nourriture est une génération continuée.

Le libre-échange est une importation britannique ; c'est un de ces mots qui, comme ceux de liberté de conscience, de liberté des cultes sont nés de circonstances spéciales à l'Angleterre pour, de là, faire irruption sur le continent. Rassurés dans leur île, et munis d'une puissante flotte, les Anglais ont la facilité de s'approvisionner au loin. Ils comptent sur l'étranger pour une partie de leur subsistance. Cette situation n'est pas le résultat d'un calcul, elle est un des inconvénients de la grandeur britannique. Les Anglais y parent de leur mieux. Mais il est inconcevable que des maximes purement anglaises et applicables aux seuls intérêts anglais aient pris en France le rang et l'autorité de principes universels. La politique commerciale, déterminée par l'ensemble des besoins nationaux, diffère de peuple à peuple ; elle se proportionne aux circonstances locales. Chaque peuple cherche ce qui lui manque ; et il ne s'attache à l'étranger qu'après avoir vainement interrogé l'industrie nationale. C'est sur cette observation que sont fondés les différents tarifs. L'indépendance est le caractère propre de la nationalité. Et ce caractère est altéré par le tribut payé à l'étranger, et par l'influence que l'étranger exerce sur notre marché. Dans ce conflit de droits et d'intérêts qui ont cessé d'être français pour devenir cosmopolites, le sentiment de la patrie s'affaiblit de jour en jour.

CHAPITRE XXVII

LE LOUAGE

Le louage s'exerce surtout sur les terres, et sur les maisons. L'instabilité de la propriété foncière, le morcellement du sol le rendent fréquent. Les propriétaires ne cultivent pas par eux-mêmes et afferment leurs biens. Ce régime du fermage s'étend sur la plus grande partie de la France. Il a pour caractère principal aujourd'hui le payement en argent. Le fermier est un entrepreneur à forfait. Le propriétaire se désintéresse de la culture; que la récolte soit bonne ou mauvaise, il reçoit son prix. En pratique, le fermier a peu de ressources, et il est souvent hors d'état d'acquitter ses obligations. Les baux en nature étaient tout à son avantage; il n'avait pas la charge de vendre le grain à un moment précis et peut-être à contre-temps pour payer le propriétaire. Sous la concurrence de l'étranger, et par suite de l'abaissement des prix de vente, beaucoup de grands fermiers se sont ruinés; les petits commencent à être atteints et désertent volontiers la campagne pour la ville. L'instabilité excessive des biens et des familles de cultivateurs ne permet pas de lutter, même sur le terrain agricole, contre des peuples à familles et à gouvernement stables.

Le régime de la location s'est développé dans les villes. Combien de familles possèdent un domicile assuré? C'est à Paris surtout que le phénomène d'un peuple logé en garni ou en location se présente avec le plus d'éclat. L'étranger n'offre rien de semblable. Paris, qui résume la civilisation moderne en France, ne renferme que des locataires. Personne n'y est à demeure fixe. Ceux qui administrent la cité n'y ont qu'un domicile provisoire. Les trois cent mille électeurs qui y sont les maîtres ne sont que des passants. Par les changements fréquents des noms, les rues y ont perdu leur personnalité. Les propriétaires des maisons ne sont consultés sur rien, ils n'ont pas voix délibérative. Tous les fonctionnaires mènent la vie nomade et n'ont domicile nulle part. Leur vie se passe à courir de locations en locations, dans les différentes villes où les appelle leur service, jusqu'à ce qu'ils aient atteint l'âge de la retraite. La magistrature, qui a perdu son inamovibilité nominale, est soumise à la même loi. Les agents de l'État, étrangers partout, sont comme en pays de conquête. L'élection, même dans les villes de province, n'est plus l'expression de la localité ; les étrangers y dominent et Paris y envoie le mot d'ordre. Or, Paris est gouverné par une classe ouvrière qui n'est pas de Paris ; elle vient de tous les coins de la France, et au bout de six mois elle est officiellement parisienne. Sous le flot de cette immigration. Louis-Napoléon a étouffé l'influence de la bourgeoisie et de la classe lettrée, qui lui étaient hostiles. Ce crime politique ne réussit qu'à moitié ; la classe ouvrière, que Louis-Napoléon espérait diriger, marcha toujours contre lui. Elle contribua à lui fermer la capitale et à le jeter dans les bras des Allemands, quand l'heure de la chute sonna. Il lui avait cependant tout sacrifié.

Par le système des travaux publics et l'application de la loi sur l'expropriation pour cause d'utilité publique, il lui créait la ressource immense d'un droit au travail qui ne s'est jamais ralenti. Cette reconstruction de Paris amenait les ouvriers en masse. La République use du même procédé. La question est de savoir s'il peut durer indéfiniment. Ce qui fait l'électeur, l'homme de la localité, c'est la fixité de domicile ; cette condition n'est plus exigée ; le vote représente une opinion générale, une utopie quelconque, non plus un intérêt local. Le régime de mouvement perpétuel organisé par le Code civil dans la vie privée se communique à l'État et aux intérêts publics. Il ne s'agit plus de reconnaître quelque droit à la propriété foncière dans la manutention des intérêts publics ou communaux. La propriété est un titre d'exclusion. Ceux qui votent les impôts n'en paient pas. Partout la propriété est la garantie de l'électorat. En France, la propriété est consi-

dérée politiquement comme non existante. Le morcellement
du sol et toutes les lois qui régissent la propriété foncière
devaient en effet nous conduire à ce résultat.

En Irlande, le propriétaire a maintenu le droit de conquête
en s'assurant la perpétuité de la propriété et en soumettant
la culture au régime de l'instabilité la plus absolue. Ce régime
affame l'Irlande depuis des siècles. Il faut bien comprendre
que la mise en œuvre du droit de propriété exige d'autres
forces que celles qu'y peut apporter le propriétaire. Ce dernier
ne cultive pas : il lui faut des aides, des serviteurs. Avec le
système anglais, substitué par la Réforme à la coutume chrétienne, le propriétaire, maître absolu de la terre, peut en
expulser tous les habitants. Et ce fait s'est produit en Écosse
et en Irlande. Des milliers de familles ont été, à diverses
reprises, expulsées du sol qu'elles occupaient de temps immémorial. Ainsi, le propriétaire seul a droit d'occuper le sol ; les
autres n'y sont que par tolérance. De là ce droit d'éviction
que s'attribuent les propriétaires anglais, et qui, concentré
dans les mains de quelques milliers de propriétaires, laisse
des millions d'hommes sans abri et sans asile, ni droit d'aucune sorte sur le sol qui les a vus naître. Pour se débarrasser
des bouches que la culture nourrissait, les propriétaires
anglais n'ont eu qu'à supprimer la culture, en réduisant le sol
en pâturages. C'est pour faire place aux bêtes que les hommes
ont été évincés.

Le pâturage n'exige pas de main-d'œuvre et par là même il
est plus productif pour le propriétaire. Mais si le produit net
est élevé, le produit brut est faible, et c'est le produit brut qui
importe à la société. Sur le produit brut sont prélevés tout
d'abord l'entretien et la subsistance des familles vouées à la
culture. En le diminuant ou le supprimant, on atteint directement ces familles dans leurs moyens d'existence. A étendue
égale, les céréales nourrissent quatre ou cinq fois plus de
familles que le pâturage ; n'y a-t-il donc pas un droit pour
celui qui, sans être propriétaire, a vécu sur le sol et l'a travaillé? Ce fait perpétué n'a-t-il pas un caractère juridique?
La coutume chrétienne a partout consacré le droit à la culture,
comme formant le domaine spécial d'une classe, et un vrai

démembrement du droit absolu de propriété. Ce droit du cultivateur a été renversé en Angleterre par la Réforme, et alors a
reparu le droit absolu du propriétaire, tel que le formulaient
les jurisconsultes romains. Les Irlandais, dépouillés de leur
propre territoire, n'ont cessé de protester. La question irlan-
daise est une question de bail à ferme. Il s'agit de savoir si les
conditions imposées par les vainqueurs ont une forme suffisante de droit, et si une propriété qui n'a jamais pu se légitimer par une possession paisible peut garder des allures
despotiques qui vont à la dépopulation totale de l'Irlande.

Ce régime condamne l'Irlande à une anarchie perpétuelle.
En réalité, elle ne connaît pas le droit de propriété, puisque
cette propriété tout anglaise n'a rien de national. Il en résulte
que le propriétaire ne remplit aucun des devoirs attachés à sa
charge. Le principal de ses devoirs, c'est de résider dans le
pays et d'y dépenser ses revenus. Sous ces conditions, la
grande propriété a son utilité. Ce qui importe à la population,
c'est que les produits du sol soient consommés sur place et ne
s'en aillent pas sans compensation à l'étranger. Ces produits
appartiennent à tous suivant les modes de culture et se distri-
buent d'après les lois du travail. Ils sont un bénéfice général
pour la population. Les revenus des propriétaires ou des
riches, dépensés dans le pays, sont un encouragement dû
au travail national, une source de richesse sans cesse renais-
sante. Le propriétaire est le patron des entreprises utiles qu'il
favorise. La résidence est un devoir pour lui. Les propriétaires
anglais ne remplissent donc aucun des devoirs de la propriété
en Irlande. Ils n'en disconviennent pas et n'ont jamais eu l'intention de les remplir. C'est qu'en effet ils ne se considèrent
pas comme propriétaires irlandais. Pour eux, l'Irlande est un
pays ennemi, où ils continuent d'exercer les exactions de la
conquête. Ils n'ont pas un droit de propriété régulier, reconnu,
et leurs fermiers subissent la loi de la force sans pouvoir discuter librement les conditions de leur bail.

Si l'anarchie règne en Irlande depuis tant de siècles, il serait
injuste de ne pas rendre l'Angleterre en grande partie responsable d'un fait que, jusqu'ici, elle a trouvé de son intérêt ou
de sa haine d'entretenir. Cette anarchie sociale si complète a

sa cause dans la loi qui règle les propriétés et les fermages.

Avec des baux qui ne dépassent pas une année, comme c'est l'usage en Irlande, le fermier est un misérable manœuvre et le fermage une dérision. Il arrive encore en Allemagne que des terres sont concédées à des paysans, moyennant certaines redevances, à la condition de n'être transmissibles qu'au seul fils héritier, et de retourner au propriétaire ou seigneur en cas d'extinction de la descendance des concessionnaires. Par cette condition de perpétuité, la location équivaut presque à une vente, et le locataire bénéficie de la même loi salique que nos anciens souverains.

La permanence des engagements n'est pas ce qui répugne à l'ouvrier. Le législateur, dans l'article 1780, prend des précautions contre l'ouvrier et décide qu'il ne peut engager ses services qu'à temps et pour une entreprise déterminée. Pourquoi cette restriction à la liberté de l'ouvrier? L'ouvrier n'est-il pas capable de se diriger? On lui interdit de songer à son avenir. Sera-t-il donc toujours jeune et valide? Cette existence au jour le jour est-elle dans la nature? A-t-on peur que l'ouvrier prenne des engagements dont il aurait à se repentir et qui enchaîneraient sa liberté? Mais un engagement perpétuel peut toujours être rompu, sauf indemnité, puisque *nemo precise cogitur ad factum*. Ce n'est pas l'ouvrier qui est ruiné par un engagement de cette sorte. Il ne met que son travail dans l'association, et gagne, avec le temps, un droit qui l'abritera à la fin de sa carrière. Isolé, l'ouvrier arrive vite à un moment où les forces défaillent, où le travail manque. Il subit la concurrence de la classe ouvrière. Par l'engagement perpétuel, il ne la subirait pas; les chances de la concurrence retomberaient seules sur le chef ou patron qu'il se serait choisi. L'engagement perpétuel n'est jamais dommageable à l'ouvrier. Le législateur a redouté l'union des classes et cette perpétuité des intérêts qui romprait le système d'instabilité que le Code civil est chargé de perpétuer.

La loi moderne divise profondément le capital et le travail. Le régime de la coutume tend à les associer, en assurant à l'ouvrier la sécurité de l'existence, en lui garantissant le droit de veiller sur les siens, de fixer les conditions de son travail.

La puissance du capital, réprimée par l'institution du dimanche et la loi contre l'usure, s'incline devant le droit de l'ouvrier, qui, en sa qualité de chrétien et de chef de famille, a des devoirs supérieurs à remplir. C'est à lui à bénéficier le premier, et dans une large mesure, de la richesse qu'il produit. Telle a, du moins, été la pratique constante des époques chrétiennes.

CHAPITRE XXVIII

LE MÉTAYAGE

Le métayage, le partage à mi-fruits entre le propriétaire et le cultivateur, était autrefois très répandu en France. Sous l'influence des économistes, les baux en argent ont prévalu dans la plus grande partie de notre pays. Le Code civil ne consacre qu'un souvenir au métayage. Le législateur n'y a vu qu'un débris du passé sur lequel il est inutile de s'appesantir. Il domine cependant dans les Landes, la Marche, le Limousin, etc. Ceux qui ont observé ces populations remarquent leur esprit de tradition et de stabilité. Car il y a toujours une tendance naturelle à conserver la métairie dans la famille du cultivateur, ce qui n'est possible qu'avec la transmission intégrale à l'héritier choisi par le métayer. La longueur des baux est nécessaire pour que la famille du métayer vive paisiblement. Mais le propriétaire, celui à qui on donne le nom de maître, est lui-même soumis aux vicissitudes légales. Il en résulte que l'institution du métayage marche péniblement. Dans les limites que lui assigne le Code civil, elle est sans avenir.

Le métayage tient une grande place dans l'histoire. Presque tout le sol italien est cultivé en métairie. Et en général le maître a la moitié ou le tiers des fruits. Il est souvent question dans les chroniques de Bourguignons, de Goths, de Lombards, prenant la moitié ou le tiers des terres conquises. Cette opération ne s'explique pas. Il est impossible de supposer que chaque propriété individuelle ait été partagée en deux ou trois parties dont une pour les conquérants. Ces conquérants ne se mêlaient pas de culture, et l'on doit croire simplement qu'ils exigeaient la moitié ou le tiers des fruits, soit qu'ils se missent à la place d'anciens propriétaires expulsés, soit qu'ils imposassent une redevance de moitié ou de tiers des fruits à de petits propriétaires cultivant leurs champs. On comprend ainsi la facilité des tribus germaines à se répandre sur les territoires autrefois occupés par les Romains. Elles rencontraient peu de résistance de la part de populations disséminées sur de vastes espaces et fatiguées d'ailleurs par les exactions du fisc impérial. En réalité les classes rurales n'étaient pas dépouillées, et elles trouvaient, au contraire, leur sécurité dans la perpétuité des nouvelles tenures. La France présente le même spectacle que l'Italie. Les redevances en nature sont essentiellement favorables au fermier. Les économistes vantent les redevances en argent dans l'intérêt du propriétaire, qui est payé quand même le fermier serait en déficit. Le maître alors se détache de sa chose, il ne la connaît plus. Ce n'est pas lui qui s'occupe de vendre les produits. Il touche l'argent de son fermier comme l'argent de l'État, s'il a des rentes.

Le métayage n'est dans le Code civil qu'un contrat transitoire comme tous les autres contrats. La coutume cependant le maintient encore dans beaucoup de familles. Et si le Code s'en occupe, c'est uniquement pour lui ôter ce caractère de perpétuité que la coutume lui donnait. Tel qu'il est aujourd'hui, il garde son utilité. Nous n'avons pas une statistique des terres tenues en métairies. Peut-être dix millions d'hectares sont ainsi cultivés. Mais certaines évaluations vont à moins. Ces divergences indiquent assez combien sont incomplètes les statistiques officielles en tout ce qui concerne l'agriculture. Des enquêtes ont été plusieurs fois commencées; elles n'ont jamais abouti, parce que nos ministres de l'agriculture sont les ennemis nés de l'agriculture, et craignent de rencontrer dans une enquête sincère la condamnation de leurs principes.

En fait, le métayage réalise une certaine loi de perpétuité; il unit dans un même intérêt, dans une association le maître et le métayer. Il opère une union des classes; et vainement cette union a été tentée dans l'industrie. Ce n'est pas la bonne volonté du patron qui manque, mais il ne dispose pas de l'avenir de son usine, soumise aux lois du partage forcé. La perpétuité de l'usine pourrait seule assurer le sort de l'ouvrier, par les institutions qui s'y adjoindraient. Dans le métayage, le gain et la perte sont communs. C'est de toute justice. En peut-on dire autant d'un propriétaire qui reçoit un revenu quand la récolte a manqué? Ne semble-t-il pas ici que la cause du revenu fait défaut? Cette cause, c'est le produit du sol, et le revenu en argent n'est que la représentation des fruits. Sur quoi se fonde-t-il en l'absence des fruits? Alors le fermage n'est plus qu'un marché à forfait, et le fermier est un entrepreneur de culture. Cela se conçoit de grandes exploitations qui exigent du fermier un capital considérable. Des milliers de petits cultivateurs n'ont d'autre capital que leurs bras. Le bail en argent les ruine; le bail en nature n'eût pas porté préjudice au propriétaire, puisque ce dernier ne peut raisonnablement avoir la prétention de recueillir des fruits là où il n'y en a pas.

Cette question des redevances en nature ou en argent a son application en Irlande. Les redevances du fermier sont en argent; quand les récoltes manquent, ce qui arrive souvent, le fermier doit la rente du propriétaire. La masse des fermiers, il y a quelques années, se trouvait obérée par trois années de déficit. Avec le système des redevances en nature, toute dette disparaissait, et la perte eût été partagée par les propriétaires. Le partage des fruits est donc le véritable principe d'union entre le propriétaire et le fermier. Et ce principe qui découle de la tradition chrétienne est plus utile au fermier qu'au propriétaire. Les lois révolutionnaires ont changé la proportion et donné la prépondérance à l'intérêt du propriétaire et du patron.

Les recueils de jurisprudence ne mentionnent pas de décisions judiciaires sur les baux à colonage partiaire. L'usage des lieux décide ces petites contestations sans frais ni procès. Aussi les légistes reprochent-ils au métayage d'être un reste de l'antique barbarie. Il n'est pas inutile de savoir pourquoi cette opinion est si universellement répandue. Le Code civil place le colonage partiaire au titre du *louage*. Rien n'est plus opposé à la nature de ce contrat qui est essentiellement un contrat d'association. Mais autant le droit coutumier suscite les associations dans tous les ordres de faits et d'intérêts, autant le droit écrit, qui est de l'invention du législateur, aime à dissoudre l'association et à en disperser les éléments. Les anciens légistes comme Cujas et Domat enseignaient cependant que le colonage partiaire est un contrat de société et non un contrat de louage. Si c'est un louage, le colon partiaire peut sous-louer son bail. Il ne le peut, s'il est associé, car il est de principe que personne n'est introduit dans une société sans le consentement des associés. Cette idée de louage est absolument contraire à l'esprit de l'ancien métayage ; et comme le métayage actuel n'est qu'une suite de l'ancien, la loi vient plutôt le désorganiser que lui prêter un appui sérieux. La manie législative détruit tout. La coutume laisse les gens vivre à leur guise, elle se plie à l'utilité qu'ils trouvent dans les choses ; elle consacre les faits et les usages qui, répétés de génération en génération, prennent la forme du droit. Avec les lois écrites, on ne sait plus à quoi s'en tenir. Les volontés et les intérêts des hommes sont asservis aux caprices et aux utopies de savants ou de lettrés, étrangers par leurs études et leurs préoccupations à tout ce qui concerne l'agriculture, l'industrie et le commerce.

Le Code interdit la perpétuité du métayage. A quel intérêt cette perpétuité porte-t-elle ombrage? N'est-il pas à souhaiter que les populations rurales soient solidement établies sur le sol? La France gagne-t-elle à l'émigration qui se produit dans les campagnes? La stabilité des familles attachées à l'agriculture ou à l'industrie n'est-elle pas la seule garantie certaine contre les troubles sociaux? Le service des subsistances n'est plus assuré. Les familles qui en étaient chargées se dispersent et abandonnent la tâche qui n'est qu'incomplètement reprise. La loi elle-même déracine du sol la population qui ne demandait qu'à s'y fixer. Le paysan, qui s'emparait de la terre avec passion et l'achetait à si haut prix, s'en dégoûte. Il fuit un labeur ingrat dont l'État lui ravit tout le bénéfice. Car pourquoi travaille-t-on, sinon pour disposer de son bien? N'est-ce pas là une suprême consolation, un devoir de conscience, un légitime orgueil? La loi persécute nos efforts, paralyse notre volonté, nous condamne à l'impuissance.

Le contrat de métayage met en relation, non pas deux

individus, mais deux familles. Il associe ces deux familles qui tiennent au sol par un intérêt commun, en sorte que le chef de famille se survit dans un héritier qui le continue. C'est le caractère éminemment social que le Code détruit, mais que les mœurs conservent encore. Les adversaires du métayage l'accusent de préparer le retour de la féodalité, parce qu'il ne respecte pas l'égalité et que le maître est supérieur à son métayer; mais le propriétaire n'est-il pas supérieur à son fermier? Est-ce que, dans toutes les associations, il n'y a pas de mises différentes? Chacun a plus ou moins d'influence, suivant son apport. Toutes les administrations, toutes les entreprises, s'appuient sur un personnel organisé, c'est-à-dire hiérarchisé. Il est ridicule même de supposer qu'il en puisse être autrement.

La culture n'échappe pas à cette loi. Le métayage supprime à peu près le salariat. Que de déclamations sur le salariat, de la part de ceux qui ont détruit les corporations d'arts et métiers! Si l'existence de l'ouvrier est instable, incertaine, n'est-ce pas à la Révolution qu'il faut s'en prendre? L'ouvrier travaille en son nom seul, non plus au nom d'une corporation qui garantit ses droits. Isolé, il n'a aucun moyen de régler les conditions de la fabrication et le prix de la main-d'œuvre. Il subit la concurrence, même celle de l'étranger. Dans les campagnes, le salariat remplace les situations fixes de travail. Un fermier ne cherche des ouvriers que dans un moment de nécessité, puis il les renvoie. La permanence des engagements assure à l'ouvrier une existence paisible et dans le but de la Providence. Le travail n'est pas perpétuel à la ferme. Pourquoi l'ouvrier ne profiterait-il pas des jours de repos? Le salaire ne répond qu'à une partie de son existence. Il ne pourvoit pas à l'avenir.

Les salariés des campagnes comme ceux des villes sont enclins aux révolutions politiques. Ils vivent dans l'instabilité et ils aspirent naturellement à tous les changements. N'est-ce pas pour cela que les lois de la Révolution ont brisé les liens qui rattachaient les familles aux familles, et constituaient le faisceau conservateur des intérêts sociaux? Le salariat, par l'intermittence du travail, n'engendre-t-il pas le paupérisme?

Au droit ou au devoir de travailler se rattache le droit au
repos. Et ce droit, le salariat ne le reconnaît pas; la permanence des engagements le reconnaît. L'ouvrier alors est ré-
tribué pour toute une année, et non pas seulement pour
quelques heures de travail par jour, quand il travaille. La
désertion des campagnes est la conséquence du système qui
repousse la permanence des engagements et ouvre nos frontières et même l'intérieur à la concurrence étrangère. Plus
d'un million d'étrangers concourent à la production agricole
et industrielle en France. Ils dépossèdent nos ouvriers, ils
forment chez nous comme une avant-garde de l'Europe. Les
Belges, les Allemands, les Suisses, les Italiens, qui accourent
disputer le travail à nos ouvriers, sont-ils animés de sentiments
bien français? Notre sol est colonisé par l'étranger. Comment
aurions-nous des colonies?

La loi nous empêche d'organiser la famille agricole, d'assurer
l'intégrité et la transmission de l'exploitation rurale. Nous
envoyons en Algérie des spéculateurs, des fonctionnaires et
non des colons. Louis-Napoléon n'avait-il pas eu la folie de
fonder en Afrique un empire arabe? La vraie patrie c'est le
sol; mais le sol aujourd'hui, n'est pas identifié à la famille
française; il est à l'encan perpétuel, aussi accessible aux
étrangers qu'aux nationaux. Cette instabilité de la propriété
foncière nous dénationalise, nous rend étrangers à la France.
Nous nous retirons en quelque sorte du sol national; l'étranger
se charge de combler les vides que nous laissons. L'illusion
n'est plus permise. Les événements de chaque jour nous
montrent la décadence de plus en plus sensible des nations
régies par les principes de notre Code civil.

CHAPITRE XXIX

LES SOCIÉTÉS

I

Le Code civil ne voit dans la société que le contrat par lequel plusieurs personnes mettent quelque chose en commun pour partager le bénéfice qui pourra en résulter (art. 1832). Cette conception est analogue à celle de la famille, et le but du législateur est de pourvoir à la dissolution, soit de la famille, soit de l'association. On fonde donc une société pour la dissoudre. Le but unique supposé aux associés c'est un gain à réaliser. La vie a cependant d'autres aspects; est-ce qu'on ne s'associe pas pour vivre? Et n'est-ce pas là le principal but de l'association? Des personnes de même état et condition, professant les mêmes principes, recherchent la vie commune pour s'adonner à leurs travaux? Ne leur sera-t-il pas permis de s'associer? Si le but qu'elles poursuivent est permanent, n'auront-elles pas le droit de se recruter? Qu'est-ce donc que la société politique en général, sinon un ensemble de familles et d'associations particulières? Ici s'impose la question de la stabilité ou de l'instabilité de ces associations. Fondée sur le principe de révolution ou d'instabilité, notre loi ne connaît rien qui dure: elle a horreur de tout ce qui tend à dépasser les limites de la vie humaine. Est suspect de fidéicommis, de féodalité, tout ce qui essaie de sortir de ce cercle étroit. Le résultat ordinaire de l'association, ce serait, suivant les circonstances, une continuation, une perpétuité relative, un état de choses stable et subsistant par lui-même. Alors nous sommes dans la corporation. La corporation n'est qu'une association volontairement continuée; elle exprime la volonté, la

21

liberté de ceux qui la composent. De quel droit l'interdire?

Mais le législateur s'est emparé du droit de transmission; il ne laisse pas à un individu le droit de transmettre son héritage; il ne permet pas à une famille de se constituer dans l'indivision. Quand des attroupements se forment dans la rue, le sergent de ville crie : Allons, messieurs, circulez! la loi, elle aussi, embusquée au coin de tous nos intérêts, nous crie : Allons, messieurs, partagez! Cessez de vous unir, cessez d'être en paix, procédez à une liquidation, donnez de la besogne aux tribunaux. Grouper les intérêts est un délit. Cependant les intérêts similaires aiment à s'entendre, à s'organiser, à pratiquer une règle commune qui fortifie l'action et assure leur développement. C'est le vœu de la nature, puisque partout où ce sentiment n'est pas entravé par une loi ennemie, il produit des associations perpétuelles, des corporations. Les intérêts des petites familles de cultivateurs ou d'ouvriers sont si faibles, si incertains par eux-mêmes qu'ils subsisteraient à peine, s'ils ne trouvaient moyen de s'unir, de s'approprier une loi de continuité. La nature y pourvoit. Et le sentiment de la famille se réalise dans la perpétuité des biens de famille, dans les communautés rurales ou industrielles. Le législateur prétend protéger l'individu en le confinant de force dans l'isolement. Mais l'individu, né sociable, ou plutôt né en société, a une tendance invincible à l'association. Il aspire, malgré la loi, à la perpétuité de la famille naturelle. Suivant ses goûts ou ses intérêts, il cherche un autre moyen de s'associer. Il est le meilleur juge des nécessités de son existence, des ressources dont il dispose. La loi le persécute dans ses goûts, dans ses intérêts, dans sa croyance religieuse. Elle réduit la France à l'infériorité d'un peuple qui n'a pas une organisation sociale et n'est qu'une cohue.

La loi ne laisse pas même les associés partager à leur gré le fonds social. Elle se charge de l'opération et applique les règles générales des obligations et des partages de successions. Le législateur éteint l'initiative individuelle en lui interdisant l'association, puisque c'est seulement par l'association que cette initiative peut se manifester. L'isolement absolu est, pour l'individu, une absurdité. Il est même dan-

gereux et le plus souvent impossible pour la famille qui a
besoin de se rapprocher d'autres familles pour former un
groupe plus résistant. La révolution de 1848 a tenté de fonder
des associations ouvrières sur le pied d'égalité de tous les
associés. Elle fournit des subsides : aucune association ne fut
fondée ; tantôt le caissier s'en allait avec la caisse, tantôt le
trouble apporté par les élections des dignitaires de l'association ou la discussion du programme, dissolvait l'association à son début. L'idée d'égalité est antisociale ; jamais
des égaux ne consentiront à devenir des inférieurs. Ils deviendront des supérieurs, tant que vous voudrez. Ceux qu'ils
auront élus seront surveillés, entravés, suspects. La théorie
est maintenant formulée d'une manière officielle : les supérieurs sont les inférieurs, ce sont les commis, les mandataires
du peuple. Ils doivent toujours être prêts à rendre compte de
leur mandat. Et avant même l'expiration du mandat, ils sont
souvent appelés à en rendre compte. La République française
n'a jamais fondé d'associations ; elle a détruit toutes celles de
l'ancien régime. Elle a détruit la plupart de celles qui se sont
formées à l'ombre de la loi de 1850 sur la liberté de l'enseignement. Les lois sur les associations sont toujours des lois
contre les associations.

Le législateur ne nous reconnait pas le droit de nous associer, de travailler en commun. Il a hérité du droit que les
anciens légistes attribuaient au roi d'autoriser les corporations
d'arts et métiers, de vendre des maîtrises : nul n'avait le droit
de travailler sans l'autorisation, et le travail, suivant le langage du temps, était un droit royal. Ce n'était pas du droit
chrétien, mais du césarisme. Le gouvernement républicain est
donc, comme César, la source de tous les droits. Il les règle,
les définit, les resserre ou les étend à sa mesure. Les ouvriers
regrettent les corporations. Le législateur leur refuse le droit
de propriété, le droit d'avoir une maison commune. En revanche, il les invite à s'associer par masses non similaires, et à
former une conspiration politique. Qu'ils se mettent en grève,
ou fassent hausser violemment les salaires, au détriment de la
production nationale, c'est leur droit reconnu. S'ils s'orga-
nisaient pour vivre en corporations, assurer la bonne con-

fection des produits et l'avenir de leurs familles, ils tomberaient sous le coup de la loi. L'anarchie des faits se retrouve dans le langage : le gouvernement traite ses adversaires de révolutionnaires, ce qui ne l'empêche pas de s'identifier avec la Révolution, et de déclarer la synonymie de la République et de la Révolution. Alors, la république n'est même plus un gouvernement. Et, dans ce sens, tous nos gouvernements, depuis un siècle, ne sont-ils pas entachés de république ou de révolution? Ne prolongent-ils pas, par leurs lois, jusque dans la sphère des intérêts privés et de famille, le principe d'instabilité politique proclamé en 1789? De là notre impuissance à reconstituer un régime protecteur pour les intérêts matériels, le travail, la famille.

Les droits et l'autorité de l'Église ont été contestés en France, en vertu du principe que le droit d'association est une autorisation de l'État, et qu'il appartient par conséquent à la loi d'en fixer les conditions, le caractère et la durée. Ce principe, en même temps qu'il détruit le droit naturel de l'homme, renverse tous les droits de l'Église. L'Église, en effet, est une société souveraine; il lui appartient de déterminer son mode d'existence. De droit divin et de droit naturel, elle a des congrégations, des collèges, des corporations de toute sorte; elle a le droit de propriété, et par ce droit, elle assure la perpétuité matérielle des corps religieux qu'elle fonde. Les légistes ont dit à l'Église : Ces droits de propriété et d'association appartiennent au Roi; vous n'y pouvez participer que par délégation ou permission du Roi, et dans la forme et les conditions qu'il lui plaira d'indiquer. La condition fondamentale, c'est que le roi était toujours le maître de révoquer ses dons. La lutte entre l'Église et l'État a été longue; elle est demeurée sans solution. Le droit de l'Église a toujours été contesté. Son droit naturel s'est trouvé frappé avec celui des individus et des familles. La confiscation s'est exercée sur elle, comme si l'État ne faisait, en la dépouillant, que reprendre son bien. Les légistes imaginaient que les congrégations tenaient leur existence de l'État. L'État les supprimait, il anéantissait l'être moral qu'il avait créé, et il s'emparait des biens restés vacants et sans maîtres. Car,

d'après la théorie des légistes, l'être moral seul était propriétaire.

Les légistes attribuent à l'État la haute main sur nos biens
et sur nos actions. L'État seul a donc le droit de conférer la
personnalité civile. Mais, si nous avons le droit de nous associer, nous avons le droit de nous donner à nous-mêmes cette
faculté d'acquérir qui caractérise cette personnalité. Si j'ai
incontestablement le droit d'acquérir, et si d'autres l'ont
comme moi, nous pouvons mettre ce droit en commun, en
fixer les bornes, suivant diverses éventualités prévues. Ce
groupe qui devient propriétaire n'est pas un être fictif, il est
chacun de nous dans la mesure où nous avons voulu qu'il le
fût. Quand on dit que l'association est distincte des associés,
on exprime une vérité incomplète. Les associés ne sont pas
tout entiers dans l'association, ils n'y sont qu'en partie, et c'est
en cela qu'ils se distinguent de l'association. Si un cas de force
majeure détruit l'association, la partie que chacun y a mise
lui revient. Et l'État n'est nullement en droit de déclarer les
biens vacants. Des individus ont par eux-mêmes le droit d'ester
en justice, pourquoi ne constitueraient-ils pas l'un d'eux
comme le représentant de leur groupe, suivant la teneur des
statuts acceptés par eux ? La personnalité civile est ainsi un
fait naturel découlant de la volonté de citoyens ayant le droit
de propriété et le droit d'ester en justice. C'est le devoir de
l'État de reconnaître cette association, cette personnalité collective. Le droit de disposer de notre bien, de notre personne,
nous investit du droit de disposer, *à fortiori*, d'une partie de
notre bien et de notre personne, et de former, avec d'autres
individus, nos amis ou associés, un fonds commun auquel
nous donnons la forme qui nous convient. C'est le droit de
propriété en acte. Ce groupe d'intérêts et de personnes a les
mêmes droits que l'individu, il est soumis aux mêmes obligations. La personnalité civile du groupe est une résultante de
la personnalité qui appartient à chacun des membres qui le
composent. Je suis propriétaire et majeur, le Code déclare que
ma volonté est productive de droit, puisque la propriété se
transmet par l'effet des obligations. Les légistes ont profondément méconnu le droit de propriété, et la liberté individuelle,

quand ils ont nié le droit de l'association, qui en est la conséquence ordinaire et la plus naturelle.

L'homme n'agit avec efficacité que par l'association, la mise
en commun de ses efforts, de ses ressources. Qu'est-ce que le
droit de contracter, sinon le droit de sortir de son individualité
pour s'associer à quelqu'un, se mettre d'accord avec lui? L'association est momentanée, mais elle découle de notre faculté
d'entrer en communication avec nos semblables. Ces relations
juridiques, ce sont des contrats, des accords de volonté. Le
législateur est imbu de cette idée, que nous n'avons pas le
droit de contracter, et que c'est lui, législateur, qui nous a
octroyé ce droit, en en déterminant les conditions et les
limites. A cette théorie remontent toutes les restrictions,
toutes les réglementations légales qui font du citoyen français
une marionnette entre les mains de l'État. Car nous ne pouvons
faire un pas dans la vie sans être accompagnés du législateur
qui nous fournit des formules obligatoires pour tous nos actes
et nous dispense de toute initiative. L'Assemblée constituante
n'a-t-elle pas décrété que les ouvriers n'avaient pas le droit
de s'occuper de « leurs prétendus intérêts communs ». Ainsi
des ouvriers de même état n'ont pas des intérêts communs!
La folie législative a-t-elle jamais été poussée plus loin? Oh!
alors, il n'y a plus d'intérêts communs dans l'humanité et la
société est contre-nature. En quoi consiste la liberté du travail,
sinon dans le droit de l'ouvrier de fixer les conditions de la
fabrication, le prix de la main-d'œuvre, la durée du travail,
les jours de chômage, les relations de l'ouvrier avec les ouvriers
et avec la clientèle, et enfin la juridiction de la classe ouvrière?
La liberté du travail, c'est le droit de la classe ouvrière de
s'administrer. Malgré des édits intempestifs, elle s'administrait
avant 1789; elle régnait en souveraine dans le domaine de
l'industrie.

Les premiers coups de la Révolution ont été dirigés contre
elle. Elle a perdu le droit de juridiction sur ses membres.
L'ouvrier, au lieu d'être jugé par ses pairs, passe devant les
tribunaux de légistes qui ne comprennent pas toujours les
questions qui touchent à la classe ouvrière. L'ouvrier fixait
les conditions de la fabrication et le prix de la main-d'œuvre:

naturellement, il ne se sacrifiait pas au public et se réservait la bonne part. Aujourd'hui, la concurrence étrangère le force à baisser ses prix et lui ravit même le travail sur lequel il compte pour vivre. Voilà ce qu'on appelle la liberté du travail; ce n'est guère la liberté du travailleur. Il n'a pas le droit de s'associer librement, au grand jour. Il peut entrer dans des sociétés secrètes. Toutes les sociétés qui se forment pour démolir la société sont particulièrement choyées du législateur; nul ne songe à les inquiéter. Mais que la plus minime association s'efforce de relever quelques débris de l'ordre social, tous les agents de police, toute la magistrature seront sur pied pour la dissoudre. Des restes de corporations ont subsisté dans quelques villes jusqu'à ces derniers temps, gardant l'ancien esprit de religion et de paix sociale. On a sans doute entendu parler des bouchers de Limoges, des portefaix de Marseille. Cette population paisible, attachée à l'ordre, nullement révolutionnaire, jouissait de l'aisance obtenue par le travail et d'une bonne renommée. Elle était sédentaire, fidèle à la tradition. Elle a dû disparaître peu à peu. La classe ouvrière dispersée a-t-elle offert le même spectacle? a-t-elle manifesté pour le bon ordre le même scrupule, le même esprit de subordination? Et cependant c'est pour elle que sont les préférences du législateur. La corporation ouvrière est la terreur de nos assemblées. Avec elle, l'État aurait une base solide : il a d'autres soucis, il aspire à ne pas durer, à n'être plus, à se transformer sans cesse ; il est la doctrine du progrès indéfini, aujourd'hui connu sous le nom de « provisoire perpétuel ».

II

Le régime des sociétés rurales, qui a été autrefois si répandu en France, est si éloigné de nos mœurs qu'il excite toujours notre curiosité. Ce gouvernement de la classe agricole par elle-même n'est même plus compris des générations nouvelles. Il n'est donc pas inutile d'avoir sous les yeux le spectacle de quelques-unes de ces associations rurales.

, Dans son *Voyage en Auvergne*, M. Le Grand d'Aussi décrit
une communauté rurale qui remonte au XII° siècle, et qu'il
visitait en 1788. A une demi-lieue de la ville de Thiers, la
famille des Guittard habite un hameau du nom de Pinon. Ils
formaient quatre ménages en 1788, en tout dix-neuf personnes,
tant hommes que femmes et enfants. L'administration des
Guittard est paternelle et élective. A la pluralité des voix, les
membres choisissent un chef qui prend le titre de maître et
qui, devenu chef de toute la famille, est obligé de veiller à
tout ce qui la concerne. Ce maître perçoit l'argent, vend et
achète, ordonne les réparations, distribue les tâches, mais il
répond de son autorité à ceux dont il la tient. S'il administre
mal ou s'il abuse de sa position, la communauté peut le
déposer.

Les détails intérieurs de la communauté sont confiés à une
femme. Elle a dans son département la basse-cour, la cuisine,
le linge, les habillements; elle porte le titre de maîtresse et
commande aux femmes. Choisie à la pluralité des suffrages,
elle peut, ainsi que le maître, être déposée. Pour empêcher la
connivence et établir un vrai contrôle, la coutume est que la
maîtresse soit choisie dans un autre ménage que le maître; ce
n'est jamais sa sœur ni sa femme. Quant aux biens, ils ne sont
partagés dans aucun cas. Une Guittard qui sort de la communauté par mariage reçoit 600 livres en argent et renonce à
tout. Il en est de même des garçons qui iraient s'établir
ailleurs. Les repas sont communs. Outre la propriété du
hameau, les Guittard possèdent un bois, un jardin, des terres.
Ces terres assez pauvres rapportaient de quoi nourrir les
trente-deux bouches de la communauté, car il y avait treize
serviteurs. M. Le Grand constate que ces cultivateurs étaient
respectables par leurs mœurs et leur vie laborieuse. Jamais
pauvre ne se présentait chez eux sans être reçu. Ce régime
ne suscitait pas de procès. Cette paternité élective ne soulevait
pas d'opposition. La raison, l'affection, l'intérêt se trouvaient
d'accord. Les membres de cette communauté se connaissaient
de longue date. L'ancien régime se prêtait à cette indivision
perpétuelle de la communauté, parce qu'il permettait de
renoncer à une succession future. Généralement, dans les

contrats de mariage, les filles et les puînés, moyennant une dot, renonçaient aux successions paternelle et maternelle. La loi du 5 brumaire an II, s'inspirant du droit romain, prohiba cette clause de renonciation et l'article 791 du Code civil consacra cette prohibition.

Cette constitution des Guittard, plus authentique, plus claire que celle de Lycurgue, a abrité plus de familles que n'en comptait la république de Sparte. Elle a assuré pendant six siècles la paix et l'honneur de familles humbles sans doute, mais dévouées à Dieu et à leurs devoirs, et qui, dans leur obscurité, ont déployé un génie de gouvernement qu'on chercherait en vain chez aucun peuple de l'antiquité. Elles se sont gouvernées; elles ont établi une loi si parfaite qu'elle n'a jamais manqué. Cette loi coutumière s'est fortifiée avec le temps; sans la violence des événements, elle durerait encore. Tous les plans de république imaginés par les philosophes les plus ingénieux ne sont que des démentis au bon sens et à la nature. Si Fénelon avait connu l'histoire du hameau de Pinon et de ses trente-deux habitants, il n'aurait pas songé à Salente. Dans cette constitution dont nous avons esquissé l'analyse, tout est prévu; tous les droits sont pondérés. Liberté entière de rester ou de s'en aller. La part de ceux qui quittent est fixée d'avance. Elle est proportionnée à la fortune commune. Ce sont de simples laboureurs vivant du travail de leurs mains. Seulement le champ qu'ils cultivent est à eux. Ils veillent à le garder intact. La moindre parcelle détachée entraînerait la ruine de tout le reste. Il n'y a pas jusqu'au droit des femmes dans le gouvernement qui n'ait son application. Elles peuvent toujours prendre dans la famille une part de gouvernement. Et jusqu'aux environs de 1830, on entendait encore dire en France que la prospérité des maisons dépendait des femmes. Mais alors, les hommes d'État ne considéraient pas encore le luxe comme un moyen d'enrichir la nation.

Un spécimen des communautés rurales s'est prolongé jusqu'à notre époque et n'a péri qu'en 1848 de la main d'un secrétaire, de M. Ledru-Rollin. C'est la communauté des Jault, dans le Morvan, débris des anciennes communautés taisibles que décrit la coutume du Nivernais, et qui étaient si nombreuses dans le

centre de la France. M. Dupin visita les Jault un jour de fête;
il les trouva revenant tous de vêpres, au nombre de trente-six
personnes, le chef de la communauté en tête. Il fut cordia-
lement reçu et trinqua « à la prospérité de la communauté et
de tous ceux qui la composaient ». Voici les renseignements
recueillis par M. Dupin : c'est à l'an 1500 que remontent les
titres de la communauté, déjà ancienne à cette époque. Le
domaine total agrandi par des acquisitions avait une valeur
de 200,000 francs. A l'origine, le père de famille fut le maître
naturel de la communauté, et il transmettait la charge à son
fils aîné. Puis on en vint à l'idée de choisir le plus capable
parmi les hommes pour diriger les affaires et la femme *la plus
entendue* pour présider aux soins du ménage. Le maître vend,
achète, selon la convenance et les ressources de la communauté, mais ce n'est pas sans prendre le conseil de ses *communs*.
La communauté ne compte parmi ses membres effectifs que
les mâles; eux seuls y font tête (*Caput*). Les filles et les femmes,
si elles veulent y rester en travaillant, sont nourries et entre-
tenues, tant en santé qu'en maladie. Lorsqu'elles se marient
en dehors, la communauté les dote. Cette dot, d'abord très
minime, était dans les derniers temps de 1,350 francs. La dot
payée, elles n'avaient plus rien à prétendre. Veuves, elles
revenaient habiter la maison et y vivaient comme avant le
mariage.

Tout homme qui meurt non marié ne transmet rien à personne. C'est une tête de moins dans la communauté, qui
demeure aux autres en entier. S'il est marié et laisse des
enfants mâles, ils deviennent membres de la communauté,
non à titre héréditaire, mais *jure proprio*, par cela seul qu'ils
sont nés dans la communauté. Si ce sont des filles, elles ont
droit à une dot. La corporation se perpétue par l'assentiment
unanime de ses membres. Ce mode d'association en famille
est éminemment utile aux intérêts individuels. Liquidez cette
communauté si prospère, chaque individu emportera quatre
à cinq mille francs. Les faibles, les inhabiles seront vite ruinés.
Les infirmes, les vieux parents recourront aux hospices, aux
bureaux de bienfaisance. La plupart se livreront à quelques
entreprises hasardeuses. Pour deux ou trois qui réussiront,

trente succomberont à la tâche. M. Dupin a constaté qu'une
autre famille autrefois constituée sur les mêmes principes,
est tombée dans la misère par suite de la division de son
patrimoine. On remarquait encore une centaine de ces communautés à l'extrémité méridionale du Morvan.

Réunissez plusieurs de ces communautés, vous formez une
commune rurale d'une certaine étendue. Ces chefs de famille
ne sont-ils pas un gouvernement tout prêt à fonctionner? Ils
ont toute capacité pour administrer le pays, rendre la justice.
Les cours colongères d'Alsace ont été, sous la suzeraineté épis-
copale, un jury permanent. La colonie ou commune rurale
appliquait la justice par les pairs. Le seigneur ou un de ses
délégués présidait les plaids. La cour féodale du seigneur était
formée par les vassaux assemblés pour juger les contestations
qui s'élevaient entre eux. Ils déposaient des faits, ils constataient la coutume. Le seigneur prononçait le jugement. C'est
l'origine du jury dans les États modernes. Dans la plupart des
colonges, les échevins, au nombre de 12 ou de 14, prenaient le
nom de colongers. Les serfs avaient une tenure héréditaire.
Leur condition était celle de tributaires ou de fermiers.

Tacite dit qu'en Germanie les serfs ne travaillaient pas par
troupes séparées comme chez les Romains, mais que chacun
avait sa tenure : *Suam quisque sedem, suos penates regit. (Ger.,*
ch. 25.) Le serf est donc déjà maître chez lui. Seulement,
ajoute Tacite, il paye comme fermier une redevance en fro-
ment, bétail, habits. Ce régime, qui rappelle notre métayage
et non la servitude antique, se trouva celui d'une partie des
Gaules à la fin de l'empire romain. Tacite dit que les Germains
formaient des associations de familles. Ce génie de l'association est l'essence de leur race, ils le transportèrent dans les
Gaules.

Les légistes insinuèrent que les sociétés nuisibles se renou-
velant en silence, par le seul fait de la naissance, les communautés perpétuelles violaient le droit des empereurs, et que le
but de la société était, non la durée indéfinie, mais la dissolution sociale. Et, en effet, le droit romain comme le droit
français nous apprend qu'on ne s'associe que pour partager un
gain. D'où la conséquence que la société est momentanée et

qu'elle n'est que le moyen d'arriver à la dissolution. Les légistes ajoutaient que la mort d'un des associés doit dissoudre la société. Ils raisonnaient dans l'hypothèse que tous les intérêts sociaux doivent être mobiles et divisés. L'argumentation des légistes fut d'abord entendue des seigneurs, qui avaient besoin d'argent et qui ne demandaient pas mieux que de partager leurs fiefs. Puis des questions fiscales s'élevèrent entre les seigneurs et les communautés, et les procès achevèrent de dissoudre les associations rurales.

Dès le temps de saint Louis, les légistes prétendaient que les seigneurs et les communautés étaient entre eux dans la même situation que les anciens maîtres avec leurs esclaves. Ils rétablissaient l'esclavage pour donner au seigneur le droit d'expulser ses tenanciers et de reprendre la libre disposition de tout le domaine, avec le droit de le diviser et de l'aliéner. Ils tirèrent une autre conséquence de leur principe : c'est que le seigneur était le seul juge de ses tenanciers. Mais ce qui était vrai dans le système de l'esclavage, ne l'était plus sous le régime de la coutume. La coutume qui investissait de leur droit les hommes du lieu, leur reconnaissait naturellement les moyens de le défendre. L'influence des légistes fit abandonner le jugement par les pairs. Les seigneurs jugeaient seuls, au moins dans une grande partie de la France. Le droit d'appel fut introduit ; les parlements furent installés. Le droit d'appel sapait par la base les justices locales. Le jugement par les pairs est une constatation de faits. Comment des légistes situés au loin peuvent-ils constater des faits dont ils n'ont pas été témoins ? par des enquêtes, contre-enquêtes, par des procédures écrites qui ruinaient les parties et annulaient la justice féodale, qui reposait sur la procédure orale et sans frais, sur le témoignage des hommes du lieu. Cette justice des seigneurs, s'exerçant sans assistance du jury, devint ensuite une source de revenus, un moyen fiscal. Elle contribua à mécontenter les populations et ne fut pas indifférente à la révolution de 1789. Aussitôt qu'ils parurent dans le XIIe siècle, les légistes s'attaquèrent aux communautés. Les parlements décidaient que le départ d'un associé dissolvait la communauté. C'était procéder à la dissolution universelle de toutes les coutumes. Mais l'action des parlements n'étant pas servie par un système régulier de centralisation fut lente et successive.

Sous l'influence des légistes, nous sommes revenus à la procédure écrite, à la procédure byzantine. Aux époques chrétiennes régnait l'institution du jury, les hommes du lieu disaient le droit et rendaient témoignage. Bouteiller, dans sa *Somme rurale* de 1400, dit que « témoins par vive voix détruisent lettres » (Tit. 106). L'ordonnance de Moulins due à L'Hospital en 1566, restreignit l'usage, jusqu'à lui illimité en France, de la preuve testimoniale, de la procédure orale. La justice rendue par les pairs découle du droit coutumier lui-même. Les révolutions qui renversaient les institutions locales, les coutumes établies, suscitèrent une autre justice, celle des juges royaux et des parlements. Et ce qui resta des justices locales fut soumis au droit d'appel. Les familles virent une juridiction étrangère et lointaine juger leurs différends, fixer leurs droits, l'étendue de leurs obligations, les dépouiller peu à peu de leur autonomie et préparer la subversion des vieilles mœurs.

Les débris de ces anciennes libertés ont subsisté jusqu'à la Révolution. Au mot *hommes cottiers* du *Répertoire*, Merlin nous expose que, dans plusieurs communes de la Belgique, les hommes cottiers ou propriétaires d'héritages ruraux tenus en censive, jugent toutes les causes de leurs pairs et compagnons qui n'excèdent pas leur compétence. Il faut qu'ils soient appelés par le chef de la juridiction, bailli, mayeur ou prévôt. L'article 1er de la Coutume d'Artois porte expressément que « le seigneur foncier, à cause de sa seigneurie à qui est basse justice, a connaissance et judicature, par ses hommes cottiers, de tout ce qui concerne la dessaisine et saisine des héritages de lui tenants et mouvants ». La coutume désignée sous le nom de loi de Beaumont dans le Nord de la France reproduisait le même type social. Dans le Midi de la France, où les traditions césariennes ont conservé plus d'empire, on voit moins que les populations rurales aient sur elles-mêmes ce droit de justice et de gouvernement. Saint Louis rendait la justice sous le chêne de Vincennes; mais l'histoire ne nous dit

pas si ce roi, qui a protégé les légistes, avait autour de lui son
jury de pairs et compagnons des parties.

Ces hommes cottiers, ces cultivateurs sont associés à toute la
justice civile, bien plus importante que la justice criminelle,
puisqu'ils tiennent dans leurs mains tous les intérêts des
familles. On voit que là où les cours de justice ont conservé
leur caractère, le seigneur était non le juge, mais le promoteur
de la justice et l'exécuteur des sentences du jury. Les justices
seigneuriales, bien dénaturées dans la plus grande partie de
la France où elles constituaient un revenu fiscal pour le seigneur,
ont été abolies par les lois des 4 août 1789 et 7 septembre 1790.
C'était autrefois une obligation stricte d'assister le seigneur
dans la cour des Plaids. Il y avait à y manquer saisie du fief. En
cas que les hommes ne voulussent pas juger, dit Beaumanoir,
« le seigneur les doit tenir en prison, tant qu'ils ayant jugé ».
C'est en vertu du même principe que le jury anglais est encore
aujourd'hui tenu en charte privée, tant qu'il ne s'est pas mis
d'accord pour rendre son verdict. Déjà sous saint Louis les
seigneurs reculaient devant les services des Plaids. Les légistes
se glissèrent dans toutes les positions, et sous le titre de con-
seillers, ils devinrent maîtres de la justice. Le droit romain
évinça la coutume. Alors la noblesse cessa de remplir sa fonction politique et perdit toute influence sérieuse. Elle se réfugia
dans les camps et abandonna la direction du pays. Pour
n'avoir pas su résister aux légistes, elle vit ses biens vendus
par eux et ne garda de son passé que des titres, des souvenirs.
La noblesse était territoriale, non personnelle. Loyseau nous
le dit : « La seigneurie ne consiste pas proprement en la personne, mais en héritage, et elle est attribuée à la personne
non à cause d'elle, mais de l'héritage. »

III

Les légistes qui ont décrit les derniers effets de la féodalité
dans nos provinces, tout en étant hostiles aux communautés
rurales, nous laissent quelquefois de précieux renseignements.
Ainsi le président Bouhier, dans ses *Observations sur la cou-*

tume du duché de Bourgogne, remarque que ces communautés sont contraires au droit romain, où le père et le fils, le tuteur et le pupille ne peuvent former une société. C'est très vrai, s'il n'y a d'autre société que la société contractuelle. Mais la famille est-elle une société de ce genre? Les rapports qui en unissent les membres ne sont-ils pas constitutifs d'une société naturelle et plus étroite? Selon le légiste, les enfants qui n'ont pas consenti à cette société ne sont pas associés; leur dépendance vis-à-vis du père les a empêchés de contracter avec lui! Bouhier a cette étrange idée qu'il n'y a pas d'association naturelle. Pourquoi un enfant, tout en étant en tutelle, ne serait-il pas considéré comme membre de la communauté, pour exercer ses droits quand l'âge serait venu? Il n'a pas d'apport: mais cet apport n'a-t-il pas pu être constitué avant lui par celui qui a fondé la famille et réglé le droit des enfants? Ni l'un ni l'autre n'ont besoin de contracter pour être en société. Ils sont l'un et l'autre nés dans cette société; leur naissance les fait communiers, serfs associés, parsonniers, comparsoniers (ayant part). Cette société entre le père et les enfants est de droit naturel. En droit romain la famille reposant sur la puissance paternelle, le fils, sans volonté, réduit à la condition juridique d'esclave, ne pouvait certes contracter avec son père.

Un légiste chrétien devait-il transporter dans notre droit cette conception de famille païenne? Toutefois après avoir signalé l'irrégularité de ces communautés rurales ou de mainmortables, qui s'accroissaient et se perpétuaient par les naissances, Bouhier ajoute : « Mais l'usage a introduit cette continuation dans notre province en faveur des mainmortables, tant pour empêcher la séparation des communiers, qui est *la vraie ruine et certaine des maisons du village*, comme dit Coquille (*question* 58) que pour conserver aux mineurs le droit de succéder à leurs communiers, à l'exclusion du seigneur. » Le légiste lui-même reconnaît que la prospérité des campagnes tenait à l'indivision et à la perpétuité de ces maisons de village. Les partager, les liquider, c'était, vu le peu qui serait resté à chacun, une ruine absolue, car, à chaque décès, à chaque mutation, le fisc et les gens de la loi seraient venus prendre

part. Ils étaient écartés par le droit coutumier. Le gendre et la
bru, par la seule habitation d'un et jour dans la maison du
père, devenaient communiers. Au reste, la communauté devait
être sévèrement pratiquée. Il ne suffisait pas que plusieurs
personnes missent en commun leurs revenus, les produits de
leur travail ou de leur industrie, il fallait qu'elles fussent
ensemble, vivant du même pain et se chauffant au même feu.
Ces termes *au pain, au feu* désignaient l'habitation commune
entre plusieurs personnes. L'absence, avec esprit de retour,
ne rompait pas la communion. Dans les cahiers de réformation
de la coutume de Bourgogne, il est dit que le fils demeurant à
part est exclu de la succession de son père, et qu'entre la
fille dotée et son père, il n'y a plus de communion tacite. Les
mêmes principes s'appliquaient en Savoie, dans le pays de Gex,
le Bugey, la Bresse, le Bourbonnais, l'Auvergne, le Nivernais, etc.

On voit ici à quelle fiction avaient recours les légistes pour
déposséder les serfs au profit du seigneur. D'où provenait ce
droit qu'ils attribuaient au seigneur de succéder au serf, droit
qui aboutissait à dissoudre la communauté? Du droit romain,
du droit du patron sur l'affranchi. Les légistes reconstituaient
dans son entier la théorie de la servitude. Le patron, en effet,
chez les Romains, succédait à ses affranchis morts sans enfants
ni descendants. Cette étrange fiction renversait les droits
acquis par la plus longue possession et maintenait l'antagonisme des seigneurs et des communautés. Par l'effort des
légistes, les seigneurs se trouvaient transformés non en propriétaires modernes, mais en hommes libres de l'antiquité, et
les cultivateurs en classe d'affranchis. C'est ainsi qu'avant 89 il
se formait deux classes hostiles. Des publicistes divisaient la
France en Francs et en Gaulois, les Francs, hommes libres
représentés par la noblesse, et le reste des Français, serfs ou
affranchis. Ces extravagances juridiques et historiques eurent
leur écho dans les événements, quand la France se scinda par
la Révolution, et surtout par l'émigration. « On convient, dit
Boubier, que la condition des mainmortables approche fort de
celle des esclaves de Rome. » (T. 2, p. 418.) Observation igno-
rante, car les serfs pouvaient désavouer leur seigneur, en

renonçant à tous biens et successions dans la communauté. Le
serf était libre de se retirer. Seulement le désaveu était rare,
parce que le serf avait intérêt à demeurer dans la communauté.
Bouhier reconnaît que le serf a la faculté de se retirer, et il
invoque même une charte de Charles le Chauve, d'après laquelle le serf a la liberté de quitter son seigneur, pourvu qu'il
n'emportât rien.

Il est vrai que les légistes ont appliqué aux serfs le droit
romain contre les esclaves fugitifs. La coutume ne reconnaissait pas ce droit qui n'était qu'une usurpation, ainsi qu'il est
facile de le constater par la charte de Charles le Chauve. Nos
coutumes sont des coutumes de liberté, et c'est par les
légistes que se sont introduites dans nos mœurs et dans nos
lois des apparences et souvent des effets de servitude. Ces
légistes ne nous ont-ils pas imposé le secret, les écritures et
les complications de la procédure byzantine? N'ont-ils pas,
fidèles à l'esprit du droit romain, ramené dans notre procédure la torture comme moyen d'information et de preuve?
C'est à partir du XIIIᵉ siècle qu'elle se développe en France.
La torture ne s'adressait qu'à l'esclave ; c'était le mode d'in-
terrogation juridique contre un être qui était censé n'avoir
pas de volonté et ne pouvoir émettre un jugement libre. La
cruauté des supplices a été chez nous le reflet des tortures
prodiguées dans l'ancienne civilisation romaine. Les historiens
du droit remarquent que le progrès des supplices a suivi la
prépondérance des légistes. Les Gaulois, les Francs étaient
des peuples naturellement doux. On peut d'ailleurs comparer
au droit romain les diverses rédactions de la *loi salique.*

En changeant le bien de famille en bien individuel, les
légistes ouvraient carrière à la confiscation, autre principe du
droit romain et qui découle de l'idée césarienne, césar étant
le seul législateur et le seul juge, et toute justice et tout
jugement émanant de lui. Les légistes ont à peu près investi
de ce caractère la royauté française. Ils empruntèrent au droit
romain la maxime : « Qui confisque le corps, confisque les
biens. » La peine capitale entraînait toujours à Rome la confiscation des biens des condamnés. Le suicide devenu si fréquent
apparaît comme une institution juridique qui prévient la con-

damnation, laisse valable le testament et soustrait les biens à
la cupidité de césar.

Le suicide permettait à la famille de bénéficier des biens. La
justice ne fut pour césar qu'un moyen de s'enrichir. Cette
idée de s'enrichir par des condamnations est toute païenne;
elle a passé, adoucie, dans nos mœurs judiciaires d'avant 89.
Sous la désignation de haute, moyenne et basse justice, se clas-
saient les revenus que le seigneur retirait des amendes et
confiscations. Les juges vivaient des condamnations encourues
par leurs justiciables. Les juges, aujourd'hui, sont entretenus
par l'État. C'est ce que les légistes ont appelé la justice gratuite. Les justiciables la paient sous forme d'impôt, au lieu de
la payer en épices et confiscations. C'est beaucoup mieux.
Quant à la gratuité, si l'on veut en avoir une idée, on n'a qu'à
calculer les frais de justice. Ce n'est pas le droit romain qui
nous fournit l'exemple de la justice gratuite, c'est la coutume.
Le jugement par les pairs, par les hommes du lieu est gratuit
à tous les points de vue. La procédure orale n'est pas chère.
Ces justiciables, juges à leur tour, ne font pas profession de
juges; ils ont d'autres moyens d'existence. Ces juges sont des
jurés. Si leur fonction se prolonge, elle ne perdra pas son
caractère de gratuité. La coutume investit du devoir de juger,
de rendre la justice, de participer à la reddition de la justice,
tout homme que sa position désigne pour servir ses concitoyens dans une fonction délicate et désintéressée. Les magistratures sont gratuites, parce que, d'après la coutume, elles sont
la charge d'hommes indépendants par fortune. Elles sont
imposées; c'est la rançon de la position sociale. Elles confèrent à qui en est digne l'honneur et l'influence.

Nous avons vu, en 1877, sous le porche de la cathédrale de
Valence, en Espagne, siéger le tribunal des eaux. La plaine de
Valence est irriguée par un système de canaux qui fournit de
l'eau à tous les jardins. Chaque jardinier a droit à une quantité d'eau, qu'il doit prendre à un moment donné. Toute l'eau
est employée, le fleuve ne dépasse pas Valence, où son lit est à
sec, une grande partie de l'année. Ce n'est que l'hiver qu'il va
jusqu'à la mer. L'eau étant précieuse, il faut une autorité qui
dresse des statuts minutieux, règle les infractions. De temps

immémorial, les jardiniers élisent, suivant la coutume, un
tribunal des eaux. Au jour désigné, le tribunal s'assemble en
plein air. Une simple ficelle le sépare du public; ni plume, ni
papier, ni écritoire. Les prévenus ont été appelés verbalement
et sans frais. Une hallebarde est plantée à côté du tribunal
comme signe d'autorité. Aucun insigne extérieur, absence totale
d'avoués, d'avocats, de greffiers, d'huissiers. Sur huit ou neuf
juges, rangés en hémicycle, quatre ou cinq sont en manches
de chemise. Braves gens, du reste, et siégeant non sans
dignité. Les parties s'expliquent elles-mêmes. Une dizaine de
causes sont expédiées; sur une ou deux le tribunal se déclare
incompétent. Toutes les condamnations se sont terminées par
une amende d'un franc. Tout se passe dans un si grand calme
que la physionomie des condamnés n'offre aucune trace de
mécontentement. Nous demandons une explication, on nous
répond que toute observation ferait doubler l'amende. La coutume est connue, obéie. Qui y manque s'attirerait la réprobation de ses pairs. A cette magistrature populaire, qui ne coûte
rien à l'État ni à personne, le gouvernement espagnol préfé-
rerait des juges en robes noires, licenciés en droit, avec
six mille francs d'appointement, et étrangers à toutes les questions de jardinage et d'irrigation. On logerait ce tribunal dans
un somptueux édifice où les jardiniers seraient ruinés en frais
de poursuite. La richesse du pays serait atteinte dans sa
source. La coutume résiste; les légistes essayent de l'entamer
par le droit d'appel. Mais le moyen de persuader à des gens
avisés, se gouvernant librement depuis dix siècles, qu'ils ont
intérêt à rappeler d'une condamnation à un franc?

Les légistes ont fait un monstre de la reddition de la justice.
A les entendre, il faut, pour s'y connaître, avoir pâli sur les
livres de droit, et s'être imbu des théories ou des subtilités
inaccessibles au vulgaire. Par le fait, ces juges si savants ne
sont au courant de rien. Que savent-ils en agriculture, en
industrie, en finances, en architecture? A chaque instant ils
ont besoin de s'en rapporter à des experts. Est-ce que les
hommes de chaque profession ne sont pas les vrais juges de ce
qui touche à leur profession? La coutume invoque la compétence et la bonne foi. Les intérêts qui se débattent devant la

justice de nos jours ont-ils rien de commun avec les temps d'Auguste ou de Justinien? La coutume crée des jurys spéciaux. La justice savante, métaphysique exige une multitude de tribunaux dont les membres passent leur vie à juger leurs semblables. Par de nombreux procès et la perfection de sa chicane, la France s'est rendue célèbre. A ce titre elle recevait autrefois les hommages de l'Europe. L'engouement a fort diminué; notre exemple n'attire plus, on ne vient plus à nous, on s'empresse de nous éviter. Les principes conservateurs regagnent une partie du terrain qu'ils ont perdu.

La justice coutumière s'appliquait avec compétence par les hommes du lieu, de la profession. Elle se pliait à toutes les exigences. L'Angleterre possède encore le *tribunal du pied poudré*, vieille institution normande et qui n'est plus que nominale grâce aux chemins de fer et au développement de l'industrie. Pendant les foires, les marchands forains étaient jugés au pied levé, immédiatement, sans que le justiciable eût le temps de secouer la poussière de sa chaussure. N'avions-nous pas nos justices de village sous l'orme, sous le chêne? Attendez-moi sous l'orme! vieux dicton qui rappelle cette justice populaire. L'histoire n'a oublié ni le chêne de Vincennes, ni le chêne de Guernica en Biscaye.

Si les légistes sont obligés de reconnaître que les associations agricoles ont été populaires, utiles au bon ordre des campagnes, pourquoi les ont-ils détruites? Ils le disent, c'est au nom de l'équité. Qu'est-ce donc que cette nouvelle fiction? Et qui la comprendrait, s'il n'a pénétré dans les arcanes du droit? Est-il équitable de chasser de pauvres gens de leur demeure, de disperser contre leur gré leur héritage? Les légistes se placent au point de vue de l'égalité : ils renversent la famille qui repose sur l'ordre hiérarchique, pour n'en considérer les membres qu'à l'état d'individus. Cette révolution s'est opérée au nom de l'*æquitas*, qui signifie à la fois justice et égalité. C'est « l'équité prétorienne » qui a démoli l'ancienne famille romaine. Cette prétendue équité ou égalité ne répond à rien de sérieux. L'égalité, chez les Romains, signifiait simplement l'égalité des plébéiens et des patriciens. Qu'est-ce que l'égalité dans la famille et dans les associations de famille? Y a-t-il oppression? Le fils majeur n'exerce-t-il pas tous ses droits? Ce gouvernement de communauté n'est-il pas un gouvernement d'élection? M. Troplong a recours à d'innombrables subtilités pour démontrer qu'on a eu raison de détruire des institutions, à son avis excellentes. Les guerres sociales du XVIᵉ siècle furent fatales à nos communautés rurales; l'autorité royale en sortit plus forte et l'instance des légistes s'en accrut. L'ordonnance de Moulins sur la preuve écrite des obligations porta un coup mortel aux communautés et favorisa les entreprises des légistes. Elles n'avaient ni ne pouvaient avoir une preuve écrite de leurs droits qui découlaient de la possession, de la plus longue prescription qui fut jamais. Les légistes alléguaient la sécurité des créanciers. Dans un grand nombre de provinces les intérêts de l'agriculture et des familles rurales furent sacrifiés aux usuriers, dont la Réforme, héritière en cela du droit romain, avait révélé les droits au monde chrétien.

Les légistes du XVIᵉ siècle se préoccupaient aussi des discordes de la vie commune; et pour y remédier, ils abolissaient la vie commune. Ces discordes de la vie commune sont une de leurs fictions habituelles : Est-ce que chacun n'était pas libre de se retirer de sa communauté? Oui, mais il s'en retirait sans dissoudre la communauté; et cette dissolution était le vœu des légistes et de l'ordonnance de Moulins. Le principe d'association était poursuivi dans son dernier retranchement. La vie commune devenait un délit parce qu'elle offrait peu de prise à l'intervention des légistes. L'immense curée des liquidations et partages forcés de toutes les propriétés s'offrait à eux. Ils surent en profiter, non cependant sans laisser beaucoup à faire, dans l'ordre pratique, à leurs successeurs. Le fisc partageait avec eux et même s'attribuait le gros lot; ce qui réduisit les légistes, vu leur nombre, à maigre pitance, jusqu'à la Révolution. Ce fut fâcheux; moins affamés, ils auraient été moins dangereux novateurs.

Dunod s'exprime ainsi dans son *Traité de la mainmorte* : « L'expérience nous apprend dans le comté de Bourgogne, que les paysans des lieux mainmortables sont bien plus commodes que ceux qui habitent la franchise, et que plus leurs familles

sont nombreuses, plus elles s'enrichissent. » Ce témoignage
est-il sans valeur? C'est un témoin oculaire qui raconte ce
qu'il sait, ce qu'il a vu. Ainsi les légistes eux-mêmes fournissent tous les éléments de justification des communautés.
Ils sont amenés à constater les faits ; et leurs contradictions
nous sont utiles. Le signe éminent de la liberté civile est le
jugement par les pairs. En l'an 1283, Philippe de Beaumanoir
(*Ch. Ier de l'Assise du Bailly*), dit : « Hommes de fief assistent
au jugement des procès avec le bailly : les hommes ne doivent
pas juger leur seigneur, mais se juger les uns les autres. »

La coutume d'Anjou, réformée au xvᵉ siècle, constatait le même droit. Ce droit de justice appartenant aux
hommes du lieu, reposait sur le droit de propriété; il dis-
parut, à mesure que le sol divisé fut soumis au droit romain.
Les commentateurs des coutumes, Delalande entre autres,
dans ses *Coutumes de l'Orléanais*, déclarent que les sociétés taisibles ou communautés rurales étaient d'un usage général
dans le royaume, et que les *Assises de Jérusalem* formaient
notre ancien droit coutumier. La coutume ne permettait pas
plus la vente et le partage des fiefs seigneuriaux que des communautés rurales. Mais la coutume du Berry, réformée en
1639, n'accordait plus à l'aîné noble qu'un préciput. C'est dans
ce sens que se faisaient toutes les réformations de coutumes.
Elles gardaient leur caractère en devenant un droit écrit ; falsifiées par une interprétation arbitraire, elles répondaient à un
idéal qui s'est trouvé réalisé par la Révolution française qui,
par le triomphe du droit romain sur la coutume, peut être considérée comme une revanche de l'élément gallo-romain contre
l'élément germanique.

CHAPITRE XXX

LE PRÊT

I

Sous la forme de prêt à usage ou commodat, le prêt n'aurait pas eu un grand retentissement dans le monde. Vous prêtez un objet gratuitement ou non ; on vous le rend et tout est dit. Mais il y a le prêt de consommation, le prêt d'une chose qui se détruit par l'usage. La loi de Moïse ordonne de prêter gratuitement le vin, le blé, l'huile. L'emprunteur rend en même quantité et qualité. Cela se fait aisément, et encore de nos jours. Ce contrat est peu répandu, on ne prête guère des objets de consommation. Mais l'argent que vous prêtez, sans être détruit, est consommé par le simple usage de l'emprunteur. Le prêt d'argent est gratuit dans la loi de Moïse, elle interdit tout intérêt pour le délai du remboursement. Ainsi la question de l'usure se pose dans l'humanité. Le Code civil, contrairement à la loi de Moïse, déclare que « il est permis de stipuler des intérêts pour simple prêt, soit d'argent, soit de denrées ou autres choses mobilières » (art. 1905). Le Code civil reproduit le principe de la Révolution. L'usure fut enchaînée pendant tout le temps de la monarchie. Son émancipation date du décret du 2 octobre 1789. D'après la loi du 6 floréal an III, l'argent monnayé est une marchandise. Cette loi fut en vain rapportée le mois suivant. Une loi du 5 thermidor an IV proclamait incidemment la liberté de l'usure. Le Code civil confirmait ces précédents ; mais la loi du 3 septembre 1807 apporta de graves restrictions à la liberté de l'intérêt et le fixa au *maximum* de cinq pour cent en matière civile, et de six pour cent en matière commerciale.

L'argent n'est pas une simple marchandise, c'est une valeur servant de mesure commune aux autres valeurs. Il peut, par une division indéfinie, s'adapter à toutes les valeurs possibles ; il est inaltérable, et renferme une grande valeur sous un petit poids. Voilà pourquoi il est devenu, naturellement et sans convention, une monnaie générale avec l'or encore plus précieux. L'or et l'argent se sont multipliés. Et leur valeur a baissé, en ce sens qu'elle n'obtient plus, par l'achat, une marchandise en même quantité ou qualité. Celui qui a dix mille livres de rente est moitié moins riche aujourd'hui qu'il y a un demi-siècle. Il en résulte que la surabondance de l'or n'est pas la richesse. Après avoir recueilli beaucoup d'or en Amérique, les Espagnols se sont trouvés aussi pauvres qu'auparavant. Il n'y a pas d'autres richesses que les biens de la terre avec le complément nécessaire de la monnaie. Passé une certaine mesure, la monnaie devient encombrante et s'avilit. Alors c'est le prix des choses qui monte ; du temps de nos assignats, la valeur des choses était mille fois supérieure à la réalité. L'institution des assignats ne fut que l'organisation de la banqueroute universelle.

Si la Judée, sous la loi mosaïque, ne connut pas les querelles entre les riches et les pauvres, il n'en fut pas de même de l'antiquité païenne. Dans les cités grecques, le taux élevé de l'intérêt mettait rapidement tout l'avoir des petites gens entre les mains des riches. On se tirait d'affaire par l'abolition des dettes quand le parti démocratique était le plus fort ou qu'on avait besoin de son concours. A Rome, la loi des XII Tables mettait l'intérêt à douze pour cent, et le débiteur insolvable devenait l'esclave de son créancier. Car l'homme était alors marchandise ; et c'est sur ce principe qu'était fondé l'esclavage. Par l'usure, les patriciens tenaient la plèbe sous leur dépendance. Tous les nobles romains étaient des usuriers. L'usure, moyen de domination, détruisait les petits patrimoines, réduisait la classe pauvre à l'indigence et à la servitude. Les Pères de l'Église ont parfaitement compris l'influence de l'usure et sa portée antisociale. Ils avaient sous les yeux l'empire romain. Et ce qu'ils voyaient n'était que la conséquence des principes posés dans les Livres saints.

Moïse dit à son peuple : Vous pratiquerez entre vous la
fraternité et l'Hébreu ne prêtera pas à usure à son frère ; envers
vos ennemis, l'usure sera votre arme de guerre, par là vous les
dominerez, et nul n'aura prise sur vous. Les juifs étaient
puissants à Rome. Cicéron, dans un de ses plaidoyers, signale
leur influence dans les élections par les troubles qu'ils exci-
taient. Ils se soutenaient entre eux et n'empruntaient pas aux
Romains. Tacite constate leur union : *inter ipsos obstinata fides.*
Ne sont-ils pas les mêmes aujourd'hui ? Les voit-on jouer le
rôle d'emprunteurs ou de dupes ? Non, ce sont des prêteurs,
des dominateurs. Ils tournent contre les chrétiens le précepte
de Moïse. C'est tout ce qu'ils ont retenu de la loi mosaïque. Ils
l'ont abandonnée pour n'être pas chrétiens. Et le peuple
chrétien est leur champ d'exploitation.

Certes, nous ne les accusons pas de manquer de logique.
Mais les peuples chrétiens et ceux qui les gouvernent n'auraient-
ils pas dû comprendre l'économie politique que Moïse leur
enseignait, et mettre à profit la leçon qu'il donnait à ses compatriotes ? Tu ne voleras pas, dit le Décalogue. Dans la pensée
de Moïse, l'usure est certainement un vol ; or, c'est contre les
patrimoines qu'elle se serait exercée ; elle les aurait dépecés
ou accumulés dans les mains des capitalistes et détruit toute
la constitution agricole. La loi mettait les patrimoines à
couvert de l'usure. C'est ce que les peuples chrétiens, sous
l'influence de l'Église, ont fait par les coutumes de substitution
et d'indivision des patrimoines ruraux. Il n'y a pas d'autre
remède contre l'usure, et partout où les classes laborieuses
sont libres, elles tendent à rentrer dans les conditions d'existence que leur indiquent Moïse et toute la tradition catholique.
C'est ce que nous voyons en Allemagne et en Amérique.

Asservi au système légal, le paysan français s'endette ; il a
recours aux compagnies financières. Il s'agit de le mettre dans
une situation où il ne puisse pas s'endetter. Alors, l'usure
n'aurait plus d'action. L'usure prélève sur les classes laborieuses une part léonine. Les corporations d'arts et métiers
reposaient sur le principe de la hiérarchie dans le travail.
Comme la Réforme au XVIᵉ siècle rétablissait le principe
de l'usure, les corporations se sentirent atteintes dans leurs

intérêts. Dans toutes les villes elles combattirent la Réforme.
Calvin est, dans les temps modernes, le patron principal de
l'usure; et c'est sur l'usure que repose la révolution économique du XVIᵉ siècle. Les capitaux protestants menaçaient
les corporations d'une concurrence victorieuse. Dans l'organisation catholique de la société, la main-d'œuvre restait maîtresse du marché.

Avec la Réforme, le capital monétaire ressaisissait le privilège de l'usure. Il apportait dans la production l'esprit de
lucre et l'absence de préoccupations morales. La corporation
songeait à la famille de l'ouvrier, elle veillait sur les veuves
et les enfants. Elle exigeait l'honnêteté des produits, la bonne
foi dans la fabrication. Le capital ne se chargeait ni de tels
soucis ni de tels frais. Il travaillait ainsi à moindre prix. L'industrie moderne sacrifie l'ouvrier à la production et engendre
le paupérisme. L'industrie protestante différait, dans son
principe, de l'industrie catholique. L'industrie catholique avait
pour but de maintenir dans la sécurité et le bien-être les
familles attachées à la production. L'industrie protestante
visait au lucre; elle tendait à imposer plus de travail à l'ouvrier
et un salaire diminué. Enfin, elle rompait les liens de corporation. La classe ouvrière de France se retrouva en 1789 en
lutte avec le système protestant. Elle fut vaincue, et même
écrasée, car elle fournit à l'échafaud plus de victimes que le
clergé, la noblesse et la bourgeoisie. L'émancipation forcée
de la classe ouvrière bouleversa ses moyens d'existence, et lui
ravit le libre gouvernement de soi-même qu'elle exerçait sur
les personnes et sur les choses du métier.

L'antiquité, la Réforme du XVIᵉ siècle, la Révolution française ont livré les peuples à l'usure. Napoléon voulut parer
aux inconvénients de l'usure et régulariser la position des
juifs, qui, jusque-là, étaient campés, tolérés en France, mais
n'y jouissaient pas de la qualité de nationaux. Un décret du
30 mai 1806 flétrissait les fraudes de l'usure juive, et sus-
pendait l'action des tribunaux en faveur des débiteurs malheureux de l'Alsace et de la Lorraine. Un travail historique, inséré
au *Moniteur* de 1806, constate que l'usure juive n'était plus
seulement un droit, mais un devoir vis-à-vis des étrangers.

C'est la doctrine de Maimonide. Convoqués en sanhédrin, les juifs furent forcés de déclarer que l'usure n'était pas un devoir et que la loi de Moïse la réprouvait. M. Molé fut, auprès du sanhédrin, le commissaire du gouvernement impérial. Les juifs se soumirent à tout. Ils ont pris leur revanche. Le système financier s'est développé avec les révolutions. Il faut payer ses folies, et rien n'est plus facile, quand on a du crédit. La France est un bon gage. Et tant qu'on l'a voulu, les juifs ont prêté dessus. La France a toujours emprunté, depuis Napoléon, sans jamais rembourser. Les juifs ont toujours prêté, et se sont toujours enrichis, car ils prêtaient à coup sûr.

Le crédit est organisé en faveur du créancier. Il a par conséquent pour but la ruine du débiteur. Pourquoi le débiteur ne profite-il pas du prêt? L'expérience montre que l'emprunt est le chemin de la ruine. Il n'y a pas à discuter là-dessus. Le problème n'est donc pas de mettre le crédit à la portée de ceux qui en ont besoin, mais de garantir par des lois de conservation les intérêts des familles d'ouvriers. L'ouvrier ne peut pas rembourser un prêt; s'il emprunte, c'est pour subvenir aux nécessités du moment, à sa subsistance, à celle de sa famille. L'emprunt ne lui procure aucun bénéfice dont il puisse, sous forme d'intérêt, céder une part au prêteur. Qu'il emprunte pour un commerce, une entreprise, il pourra gagner, s'il réussit; et alors le prêt lui aura vraiment profité. Il n'y a donc à fonder qu'un médiocre espoir sur les banques populaires. Une corporation peut emprunter et rendre : elle peut prêter aux ouvriers qui en font partie; ils sont des associés, et le gouvernement de la corporation est en mesure de prévoir les moyens de remboursement. La frêle existence d'une famille qui vit au jour le jour ne saurait soutenir la concurrence universelle. Le régime corporatif seul lui assure une protection qui n'est ni de la bienfaisance ni de la charité, mais qui découle du principe même de la corporation, et du concours qu'y apportent toutes les familles qui la composent.

L'emprunt est une anticipation sur l'avenir; s'il n'est pas ménagé, il conduit directement à la banqueroute. Pour un peuple, c'est une question de temps. Au XVIIIe siècle, on mettait en doute qu'un roi dût payer les dettes de son prédécesseur.

On se fondait sur le principe que la société est une substitution perpétuelle, dont chaque génération n'a que l'usufruit, et qui doit être rendue intacte à la génération suivante. Cette doctrine limitait le pouvoir exécutif, mettait un frein au despotisme, proportionnait l'action de l'État aux ressources dont il disposait, et ne grevait pas l'avenir, à qui toute liberté était laissée. Dans le système de l'emprunt incessant, la part d'action de l'avenir se restreint d'année en année, et le moment arrivera où les dettes se solderont par une catastrophe comme en 1789. On emprunte d'abord pour remédier à un mal ; et puis on emprunte parce qu'il est commode d'emprunter et d'avoir de l'argent pour satisfaire à tous ses caprices, à toutes ses utopies. C'est la situation de nos gouvernements constitutionnels, qui ne vivent que d'emprunts.

II

Les peuples chrétiens n'ont pas cru l'emprunt productif. Ils sont restés d'accord avec la loi de l'Église. Si l'emprunt n'est pas productif, la base de l'intérêt manque. La loi mosaïque allait plus loin ; elle éteignait la dette au bout de six ans. Le législateur des Hébreux a pensé que l'emprunt, qui n'était pas remboursé après quelques années, ne le serait jamais et qu'il ne fallait pas asservir le débiteur à sa dette, et le charger, lui et ses enfants, d'un fardeau perpétuel. L'économie politique des Hébreux était toute positive et matérielle ; elle consistait en céréales, vignes, oliviers, pâturages et bétail. Il n'y avait pas de placements d'argent. L'argent n'était pas le capital sur lequel on pût compter. On prêtait par bienfaisance, sans s'arrêter à l'idée qu'on ne serait pas remboursé. L'argent n'avait que peu d'emploi, et seulement pour les échanges des objets de première nécessité. La loi constate ce fait et le régularise. Le prêt, dans ces conditions, avait peu d'importance.

La vente ne s'étendait pas aux immeubles qui restaient à perpétuité dans les familles sans être exposés à la division et à l'hypothèque. Seulement, un débiteur pouvait remettre en antichrèse son champ à son créancier qui, en vertu d'un

contrat, en touchait les fruits jusqu'à l'acquittement de sa
dette. Mais l'antichrèse cessait à l'année jubilaire. En sorte
que le débiteur vendait simplement les fruits de son champ
jusqu'à l'année jubilaire qui ramenait les biens dans les
familles. L'antichrèse des Hébreux paraît un contrat volontaire; on n'a pas d'exemple d'un créancier expropriant son
débiteur de l'usufruit de son bien jusqu'à l'année jubilaire.
C'est par acquit de conscience que le débiteur livrait ainsi son
champ. Ces ventes de fruits devaient donc être peu nombreuses.
Le prêt ne produisant pas l'expropriation des fonds de terre
se trouvait sans objet. Le sol, l'agriculture, toute la richesse
nationale, échappaient au prêt, à l'usure, aux lois de morcellement et de l'hypothèque. La famille agricole se perpétuait
sous la direction de l'aîné. Identifiant le sol avec la famille, la
coutume hébraïque, conséquente avec elle-même, réduit le
prêt d'argent à des proportions si minimes qu'il cesse d'être
un intérêt.

L'année sabbatique et l'année jubilaire sont toute une procédure de rémission. On s'imaginerait à tort qu'aucun principe
de justice fût froissé. Tout prêteur savait à quoi s'engageait
son créancier. L'argent étant un dépôt improductif chez son
propriétaire, ce dernier hésitait moins à s'en défaire. La constitution des terres et des familles défiait l'action de l'usure.
C'est sur ces principes que furent constituées, dans la plus
grande partie de l'Europe, au moyen âge, les familles agricoles. Les lois modernes ont désagrégé les intérêts positifs,
matériels, que la loi de Moïse et le christianisme protégeaient.
Elles ont abandonné l'agriculture et l'industrie aux entreprises de l'usure. Elles ont sacrifié la nationalité française,
notre sol et nos familles de cultivateurs et d'ouvriers, à l'influence cosmopolite de l'or et de l'argent. Les princes chrétiens
méconnurent souvent les enseignements de l'ancienne et de la
nouvelle loi. Engagés par leurs légistes dans de fausses doctrines, ils tombèrent dans une profonde ignorance des intérêts
matériels et sociaux. On en vit interdire l'usure à leurs sujets
et la permettre aux juifs! Ils donnaient patente aux juifs de
ruiner les chrétiens. Le correctif de cette complaisance, ce fut
souvent des émeutes contre les juifs, des revendications vio-

lentes et des confiscations par où les princes se récupéraient. Mais les princes avaient besoin d'argent; et il leur en fallait pour le rôle de petits césars auquel ils aspiraient. Plus dévoués au droit canon qu'au droit romain, ils auraient suivi une politique chrétienne et mieux servi leurs intérêts.

Aristote élucide en quelques mots la question de l'usure. Il déclare misérables les bénéfices obtenus par l'exploitation de l'argent. Pour lui, l'argent est stérile : mais il remarque que, s'il est employé à l'achat de terres ou de bétail, il devient productif. Alors, il n'y a pas d'usure si l'argent prend un intérêt comme associé au travail. L'argent rapporte s'il est associé à la production et s'il y a réellement production. C'est la doctrine catholique sur l'usure. Aristote a-t-il connu la doctrine de Moïse? La distinction qu'il fait entre l'argent improductif et l'argent productif par le travail de l'homme, est d'un puissant observateur. Le législateur moderne décide que les intérêts des sommes dues se prescrivent par cinq ans. Il n'admet donc pas que l'intérêt soit naturel, réel et qu'il découle du prêt. Autrement, l'intérêt serait perpétuel. Le législateur considère que c'est la loi qui permet l'intérêt et ne reconnaît pas aux parties le droit de le stipuler pour un temps indéfini.

La loi ne reconnaît pas non plus l'intérêt composé. C'est le même principe, en effet. La loi de 1807 réagit contre la Révolution et se rapproche des vrais principes. Les économistes en ont mille fois réclamé l'abolition. Ils partent, comme les légistes, de l'idée que l'argent est productif. Dans cette fiction de la productivité, l'argent demeure la propriété du prêteur. En le prêtant, il ne s'en est pas dépouillé. De là cette expression des économistes : *Location de l'argent!* C'est insensé; on loue un cheval, une maison, et le prix de location est pour l'usage du cheval, de la maison qu'on rend à l'époque fixée. L'argent est remis à l'emprunteur en toute propriété; il ne le rapportera pas, et par le premier usage il en perdra la propriété. Le prêteur percevra-t-il un bénéfice sur un objet qui a péri? Par le principe de location, l'emprunteur est censé en possession perpétuelle de l'argent, il en use constamment et sans le détruire. Ainsi il est redevable au prêteur du prix de sa location. Cette ingénieuse fiction est analogue à l'expression latine : *Æs alienum*. La dette, c'est l'argent d'autrui. Le débiteur est donc toujours en possession de l'argent, et d'un argent productif d'intérêts. Alors il n'y a pas de raison pour que l'argent ne produise pas un intérêt perpétuel.

Les Romains, ces grands usuriers, ont légué leur théorie à nos économistes et à nos légistes qui n'y ont rien ajouté. L'intérêt paye la jouissance de chaque jour. Le débiteur est censé avoir conservé la jouissance de l'argent qu'il a dépensé. Moyennant cette fiction il est conduit à une réalité qui est l'intérêt. Il paye le loyer de l'argent qu'il n'a plus, et ce loyer les économistes et les légistes l'assimilent au loyer d'une maison qu'on habite réellement! Ces fourberies ne sont pas rares dans la science moderne. Mais le droit et l'économie politique en ont surtout abusé. La location des objets de consommation ne serait qu'une idée ridicule si elle n'avait pas pour conséquence de mettre les classes laborieuses dans la dépendance du capital, et de subordonner le travail et les intérêts les plus honnêtes de l'humanité à la cupidité, aux manœuvres des manieurs d'argent. Les intérêts des travailleurs trouvent dans les lois de l'Église la sanction la plus haute. Et la loi de 1807 qui limite et règle l'intérêt de l'argent, est un écho de l'ancien enseignement catholique. Elle est d'ailleurs fidèle à l'esprit des légistes d'avant 1789. Un reste de sentiments chrétiens que la France n'a pas abdiqués, l'ont protégée et probablement ne la protégeront pas toujours.

Quelques théologiens ont pensé que la loi de 1807 portait atteinte à la loi de l'Église. Pie VII et Pie VIII, interrogés par des fidèles, ont répondu que les confesseurs ne devaient pas inquiéter en France les personnes qui prêtent au taux légal de 5 0/0. Les Papes ne faisaient qu'appliquer la doctrine de Benoît XIV dans sa lettre encyclique sur le prêt à intérêt. Benoît XIV signale les circonstances extrinsèques au prêt qui peuvent motiver un intérêt. Elles sont au nombre de trois : 1° *Periculum sortis*, le péril du capital. On conçoit que le créancier ait droit à une indemnité pour la chance qu'il court. 2° *Lucrum cessans*, si, en déplaçant son argent le prêteur se prive d'un bénéfice certain. 3° *Damnum emergens*, s'il éprouve un véritable dommage. Dans notre société française, les intérêts sont mêlés et confondus, et il est difficile qu'en général le prêt d'argent ne soit pas accompagné d'une des circonstances qui autorise l'intérêt. Le Saint-Siège a apprécié la situation. Et notre 5 0/0 ne lui a pas paru un taux usuraire. Il était en usage en France avant 1789. Des raisons économiques en signalaient la modération.

A Rome, l'intérêt de l'argent était beaucoup plus élevé, et il était de 10 0/0 pendant que les Papes répondaient à la consultation des fidèles sur le taux de l'intérêt. Le Saint-Siège dit simplement qu'il ne faut pas inquiéter ceux qui usent du taux légal : il estime que l'état général des transactions et les nécessités de la société actuelle donnent ouverture aux hypothèses de Benoît XIV. La loi s'applique par la restriction de l'intérêt. L'argent n'est pas nécessairement improductif; il ne produit pas *vi mutui*, par la force du prêt, mais par des circonstances étrangères au prêt. Le 5 0/0 a pu être considéré comme la moyenne de l'indemnité qui doit être attribuée au prêteur. Il serait absolument impossible que l'autorité religieuse examinât les conditions particulières de chaque prêt, pour fixer le taux de cette indemnité. Elle est obligée de fixer une loi générale, ou de s'en rapporter à l'usage, ou à une loi qu'elle juge utile et modérée. Pascal, dans ses *Provinciales*, se moque des jésuites qui donnent des moyens de tourner la loi qui interdit l'usure ; mais on s'aperçoit que Pascal est étranger à toute économie politique. La loi contre l'usure est essentiellement économique, et elle est établie pour protéger le travail, l'agriculture, l'industrie, le commerce, et non pour les entraver. Questions très complexes que l'Église décide suivant les cas avec sa prudence ordinaire. Les discussions soulevées autrefois sont maintenant sans objet. Le numéraire s'est multiplié, le taux courant est très inférieur au taux légal.

L'usure se développe dans le grand mouvement du jeu et d'affaires fictives dont la bourse est le théâtre. Par l'usure, le capitaliste, le financier s'attribue un bénéfice que le capital engagé n'a pas produit. Voilà le vol ; Domat, Pothier, Daguesseau déclarent positivement que l'usure est contraire au droit naturel. Dans les langues anciennes le même mot signifie enfant et intérêt. Si donc l'intérêt est le fils du capital, il faut

examiner s'il en est le fils légitime ou si ce n'est pas un enfant
supposé. Toute la question est là; et l'analogie du langage
comme le bon sens nous conduisent à distinguer entre l'argent
productif et l'argent improductif, pour établir les principes
dirigeants de la matière du prêt.

III

Le crédit et l'usure acculent les divers États de l'Europe à
une banqueroute inévitable. Et c'est surtout sur les classes
populaires que le fléau s'est abattu, après chaque révolution
ou chaque bouleversement politique. En Allemagne, aux États-
Unis, la classe agricole a songé à se protéger elle-même ; elle
s'est rappelé ses propres traditions, et elle a trouvé des gouvernements disposés à reconnaître ses droits. On sait que l'instabilité du foyer domestique, la liquidation périodique des biens
de famille forcent le cultivateur à emprunter, le livrent à
l'usure. La conservation du bien de famille est donc le seul
moyen de résister à l'usure. Le propriétaire indépendant, fût-il
un simple cultivateur, échappe aux manœuvres de l'usure. Les
fiefs de culture fondés par un père de famille assurent l'existence de la famille et constituent des populations conservatrices attachées au gouvernement et à la paix sociale. Avec ce
principe de transmission intégrale répandu dans tous les
rangs de la société, une administration gratuite devient facile,
et l'État peut laisser aux particuliers le soin de gouverner leur
fortune.

Au moyen âge, une grande institution, l'ordre du Temple,
essentiellement agricole et financier, semblait devoir garantir
à jamais les pays catholiques de l'usure juive.

Répandus dans la plus grande partie de l'Europe, à la tête
d'établissements fixes, les Templiers, par leurs banques de
dépôt, se rendaient maîtres du marché financier. Leurs
richesses sont restées célèbres. Offrant la plus grande sécurité
aux déposants, l'argent leur venait de toutes parts ; et ils
pouvaient par des chèques ou des lettres de change le faire
circuler dans toute l'Europe. Ils résolvaient la question du

crédit dans le sens le plus conservateur. Leurs neuf mille
commanderies formaient autant de fermes modèles. Autour
de ces commanderies les cultivateurs trouvaient conseils et
protecti n.

La chute des Templiers mit la puissance de l'argent dans la
main des juifs et plus tard des protestants. L'association juive,
aujourd'hui presque maîtresse du monde, commença dès lors
à se substituer à la corporation du Temple. Les principes
césariens qui triomphaient avec Philippe-le-Bel livraient
l'Église à la désorganisation matérielle. Aujourd'hui les
anciens peuples catholiques ont de la peine à lutter contre
une poignée de juifs. Ils s'enfoncent dans l'esprit de révolution, et ils savent cependant que l'ancienne loi disait aux
juifs : *fœnerabis multis nationibus et dominaberis eas.*

Par quel moyen se garantir de l'usure? Il n'y en a qu'un :
c'est d'affermir la propriété de famille, de la rendre inviolable.
Nous entendons dire tous les jours aux personnes qui reviennent d'Alger, même à des généraux qui ont longtemps com-
mandé dans le pays : Je ne ne sais comment ça se fait, toutes
les maisons d'Alger appartiennent aux juifs. S'ils réfléchissaient
un peu, ils s'apercevraient que ces juifs sont économes, et
n'empruntent pour régler leurs affaires ni l'autorité de notre
Code civil ni celle de nos tribunaux. Ils savent que les chrétiens,
par leur loi, subissent périodiquement pour leurs successions
une crise financière. Ils sont à l'affût, ils se présentent la
bourse à la main. Le chrétien trouve facile d'y puiser. Il n'a
pas la prétention de garder une maison qui serait trop lourde
pour un héritier, et qui d'ailleurs est grevée d'hypothèques et
de droits de mutation. La maison passe naturellement au juif
prêteur. La maison a été bâtie pour lui. Quant au chrétien
qui l'a construite, embellie à ses frais, il lui restera la ressource de l'habiter comme locataire. Le juif conquiert le chrétien ; nous n'avons pas la simplicité de lui en faire un reproche ;
mais nous demandons quel intérêt a le législateur à mettre le
soi-disant citoyen français dans la nécessité de vendre ses
immeubles aux juifs qui les gardent?

Nos lois interdisent la faculté de conserver le bien. La
liberté de tester est un délit qui est immédiatement réprimé

par les tribunaux. Les juifs, qui ont vécu si longtemps en dehors des lois, ont plus conservé que nous l'esprit de famille ; ils ont moins que nous tenté de se précipiter dans les emplois du gouvernement. Leurs qualités seraient de peu d'usage contre les chrétiens, si nos gouvernements de révolution ne nous dépouillaient de nos droits de propriété, et ne mettaient à chaque décès la défroque de la famille à l'encan. Les juifs ont beau jeu ; on crie contre eux, ils laissent crier ; on les ruinerait aujourd'hui qu'ils recommenceraient demain. Ils ne sont que la cause seconde de leurs richesses. La cause première, c'est le chrétien qui a répudié le Décalogue et la loi de Moïse. Le catéchisme du concile de Trente nous assure cependant que l'observation du Décalogue est une source de prospérité matérielle et politique, et il ne craint pas de dire, *in agro et in civitate*. Ce qui désigne la prospérité de l'agriculture, et la paix politique fondée sur la stabilité des champs et des maisons, qu'avait tant à cœur l'ancienne loi.

Les Souverains Pontifes, par des lois de conservation sociale, ont toujours garanti leurs sujets de l'usure juive. La Révolution française est venue. Aujourd'hui les juifs dominent à Rome en vertu du Code Napoléon, qui a retiré toute fixité aux intérêts matériels. Établissez le Code civil à Rome, écrivait l'ancien insurgé des Romagnes à l'ami Edgar Ney. Le Code civil mine, ébranle, détruit tous les corps, toutes les institutions fondées à toujours ; il leur ôte, par une liquidation incessante des intérêts matériels qui les soutiennent, toute puissance de s'affermir ou de se développer. Il ouvre, dès le premier jour, la place à l'ennemi. C'est par cette brèche, et non par la brèche de la *porta Pia*, que l'ennemi est véritablement entré à Rome. Sous les mots des ventes et d'achats, de commerce, de crédit, de partage de successions, patronnés par le Code civil, la Révolution a pris possession de Rome. Les Français, là comme en France en 1789, ont livré la société aux juifs. Les juifs règnent à Rome, et ce n'est pas leur faute ; des chrétiens d'un genre particulier l'ont absolument voulu. Les juifs ne croient plus à Moïse : ils ont des législateurs modernes plus favorables. Le vrai Moïse, le Pape Pie VII, avant de se rendre à Rome, y faisait afficher cette proclamation :

Du 15 mai 1814.

Sa Sainteté croit devoir à la prospérité publique, à son amour pour ses sujets et à sa propre gloire, de marquer par de grands bienfaits son heureux retour à l'exercice de sa souveraineté dans sa capitale et dans ses anciens États. Elle croit devoir les soulager de l'oppression qu'ils ont supportée avec tant de patience et de courage. Chargé par Sa Sainteté de le précéder en qualité de son délégué apostolique, nous ordonnons en conséquence de publier sans le moindre retard les dispositions suivantes :

Le Code civil de Napoléon et le Code de commerce, le Code pénal et le Code de procédure demeurent, dès à présent, abolis à perpétuité dans les domaines de Sa Sainteté, sans déroger néanmoins au système hypothécaire actuel, qui correspond aux anciennes lois. L'ancienne législation civile et criminelle, telle qu'elle existait à l'époque de la cessation du gouvernement pontifical, est remise, dès ce moment, en vigueur.

(Proclamation du délégué apostolique au nom de Pie VII.)

Il y a un grand enseignement dans cette proclamation de Pie VII. Il en ressort que la tyrannie la plus dure, la plus humiliante, est celle qui substitue aux coutumes des peuples une loi arbitraire. Ces coutumes, formes de la vie populaire et des intérêts les plus respectables, subsistaient par elles-mêmes, de l'aveu et de l'adhésion de tous, et sans qu'une force matérielle fût nécessaire. La faible force matérielle dont disposait le Saint-Siège était suffisante. Elle ne le fut plus quand il fallut pourvoir à l'ordre public chez un peuple inquiet, désorganisé. De là, des difficultés et une faiblesse calculées d'avance par la politique révolutionnaire pour forcer le Souverain Pontife à recourir à des appuis équivoques ou dangereux. Ces lois modernes, dont la Rome de Pie VII était encombrée, exigeaient une autre administration, changeaient les rapports du Saint-Siège avec les États voisins, développaient des intérêts contradictoires, incompatibles avec le retour du calme social. Les Papes régnaient dans Rome, mais le peuple se gouvernait par ses coutumes de familles, de corporations, de confréries. Le Code civil est la dynamite qui fait sauter toutes ces institutions de paix, et livre à l'usure et à la révolution un peuple violemment arraché à ses coutumes et asservi à un droit étranger.

CHAPITRE XXXI

LES CRÉANCIERS

I

Quand les classes riches, dans les républiques anciennes, ont voulu opprimer le peuple, elles ont eu recours au prêt d'argent, à l'usure. Le plébéien s'armait à ses frais, il devait emprunter. Toute une classe de citoyens se trouvait endettée. Au bout de quelques années, la dette doublait, triplait. L'oppression, par l'usure, fut cruelle à Rome. Les Hébreux ne l'ont pas connue. Toute leur loi est dirigée contre la puissance de l'argent. Le créancier est surveillé comme un ennemi public. La dette se meut dans une limite très étroite et un temps très court. Il faut qu'elle s'éteigne. Le législateur n'admet pas la pérennité de la dette. La dette est-elle toujours légitime? Le débiteur s'est engagé : avait-il le droit de s'engager? Celui qui joue ce qu'il n'a pas, a-t-il pu disposer du bien d'autrui et donner sur ce bien un titre à son créancier? Est-il permis de s'engager au delà de sa puissance? Un tel engagement est-il valable? Le droit du créancier est donc nécessairement borné.

Comme la société hébraïque, la société chrétienne fit reposer toute la richesse sur l'agriculture qu'elle protégea contre l'usure par la conservation des biens de famille. Le chef de famille ne disposait que des fruits, ce qui ne pouvait tenter les usuriers. La dette étant toujours minime, puisque les biens immobiliers n'étaient pas dans le commerce, le prêteur s'en rapportait à la bonne foi de l'emprunteur. Avant 1789, l'hypothèque était occulte; il y avait péril à prêter. Le créancier ne savait jamais s'il n'était pas primé par une hypothèque anté-

rieure. Ni les prêts ni les créanciers n'étaient favorisés par
la loi. Depuis lors, les créanciers sont parvenus à obtenir
l'inscription de toutes les hypothèques. Ils ont rendu claire
la situation du débiteur. Le législateur, cédant à leur impulsion, a substitué aux lenteurs de l'expropriation une forme
rapide d'éviction. C'est ce qu'on a appelé un progrès, mais il
n'y avait que le progrès de la prépondérance de l'usure et des
créanciers. Est-il conforme à la justice de rendre visible par la
publicité des hypothèques la honte et le malheur d'une famille ?
Pourquoi les regards du public sont-ils appelés sur les affaires
privées d'une famille ? Cette famille doit-elle quelque chose au
public ? Et la considération de ses membres n'est-elle pas
atteinte par cette divulgation ? La loi moderne vient en aide
au prêteur : elle lui met sous les yeux le bilan des fortunes
privées. Il pourra désormais agir à coup sûr. Ce n'est pas que
dans nos sociétés les lois de l'usure aient une grande efficacité.
Elles témoignent de la moralité du législateur. Les lois préser-
vatrices des petites propriétés de famille sont la vraie sauvegarde. Le législateur croit garantir les jeunes gens qui feront
des dettes imprudentes, et il leur offre de se libérer sans payer.
Mais, si ces jeunes gens ont quelque honneur, ils refusent de
profiter de la tolérance de la loi. Ce qui est injuste ici, c'est
que la fortune d'un père soit compromise par les enfants. Si
les enfants ne devaient pas hériter forcément de leur père, et
si le droit de propriété était entier chez le père, ils n'escomp-
teraient pas d'avance une fortune qui ne serait plus la leur,
et les usuriers n'auraient aucune confiance en des enfants qui
n'ont rien à prétendre. Nos lois de succession détournent du
travail les fils de famille riches, les poussent à la dissipation,
à la prodigalité : elles leur persuadent que le bien paternel est
à eux et qu'ils en ont en quelque sorte la libre disposition.

En 1789 la France était dans un embarras financier. L'appui
donné aux insurgés d'Amérique avait coûté un milliard au
trésor royal. C'était une dette flottante criarde. Nous avions
été fomenter la révolution en Amérique, et nous en rapportions
une révolution. Les créanciers pressaient le gouvernement de
Louis XVI. Il était facile de convertir cette dette en une rente
de cinquante ou de quarante millions. A tout hasard, une ban-

queroute, même totale, eût été un moindre inconvénient que
la Révolution française! Le gouvernement perdit la tête,
consulta les notables, convoqua de prétendus états généraux.
Tout fut bouleversé pour payer des dettes en partie véreuses.
La sécurité de la France parut moins précieuse que celle des
banquiers qui avaient soutenu de leur argent une entreprise
peu honnête. C'est un banquier genevois, enrichi dans tous ces
tripotages, Necker, qui alors gouvernait la France en qualité de
grand-vizir. La finance se rattachait à la révolution. Pendant
le XVIIIᵉ siècle, elle avait été flattée par les philosophes à qui
elle donnait des dîners et qui lui dédiaient leurs livres. Elle
se tourna contre la société et contribua à la démolir. Sous
la Restauration, la banque, le haut commerce, firent de l'opposition et chassèrent Charles X. L'argent a donc une puissance
de destruction dont il est impossible de ne pas tenir compte.
Il ronge les États aussi bien que les fortunes privées. Son
instinct cosmopolite le met en dehors de tout sentiment
national. Pourquoi la banque de Genève entretenait-elle à
Paris, autour de Mirabeau, une douzaine d'écrivains chargés
de lui préparer ses discours? Ces écrivains calvinistes avaient-
ils quelque chose de commun avec la France? Ils assistaient à
une liquidation sociale.

D'après le Code civil, les biens du débiteur sont le gage
commun de ses créanciers. Mais ce débiteur n'a-t-il pas une
femme et des enfants et ne leur doit-il rien? N'a-t-il pas contracté avec eux des engagements plus sacrés qu'avec ses
créanciers? Pour en arriver à la doctrine du Code civil, il a
fallu dissoudre la famille, ôter au père la disposition de sa
fortune et l'empêcher de constituer un bien de famille. Ce
créancier que la loi met au-dessus de tout, quel est-il? par
quels services sociaux se distingue-t-il? N'est-ce pas souvent
un usurier qui a spéculé sur les mauvaises affaires de son
débiteur! Avec les précautions prises par nos lois en faveur
des créanciers, il est difficile qu'ils perdent. Y a-t-il beaucoup
d'exemples de prêteurs qui se ruinent? On pourrait en conclure que la partie n'est pas égale entre le prêteur et l'emprunteur, et qu'ainsi le contrat est entaché d'un vice originel.
Il en résulte seulement que l'usure doit être surveillée de

près. En Russie, en Allemagne, en Pologne, en Hongrie, les juifs ont souvent ameuté contre eux les populations rurales. Ils ont été pillés et quelquefois massacrés. Nous accusons moins les juifs que l'incurie des gouvernements.

Sans coutumes protectrices, sans lois conservatrices, le paysan sera une proie offerte à l'usure. Il est trop facile de le tromper, de l'engager dans une entreprise ruineuse. D'ailleurs, il n'y a pas seulement un homme en présence d'autres hommes, il y a une famille dont les droits sont incontestables et les intérêts éminemment sociaux. Les lois modernes, pour condescendre aux théories du crédit, abrogent les coutumes de famille, dépouillent les femmes et les enfants, et fournissent de recrues l'armée du vagabondage et du paupérisme.

II

Après 1848, en Hongrie, une loi révolutionnaire renversant la coutume permit au chef de famille de disposer du bien de famille, de le vendre, de le diviser, de l'hypothéquer. Au bout de quelques années des milliers de familles rurales furent évincées de leurs domaines héréditaires par des juifs, des banquiers, des financiers. La loi dépouillait la famille au profit de son chef; elle commettait un vol à main armée pour prendre aux uns et donner aux autres. La dette est circonscrite dans notre capacité de disposer. Nous avons des devoirs envers notre famille. Le système des légistes écarte les restrictions imposées par la coutume; il proclame indéfinie la faculté de disposer; il ne la limite pas à nos ressources, à une certaine possibilité d'accomplir nos promesses. Du moment que l'instabilité des intérêts et la multiplicité des opérations judiciaires sont le but poursuivi, les prêteurs s'offrent à nous comme les instruments de ces évolutions perpétuelles d'hommes et de choses. Ils s'attirent toutes les faveurs de la loi, en concourant à déraciner les vieilles mœurs et tout ce qui retient au sol les intérêts et les familles.

Les conséquences politiques de l'emprunt sont graves et résultent de la façon de le concevoir. Aujourd'hui l'emprunt

est considéré comme une excellente chose, un moyen continuel
de réparer, de perfectionner l'ordre social. Tous ces changements sont-ils utiles? Nous travaillons pour l'avenir, ce qui
est bien si nous travaillons à nos frais. Mais si nous employons
à servir nos descendants les ressources mêmes de nos descendants, ceux-ci ont le droit de répudier l'héritage, en nous
disant : votre besogne ne nous convient pas. En somme, nous
ruinons l'avenir pour lui être utile, en nous targuant de la
bonté de nos inventions, de la sincérité de nos efforts. Nous
n'avons reçu aucune mission d'agir ainsi; nous n'avons pas
mandat de la génération qui nous suit. Nous faisons œuvre de
révolution, et l'emprunt ainsi entendu nous pousse à une
liquidation sociale. Sous l'ancien régime, l'emprunt se con-
cevait comme une nécessité momentanée, qui emportait avec
elle l'obligation de se préparer au remboursement. Le droit
de l'avenir était réservé. Personne ne se reconnaissait le droit
de disposer des ressources affectées par la coutume aux générations futures. La société française était une substitution,
aucune génération n'avait droit sur le capital de l'avenir.
L'emprunt était le remède d'une maladie, d'un vice, d'un
accident. La cause du mal passée, on songeait à en faire disparaître la conséquence. L'ambition d'un gouvernement moderne,
c'est de dépenser le plus possible; pour lui, l'avenir est un
capital rendu disponible par le crédit. A ce titre, il a de
l'argent tant qu'il veut. Par son crédit, il enlève toutes les
économies des familles, il soustrait à la production tout le
capital mobilier, et l'emploie improductivement dans les fonds
publics. Travailler sur le présent sans escompter l'avenir, ce
fut la méthode des peuples chrétiens.

Pendant que le sol se pulvérise, le capital mobilier, fort de
l'appui du législateur, prend l'importance qu'avait jadis la
propriété foncière et s'approprie avec un succès toujours
croissant les priviléges d'indivisibilité et de durée qui la soutenaient. Est-ce que nos chemins de fer, nos grandes compagnies financières entrent en liquidation à la mort de chaque
actionnaire? Est-ce qu'ils n'ont pas un avenir devant eux, des
concessions d'un siècle? Le législateur reconnaît ces immenses
corporations. Il leur applique ces principes d'indivision, de

durée qu'il dénie à la propriété foncière et à toutes les familles
agricoles. Le capital mobilier répudie le Code Napoléon. Il
concentre ses forces, agit par masses, échappe aux liquidations quotidiennes qui tuent la propriété foncière et dispersent
les familles agricoles. Si ce capital est le roi de l'époque, et si
tout est à lui par sa force légale et par les complicités qui les
favorisent, ne voudra-t-il pas un jour entrer dans la propriété
foncière? Et se contentera-t-il d'une propriété instable, misérable, sans cesse envahie par les gens de loi? Le législateur,
d'ailleurs intéressé dans tant d'entreprises financières, n'en
viendra-t-il pas à concéder des formes perpétuelles, en attribuant au sol le privilège d'indivision? Le capital mobilier
s'accroît indéfiniment. La réduction de l'intérêt finira par
égaler la rente de la terre. Est-il invraisemblable que le capital
songe à conquérir la terre, non plus, cette fois, pour la diviser
et la revendre, mais pour la garder? Elle sera à bon marché,
cette terre, endettée, hypothéquée, abandonnée par les paysans.
Alors, l'économie politique changerait. Si des compagnies
financières, pour placer leurs fonds, achètent des propriétés
rurales, elles exigeront pour ces propriétés une sorte de perpétuité. La dépopulation des campagnes, les difficultés de la
culture semblent préparer cet avenir. Alors la féodalité recom-
mencerait sur nouveaux frais. Nous avons cinq millions de
propriétaires dont les trois quarts sont à la mendicité. Quelle
résistance opposeront-ils? Ils courront au devant de l'acqué-
reur. Ils deviendront actionnaires ou serfs d'une grande exploitation qui leur assurera le droit au travail pour toute leur
vie et garantira l'avenir de leurs familles. L'esprit démocratique protestera-t-il? Mais ce sont des démocrates qui se trans-
formeront en nouveaux seigneurs terriens! Tout dépend de
cette question : la démocratie respectera-t-elle les capitaux
mobiliers? Bien hardi qui croirait parier à coup sûr?

CHAPITRE XXXII

L'HYPOTHÈQUE

I

De tous les contrats de garantie, celui qui exerce le plus d'influence c'est l'hypothèque. Le dépôt, le séquestre, le nantissement, sont rares et de peu d'importance ; le cautionnement est un engagement personnel ; et dans les affaires on s'attache moins à la personne qu'aux biens. L'hypothèque est l'universelle garantie des contrats et des obligations. Tout le sol français est frappé d'hypothèque. En dehors de l'hypothèque conventionnelle et judiciaire, l'hypothèque légale atteint les biens de tous les maris pour garantie des droits de la femme, ceux de tous les tuteurs et de tous les receveurs ou administrateurs comptables. Du principe que le sol est affecté au payement des obligations, il en résulte qu'il n'a aucune assiette fixe : monnaie courante, il se déplace perpétuellement. Il a perdu tout caractère politique, il ne représente plus la France. Il ne participe pas à la souveraineté nationale. Et le propriétaire diminué dans son indépendance n'a plus d'avenir devant lui et n'est qu'un occupant provisoire. Quand la propriété foncière était un fief ou fidéicommis de famille transmissible à perpétuité, il n'y avait pas de droit d'hypothèque ; aucun engagement personnel du chef de famille ne pouvait diminuer le gage de la famille, qui se trouvait à l'abri des évictions, de la ruine, de la misère. La propriété féodale ou de fidéicommis n'emportait pour le titulaire qu'un droit d'administrateur ; il gérait pour sa famille, il devait rendre intact le dépôt à lui confié, et il le rendait amélioré, agrandi ; car, par le développement de la population, la valeur du sol s'augmente sans cesse. Les usuriers, financiers, capitalistes, n'avaient pas prise sur cette propriété familiale. Mais les disciples du droit romain et nos révolutions s'efforcèrent de remettre en circulation la propriété foncière. Les seigneurs divisèrent leurs fiefs pour avoir de l'argent. Le droit de vendre renferme le droit d'hypothéquer. Les terres furent chargées d'hypothèques affectées au payement des dettes qui n'avaient souvent été contractées que pour satisfaire le caprice et la passion. La propriété fut asservie avec le propriétaire.

L'hypothèque est un dépècement de la propriété. Celui qui a hypothèque a un droit immobilier; il est maître d'une partie du champ ou de la maison. Il est mieux garanti que le propriétaire lui-même. Si nous avons cent cinquante millions de parcelles et vingt milliards d'hypothèques réelles, contractées pour des dettes positives, n'est-il pas évident que nos parcelles subissent un nouveau dépècement et qu'elles se subdivisent pour satisfaire les créanciers? Il s'est produit des plans pour l'extinction de la dette hypothécaire. Mais cette dette provient de la division du sol et des obligations légales. Éteinte aujourd'hui, elle ressusciterait demain. Les banques hypothécaires n'ont pas dégrevé l'agriculture. C'était leur but apparent; en réalité elles ont prêté aux villes et aux communes rurales. Le gouvernement a poussé les communes à s'endetter, afin de les forcer à vendre leurs biens. Sous prétexte d'utilité publique, elles ont perdu leurs biens les plus précieux, leurs bois, leurs pâturages, pour des enjolivements dont elles n'avaient que faire. Les hypothèques sont restées. Il semble que la propriété foncière doive échapper au malaise momentané d'une révolution politique. Eh bien, non. Et l'expérience nous apprend qu'alors les créanciers réclament leur argent et profitent même de la crise pour l'exiger plus impérieusement. Or les biens ont baissé de valeur, les propriétaires ruraux n'ont pas d'argent disponible. Et les biens des débiteurs sont vendus à moitié prix de leurs valeurs. Et souvent les créanciers les achètent pour les revendre plus tard avec bénéfice, quand la crise financière sera passée.

Après 1848, des banques agricoles s'organisèrent. Mais les spéculateurs ou financiers qui s'y jetaient ne cherchaient qu'à s'enrichir et n'avaient aucun plan pour améliorer l'agriculture française. Ils visaient moins à immobiliser le sol qu'à le rendre encore plus mobile. Agglomérer le sol, constituer un *minimum* d'étendue pour les exploitations agricoles, c'est là le but que devrait se proposer toute banque agricole. Il lui faudrait donc d'abord réclamer des lois de conservation sociale. Il n'y aurait que du charlatanisme dans ces projets de banques agricoles. Ce n'est pas aux financiers, mais aux propriétaires fonciers eux-mêmes qu'il appartient de fonder et de diriger des banques agricoles. Et ce n'est pas à Paris, mais dans les provinces que les banques doivent fonctionner. La propriété et l'agriculture se relèveront quand elles ne seront plus garrottées par les lois. La plaie de l'hypothèque est restée entière. Nous nous heurtons à l'impossible. La France n'est pas agricole, puisque toutes ses lois tendent à détruire l'agriculture. Si le sol national n'est pas cultivé ou l'est mal, irons-nous donc cultiver un sol étranger? Nous ne savons pas coloniser, et l'on a raison de nous le reprocher. Mais nous ne savons pas même *coloniser* ou *cultiver* la France. Voilà un demi-siècle que de braves gens gémissent sous la dette hypothécaire, et se bornent à quelques vœux puériles. Personne n'ose dire : La situation est fatale, elle résulte de lois et de circonstances de force majeure. Nous sommes régis par les mêmes lois qui ont eu pour mission de détruire l'ancien régime, de porter dans toutes les familles et sur les champs la hache du morcellement. L'ancien régime est détruit, et c'est le régime nouveau qu'on empêche de naître, de s'affermir, de grandir.

Il est traité comme s'il était encore l'ancien régime. C'est le gouvernement moderne qui se fait le promoteur de l'anarchie et de la destruction, et démolit la société moderne à mesure qu'elle tend à se former dans ses familles rurales ou dans ses familles industrielles. Le vrai crédit foncier est celui qui arrêterait l'absentéisme et rattacherait à l'agriculture, par la stabilité du domaine, les habitants de la campagne. On a institué partout des comités agricoles où il n'entre pas un agriculteur et qui n'ont d'autre destination que de chanter les louanges de la société actuelle et de préparer des candidatures électorales. Des sous-préfets, des sénateurs, des députés, ayant de regagner Paris prononcent devant les paysans des discours sur l'excellence de l'agriculture et sur le bonheur des champs. Ils décernent aux paysans, leurs électeurs, des médailles, des mentions honorables? Un ministre récent a même inventé la croix du Mérite agricole! C'est traiter l'agriculture comme la littérature aux jeux floraux. Et que voulez-vous que fasse un cultivateur de vos médailles et de vos croix, de vos primes et de vos brimborions? Il n'a besoin ni de vos leçons ni de vos encouragements ; et il est persuadé qu'il en sait plus long que vous sur l'agriculture. Est-ce qu'il ne s'aperçoit pas que votre civilisation moderne, toute urbaine, est l'ennemie des campagnes? Est-ce que les savants de la capitale ne travaillent pas à remplacer les ouvriers de la campagne par des machines? Ces machines n'augmentent le produit net du propriétaire qu'au détriment du bénéfice de l'ouvrier. Les frais de culture sont la meilleure partie de son avoir. Considérez le produit total qui fait vivre toute une multitude et non le produit net, qui est seulement le produit du propriétaire. Platon chassait de sa république les poètes en les couvrant de fleurs; nous usons du même procédé pour expulser de la campagne les cultivateurs.

Voilà les bienfaits qu'a reçus l'agriculture. Et qui donc pouvait croire au désintéressement de nos financiers? On appelait les paysans à jouir du crédit, invention toute nouvelle dont on leur racontait des merveilles dans les journaux et dans les *prospectus*. Deux idées contradictoires se cachent sous le mot de crédit qui signifie à la fois prêter et emprunter. Ces deux intérêts sont opposés. Qui organisait le crédit? le créancier lui-même, celui qui avait l'intention de prêter? Aussi devait-il prendre toutes les garanties. Les lois hypothécaires le gênaient, il a obtenu qu'elles fussent modifiées et que l'expropriation se fît rapidement et à moins de frais. Les économistes ont, à ce sujet, crié contre le régime dotal qui soustrait la dot de la femme aux créanciers du mari. Il est cependant permis à un père de doter sa fille et de préférer le régime dotal à tout autre, surtout en un temps où le divorce menace toutes les familles. Le créancier est insatiable. Il dépouille la femme et les enfants qui ne lui doivent rien. Il

enchérit sur le Code civil qui fait des biens du débiteur le gage
de ses créanciers ; et il lui faut encore pour gage le bien de la
femme et des enfants.

II

L'hypothèque est une espèce d'aliénation occulte ; elle ouvre
au laboureur la triste perspective de l'expropriation ; par là
elle le dégoûte de la culture ; elle lui ôte le courage d'améliorer
une terre qui sera bientôt vendue aux enchères. C'est une
erreur de croire que le paysan puisse améliorer sa terre par
des emprunts. L'expérience ne cite que des faits isolés. Ceux
qui connaissent la campagne savent que le cultivateur n'emprunte jamais pour améliorer. Il emprunte parce qu'un malheur lui est arrivé, parce qu'une dette exigible surgit, parce
qu'il a fait une dépense inutile. S'il veut réellement améliorer,
ses bras sont le meilleur capital qu'il puisse employer. Il ne
recule pas devant le travail. C'est par son travail seul qu'il
améliore son petit domaine. Un grand propriétaire sacrifiera
beaucoup à des essais de culture, par vanité ou dans la convic-
tion qu'il augmentera son revenu.

Le paysan ne voit pas si loin et se défie de toutes les initia-
tives. Son champ n'est pas assez vaste pour les supporter.
Donnez-lui la certitude de l'avenir, et il travaillera plein de
confiance. Pour léguer son champ ou plutôt ses parcelles à un
enfant, il n'a qu'un enfant, mais cet enfant ne trouve pas d'ouvriers et cherche à quitter la culture.

Le paysan tourne dans un cercle vicieux qui lui est tracé
par la loi. Il laisse son bien à son seul enfant, et par suite de
la dépopulation, cet enfant unique n'a plus pour cultiver la
ressource d'un personnel suffisant. Les entraves apportées à la
culture par le système legal amène la dépopulation du pays et
l'émigration des campagnes, deux faits corrélatifs. Pour avoir
un héritier qui soit à son aise, le paysan n'a qu'un enfant qui
se trouve dans l'impuissance de cultiver son bien ou de le
vendre. L'agriculture française, écrasée par les produits similaires de l'étranger que le libre-échange lui envoie, devient de

moins en moins rémunératrice. Le sol participe forcément à la dépréciation. Il n'est plus facile de se débarrasser, sans trop de perte, d'une propriété foncière. Cet état de choses n'est pas ancien ; mais il tient à un ensemble de causes tant matérielles que politiques qui ne permettent pas d'espérer, d'ici à long-temps, le plus léger changement et qui nous condamnent à une crise de plus en plus aiguë.

Le droit d'hypothèque conduit infailliblement à l'expropria-tion du débiteur. Une dette est facilement contractée quand on a du crédit, et l'on est amené presque sans le vouloir à hypo-théquer son bien. L'hypothèque est le signe de détresse de la propriété foncière. Elle a plus d'inconvénients que la rente foncière, parce que le remboursement devient obligatoire un jour ou l'autre, et cependant, la multiplicité des rentes fon-cières entravait autrefois l'agriculture. Le sol, alors comme aujourd'hui, devait tout garantir. Toutes les charges pesaient sur lui. Les économistes de 1789, sous prétexte que le sol constituait toute la richesse publique, avaient imaginé l'impôt unique payé par les propriétaires, qui se seraient récupérés sur le prix des denrées. Ils se donnaient le nom de Physiocrates, parce qu'ils prétendaient obéir à la seule nature. Ils oubliaient que la nature avait parlé dans des millions de familles atta-chées à la culture. En consultant l'expérience, ils auraient appris si les impôts mis sur l'agriculture sont favorables à la production et à la richesse publique. Les dîmes avaient donc cet avantage de ne pas gêner la culture ; elles se payaient en nature. Elles sont encore en usage dans un grand pays comme l'Angleterre. En 1789, la France fut soumise à de vastes essais de communisme. Il est impossible de méconnaître ce caractère chez les principaux meneurs de la Révolution. Le communisme gréco-romain fut leur idéal. Mirabeau et Tronchet soutinrent dans l'Assemblée constituante, que la propriété était une créa-tion de la loi et que la société avait un pouvoir souverain sur les biens de ses membres. C'était la doctrine des légistes transportée du prince aux sujets. Le peuple héritait du césa-risme, passait au rang de césar. Tout était à césar, tout fut au peuple.

Robespierre concluait à la suppression du droit de tester, à l'impôt progressif, à la taxe des pauvres, au droit au travail garanti par l'État. Saint-Just proscrivait les successions collatérales. Toutes ses idées aboutissaient à un communisme violent. La conjuration de Babœuf avait des précédents. La Convention n'a fait qu'appliquer les doctrines de la Constituante.

Les Jacobins voulaient le travail en commun, l'organisation des travaux publics, l'éducation égalitaire et gratuite. Le système de l'éducation comme à Sparte, si cher à Saint-Just, triomphe chez nous. Les Jacobins modernes n'ont pas dévié de leurs ancêtres. Ils établissent au milieu d'une paix relative le régime ébauché au milieu de sanglantes proscriptions, il y a bientôt un siècle. Les actes de la Révolution sont une transition du régime de propriété au régime de communisme. Ce qu'il y a d'étrange, c'est qu'on a osé mettre ces doctrines sous l'invocation de l'Évangile.

L'école de Buchez tenta la conciliation du christianisme et de la Révolution; mais ce n'était pas la Révolution qu'elle entendait convertir au christianisme, c'est le christianisme qu'elle convertissait à la Révolution, en dénaturant l'histoire et le dogme catholique. La Révolution a constitué la plus grande persécution que l'Église ait subie : alors comme plus tard, ses adeptes sont restés fidèles à leur haine contre l'Église. La Révolution ne s'est pas arrêtée un instant à l'espèce de conciliation que proposait Buchez. Elle a continué la guerre contre l'Église et le droit de propriété.

Pour affaiblir le droit de propriété et diminuer les propriétaires, la législation se montre favorable aux créanciers. C'est pour cela qu'elle multiplie en leur faveur les garanties. Le droit d'hypothèque est une des mesures qui concourent à ce but. Néanmoins, il conservait d'abord des garanties pour les femmes et les enfants. Et l'hypothèque légale, qui primait les hypothèques consenties après le mariage, couvrait les intérêts des femmes et des mineurs. Elle souleva l'irritation des économistes. Dans la discussion du Conseil d'État, le premier consul se montra chaud partisan de l'hypothèque légale. « Sous l'ancienne législation, dit Cambacérès, on ne s'occupait que de l'intérêt des femmes et des mineurs. » Aveu précieux.

24

et qui éclaire l'histoire du droit français. On s'occupait de
l'intérêt de ceux qui ne peuvent pas se défendre. Et de qui
donc s'occupera le législateur? La Révolution a mis de côté
l'intérêt des femmes et des enfants. C'est à la famille qu'elle
s'attaquait. Au lieu de favoriser le crédit, c'est-à-dire les
créanciers, l'ancien régime favorisait la famille. Notre code
hypothécaire, pour avoir conservé quelques débris de cet
esprit conservateur, a été en butte aux plus vives accusations ;
et économistes et légistes n'ont eu de cesse qu'ils ne l'eussent
remanié. Le progrès, en ce genre, c'est de faciliter les
emprunts et les expropriations. Les financiers sont riches,
puissants; les législateurs, ne leur refusent rien. Le crédit est
encensé, divinité moderne. Le droit s'est plié aux exigences
des créanciers. Ils sont évidemment les maîtres. Et cependant
il arrive un moment où leurs intérêts seront menacés. Ils en
ont déjà conscience. Et nous les verrons un jour, quand la
révolution montera jusqu'à eux, essayer de se réfugier dans
les principes conservateurs.

Il faut que l'agriculture puise ses ressources en elle-même.
Le laboureur doit avoir le moyen de cultiver la terre en toute
sécurité. Comment conserver l'aisance de la famille et du
laboureur? Tous les peuples florissants nous le disent : par
des lois protectrices de la famille agricole. Est-ce que ce n'est
pas le premier devoir du législateur de veiller à la subsistance
publique? Les lois de la production lui sont-elles inconnues?
Mais l'agriculture est régie par des lois hostiles ; des préoccupations politiques ont présidé à toutes les mesures dont elle a
été l'objet de la part du législateur. Aucune enquête agricole
n'a pu éclaircir aucune question. Nous laissons s'accomplir
l'émigration des campagnes et une perturbation profonde se
mettre dans tous les intérêts. Le gouvernement s'en inquiète-
t-il? Nos exportations sont en baisse ; le déficit s'élargit chaque
année. Nos hommes d'État ont-ils acquis la certitude que nous
vivons depuis longtemps sur des principes faux, que leurs conséquences extrêmes apprennent à mieux connaître? Ils ne
voient rien, ils se réjouissent des arrivages étrangers qui
viennent combler notre déficit alimentaire. Or la population
croît plus vite à l'étranger que chez nous. Quand elle sera

plus nombreuse, elle consommera ses produits. Alors les économistes nous conseilleront de descendre au niveau de nos subsistances et nous prouveront que la France est trop peuplée.

CHAPITRE XXXIII

L'EXPROPRIATION

I

C'est le dernier mot de la civilisation moderne et de nos institutions judiciaires. Expropriation volontaire ou forcée. Nous nous exproprions pour obéir à la loi, où nous sommes expropriés par nos créanciers. Pour le fisc le résultat est le même. L'expropriation forcée par faillite ou banqueroute s'est tellement multipliée que ce mot de banqueroute, qui inspirait une sorte d'horreur il y a quarante ans, est devenu banal. Le commerçant qui fait faillite n'est plus qu'un joueur qui n'a pas eu de chance. Il faut s'enrichir en quelques années, sans quoi la concurrence vous talonne et vous tue. Il est difficile de la soutenir parce qu'elle emploie souvent l'arme de la mauvaise foi. Comment lutter contre celui qui vend à perte? Pourquoi vendre à perte? Pour écraser un concurrent et se rattraper par une hausse de prix? Dans ce jeu, on cite plus de ruines que de succès. Cette instabilité du commerce, de l'industrie, ces chutes qui accablent souvent d'honnêtes commerçants et industriels, ont un double résultat : elles jettent la démoralisation dans les familles, le trouble dans l'État. Ces déclassés aspirent à tout changement. La force productive de la nation est atteinte. Le prix des choses baisse par ces ventes forcées, mais le fonds producteur s'épuise. La déperdition du capital national appelle la concurrence étrangère, qui vient avec d'autres habitudes et un esprit de suite qui lui permet d'élever des maisons de commerce et d'industrie, et de les conserver. On remarque, en effet, que les familles juives, protestantes, où règne le respect de l'autorité paternelle, ne partagent pas,

ne liquident pas comme nous. Elles obéissent à la volonté du
père pour la transmission de l'héritage. Elles se maintiennent
en présence des nôtres qui croulent.

Les expropriations sont fréquentes parce que les maisons
sont toujours nouvelles. Elles sont nouvelles parce que notre
loi en interdit la transmission. Le père ne peut s'associer son
fils, la loi du partage est là. Nos mœurs y sont façonnées et
les enfants savent bien qu'ils doivent chercher une autre carrière que celle de leur père, et qu'en tous cas, celui qui
prendrait la carrière du père aurait à la recommencer pour
son compte, et n'hériterait pas de l'expérience et des ressources
acquises.

Notre système d'expropriation universelle a pour les petites
fortunes des conséquences qu'on ne saurait trop constater. Le
ministre de la justice, en 1852, nous apprenait dans un rapport
que 1980 ventes au-dessous de 500 francs et produisant
ensemble 558,092 francs avaient occasionné 628,906 francs de
frais pendant l'année 1850. C'est payer le plaisir de l'expropriation. Avant d'arriver à la mise aux enchères de biens
indivis intéressant des mineurs, on traverse une procédure
dont le coût moyen est de 300 francs. (*Rapport de M. Abattucci,*
13 novembre 1852.) Combien d'immeubles inférieurs à 300 francs !
On les vend cependant aux enchères publiques dans l'intérêt
des mineurs ! Ce n'est pas tout, le fisc prélève sur les héritiers
un droit de mutation qui varie de 1 fr. 50 c. à 10 fr. 35 c. 0/0,
suivant le degré de parenté. Pendant la période quinquen-
nale de 1858 à 1863, sur 83,509 ventes, il y a eu 51,366 ventes
forcées. En voici le détail : 7,404 de biens de mineurs ou d'interdits, 39,413 pour licitation entre majeurs et mineurs ;
3,417 pour successions bénéficiaires ; 1,132 successions vacan-
tes. Dans le nombre de 83,509 ventes, il y en a eu 5,364 qui
n'ont pas dépassé 500 francs et qui ont produit moins que
zéro pour les héritiers. Le calcul des frais pour une vente inférieure à 500 francs donne 502 fr. 90 c. Ces chiffres sont extraits
de statistiques officielles.

Le Code civil a une étrange façon de protéger les mineurs.
L'article 815 interdit l'indivision. Le père de famille ne peut
rien conserver : sa volonté est annulée. Le législateur se charge

du soin des enfants et prétend se connaître mieux en leurs
intérêts que le père lui-même. Il applique la maxime : diviser
pour régner. Il est tout-puissant, mais la destitution des pères
de famille met la France à l'encan. Il sort assurément des
chiffres ci-dessus une vérité pratique, c'est que le foyer domestique, le bien nécessaire à la subsistance d'une famille rurale
doit former un tout indivisible, transmis par le père de famille
dans les conditions qu'il jugera à propos de fixer et qu'il est
mieux que personne en mesure d'apprécier. Le législateur
affecte de protéger les mineurs; ne sont-ils pas sous la tutelle
paternelle? Les frais de protection sont à leur charge et
emportent leur avoir. L'article 826 qui oblige les héritiers à
partager en nature, complique les frais. S'il y a trois fermes de
même valeur et trois héritiers, chaque héritier aura un tiers
dans chaque ferme, dût ce partage désorganiser toutes les
fermes; c'est le vœu de la loi. On essaye d'y obvier. Mais la
conservation du bien n'est que momentanée; et plus tard il
faudra, au décès du nouveau propriétaire, revenir à un partage
forcé. Ces efforts pour tourner la loi sont de peu de résultat.
On cherche quelque conciliation dans le partage d'ascendants;
on réclame un peu plus de liberté pour le père qui, de son
vivant, se dépouille en faveur de ses enfants. Mais ces partages
d'ascendants ne sont pas sans immoralité. Ils sont nombreux
dans les campagnes. Les enfants trouvent que leur père vit
longtemps; ils se savent héritiers, presque copropriétaires. Ils
forcent la main au vieillard qui, moyennant une pension alimentaire, leur cède ses biens. La pension est plus ou moins
régulièrement payée. Le père est tombé sous la tutelle de ses
enfants. Voilà le résultat des partages d'ascendants. Ils ne
sont pas inspirés par l'esprit de conservation. Le législateur
a trouvé bon de hâter le moment de la division des biens, en
les faisant passer avant l'heure fixée par la nature, de la main
du père qui les conserve dans celles des fils qui sauront moins
les conserver.

Nous avons cependant une certaine liberté de tester; pourquoi n'en usons-nous pas? La raison est bien simple, c'est que
cette liberté légale ne nous permet pas de constituer un
domaine et de le transmettre. Le législateur nous invite à

diviser notre bien en parts égales ou inégales. Or, qu'importe
que le bien soit divisé en parts égales ou inégales, du moment
que l'indivision qui en ferait toute l'utilité, n'est plus possible?
Ce qui est nécessaire, c'est le droit de conserver. La quotité
disponible, formulée par notre Code civil, n'est pas fondée sur
le principe de conservation, mais sur un droit de partage à la
participation duquel le testateur est appelé dans une faible
mesure. La faculté de tester que nous laisse le Code est d'une
toute autre nature que la vraie liberté de tester; elle émane
du législateur et non du propriétaire. Elle s'exerce dans la
limite tracée par le législateur, elle n'exprime pas la volonté
du propriétaire. Et comment empêcher plus tard, en vertu
même de nos lois, les revendications d'enfants mal conseillés
et qui se croiraient lésés? L'intérêt de la quotité disponible
disparaît devant ces inconvénients. Et le plus souvent, elle sert
d'aliment aux procès de succession. Il s'agit de savoir si le
père n'a pas dépassé la quotité disponible, ce qui donne lieu,
suivant les circonstances, à d'interminables débats. Rien ne
soustrait la famille à la dissolution. A la mort de son chef, la
justice fond sur elle, fouille dans les coins de la maison, scrute
toutes les correspondances de famille, met à l'encan les meubles,
les tableaux, les livres, les papiers; elle réalise tous ces souvenirs, toutes ces affections en valeurs monnayées. A ses yeux
indifférents, c'est une liquidation où tout se réduit en passif et
en actif.

La pensée économique du législateur, on le comprend aisément, c'est que toutes les valeurs se valent puisqu'elles
peuvent être ramenées à un dénominateur commun qui est la
monnaie. Les champs, les maisons, les usines, perdent ainsi
leur valeur d'avenir. Ils sont assimilés à des rentes, à des
créances. La réalité et la fiction sont au même rang. Une rente
sur l'État n'est autre chose qu'une créance sur l'État. Une
créance signifie la perte, l'absence de la réalité. Il vous est dû,
parce que vous vous êtes dépouillé. Si le débiteur est solvable,
la créance est bonne, mais elle est sujette à bien des vicissitudes; c'est évident, chez un particulier. Quant à l'État il peut
amortir sa dette, et vous offrir un remboursement illusoire.
Des économistes en sont venus à compter les créances parmi

les richesses de la France, comme si la créance étant le droit
à la chose, ne se confondait pas avec elle. Toute liquidation
forcée, toute expropriation assujettit les immeubles à une
dépréciation. L'acheteur est libre de ses conditions. Ce sera
un homme de loi, un capitaliste; il divisera encore pour
revendre avec bénéfice.

L'expropriation pour cause d'utilité publique a été inventée
de nos jours à propos des chemins de fer, ou du moins elle a
été étendue, et à Paris surtout elle est permanente. C'est une
idée saint-simonienne. Elle permettrait au législateur d'exproprier toute la France : Louis-Napoléon s'en est servi pour
rebâtir Paris et y créer un centre d'ouvriers venus de toutes
les parties de la France. Il voulait, par la présence de ces
ouvriers, qu'il se croyait seul capable de dompter ou de diriger,
effrayer la bourgeoisie et le haut commerce, qui ne lui étaient
pas favorables et les tenir en respect. Ces ouvriers sont les
électeurs de Paris, et la commune s'endette indéfiniment pour
leur procurer du travail. Avec la loi d'expropriation, l'État se
fait entrepreneur universel de travaux. Son droit d'hypothéquer l'avenir par l'emprunt lui fournit les ressources nécessaires. Cela ressemble au communisme, mais on ne s'en
aperçoit pas trop. On suit la tendance inculquée par le législateur. Les fonds de terre, les maisons étaient autrefois constitués de façon à rendre les expropriations impossibles. Mille
liens retenaient les familles au sol par les démembrements
du droit de propriété.

Le grand mouvement de 89 a déblayé le sol, l'a rendu divisible et circulant comme la monnaie et en a détaché les
populations. L'expropriation est une opération facile et à la
portée de tous. Le créancier peut exproprier son débiteur.
L'État exproprie par masse et sans se faire d'ennemis, puisqu'il
paie convenablement. Les indemnités qu'il distribue lui reviennent par les achats de fonds publics. L'expropriation pour
cause d'utilité publique est une forme de la confiscation. C'est
une confiscation amiable. Le juge de l'utilité publique est
celui-là même qui vote les travaux et les emprunts. Et ce
législateur est persuadé que la suprême utilité publique gît
dans la mise en vente de tous les héritages. Le droit de pro-

priété n'est-il pas exproprié pour cause d'utilité publique? Les
Français ne sont-ils pas expropriés de leurs droits de pères de
famille? Le principe de l'expropriation ne connaît plus de
limites. Les princes et les principautés sont expropriés pour
cause d'utilité publique ou de progrès social. Le droit des gens
s'est modifié, les souverains ont exproprié leurs confrères
moins puissants. L'analogie de la souveraineté avec le droit
de propriété n'a jamais été niée. Mais les princes ne croient
plus à leur droit, et, en le faisant reposer sur la force, ils
invitent les peuples à en appeler aussi à la force. Les souverains
nouveaux qui ont pris pied en Espagne et en Italie sont-ils
plus solides sur leurs trônes après avoir confisqué les biens de
l'Église? Jouissent-ils d'une indépendance bien royale? Et, en
faisant du césarisme contre l'Église et leurs sujets catholiques,
espèrent-ils échapper à ce droit nouveau qui asservit les
faibles aux forts?

L'expropriation est la synthèse de notre ordre social, la
résultante de nos institutions juridiques. Tout y aboutit. Si
l'expropriation s'arrêtait un instant, toute la machine bureau-
cratique et financière s'arrêterait. Est-ce que le contrat de
vente n'est pas une expropriation volontaire? Dans son traité
de la *Propriété d'après le Code civil*, M. Troplong constate que,
dans la France actuelle, les biens sont en majeure partie
d'acquêt plutôt que d'origine. Les biens héréditaires n'entrent
que pour une part minime dans la fortune de chaque Français.
Nous n'avons que des biens récents et d'occasion, auxquels
nous tenons peu et dont nous ne sommes pas fâchés de nous
débarrasser. Ainsi, la plupart de nos cultivateurs, avant de
mettre la main à la charrue, ont eu à payer des droits de vente
et de succession de plus de dix pour cent. Étonnez-vous de la
pauvreté de nos agriculteurs et de notre agriculture! En 1841,
il y a eu 1,059,411 contrats de ventes d'immeubles. Pour avoir
une idée exacte de ce que ce chiffre représente, il faudrait
interroger l'Angleterre, l'Allemagne, l'Autriche, sur le nombre
de leurs ventes d'immeubles pendant une année. En 1846 il a
été soldé pour droits de mutation 108,587,819 fr. 57 c. Voici en
quelles catégories se répartissent les contribuables : 8,000 sont
taxés à 1,000 francs et au-dessus; 15,000 dépassent 500 francs;

67,000 sont à 300 francs; 110,000 à 200 francs;la moyenne donne encore 220,000 contribuables à 125 francs; et 480,000 à 50 francs, enfin 390,000 à 25 francs et au-dessous. Ces chiffres nous montrent que la propriété terrienne est une monnaie courante et qu'elle ne séjourne pas dans des mains capables de la cultiver avec fruit.

La Révolution a été l'expropriation universelle. Elle a mis ainsi les intérêts nouveaux du côté des idées qu'elle propageait. Mais ces intérêts se fatiguent d'une rotation perpétuelle et aspirent à la stabilité. L'expropriation qui a fonctionné contre la royauté, le clergé et la noblesse, a continué, après l'empire, contre la bourgeoisie enrichie par les ventes de domaines nationaux, et ensuite ruinée par les partages forcés. La classe des paysans semblait seule profiter de la Révolution. Voici que l'expropriation les chasse de leurs héritages morcelés, hypothéqués et remet les terres en friches, à la joie de l'étranger qui se prepare à les envahir pacifiquement au nom de notre Code civil.

II

Les auteurs du projet de loi pour l'abrogation du Concordat ne paraissent avoir aucune notion de droit ni de politique. Au fond, il s'agit de l'expropriation des biens du clergé : églises, fabriques, séminaires, évêchés, presbytères, tout y passe. M. Boysset n'épargne rien, la razzia est complète. Nous ignorons quel bénéfice la nation retirera de cette vaste capture, car, enfin, toute expropriation pour cause d'utilité publique entraîne une indemnité. L'Assemblée constituante l'a entendu ainsi en mettant les biens du clergé « à la disposition de la nation ». L'indemnité réglée par le Concordat n'a pas eu pour cause la convention de Pie VII et du premier consul, mais l'expropriation. En sorte que l'abolition du Concordat laisse légalement les choses en l'état. L'indemnité reste due dans la forme actuelle ou sous une autre forme débattue de bonne foi avec le Souverain Pontife. En vertu du Concordat et comme faisant partie de l'indemnité, les édifices non vendus,

nécessaires ou utiles à l'Église, ont été rendus au clergé. Et il
est à remarquer que l'expression employée pour désigner ce
transfert est la même que celle qui les avait fait passer dans
les mains de l'État.

Ces édifices ont été mis « à la disposition de l'Église ». Or,
dans la langue du droit, la *disposition* d'une chose est ce qui
caractérise le droit de propriété, qui est le droit de jouir et
disposer des choses. Les légistes de l'Assemblée constituante,
et ceux qui concouraient à la rédaction du Concordat ne
péchaient pas par ignorance. C'est à un corps perpétuel que
l'Assemblée constituante a voulu allouer une indemnité, et c'est
à un corps perpétuel qu'ont été rendus les édifices religieux.
Ces édifices sont occupés, possédés à titre de possession ou de
propriété par les titulaires actuels; et puisqu'il s'agit d'un
corps perpétuel, le résultat de la possession et de la propriété
est le même. Qui donc se prétendrait propriétaire des immeubles affectés au culte? M. Boysset distribue les églises et les
presbytères aux communes et aux départements. Il croit évidemment que les communes sont propriétaires des églises et
des presbytères. Mais qu'en sait-il? A-t-il vérifié les actes qui
leur ont transmis cette propriété? Puisqu'il est étranger à la
connaissance des lois, nous mettons sous ses yeux l'article du
Code civil qui détermine « les différentes manières dont on
acquiert la propriété » :

Art. 711. « La propriété des biens s'acquiert et se transmet par succession, par donation entre vifs ou testamentaire, et par l'effet des
obligations. »

Quelle vente, quel échange, ou quel autre contrat ont fait
passer les biens des mains de l'Église dans celles des communes? Les départements sont, à cet égard, dans la même
situation que les communes. Devant les tribunaux, les détenteurs des immeubles n'ont pas même à se défendre ; ils n'ont
rien à prouver : ils sont en possession. Ils attendent l'argumentation de l'adversaire qui doit démontrer son droit de propriété. Sur ce point, ils sont invulnérables. Aussi les communes
et les départements ne sont-ils que de ridicules comparses. Et
certainement le débat ne peut porter que sur la propriété de
l'État. Eh bien, l'État doit présenter la même preuve que les

communes et invoquer l'article 711. Il va sans dire qu'il n'a aucun des titres indiqués par le Code. Il peut, il est vrai, recourir au droit de confiscation. Mais ce droit a été aboli par la charte de 1814, et aucune mesure législative ne l'a rétabli. Pour la régularité des opérations, il sera peut-être bon que quelque radical, ou au besoin quelque conservateur présente un projet pour le rétablissement de la confiscation. L'État recourra-t-il aux lois ou décrets qui lui auraient transféré les propriétés de l'Église depuis le Concordat? Mais ces lois ou décrets se confondraient avec un fait de spoliation, puisqu'il n'a jamais été admis que l'État eût le droit d'enlever une propriété à qui que ce soit, à moins d'une indemnité préalable.

Sans doute, il est facile d'arracher *manu militari* les églises et les presbytères à nos curés et desservants. Justement, on parle de mobiliser une partie de notre armée. Cette façon d'exproprier les citoyens français est contraire à la loi qui exige une indemnité. Et puis, l'indemnité, pour être différée, en sera-t-elle moins due? D'autres circonstances ne favoriseront-elles pas les revendications, en aggravant la responsabilité des spoliateurs? Ces confiscations sur une classe si considérable de citoyens ne se sont pas renouvelées depuis la Révolution; les décrets du 29 juin 1880, qui ont causé tant de ruines, n'allaient pourtant pas jusque-là. Seulement ils faisaient prévoir qu'on irait plus loin. Le moment est-il arrivé? Il faudra bien cependant qu'on discute et qu'on saisisse les tribunaux. Songe-t-on à la valeur de tant d'édifices, au nombre de personnes qu'ils abritent ou protègent? Est-ce que quarante mille propriétaires ou capitalistes ne peuvent pas être confisqués aussi bien que quarante mille prêtres? C'est encore une plus riche proie, et plus liquide et plus facile à partager. La question d'indemnité gêne le projet d'expropriation de MM. Boysset et consorts : elle contribuera, nous voulons l'espérer, à refroidir le zèle anticoncordataire de beaucoup de nos députés et sénateurs. ,

III

Nos laïcisateurs ont beau recourir aux artifices du langage, aux réticences de la rhétorique, ils ne peuvent échapper à cette idée de l'expropriation dont les conséquences juridiques aboutissent à une indemnité. Ils n'ont même jamais osé invoquer la prescription, tant ce mot leur rappellerait que leur possession n'a jamais été paisible, reconnue. Même après un demi-siècle, malgré le Concordat et les lois de la Restauration, les biens dits nationaux subissaient encore une dépréciation, et les affiches des notaires constataient avec soin que tel ou tel bien était d'origine patrimoniale. Cependant l'Église renonçait à faire valoir ses revendications. On a prétendu qu'elle avait ratifié les ventes nationales. Elle s'est bornée à ne pas réclamer, et une rapide prescription a dû tranquilliser les possesseurs de bonne foi. En réalité, il y a eu, au point de vue juridique, expropriation et indemnité.

Aujourd'hui, ceux qui se disent les fils de 89 n'ont pas même le courage d'avouer leur désir, leur plan, leur action; ils ne veulent ni exproprier, ni confisquer. Ils ne parlent pas de prendre; ils imaginent de se déclarer propriétaires des biens qu'ils convoitent. Vous voyez d'ici quel sera le voleur et contre qui la magistrature nouvelle aura à sévir. Cette interversion de rôles et la l'astuce des légistes faisait le fond des sophismes de l'Assemblée constituante.

Cette hypocrisie ne trompe personne, et M. Boysset en a repris le jeu d'une façon fort ridicule; quand il nous déclare dans son article premier que « la République respecte tous les cultes », n'avons-nous pas le droit de lui demander ce qu'il a voulu dire? Combien estime-t-il qu'il y ait de cultes en France? Et sur quoi se fonde-t-il pour les croire tous également respectables? Respecte-t-il aussi le culte du dieu Vaudoux? Remarquez qu'il ne s'agit d'aucun des cultes dissidents. Ces malheureux cultes sont introduits sur la scène politique uniquement pour permettre d'y comprendre, sous le voile de l'anonyme, l'Église catholique : on la déguise sous le tas, pour n'avoir pas l'air de s'adresser à elle et de reconnaître son existence distincte. On persécute l'Église, en évitant de prononcer le mot de persécution. Par une autre fiction, on suppose que l'État subventionne tous les cultes, et naturellement on trouve tout simple qu'il cesse de les subventionner puisque cette subvention est un effet de son bon plaisir. La vérité est que les prétendus

cultes auxquels il est fait allusion ne comptent pas, et que le
seul culte catholique est visé, quoique, à son égard, il n'y ait
lieu ni de subvention ni de privilège, et que ses droits soient
réglés par des principes tout autres et par un traité qui ne
peut être rompu sans compensation.

Les razzias proposées par le sieur Boysset ne terminent
rien. Elles laissent la question intacte. Les droits de l'Église
seront les mêmes et les principes, de nos lois n'auront pas
changé. La nature de la propriété n'est pas modifiée par la
qualité du propriétaire; qu'il soit chrétien, juif ou musulman,
croyant ou incrédule, il est soumis sur le sol de la France à la
même loi. Il est difficile de mettre les prêtres catholiques hors
la loi sans les nommer ; et on les nommerait, que le sort des
spoliations n'en serait pas plus assuré. M. Boysset se demande
s'il procédera par la voie de la confiscation ou de la spoliation
pure et simple. La confiscation exige qu'on s'explique, parce
qu'elle est une institution judiciaire; et encore faudrait-il
déterminer les crimes du clergé. La spoliation n'impose aucune
formalité judiciaire, elle dispense de toute raison et même de
toute politesse. Mais l'excès de civilisation rend les spoliateurs
délicats. Si, en vertu d'une nouvelle morale, les propriétaires
pouvaient être confondus avec des voleurs, on en aurait aisément raison. Le mot de voleur n'est pas prononcé, mais on
insinue que les biens de l'Église ne sont pas des biens d'Église ;
et la preuve qu'on en donne, c'est que ces biens appartiennent
aux communes ou aux départements. Ces communes, ces
départements n'ont aucun moyen de protester; ce sont des
personnages muets, l'écho de la voix ministérielle qui part de
Paris. On dépouille l'Église subrepticement, presque sans le
lui dire, tant on la respecte !

Évidemment, M. Boysset, qui « respecte tous les cultes »,
respecte aussi toutes les morales. Et l'on pense bien qu'on ne
s'aviserait pas de respecter tous les cultes si, par ricochet, on
ne devait respecter en même temps toutes les morales. La
république a donc le choix entre toutes les morales. et la
morale de la spoliation paraît en grande faveur. Mais nos lois
ne sont pas encore suffisamment arrangées dans ce sens : de
là une dureté d'oreilles qui ne permet pas d'entendre ces mots

de confiscation, de spoliation, quoique la chose qu'ils expriment soit déjà familière à certains esprits. Il y a longtemps que le girondin Brissot a écrit : La propriété, c'est le vol ! En vertu de ce principe, Proudhon a volé à Brissot sa formule. Ce cri de communisme n'a pas encore pénétré dans la masse de la nation, et beaucoup de gens médiocrement honnêtes n'oseraient pas le répéter. M. Boyssel se heurte à un sentiment public. Et en attendant une révélation qui brise comme entaché de féodalité le droit même de 89, le mot seul d'expropriation se présente pour exprimer la mesure que sollicite M. Boyssel. Les ruses, les subterfuges qui essayent de déguiser ce fait rentrent dans le domaine de la comédie. Nous sommes les plus forts, nous usons de la morale qui nous plaît ! Cela tranche la question pour un temps; et ces assauts multiples au droit de propriété, ébranlant toutes les existences, rendant incertains tous les intérêts, pourraient bien étendre, affermir dans notre pays le sentiment de la stabilité sociale et le porter à se défendre contre des entreprises qui menacent de dépouiller toutes les classes de la population.

CHAPITRE XXXIV

PROCÉDURE

I

Le ministre de la justice, M. Humbert, a déposé le 18 mars, devant la Chambre des députés un projet de loi pour modifier ou plutôt pour supprimer la formule du serment. Des jurés ont prétendu qu'ils ne pouvaient pas prêter « devant Dieu » le serment de dire la vérité, attendu que c'était contraire à leur conscience, vu qu'ils ne croyaient pas en Dieu. En présence de ce refus de serment, le ministère public n'avait qu'à requérir l'application de l'amende édictée par la loi. Le ministère public s'est tu ; il a fallu que les avocats, faisant eux-mêmes office de ministère public, en vinssent à demander l'application de la loi. Pour faire cesser ce scandale, M. Humbert propose d'exempter du serment les athées ou libres-penseurs. « Oui, encore une fois, s'écrie M. John Lemoine, la loi est athée ; elle n'a pas le droit moral d'imposer une formule de serment religieux. » Le *Journal des Débats* se trompe ici, le serment, tel qu'il est exigé par nos lois, n'a rien de religieux et ne fait appel à aucune religion. Il s'applique au déisme aussi bien qu'aux divers cultes. La formule légale est toute philosophique ; mais Dieu est exclu de l'enseignement primaire, il faut qu'il soit exclu de la loi. La liberté des cultes se transforme en une profession obligatoire d'athéisme. La loi est athée, nous dit le *Journal des Débats*. Pourquoi athée? l'athéisme est un système philosophique : de quel droit l'imposez-vous aux contribuables, aux justiciables? Est-il meilleur qu'un autre? Quelle autorité compétente a proclamé cette suprématie de l'athéisme? Pourquoi exigez-vous que la France soit athée? Si la loi est obligée de prendre couleur, c'est de la majorité qu'elle doit se rapprocher et non d'une infime minorité.

Jusqu'ici les athées ne comptaient pas comme nombre dans la nomenclature des opinions religieuses. La législation a d'abord mis sur la même ligne tous les cultes dissidents qui comprennent à peine un million de Français, et la religion catholique. Une poignée d'athées ou de francs-maçons impose son joug aussi bien aux divers cultes qu'aux catholiques. Les déistes, les philosophes, sont compris dans la proscription ; ils sont suspects de cléricalisme. Dieu va donc disparaître de nos lois. M. Humbert imagine un étrange système : il y aurait deux *serments*, l'un pour ceux qui croient en Dieu, et l'autre pour ceux qui n'y croient pas. On demanderait à ces derniers de promettre sur leur conscience et sur leur honneur. L'ancienne formule subsisterait pour les hommes de religion et les déistes. Il va sans dire que les catholiques, les protestants, les juifs, les déistes, refuseront de prêter serment, et se borneront à la simple promesse. Pourquoi la loi serait-elle plus exigeante envers eux qu'envers les athées ?

Le serment est un acte grave, parce qu'il prend Dieu à témoin. C'est le caractère et l'essence du serment. Toutes les législations s'appliquent à consacrer les grands et durables engagements, la fidélité inébranlable. Le serment est valable à toujours, parce que Dieu qui l'a reçu est toujours là. La famille et la société sont fondées sur le serment. Et pendant des siècles, l'Europe chrétienne dénuée d'armées permanentes, d'une police organisée, et d'un régime administratif, a vécu par le seul serment de fidélité, tellement que cette société s'est appelée la Fidélité ou la Féodalité. La promesse n'est pas le serment. A qui le juré *promettra-t-il* de dire la vérité ? Il le promettra au président de la cour d'assises. Mais le président ne connaît pas le juré, il n'a aucun moyen de contrôler la véracité de ce juré, de lui infliger le remords, de troubler sa conscience, de le punir dans ce monde ou dans l'autre. Quand il aura quitté son siège, il n'aura plus rien de commun avec le juré et il aura oublié son nom. La promesse faite par le juré à ce magistrat est donc illusoire ; elle est dépouillée de toute sanction morale.

M. Humbert, il est vrai, peut nous répondre que le juré ne *promet* pas au président qui l'interroge, mais que, sur l'invitation du président, il promet *sur sa conscience et sur son honneur*. Eh bien ! qu'est-ce que la conscience et l'honneur, sinon l'individu lui-même? Dans ce système c'est à lui-même que le juré promet de dire la vérité. Il se cautionne lui-même, par une perversion de toutes les règles du droit et du bon sens.

Au fond, il ne s'engage pas puisqu'on ne s'engage pas envers soi-même. Il promet *solennellement*. Mais que signifie cette solennité, et en quoi modifie-t-elle le caractère de la *promesse* ? A qui promettez-vous? Cette promesse est inutile, elle est même inconvenante. Vous interrogez quelqu'un en le prévenant qu'il n'ait pas à vous tromper et qu'il vous promette de dire la vérité. Vous le suspectez avant de l'interroger, vous en appelez de lui-même à lui-même, et vous espérez que cet appel à sa bonne foi le détournera de vous tromper, si, par hasard, il en avait envie. N'est-ce pas ridicule? Et que peut ajouter une telle promesse à l'intention ? Cette promesse n'est rien, ne repose sur rien, n'a pas de sanction; elle n'impose rien à celui qui la fait. Le serment a une sanction redoutable; il a le caractère de l'obligation intime, profonde. Otez-lui ce caractère, vous le réduisez à l'état de simple promesse faite on ne sait à qui, à un magistrat éphémère, à une société qui change, à des lois qui varient, à une conscience ou à un honneur que chacun interprète à sa guise.

L'invasion de l'athéisme bouleverse notre législation qui n'a pas été faite pour un peuple d'athées. Du moment qu'il n'y a plus de Dieu, il n'y a plus de serment. Ce moyen de connaître la vérité échappe au législateur. Tout Français ayant le choix entre la Promesse et le Serment acceptera le fardeau le plus léger, et refusera de prendre le plus lourd. Cela est de toute évidence. Le serment disparaîtra; la promesse, si elle n'est pas supprimée à son tour, aura la consistance d'une bulle de savon qui s'envole dans l'air.

Le serment judiciaire aboli, comment le conserver dans d'autres circonstances importantes? Le fonctionnaire public continuera-t-il de prêter le serment de bien remplir sa charge? On lui épargnera cette formalité. Toute notre législation en

est bouleversée. La conscience publique est atteinte, un grand
coup est porté à la morale. La promesse, en soi, a une valeur
vague, fugitive. Que de promesses frivoles il est permis de violer sans honte! La promesse sur l'honneur engage davantage.
Mais souvent encore, cet honneur est capricieux, et couvre des
obligations qui n'ont rien de très respectable, comme les dettes
de jeu. Un joueur, par *honneur* se croit obligé de laisser dans
la misère sa femme et ses enfants, en acquittant une dette de
jeu. Ce qu'il doit à sa femme et à ses enfants n'est pas pour lui
une dette d'honneur. Qu'est-ce que le point d'honneur, sinon
souvent une ridicule susceptibilité?

On nous parle de conscience : on nous assure que la conscience d'un juré peut être choquée de l'idée de Dieu. C'est la
première fois que nous entendons dire que l'idée de Dieu peut
choquer la conscience, et c'est un ministre de la justice qui a
fait cette découverte. Nous savons qu'on peut être athée.
Certains raisonnements mènent à l'athéisme. C'est une question de science et non de conscience. La conscience est quelque
chose pour le chrétien, pour le déiste, qui a un témoin tout-
puissant de sa parole et de sa pensée. Elle est une réalité, un
lien intérieur. L'athée n'a pas de conscience ou elle n'est que
facultative ; il la forme et la déforme à son gré. Le croyant en
Dieu a eu sa conscience formée par une morale qui n'est pas
de son invention et qui est la suite traditionnelle de l'éducation chrétienne. L'athée prend le nom de libre-penseur, il professe la morale libre, ou autrement la « morale indépendante ». Une morale libre, une règle facultative, c'est une
morale ou une règle qu'on suit ou qu'on ne suit pas à volonté.
Ce n'est ni une morale ni une règle. La liberté de conscience a
été comparée à la liberté de la balance. Quoi donc! Sommes-
nous maîtres de déterminer la valeur morale de nos actes et
de nos pensées? Alors nous ne sommes plus soumis à aucun
frein, à aucune règle. Notre volonté, notre intérêt, notre passion fixeront nos droits.

En quoi Dieu peut-il être contraire à la conscience de quelqu'un? Le Dieu du serment, chez nous, est le Dieu du déisme.
Ce Dieu sanctionne la vérité, il constitue en nous-mêmes un
tribunal sérieux ; et nous comparaissons devant ce tribunal,

en même temps que nous répondons aux juges de la terre.
C'est là précisément la conscience; Dieu ôté, la conscience
s'évanouit, et c'est nous-mêmes qui nous jugeons. La liberté
de conscience que réclame le juré athée, c'est la liberté de
n'avoir pas de conscience, la liberté de rejeter le témoin intérieur qui seul donne à notre conscience sa réalité, sa fixité.

On nous assure que le *Code d'Instruction criminelle* blesse la
conscience des athées par la formule du serment. Jusqu'ici les
athées ne se sentaient guère gênés par Dieu auquel ils ne
croient pas. Leur conscience s'est tout récemment éveillée.
Nous voyons dans ce fait un mot d'ordre maçonnique. Les
loges ont rayé de leurs diptyques le nom de Dieu et réclament
pour la France un vaste système d'athéisme pratique et doc-
trinal. La politique nouvelle, inaugurée par la persécution
religieuse, aboutit au régime politique de l'athéisme; ainsi la
liberté de conscience qui, avant 1789, était le protestantisme,
devient en 1882 l'athéisme et elle s'impose à tous ceux qui ont
une autre conscience que l'athéisme. Ils sont l'unanimité des
Français, moins quelques milliers d'athées. Leur conscience
doit se plier à celle de la minorité. Et le gouvernement n'a de
cesse qu'il n'ait tout bouleversé pour la gloire de l'athéisme.

Le serment s'en ira. Cette institution, aussi vieille que l'humanité, disparaîtra comme tant d'autres que leur utilité ou
'eur nécessité n'a pas protégées. Ce n'est pas seulement une
révolution dans les mœurs judiciaires; c'est un ébranlement
dans la conscience publique, habituée à voir dans le serment
un acte d'une haute gravité et différent de la promesse vulgaire. Cette promesse que M. Humbert substitue au serment
sera emportée avec le serment lui-même, loin qu'elle puisse
combler le vide qui se fera dans la morale publique.

Vous promettez, dit le président, de dire la vérité, toute la
vérité. Pour qui me prenez-vous, Monsieur le président, suis-
je un malhonnête homme? Ai-je donné lieu à des soupçons! Il
se trouvera des logiciens pour réclamer de la magistrature nouvelle un respect plus accentué pour les témoins et les prévenus.
Les vieilles formules tomberont. Tout le monde *promettra* de dire
la vérité; en fin de compte, cette formule, comme inutile ou
attentatoire à la dignité humaine, s'en ira rejoindre le serment.

C'est plus qu'une question de procédure, c'est une question de fond. Ce n'est plus la laïcisation de notre justice, c'en est l'athéisation. C'est, pour la France, une chute morale dont les conséquences sont incalculables.

II

De temps en temps on essaye de réformer notre Code de procédure civile. Ce qui fait surtout crier, ce sont les frais de vente, de liquidation qui, pour les petites fortunes, vont jusqu'à l'absorption totale. Mais quand on veut y porter remède, on s'aperçoit bien vite que le mal est trop profond pour que le remède puisse y atteindre. Ces frais de justice sont en grande partie au profit du fisc. D'un autre côté, les officiers ministériels ne sauraient travailler pour rien, et ils ont autant de peine pour liquider une petite succession qu'une grande. Le problème est insoluble. La procédure est calquée sur le droit civil dont elle est la mise en œuvre, la nécessaire application. Le législateur a voulu l'émiettement et la circulation perpétuelle des biens.

Il a dû adapter au droit nouveau une procédure assez vaste pour le suivre dans toutes ses transformations. Il a pris sur lui de fixer le sort essentiellement variable de cent cinquante millions de parcelles de terre et de huit millions de familles. Cette besogne, qu'aucun gouvernement, dans aucun pays, n'a osé assumer, exige toute une armée de juges, d'avocats, d'avoués, d'hommes d'affaires. Et ni le propriétaire, ni le père de famille ne sont consultés. C'est la loi et non leur volonté qui règle le sort des patrimoines et des familles. La sollicitude qu'ils auraient consacrée à des intérêts qui les touchent de si près est remplacée par le zèle du fisc et des officiers ministériels. Les grandes fortunes passent à travers les mailles de la procédure; les petites y sont plus qu'ébréchées, et les plus petites y restent tout entières. Ce fait porté à la connaissance du public n'est pas sans exciter quelques murmures parmi les classes populaires. On s'habitue difficilement à l'idée que des

héritiers ou des mineurs soient ruinés par les frais et formalités de succession ou de tutelle.

Notre procédure a moins pour but de protéger le droit de
chacun que d'assurer une rentrée d'impôts sous forme d'amendes, de papier timbré, de taxes. Toutes les évolutions de la
procédure ont un côté fiscal. Il en était ainsi sous l'ancien
régime où la justice constituait un patrimoine de famille. Les
Romains gouvernaient les provinces par des proconsuls qui
réunissaient les pouvoirs militaires et administratifs, judiciaires et financiers et qui employaient ces pouvoirs à pres-
surer les peuples, au nom de l'empereur, par des moyens
légaux. C'est ainsi que le fisc et la justice ont cheminé de compagnie. L'ancienne royauté, dans sa pénurie, vendit les fonctions judiciaires et administratives, et toutes les fonctions qui
de près ou de loin tenaient à la justice. Les gens de loi ne
voyaient dans les procès qu'une bonne aubaine dont il s'agissait
de profiter. Les praticiens de l'ancien régime eurent à confec-
tionner les lois nouvelles. La procédure reprit son caractère
fiscal, de plus en plus accentué à mesure que l'État, se centra-
lisant toujours davantage, avait plus besoin d'argent. Les
charges ministérielles ont doublé et triplé de prix; et sous
divers prétextes les officiers ministériels s'attribuent bien au
delà des tarifs. On croit quelquefois qu'en abolissant la vénalité
des charges par le remboursement des titulaires, la voie serait
ouverte à une diminution des frais de procédure. C'est encore
une illusion. Les offices ministériels sont, en Belgique, à la
nomination du gouvernement, et les justiciables y sont peut-
être plus pressurés qu'en France.

La procédure doit pourvoir à la liquidation incessante de
tous les patrimoines. Si nous avons huit millions de propriétaires, cinq millions sont voisins de l'indigence. Cet état de
choses comporte une infinité d'opérations judiciaires. Et le
justiciable est trop dépendant de l'officier ministériel qui est
chargé de son affaire, pour qu'il n'en passe pas par toutes
les exigences de la chicane. Chaque délai, chaque remise est
suivie de frais spéciaux. Quand on parle de modifier le Code
de procédure, on se heurte à tout un système de morcellement
du sol, à une telle foule de propriétaires indigents, à un régime

hypothécaire si compliqué, à tant de formalités d'expropriation, qu'on ne croit plus au succès de l'entreprise. C'est le
Code civil lui-même qui est en jeu.

Les sociétés de crédit offrent, il est vrai, leurs services. Elles
prêtent à un faible intérêt. Mais la situation n'est que momentanément améliorée. Les charges écartées par le petit propriétaire retomberont sur ses enfants. Il ne peut rien pour prévenir
les déchirements de famille. La loi lui interdit de régler par le
testament ou par une disposition entre vifs le sort de sa
famille. Tout ce qui, alors, aurait été employé en amélioration
de domaine est perdu. Car le bien est toujours exproprié à
perte, tandis que, dans un régime de conservation intégrale,
toute dépense porte ses fruits à la longue. Mais le propriétaire
n'a devant lui que le temps qui lui reste à vivre ; il ne lui est
pas permis de répartir le bénéfice d'une amélioration sur ses
successeurs de son choix. Toutes les dépenses ou améliorations
qu'il fera aboutiront à une liquidation forcée où le capital, en
tout ou en partie, restera entre les mains du fisc et de la procédure. En fait, les sociétés de crédit n'ont jamais servi à
consolider un seul domaine.

La dette hypothécaire n'est pas diminuée ; elle se recons-
titue à mesure qu'elle s'éteint, puisque les causes qui la produisent ne cessent pas de fonctionner. Le système d'agiotage
inauguré par l'école saint-simonienne prit sous l'empire de
vastes proportions ; on annonça que toutes ces sociétés de
crédit foncier, agricole, rural allaient renouveler la prospérité
des campagnes et éteindre la dette hypothécaire. Qu'est-il
advenu ? Les saint-simoniens se sont enrichis ; les économistes,
leurs compères, se sont fourrés dans de bonnes places. Et les
cultivateurs en sont, plus que jamais, à attendre la réalisation
de ces promesses. Avec nos lois de division et d'instabilité,
l'application du capital à l'agriculture est un leurre. Ce qui est
utile à l'agriculture, ce n'est pas le capital d'autrui qui se fait
payer, c'est le capital du cultivateur lui-même et ce capital ne
peut se former et s'accroître que par la liberté absolue du
propriétaire. C'est alors que le domaine se perpétue dans la
famille, sans être périodiquement accablé de frais de partage
et de droits de mutation.

Dans l'ordre de la nature, c'est le propriétaire qui doit être riche et se trouver en état de secourir les autres. Dans les pays gouvernés par les légistes, le propriétaire est pauvre, endetté, sous le coup de l'expropriation. Il forme une classe sociale particulièrement besoigneuse, dont l'unique mission est d'alimenter la fortune des capitalistes en leur fournissant l'occasion de gains usuraires. Il est évident que le maintien des biens dans les familles coupe court à tous ces frais de procédure et restreint à jamais l'autorité des gens de loi et l'influence des capitalistes ou manieurs d'argent. Nous savons quels intérêts sont froissés par la conservation des biens dans les familles, et quelles convoitises s'élèvent contre la stabilité de la propriété foncière, et pourquoi les classes instables et qui vivent de cette instabilité, ont intérêt à empêcher les propriétaires et les cultivateurs de se constituer dans la liberté.

La procédure est en rapport direct avec le droit, simple dans le droit coutumier, formaliste et compliquée dans le droit émané du législateur. La coutume gît dans la conscience, dans une tradition qui se maintient et se propage par l'esprit de famille. Et de même qu'il n'est pas besoin d'être savant pour connaître le droit coutumier, il n'est pas nécessaire de recourir à des moyens subtils pour la preuve judiciaire. Le fond emporte la forme ; le contraire est passé en axiome dans le droit savant et écrit. Quand le droit des légistes se substitua au droit coutumier, il s'en suivit une procédure également savante. La science prima la conscience. Nos parlements firent consister la preuve dans un ensemble d'indices matériels, en sorte qu'il y avait preuve entière, demi-preuve, quart de preuve, selon que tels indices, extérieurs à la conscience du juge, se trouvaient unis ou séparés. La preuve légale entraînait la décision du juge, sans qu'il fût convaincu. Il en résultait que souvent plusieurs indices, incertains ou de peu de valeur en soi, aboutissaient par leur addition à une condamnation à mort. Ce système de preuves légales, tout empreint de matérialisme, rappelle ce formalisme du droit romain, qui a joué un si grand rôle et a souvent constitué tout le droit. Le formalisme romain ne tomba que pour faire place au droit arbi-

traire des Préteurs, des Prudens ou jurisconsultes autorisés,
et enfin des Empereurs.

César était le juge universel; il semble que la procédure
eut dû se simplifier. Mais césar ne passe pas sa vie à étudier
les causes, à vider les procès. Il délègue des juges à sa main
et les rétribue. Dès la fin du XIIIe siècle, les légistes introduisirent les appels pour détruire les juridictions locales. La
justice coutumière ne comportait pas l'appel. Les hommes du
lieu prononçaient selon la coutume : eux seuls avaient qualité;
leur conscience dictait leur décision. Le droit abstrait, scientifique, avait un caractère d'universalité qui dessaisissait les
hommes de la localité, pour attribuer la capacité de juger à
des hommes imbus de la science des lois. La juridiction supérieure fut aisément censée plus savante, plus habile, plus
impartiale. La justice territoriale, la justice par les pairs fut
remplacée par une juridiction d'hommes de loi, par des légistes
de profession. C'est ainsi que les légistes, dès le règne de
saint Louis, envahirent le domaine de la coutume. Rubichon
dit avoir lu dans un auteur contemporain qu'il ne nomme
malheureusement pas, que la complaisance du roi de France
pour les légistes fut un motif de retarder sa canonisation.

Il est évident que l'appel soumettait la coutume au droit
écrit : il entraînait une procédure d'un genre particulier, bien
différente de celle qui se bornait à la comparution des témoins
et à la confrontation des parties. L'appel porté au loin ne
permettait pas aux témoins de se déplacer facilement. Les
juges d'appel ne pouvaient être saisis que par des mémoires,
des enquêtes, des contre-enquêtes. A des hommes du métier,
à des gens de loi seuls il appartenait de procéder à de tels
actes, de les mettre en la forme voulue. Succédant à la procédure orale, la procédure écrite multipliait indéfiniment les
parchemins et papiers judiciaires.

Le but et le résultat de l'appel allaient à détruire les influences territoriales et par conséquent l'indivision des fiefs.
Une fois maîtres du droit, les légistes l'appliquèrent au profit
de leurs intérêts propres. Il leur importait que les terres
fussent morcelées et aliénées, puisque les opérations de vente
et de partage rentraient dans leurs attributions et qu'ils

avaient le salaire de leur peine. Aussi les légistes avaient-ils
déjà au xiiie siècle établi une distinction entre les terres
des nobles et celles des paysans, en appliquant à ces dernières
le partage forcé du droit romain. L'appel éteignit, annula les
juridictions locales, territoriales. Il provoqua la procédure du
secret. La procédure par écrit, s'adressant en secret à la juridiction supérieure, rendit facile la dénonciation. Cette procédure secrète fut celle du bas empire. Avec l'appel, elle descendit
des codes byzantins dans la jurisprudence française. Elle subsistait encore en France en 1789. La procédure orale est
limitée : quand les témoins ont parlé, il ne reste plus guère
qu'à décider.

La procédure écrite se prête à une série interminable d'évolutions. La France fut renommée en Europe comme pays de
légistes et de chicane. Les procès s'éternisaient devant les
Parlements. La procédure dévorait souvent tout l'actif, et le
combat cessait faute de ressources pour le continuer. C'est
ainsi que la procédure, se développant dans toute la France,
devenait plus nuisible que l'injustice elle-même. La perfection
n'étant pas de ce monde, quelques erreurs de la justice ne
constituent pour un peuple qu'un mal à peine appréciable. Et
calculées en argent, elles ne seront jamais comparables aux
frais d'une procédure également onéreuse pour tous les
plaideurs.

D'ailleurs il y a aussi une question de temps qui est à considérer. La longueur des procès détourne d'occupations
sérieuses. Les pays où le travail est en honneur et protégé
par la législation sont moins processifs que nous. En France,
c'est souvent l'amour-propre qui soutient les procès. Nous
avons, en ce point, beaucoup gardé de l'ancien régime. Notre
procédure est une entrave au développement de notre agriculture, de notre industrie, de notre commerce. Mais elle est liée
au système de notre Code civil et ne saurait s'en séparer. Elle
a été fixée par des légistes étrangers à toute saine notion
d'économie politique.

L'idéal de notre droit étant la liquidation des familles et des
patrimoines, on sent que le luxe de la procédure doit s'accroître. Lorsque les Français auront reconquis le droit de

propriété par la liberté de tester, ils verront la procédure se réduire à de minimes proportions. Notre vieil édifice judiciaire s'écroule de toutes parts; il n'est plus en harmonie avec une société qui cherche à se consolider. Il n'offre plus une sécurité suffisante aux droits et aux intérêts. Le législateur de 1804 est dépassé dans toutes ses prévisions. A-t-il songé à rien de ce que nous voyons? Il a achevé la destruction de l'ancien régime, tout en lui empruntant beaucoup pour l'usage du nouveau. Il n'a rien fondé de stable. Et l'Europe, un instant séduite par la Révolution française, revient à des coutumes de stabilité, de conservation sociale. La France s'entête et agrandit chaque jour la distance qui la sépare de l'Europe gouvernementale.

III

La difficulté d'avoir désormais en France une magistrature indépendante reporte naturellement notre esprit sur l'institution du jury. Est-il possible de l'établir au civil? L'Angleterre, les États-Unis, le Portugal répondent par l'affirmative. Ce sont des pays étrangers à nos révolutions. En parlant de jury, nous faisons abstraction du jury français tel qu'il est constitué. Il n'est plus astreint au serment, la notion de Dieu a été bannie de la justice. Il ne représente ni la famille ni la propriété foncière. Il cède souvent à des obsessions. Il prononce au criminel. Et c'est au criminel qu'il semble le moins compétent. On concevrait à la rigueur que les crimes qui troublent l'État fussent soumis à des juges d'État, puisque le gouvernement doit assurer la sécurité publique. Les jurés sont plus disposés à faire de l'opposition qu'à décider selon leur conscience. Il ne manque pas du reste de sophismes pour tout justifier.

La question du jury se pose au civil. Au civil, les contestations sont purement de droit privé; elles ne touchent pas à la sécurité de l'État. L'État peut, sans sortir de son rôle, s'en désintéresser, et dire aux parties : Arrangez vous, prenez des arbitres, jugez-vous vous-mêmes. C'est à cela que, dans tous les temps, a répondu l'institution du jury. Comment est-il compris par les nations qui le pratiquent avec le plus de scrupule? Le jury repose

sur la distinction du fait et du droit. Nos intérêts, tels qu'ils
sont réglés par le Code civil, répugnent-ils à la distinction du
fait et du droit? On suppose que notre droit est abstrus, compliqué. C'est une erreur; et de plus en plus, depuis le commencement du siècle, le droit a été s'éclaircissant, se dégageant
des ambages d'origine. Les questions intermédiaires qui semblent inextricables ont été couvertes par la prescription. Il y a
longtemps qu'il n'y a plus de conflit entre l'ancien droit et le
nouveau. La jurisprudence a fixé une foule de points douteux.
Les avocats ne plaident plus que le fait. Les questions de droit
sont abandonnées à l'école.

Le jury se présente aussi comme le jugement par les pairs.
Ce caractère se retrouve dans un grand nombre de juridictions
spéciales. Est-ce que les tribunaux de commerce ne jugent pas
leurs pairs? Est-ce que nos soldats, nos marins ne ressortissent
pas à des tribunaux spéciaux? Et dans les tribunaux civils, combien de fois les juges ne sont-ils pas obligés de s'en rapporter
à des arbitres, quand l'objet en litige échappe à leur compétence? Alors ils nomment des experts; et en réalité les
experts prononcent le jugement qui est homologué par le tribunal.

La difficulté de discerner le fait du droit est-elle si grande?
Les testaments et les successions sont les principales sources
des procès. Tout s'y réduit en faits auxquels le juge applique
les dispositions légales. Le testateur est-il sain d'esprit, sa
volonté a-t-elle été captée? quelle interprétation donner à sa
pensée? Dans une succession, les juges ne sont-ils pas obligés
de s'en rapporter à des arbitres pour estimer les lots, apprécier
la lésion, etc.? Et n'en est-il pas ainsi dans toutes les questions industrielles? Le rôle de l'arbitrage tend ainsi à se développer. Si la mission du juge peut se borner à appliquer la loi
à des faits reconnus constants par les gens spéciaux, nous
n'aurons plus besoin d'une si grande quantité de juges. Tout
homme pris dans une certaine condition est en état de constater les faits qui y ont rapport, et même en beaucoup de cas
de porter un jugement compétent sur le fait et sur le droit.
Chacun peut être appelé à juger dans les choses de sa profession. Les tribunaux des corporations décidaient rapidement

et sans frais. Dans de telles limites, le droit de justice est la sanction de l'indépendance privée.

Les conseils de famille ne sont-ils pas des tribunaux de famille veillant sur les mineurs, suppléant ou aidant à l'autorité paternelle dans l'intérêt des enfants qui ne peuvent se défendre? Ne sont-ils pas consultés sur tout ce qui touche à l'interdiction? Avant la loi de 1838 sur les aliénés, n'avaient-ils pas à se prononcer sur le sort des membres de la famille atteints de démence? La justice contrôlait leur décision et la faisait exécuter, ce qui est tout naturel, dans une question où la liberté individuelle confine de si près au traitement médical. Ainsi, dans un grand nombre de cas, la loi confie les questions de fait à d'autres autorités que la magistrature. Elle s'est gravement trompée en dépouillant la famille du devoir et du droit d'apprécier la situation mentale de ses membres; elle ne s'en est pas rapportée aux juges; mais elle leur a enlevé la question de liberté qui est de leur ressort, pour la confier à des autorités médicales qui doivent y rester étrangères.

Le fait sans doute peut se distinguer du droit; mais les jurés sont-ils suffisamment éclairés? Ils décident de la vie en matière criminelle; ils dégagent la vérité de faits compliqués, obscurs, de réticences calculées, de témoignages contradictoires, et leur décision est sans appel. Les faits de l'ordre civil sont-ils plus difficiles à reconnaître. D'ailleurs tout le monde n'est pas apte à exercer les fonctions de juré. Il y a à fixer les conditions de moralité et d'indépendance relative qui sont nécessaires au juré. Une révolution peut dire aux habitants mâles d'un pays : vous êtes tous législateurs et juges ! La vérité est que ces droits politiques prennent naissance dans la famille; ils s'étendent hors de la famille par les services rendus au public, par la considération ou la fortune acquise. Celui-là est désigné pour les fonctions de juré, qui, dans son ordre, a su s'élever à une certaine position et gagner l'estime de ses pairs.

L'électeur est un juré politique : l'électorat est une fonction, il n'appartient pas nécessairement à tous, mais à ceux qui, par position, représentent les intérêts sociaux. Les pères de famille ont le devoir de voter, ce qui ne veut pas dire que le vote doive être égal pour tous les pères de famille. Il est souvent utile que le vote soit gradué; un vote très compliqué peut être une garantie, parce qu'il échappe à la passion irréfléchie, à l'entraînement du moment. Parmi nos concitoyens, il y en a qui ont plus particulièrement charge d'âmes; le droit de voter et de juger leur est dévolu par la nature dans un ordre hiérarchique que déterminent les traditions nationales ou les circonstances de la politique.

Ni les affaires ni les hommes ne sont identiques ou dans une égalité absolue. On conçoit donc que la différence des affaires exige des catégories variées de jurés. Ainsi on s'aperçoit que les jurés, par leur facilité à écarter la peine de mort, ne protègent plus suffisamment la sécurité publique. Ils n'osent pas attester un fait qu'ils savent vrai, parce que cette attestation entraînerait une peine qu'ils jugent excessive: ou bien ils n'attribuent au fait incriminé qu'un moindre degré de culpabilité. Ils se montrent faibles, incapables de soutenir le rôle de protecteurs de l'ordre public qui leur est déféré par la loi. Ils sont inférieurs à leur mandat. Leur éducation, les habitudes de leur vie ne les prédisposent pas à assumer une haute responsabilité morale.

Il faut conclure qu'à chaque genre d'affaires, suivant la gravité des faits, doit se rattacher une catégorie spéciale de jurés. Ceci rentre dans le principe du jugement par les pairs. En ce qui concerne la sécurité publique, le gouvernement a son droit d'intervention. A-t-il le même droit dans les affaires d'intérêt privé, dans les procès qui se déroulent devant les tribunaux civils? Est-ce qu'il n'y a pas, suivant l'importance des affaires, de grands propriétaires, de grands industriels, de riches négociants qui se prononceront avec impartialité et compétence sur les faits qui leur seront soumis? Le jury est devenu chez nous, en 1789, dans les débats de l'Assemblée constituante, une institution démocratique. Mais ces discussions sont de peu de valeur. Le jury anglais, cent fois allégué, était mal compris de nos constituants. Ils voulaient réagir contre la justice de l'ancien régime. Dépourvu de garantie, leur jury ne fut qu'une justice populaire, une procédure d'exécution sommaire. Ils ne purent s'entendre sur le jury civil qui, en effet, dans son esprit premier, ne cadrait pas avec les idées révolutionnaires. C'est en effet la justice d'une société assise, constituée, où les intérêts se protègent, se défendent eux-mêmes par leurs représentants légitimes.

Le jury touche à la religion, à la divinité, au christianisme. Le nom même l'indique. Le juré est l'homme qui prête serment. Et il le prête devant Dieu, juge de sa conscience. Il ne prend pas à témoin de ce qu'il dit des hommes qui ne savent pas ce qui se passe dans sa pensée. Il ne se prend pas à témoin lui-même, ce qui n'aurait aucun sens. Comme il doit prononcer selon sa conscience qui échappe à tout contrôle, il n'offrirait aucune garantie à la société, si cette conscience n'était soumise au juge invisible que rien ne trompe. C'est dans ces conditions que le jury s'est établi aux époques chrétiennes : Il apportait le témoignage des hommes du lieu pour constater la coutume et l'appliquer. Il se composait des anciens, des chefs de famille, des hommes les plus respectables. Et dans ces coutumes fondées sous l'influence de l'Église, il maintenait la notion chrétienne des droits et des intérêts. Ainsi entendu, le jury est une institution d'ordre social. Il appelle les citoyens à concourir, selon leur capacité, à la reddition de la justice. Or, l'indépendance d'un juré est proportionnée à sa position sociale; elle défaille; si vous soumettez le juré à une épreuve au-dessus de ses forces.

La France a toujours voulu l'indépendance de la magistrature. Et autrefois les magistrats n'étaient pas censés les fonctionnaires de l'État, ils géraient leurs charges comme un bien patrimonial, et avec une responsabilité dont ils étaient les seuls juges. Ce qui a été essayé depuis n'a pas résolu le problème. Les magistrats eurent l'inamovibilité. Cette inamovibilité s'altéra par la facilité de l'avancement : le magistrat est devenu un fonctionnaire comme un autre, dans un pays où les fonctions publiques sont l'ambition de tous, et où quiconque n'est pas fonctionnaire semble un déclassé. Et puis enfin l'apparence même de l'inamovibilité a disparu. C'est le gouvernement qui juge nos contestations privées et décide de nos intérêts de famille.

Notre magistrature a perdu en prestige à mesure qu'elle a

gagné en appointements, et qu'elle est de plus en plus devenue une carrière. Ce n'était pas une carrière jadis, mais une position sociale. Dans nos sociétés modernes, elle ne doit être que le couronnement d'une carrière, et c'est ce qu'elle est en Angleterre et aux États-Unis. Il ne faut qu'un petit nombre de juges et de position indépendante : nous n'avons un appareil judiciaire si développé que parce que le législateur a mis tous les biens et toutes les familles en liquidation perpétuelle. Il assure cette liquidation et en tire tout le bénéfice fiscal en y employant une armée d'hommes de loi ou de finance. Nous ne sommes pas maîtres de nos biens, et c'est le législateur qui, malgré nous, en règle la dévolution.

La magistrature est instituée contre nous, pour nous maintenir dans le cadre arbitraire tracé par le législateur. Le droit de gouverner notre maison, d'élever nos enfants, si nous le conquérons un jour, nous conduira à prendre une part prépondérante au règlement de nos intérêts civils, dans nos rapports avec nos concitoyens. Alors nous comprendrons que chaque Français doit gérer ses propres affaires avant d'être appelé à diriger la politique de l'État. L'extension du jury au civil accompagnera la liberté de tester. Un pays resté français de cœur, mais qui a perdu le vice de césarisme qu'il avait reçu de nous, le Canada, s'est prodigieusement développé en richesse et en population par la liberté de tester, par le droit « d'établir loi sur soi-même ». La liberté de tester est la consécration suprême de la liberté politique, nous dirions presque de la souveraineté individuelle. Si le Canada a pu se relever et s'ouvrir un horizon d'accroissement sans limites en mettant au-dessus de toute atteinte législative la liberté du père de famille et le droit de propriété, pourquoi la France n'aspirerait-elle pas à un autre avenir en répudiant les faux dogmes du césarisme et de la Révolution ?

CHAPITRE XXXV

MAGISTRATURE

I

La chute de la magistrature française a son contre-coup immédiat sur notre législation générale. Cette législation se résume dans le Code civil ou Code Napoléon, type premier des mœurs et des intérêts de la France moderne, morale politique des générations qui ont suivi 1789. Le Code est césarien et socialiste. Il porte le nom du César moderne, plus grand que le César antique et qui a voulu comme un autre Justinien pulvériser les intérêts de famille, d'association, de perpétuité, pour ouvrir à l'absolutisme un champ uni et dégagé. Toute la tradition juridique, depuis la loi des XII Tables, se concentre dans l'élaboration savante d'une société instable et en dissolution permanente, mais ramenée sans cesse à l'ordre par le remède nécessaire et flagrant de la dictature. Le Code est aussi *civil*. C'est le code du citoyen, du citoyen antique par conséquent, puisqu'il n'y a pas de citoyens modernes, et que les constitutions chrétiennes, monarchiques ou républicaines, sont étrangères à l'égalité entre citoyens et au communisme qui est le principe de cette égalité.

Les rédacteurs du Code civil ont rêvé l'égalité des Français par l'égalité forcée des partages de succession. Ils ont du moins obtenu ce résultat, d'empêcher toute association de se fonder, toute famille de se perpétuer. Le Code est dirigé contre la propriété foncière et les institutions qui peuvent s'y rattacher. C'est à peine s'il fait attention aux capitaux mobiliers; il ne se doute pas de l'extension qu'ils ont prise, et de la supériorité même qu'ils ont acquise sur la propriété foncière. Il est en

26

arrière d'un siècle sur le mouvement économique qui nous.
emporte. On s'aperçoit déjà qu'il protège le morcellement du
sol de façon que les frais de protection ruinent complètement
les petits propriétaires, et que le fisc et la justice engloutissent
les petites propriétés. L'agriculture tombe et ne produit plus
la subsistance du pays, l'industrie et le commerce fléchissent
sous la concurrence étrangère.

La France est en liquidation perpétuelle ; la mort de chaque
Français ouvre une liquidation de famille, et chaque liquidation de famille dure plus ou moins, dix ans, vingt ans, quand
il y a des propriétés foncières et des mineurs. Les liquidations
industrielles et commerciales arrêtent net les affaires. Le capital accumulé se disperse par la vente forcée : un fils ne peut
succéder à son père. Tout est à recommencer. La mort de tout
individu détruit son patrimoine et ses entreprises. En est-il
ainsi d'ailleurs ? Partout où la richesse publique n'est pas entravée par les lois césariennes, les affaires se continuent ; la
mort n'interrompt et ne suspend rien. La coutume, interprète
de la raison et de l'expérience, a vaincu la mort et rendu ses
coups insensibles. Elle institue l'héritier qui, préparé à son
rôle, continue la suite des affaires et des opérations. Pour la
clientèle, il n'y a pas de changement. La même maison de commerce et d'industrie subsiste, transmise comme un fief indivisible, s'accroissant, à chaque nouveau règne, d'une activité
et d'une expérience nouvelles. Pendant que notre agriculture,
notre industrie et notre commerce se débattent entre les mains
de la justice et procèdent à leur ruine légale, les peuples qui
ne connaissent pas la liquidation perpétuelle, et ont assuré,
par la transmission intégrale, la perpétuité des entreprises,
développent leurs richesses, étendent leur influence, grâce à la
stabilité d'un gouvernement qui s'appuie lui-même sur la
stabilité des intérêts et des familles. Le Code civil ne devait
nous rendre impuissants qu'envers notre propre gouvernement :
et voilà qu'il organise notre impuissance radicale vis-à-vis des
puissances étrangères.

Cette législation savante exigeait pour son application un
corps de légistes nourris dans les subtilités du droit,
façonnés à des théories peu accessibles au vulgaire, mais

sanctionnées par une longue accumulation de textes et de doctrines. Les légistes français étaient avant 89 célèbres dans toute l'Europe. La France est depuis les Romains la terre classique de la chicane. Loin de ralentir ce courant, la Révolution l'a grossi et précipité. N   maladie est ancienne; et la Révolution n'a été possible que parce que les intérêts désagrégés par l'action des légistes et de l'administration n'ont pu opposer aucune résistance. L'agriculture était sens force, les propriétaires obérés, le morcellement indéfini. Une partie des terres était chargée de rentes foncières ; en se morcelant de plus en plus, elles morcelaient aussi la rente primitive, qui formait une espèce d'hypothèque perpétuelle dont les intérêts étaient dus en argent et dont le propriétaire n'avait pas le loisir de se libérer. La législation pourvoyait à la perpétuité de la dette, comme s'il était utile à l'agriculture d'être endettée! Les sociétés de crédit organisées pour purger les hypothèques de la propriété foncière ont uniquement facilité les expropriations au profit des capitalistes et assuré la ruine de l'agriculture.

Ces lois se multiplient et s'aggravent dans le sens de l'anarchie et de l'absolutisme d'État. Dans une situation analogue, Tertullien signalait cette vieille et hideuse forêt de lois qu'émondait et éclaircissait chaque jour la hache des rescrits et des édits impériaux (1). On en était là avant 89; on en est là aujourd'hui. Seulement les rescrits et les édits impériaux ou républicains ne font qu'ajouter de nouvelles lois aux anciennes et augmentent la confusion. Est-ce que l'agriculture, le commerce et l'industrie ont besoin d'être régis par les césars qui ne sont ni agriculteurs, ni industriels, ni commerçants? Est-ce que les césars dont l'unique pensée est de mobiliser sous leur main les hommes et les choses n'ont pas un intérêt tout contraire à l'ordre social qui attribue aux individus et aux divers groupes d'intérêts une part légitime d'indépendance?

Le droit coutumier ne demande pas un grand appareil judiciaire. Il se résout en questions de fait constatées par les hommes de la localité. C'est le principe de l'institution du jury.

1) *Nonne et vos quotidie, experimentis illuminantibus tenebras antiquitatis, totam illam veterem et squalentem sylvam legum, novis principalium rescriptorum et edictorum securibus, rustatis et cœditis. (Apol. 4.)*

Notre Code civil ne va pas sans la magistrature qui l'applique et qui par sa stabilité donnait une sorte de stabilité à la jurisprudence et garantissait les intérêts privés. Le Code civil, malgré bien des réformes partielles, a subsisté dans son ensemble. Il recevait par la magistrature une application loyale, acceptée. La loi d'inamovibilité quoique restreinte imprimait au corps des magistrats un caractère d'honorabilité qui faisait ressortir la dépendance des autres fonctionnaires. Ne relevant que de sa conscience, le magistrat était indépendant. Quelle confiance inspirera la magistrature renouvelée? Les intérêts que garantissait l'ancienne se sentiront-ils rassurés? ne chercheront-ils pas un autre mode de justice? Les doutes même ne s'élèveront-ils pas sur la bonté de ce Code civil dont la magistrature était l'interprète nécessaire? La première condition du juge, c'est l'indépendance. La magistrature épurée l'aura-t-elle? et aura-t-elle, comme l'ancienne, la compétence?

La République se jette ardemment hors du cercle tracé par l'épée impériale; elle revient au régime purement destructif qui a précédé, sans tenir compte de l'expérience. Elle ouvre la carrière à de nouvelles combinaisons politiques. Il ne faut pas croire que tout soit à son avantage dans ce trouble des intérêts qu'elle a suscité. Ces intérêts alarmés et inquiets n'étaient qu'à moitié conservateurs, ils s'accoutumaient à une instabilité modérée, et finissaient par s'y complaire. Rejetés du cadre de la Révolution, les voilà repoussés vers l'idéal opposé. Après tout, il faut vivre : si la Révolution tue ou blesse les intérêts, ils réagiront contre elle. Ils ne sont pas sectaires et ne s'embarrassent pas de questions d'amour-propre.

Par le développement de la population et de la richesse, les intérêts sont trois fois plus considérables qu'au début de ce siècle. Ils n'ont plus d'autre abri que le gouvernement. Et quel gouvernement! Un gouvernement de ministres qui changent tous les trois mois. La magistrature échappait à cette instabilité extrême ; la voilà lancée dans le courant. Les ambitieux les agioteurs, les politiciens de toute sorte n'ont assurément qu'à se réjouir ; ils vivent de cette agitation, ils s'enrichissent de ce désordre. Les agriculteurs, les industriels, les commer-

çants, tous ceux qui vivent de leur travail, et fournissent aux
frais de toutes les expérimentations politiques, ont raison de
s'inquiéter. On peut dire qu'ils ont confié leurs affaires au gouvernement en acquiesçant aux lois qui lui attribuent la disposition des intérêts privés. Qu'ils reprennent la gestion de
leurs intérêts; qu'il manifestent la prétention d'être maîtres
chez eux; qu'ils soustraient à l'ingérence de l'État leur propriété, leur industrie, leur commerce et réclament le
droit de disposer du fruit de leur travail! Ils ont sur
eux-mêmes un droit d'arbitrage et de justice. Ces citoyens, ces
hommes libres ont lâché tous leurs droits; ils s'apercevront
que l'État ne leur garantit plus rien ; ils aviseront à se garantir
eux-mêmes, en se réfugiant dans le sentiment de leur droit
propre et de la responsabilité personnelle.

II

La magistrature est, comme les ordres religieux, condamnée
à être dissoute. Les jours de son inamovibilité sont comptés.
Elle est atteinte par la persécution religieuse. Elle n'est plus
en rapport avec un gouvernement qui brave insolemment tous
les droits reconnus par nos constitutions modernes. En vertu
de la liberté de conscience, des Français professaient la
religion catholique et formaient des congrégations religieuses. Les décrets du 29 mars 1880 méconnaissent cette
liberté et créent le délit de congrégation. La magistrature est
obligée de se prononcer, et elle déclare que la congrégation
n'est pas un délit et que le droit de cohabitation appartient à
tous les Français. Si les citoyens sont lésés dans l'exercice de
leurs droits, à qui s'adresseront-ils, sinon à la justice? La
magistrature n'est-elle pas instituée pour appliquer les lois et
rendre la justice? Ne devait-elle pas protéger le libre exercice
du culte catholique? Elle entre en lutte avec le gouvernement et
refuse de reconnaître le pouvoir absolu, le pouvoir arbitraire
d'un ministre de la justice, qui juge lui-même que tels ou tels
catholiques violent les lois et leur inflige la peine fantaisiste
de la dispersion. Les communautés religieuses s'appuyaient

sur la loi de 1850 et sur les lois générales de tolérance et de
liberté. A qui appartenait-il de décider si les lois de proscription de 1790, de 1791, de 1792, sont encore en vigueur et si la
loi de 1850 est valable? La persécution poussait ses victimes
devant les tribunaux, seul asile qui leur restât. Pouvaient-ils
manquer à la loi même de leur institution et refuser de juger?
Des questions de propriété ont été soulevées. Parce qu'il s'agissait de la propriété de catholiques, de prêtres, de religieux,
la justice devait-elle demeurer muette? Elle a parlé, au risque
d'être emportée, elle aussi, par la persécution. Elle a flétri les
agents d'un gouvernement qui supprimait les formalités judiciaires et jugeait dans sa propre cause. Quand des citoyens lui
ont demandé de les maintenir dans le droit d'habiter leur
propre maison, elle n'a pas hésité, bien que ces citoyens
fussent des prêtres, des religieux. Le droit de vivre avec ses
semblables, le droit de cohabitation lui a paru aussi précieux
pour les catholiques que pour d'autres, et, malgré le gouvernement, elle l'a proclamé par ses jugements et arrêts. Elle
aurait disparu depuis deux ans, sans l'inamovibilité. Elle a
condamné le gouvernement, et le gouvernement la condamne
à son tour. Et il est en cela mieux servi qu'il ne le voudrait
par les factions qui ont juré la destruction de l'Église catholique.

Bien supérieure aux anciens parlements, qui se sont associés
à la proscription des Jésuites au xviiie siècle et n'ont pas
protesté contre la mise hors la loi de gens qui n'ont pas été
jugés et n'ont pu se défendre, la magistrature moderne a hau-
tement revendiqué pour les justiciables la liberté de se
défendre. Elle a invoqué la protection légale en faveur des
victimes de l'arbitraire et de la prétendue justice administrative. Le cours des lois a été suspendu. M. de Freycinet disait :
« Les Jésuites ne peuvent pas se réunir; ils sont libres en tant
qu'individus isolés. » M. le président du conseil, en s'expri-
mant ainsi, tranchait une question qui est du ressort des tribunaux. Et cependant des Jésuites isolés ont été poursuivis
comme donnant l'instruction. Leur fut-il loisible de recourir à
la justice? La seule qualité de religieux met ainsi un homme
hors la loi. Or, n'est-ce pas un principe certain, en droit et en

jurisprudence, que nos droits civils ou politiques sont indépendants de nos opinions religieuses? Qu'est-ce qu'un religieux, un Jésuite, une congrégation? Si vous ne le demandez
pas à l'autorité religieuse, vous ne le saurez jamais. Un gouvernement a là une magnifique occasion d'englober dans la
persécution qui il voudra. En Suisse, en Allemagne, on a persécuté les Jésuites et tous les individus ou religieux affiliés aux
Jésuites. Comment prouver qu'on n'est pas affilié aux Jésuites?
Grâce à cette fiction, l'arbitraire s'est donné beau jeu. S'il suffit
de qualifier quelqu'un de Jésuite pour lui enlever tous ses
droits de citoyen, la magistrature devient inutile et toutes les
garanties légales sont illusoires. Était-il possible de ressusciter la loi des suspects sans froisser aucune loi? Cette qualification de loi ne convient du reste d'aucune façon à ces mesures
de salut public, à ces actes de guerre et de vengeance dont la
Révolution est pleine. Les décrets de 1790, de 1791, de 1792,
rendus pendant la captivité du roi, n'avaient aucun caractère légal. Ils se seraient évanouis à la barre des tribunaux ;
et la loi de 1850 sur la liberté de l'enseignement, rendue
avec toutes les formalités législatives, aurait recouvré devant
des juges réguliers toute son autorité. La magistrature ne
pouvait garder la neutralité; se taire, c'était acquiescer. Elle
éleva la voix, et la démission des membres les plus honorables
et les plus distingués du Parquet retentira dans l'histoire de
la magistrature française.

On ne vit jamais manifestation plus imposante. Elle condam-
nait avec éclat le gouvernement français. Faut-il s'étonner que
le plan de détruire la magistrature fut dès lors arrêté? L'incompatibilité du nouveau régime avec les formes et les principes de l'ancienne justice se révélait. La France rebrousse
jusqu'en 1789, jusqu'à la destruction des parlements; la
magistrature moderne, héritière à beaucoup d'égards des
anciens parlements, attend, elle aussi, son arrêt de mort, dans
des circonstances analogues à celles où se sont trouvés ses
devanciers. Elle succombe devant la force majeure; elle s'est
déclarée compétente pour juger les questions de propriété, de
domicile, de liberté individuelle. Pouvait-elle se déclarer
incompétente sans se renier elle-même? La justice n'a pas pré-

valu ; une justice administrative a forcé la maison des particuliers sans mandat régulier. Le droit d'hospitalité a même été contesté, et on a vu le moment où un Jésuite, exclu de la vie individuelle aussi bien que de la vie collective, n'aurait pu trouver un asile ou un logement. Ces événements ont creusé un abîme entre la magistrature et la République jacobine. Les factions se sont coalisées pour exiger du gouvernement une refonte totale de la magistrature. Cent systèmes ont surgi. Finalement, on ne s'est mis d'accord sur rien, et plus on discutera, plus on se trouvera en désaccord. Au fond, personne ne veut rien réformer. Le seul point convenu, c'est que l'inamovibilité doit disparaître. C'est là une destruction. Dans notre pays d'instabilité politique, cette inamovibilité était la seule garantie de l'indépendance du magistrat. Garantie bien modérée assurément, puisque l'avancement exerçait une séduction générale. Mais enfin, le juge sur son siège était à l'abri de la crainte ; sa position ne dépendait pas du caprice d'un ministre. Sans doute, il a été porté atteinte à cette inamovibilité en 1830 par le nouveau serment imposé aux magistrats. Toutefois, l'institution n'a pas été ébranlée ; le droit que les magistats sont chargés d'interpréter et d'appliquer restait le même. Le refus de serment, chez les magistrats démissionnaires, tenait à un principe d'honneur et de dignité politique. La magistrature, comme l'armée, s'est honorée par de grands exemples de fidélité politique. L'ensemble de ses institutions est demeuré, quoique affaibli ; et tant bien que mal le gouvernement de Juillet s'est efforcé de suivre la ligne précédemment tracée.

Tout en cédant à la Révolution, les hommes du nouveau régime essayaient de la comprimer ; ils ne se posaient pas en athées ; ils n'affectaient pas de rétablir parmi eux le régime de 1792. Ils avaient l'ambition de fonder un gouvernement régulier sans rompre avec toutes les traditions du passé. Entre eux et la magistrature, il n'y a pas eu de conflit. Le parti dominant veut une magistrature qui soit sous sa main et dans le courant des idées du jour. L'inamovibilité exprime le principe de stabilité, elle suppose des principes invariables de droit et des intérêts sociaux qui sont en dehors et au dessus des changements politiques. L'État a-t-il intérêt à opprimer les

citoyens et les familles? A-t-il intérêt à voler quelques particuliers, quand les Chambres mettent à sa disposition tous les
millions imaginables? Pourquoi, dans cet ordre des intérêts
privés, la justice ne serait-elle pas indépendante? C'était un
sûr moyen de maintenir la paix publique. Ainsi l'indépendance des intérêts privés se développe à l'abri d'une magistrature également indépendante. Ces droits de propriété, de
domicile, de liberté individuelle, ne paraissaient ni factieux, ni
redoutables. Mais le gouvernement actuel a repris la tradition
de 1789; le jacobinisme ne professe aucun respect pour l'indépendance privée et pour les libertés légales. Pour lui, tout
cela est obstacle, dissidence. Il rêve l'État un, l'État absolu.
Il absorbe l'individu dans l'État. Ces droits du citoyen et de la
propriété qui nous semblent si précieux excitent la risée du
jacobinisme. Le jacobinisme nie le droit individuel. Qu'a-t-il
besoin, pour le protéger, d'une magistrature inamovible? Cette
inamovibilité n'a plus de raison d'être; elle répond à un ordre
de choses évanoui, à des conceptions juridiques, qui ne sont
plus de mode.

Pour amuser le public, quelques réformateurs annoncent
qu'après une interruption de trois mois, l'inamovibilité repren-
dra son cours. Le vase brisé se recolle plus ou moins; il ne se
rétablit pas dans son intégrité première. Et ici ce n'est même
pas le cas de dire qu'il y aura de beaux débris à conserver.
C'est une institution tout entière qui disparaît. Nous entrons
dans un cycle d'évolutions sans fin. Nos lois d'instabilité
reçoivent une plus énergique impulsion; l'État resserre les liens
qui lui rattachent les intérêts privés; une magistrature mobile
formant avec le ministre de la justice unité de vues et de
direction est seule possible. Quel pouvoir nouveau respectera
la barrière dressée contre lui? Les arguments abonderont pour
épurer le corps des magistrats. On ne s'arrête pas dans cette
voie : « l'un pur trouve toujours un plus pur qui l'épure ». Il
faut dire adieu à l'inamovibilité. Expression d'un régime conservateur, elle n'est plus de ce temps, ni de ce gouvernement.

Comment seront nommés les magistrats? Peu importe, ils ne
seront plus inamovibles. Une autre réforme dont on convient
avec une sorte d'unanimité, c'est l'extension des attributions

des juges de paix. C'est une extension de l'amovibilité ; c'est
le gouvernement qui étend la main sur des intérêts qui jusqu'ici échappaient à son influence directe. Plus de la moitié de
la magistrature est amovible depuis longtemps. Les juges de
paix autrefois compensaient et au delà leur amovibilité judiciaire par la modicité de leur traitement et l'inamovibilité de
leur situation personnelle. Ils gardaient leur indépendance.
Pour eux, la fonction était honorifique. Le législateur est arrivé
à dénaturer l'institution des justices de paix, en y appelant des
légistes de profession et en doublant le traitement, ce qui permit d'appeler des étrangers à ces places. Le juge de paix n'est
plus l'homme du pays ; il est envoyé de Paris ; il vient gagner
sa vie, c'est un fonctionnaire. Triplez et quadruplez les appointements des juges de paix, étendez leur juridiction, et vous
jetez sur presque tous les intérêts, et surtout sur les intérêts
des classes populaires le filet de la justice administrative. Le
parti républicain admire beaucoup ce genre de justice. Les
préfets remplaceront les cours d'appel et les sous-préfets les
tribunaux de première instance. Cet idéal se réalise avec le
principe de l'amovibilité.

III

La Chambre des députés ne veut plus d'inamovibilité, et
même elle ne veut plus de magistrature, de corps spécial voué
à la justice et indépendant par tradition et par position. L'ancien régime constituait cette indépendance par l'achat des
charges judiciaires. Sous la Restauration la modicité des trai-
tements ne pouvait faire de la magistrature une carrière
d'ambition. M. de Villèle songeait, dit-on, à réduire tous les
magistrats à 3,000 francs. Devant la Cour d'appel de Paris,
dans un discours de rentrée en 1881, M. l'avocat général
Bouchez a développé un système analogue sur l'indépendance
du magistrat. Il proposait d'attribuer le même traitement à
tous les magistrats, ce qui en effet eût rendu les magistrats
inamovibles aussi bien par en haut que par en bas. La possibilité de l'avancement est en effet une diminution notable de

l'inamovibilité et de l'indépendance du magistrat. Seulement, M. Bouchez voulait de très forts appointements. Il
part du principe très contestable que le juge doit vivre
de la justice, ce qui ouvre la magistrature à une foule de
prétendants. Le magistrat n'est pas un fonctionnaire comme un autre; le désintéressement fait partie de son indépendance.

Nous avons depuis bientôt un siècle des « ministres de la
justice », expression bizarre qui a l'air de mettre tous les
magistrats sous la direction d'un chef suprême et de faire de
la justice une administration hiérarchisée et dirigée comme
les autres administrations. Avant 89, le ministère public lui-
même était indépendant. Il requérait en son nom, au nom de
la conscience et de la justice, et non sur les ordres d'un chef
de la justice. Après 89, le gouvernement s'est emparé du
ministère public; il donne des ordres à tous les membres des
parquets et peut les destituer. Quant à la magistrature assise,
elle demeurait amovible par l'avancement. La suppression
totale de l'inamovibilité est la conclusion du système inauguré
en 1830. Les magistrats sont devenus plus dépendants par
l'augmentation progressive des salaires. Le nombre des concurrents aux places de la magistrature a grandi et a offert aux
gouvernements une pépinière d'hommes souples. Autrefois, la
magistrature n'était pas recherchée; c'était une charge en
même temps qu'un honneur. Depuis qu'elle est un moyen de
vivre, les candidats se multiplient.

L'argent ne résout pas la question et ne fera jamais le
magistrat indépendant; il ne l'attachera que plus aux émo-
luments de sa place; nous sommes lancés dans les expériences.
La démocratie veut prendre possession des sièges de la magistrature. Le gouvernement répète le mot si connu : la démocratie, c'est moi! On parle de généraliser ou au moins
d'étendre l'institution du jury. Mais les démocrates savent-ils
ce que c'est que le jury? Ils ont exclu Dieu de l'école; ils
songent à l'exclure de la justice par la suppression du serment.
Le serment atteste la présence de la divinité et la prend à
témoin, et par là il se confond plus spécialement avec l'institution du jury.

Jury et serment sont synonymes. Le jury, c'est le *juramentum*; le juré, c'est l'homme qui a juré, *juratus est*. Il a juré de dire la vérité sur le fait qui lui est soumis. Il a pris Dieu à témoin; voilà l'essence du jury. Tel est le jury en Angleterre, aux États-Unis, en Portugal. Il est fondé sur la distinction du fait et du droit. Le juré constate le fait, c'est pour cela qu'il jure de dire la vérité. Le jury révolutionnaire n'a jamais été un vrai jury et le jury correctionnel qu'on prétend instituer ne sera pas un vrai jury. Les membres de ce prétendu jury seront, en effet, juges du fait et du droit, et ils ne prêteront pas serment. Le jury se rattache à la divinité par le lien du serment; il découle d'un ordre de choses et de principes absolument contraires à ceux de la démocratie moderne. La Chambre des députés cherche des juges populaires, des tribunaux populaires; elle en trouvera, mais ce n'est pas là le jury. Le juré n'a pas besoin de *science*; il est interrogé sur un fait : c'est à sa *conscience* qu'il est fait appel. Le juge moderne a besoin de science, parce qu'il applique des lois dont il a dû étudier le mécanisme. Les jurys correctionnels seront tout simplement des tribunaux correctionnels autrement composés que les tribunaux actuels.

Notre jury criminel est lui-même menacé. Déjà l'institution est atteinte par le système des circonstances atténuantes qui fait entrer le juré dans l'application du droit et lui confère le caractère de juge. C'est un magistrat qui applique la loi à discerner les circonstances du fait et à user du droit d'abaisser la peine. Le refus de prêter serment s'est déjà plusieurs fois présenté. Et tout porte à croire que le serment sera bientôt aboli. Il est en opposition avec les idées du jour. Il ne cadre pas d'ailleurs avec l'athéisme. L'athéisme constituait jadis un délit; il était considéré comme un outrage à la morale religieuse. Il pouvait aussi passer pour une menace à l'ordre public. De délit, il est devenu un droit : *jus sceleri datum* (*Lucain*). La suppression du serment supprime notre jury criminel, qui se transformera en une institution d'un autre genre et sera un tribunal quelconque, mais non plus cet antique jury qui a été chez les peuples chrétiens, pendant tant de siècles, la forme universelle de la justice. En dehors de l'idée de Dieu, principe et garantie de la conscience, le droit n'est qu'une formule de convention; et la magistrature, organe du peuple ou du gouvernement, perd toute indépendance et ne présente plus qu'une ombre de justice.

CHAPITRE XXXVI

NAPOLÉON

I

La *Revue des Deux-Mondes* a récemment publié sur Napoléon deux articles de M. Taine, qui ont fait du bruit et suscité de vives oppositions. L'école bonapartiste a jeté les hauts cris; il lui a paru que son héros était diminué ou dénaturé et la légende impériale entamée. M. Taine a sondé le caractère de Napoléon à d'intimes profondeurs; il est remonté aux origines de race et de climat, nous représentant Bonaparte comme un condottiere du XIVᵉ siècle, sans foi ni loi, méprisant les hommes, les sacrifiant à son ambition, et du reste étranger à la France, n'ayant rien de la civilisation moderne. En un mot, d'après M. Taine, c'est un bandit du XIVᵉ siècle italien, jeté dans notre société française de la fin du XVIIIᵉ siècle, avec des facultés prodigieusement démesurées de volonté et d'intelligence.

Ce portrait est-il complet? caractérise-t-il Bonaparte? Le contraste avec ses contemporains est-il dans sa qualité de condottiere du XIVᵉ siècle? Nous croyons que M. Taine n'a pas achevé son étude. Les bonapartistes ont essayé d'enjoliver le héros; ils se sont efforcés, à l'encontre de M. Taine, d'y trouver du doux et de l'agréable. Ils n'ont pas manqué, non plus, d'anecdotes. La querelle s'engage de nouveau par une lettre du prince Victor, qui est un manifeste du parti et qui renouvelle la légende impériale en l'accommodant à la Révolution.

« Napoléon a créé la France moderne... Tout date de lui, tout vient de lui... Il a assuré en France le triomphe définitif des principes de 89 et les a fait pénétrer dans la société européenne... Cette œuvre de paix sociale, l'empereur Napoléon III l'a reprise. » C'est la légende dans toute sa pureté ; Napoléon est le fils de la Révolution, il est l'incarnation des principes de 89, il est l'âme de la France. En envahissant l'Europe, il lui imposait la paix sociale, c'est-à-dire les principes de 89 ; et Louis-Napoléon est justifié pour avoir suivi la même politique au dedans et au dehors de la France. Ce qui frappe tout d'abord, c'est que cette politique repose sur le système de la guerre universelle. Ainsi les Romains, pour faire régner ce qu'ils appelaient « la majesté de la paix romaine », recouraient à la guerre universelle. Cette paix romaine était une façon de principe de 89, un argument toujours ouvert pour piller et asservir les nations. « La paix sociale » des Napoléons est du même genre. Certes, si elle règne en Europe depuis un siècle, on ne s'en aperçoit guère ; et les nations étrangères semblent fort loin de révérer les souvenirs qu'a laissés Napoléon dans l'Europe continentale.

L'empire a valu à la France les deux invasions que l'on sait ; contre-temps fâcheux assurément et dont le prince Victor n'a pas l'air de se préoccuper. Le second empire n'a pas péri autrement.

Il fallait s'y attendre, du moment où il suivait la tradition du premier empire. L'invasion est, en effet, le résultat de la guerre universelle ; ou les nations seront domptées par nous, ou elles se coaliseront pour nous écraser. Napoléon a fait la guerre à tous les peuples européens, sans en excepter un seul. Le neveu était en voie de s'attaquer à toutes les puissances. Ce système de guerre universelle n'a jamais été renié par le parti bonapartiste, ni même par la bourgeoisie plus ou moins révolutionnaire. A quoi tient ce besoin de domination, de conquêtes, d'annexions, si contraire à la civilisation chrétienne ? Napoléon s'est emparé de la France au 18 brumaire. Il fut certainement roi de France ; mais cette royauté qu'il héritait « de son pauvre oncle Louis XVI » ne tenait dans son ambition qu'une place secondaire. Quand, vaincu par l'Europe, obligé d'abandonner ses conquêtes extérieures, il se vit réduit à ce dernier titre, se résigna-t-il à le garder ? Accepta-t-il de ses vainqueurs l'invitation de se contenter d'une France plus grande que celle de l'ancien régime ? Non, il joua le tout

pour le tout : l'empire du monde ou rien. Songea-t-il à établir
en France un gouvernement? Il la laissa, sans avoir rien
prévu, aux mains de ses ennemis.

Louis-Napoléon vaincu abandonna Paris à la Révolution.
Et il demanda un asile à l'Allemagne plutôt que de tout braver
pour revenir dans sa capitale. Il gardait les visées cosmopolites qui lui avait léguées son oncle. Sa manie de restaurer la
race latine, en s'en attribuant l'hégémonie, son intervention
dans toutes les affaires européennes au point de vue de la
Révolution, n'attestent-elles pas une pensée qui, au lieu de se
borner à la France, s'étendait au loin? La vie de César, qu'il
écrivit en se plaçant du côté de César et en trahissant les
Gaulois, indique bien le tour et la direction de sa pensée. Il
est à remarquer qu'il ne succédait pas à son oncle, il se
retrempa dans le suffrage universel, et ne fut en définitive
qu'un roi électif comme un empereur romain. Il était le représentant du peuple, et c'est au nom de la souveraineté du
peuple qu'il voulait exercer le pouvoir et l'influence. Ceci ne
ressemble guère à un roi de France, ni même à un roi des
Français. Louis-Napoléon se crut la mission de régner sur la
race latine. Cette utopie le conduisit jusqu'au Mexique; nous
apprîmes alors que les Mexicains appartenaient à la race
latine.

Ces idées de cosmopolitisme révolutionnaire sont bien le
fond de la politique napoléonienne. Napoléon ne se trouva-t-il
pas, par la force des armes, roi d'Italie, de Naples, d'Espagne,
de Hollande et d'autres petits pays? L'empire d'Occident fut
formé dès le début. Suffisait-il à l'ambition impériale? La
campagne de Russie développait le plan de l'Empire universel.
C'est à cette pensée qu'il s'arrêtait; il rêvait même de jouer le
rôle de Mahomet, de fonder une religion. Ces faits sont constants, et, sans recourir à des anecdotes, à des conversations
particulières, à des jugements de familiers, ils donnent une
idée complète de l'homme : Napoléon a été parmi nous et
dans ce siècle un empereur romain. Législateur comme Justinien, il ramenait tout à la loi de l'État. Ses institutions si
vantées ne sont que l'asservissement universel.

Comment, tout d'un coup, après tant de siècles de christia-

nisme, sommes-nous retombés en plein empire romain? Napoléon a-t-il, par un effort d'imagination, ressuscité ces loin-
tains souvenirs, ou leur a-t-il rendu la vie par l'énergie de sa
volonté? Il a compris son temps. La Révolution a été un retour
au passé; les lettrés y ont participé au nom de Sparte, d'Athènes, de Rome; les discours, les écrits de cette époque ne nous
entretiennent que de l'antiquité païenne. Il faut dire que la
monarchie elle-même, par la classe nombreuse de ses légistes,
nourrissait un idéal païen. On était habitué à glorifier les lois
du Digeste, qualifiées souvent de divines, par la raison toute
simple que les empereurs montaient, après leur mort, au rang
des dieux. Les notions de pouvoir absolu, développées par les
légistes, tournaient les esprits vers la doctrine césarienne.
Cette idée de la souveraineté du peuple est essentiellement
païenne. La Révolution réalisa tout d'abord le règne du plus
fort, des majorités; elle renouvela les proscriptions de l'ancienne Rome, en se décimant elle-même. Ces dénominations de
consuls, de tribuns, de sénatus-consultes, etc., répondaient
d'une certaine façon à l'état des esprits. Napoléon en emprunta
d'autres à Byzance, les archichanceliers, les architréso-
riers, etc.; Louis-Napoléon nous a dotés des plébiscites. En sa
qualité d'Italien, Napoléon avait déjà sucé le lait césarien.
Vivant au milieu d'une société, ou plutôt d'une anarchie qui,
en haine de l'Église catholique, reculait jusqu'à l'Empire
romain, et par horreur de tout ce qui était ancien régime,
s'asservissait à toutes les utopies, Napoléon n'eut qu'à suivre
le cours des événements. Il trouva l'idée de la guerre universelle installée dans la cervelle de tous ces fous qui voulaient,
par la force, régénérer l'espèce humaine, affranchir les peuples, propager des principes nouveaux. Il mit la main sur tous
ces moyens d'action.

   La Révolution, comme l'islamisme, s'est développée par la
propagande armée. Louis-Napoléon disait à propos de la
guerre d'Italie: Le peuple français est le seul qui combatte pour
une idée; ce qui signifie, en langage vulgaire, que le peuple
français est un peuple révolutionnaire. Qu'est-ce que l'idée?
Nous connaissons les *idées napoléoniennes*; nous les avons payées
cher.

Personne, en Europe, au temps même des triomphes du premier empire, ne doutait de la catastrophe finale. Le général Dumouriez, dans ses pamphlets, appelait Napoléon « le fou furieux ». Beaucoup de démagogues ont pu m.'riter cette qualification, et le petit Thiers l'a appliquée au minuscule Gambetta. Cette fatalité de l'empire, les bonapartistes ne se la dissimulent pas; seulement ils disent : Si la France est condamnée à la Révolution, mieux vaut pour elle que la Révolution revête la forme impériale. Et, d'un autre côté, les républicains dévoués à la Révolution préfèrent l'empire à tout gouvernement conservateur. C'est là en effet qu'est l'espérance du prince Victor. Il compte sur le plébiscite. Peut-être les temps sont-ils changés.

L'Europe, autrefois désunie, tend à se rallier à une politique commune. Et contre qui s'est-elle unie? Contre la France et contre la politique napoléonienne. Au fond, ce n'est pas la France qu'elle a combattue, mais la politique napoléonienne et l'esprit de révolution, qui par elle se résout en guerre universelle. C'est là le côté pratique de cette civilisation napoléonienne, dont le prince Victor espère le retour. Dans ses *Mémoires*, le prince de Metternich qualifie les Romains « de bonapartistes de l'antiquité ». Il est clair que dans sa pensée l'empire napoléonien apparait comme une résurrection de l'empire romain, c'est-à-dire d'un système indéfini de conquêtes et d'annexions. La fidélité de Napoléon aux fictions des légistes, sa prétention d'exercer le souverain pontificat, l'autorité tribunitienne qu'il s'attribue comme unique représentant du peuple, signalent plus que de simples analogies et nous reportent à quinze siècles en arrière. Ce caractère démocratique de l'absolutisme impérial est justement ce qui le rend populaire. Aussi Napoléon se targuait-il d'être le promoteur de l'égalité parmi les hommes. Mais l'égalité universelle devant un maître absolu ressemble fort à l'esclavage universel. Au Pape Pie VII, Napoléon répète sans cesse : Je suis César, obéissez à César. Aujourd'hui la coexistence de plusieurs grands États rend absurde la prétention d'un césar universel, et un césar local est une contradiction dans les termes.

II

Ce qui frappe M. Taine dans son étude sur Napoléon, c'est cet esprit de détail et de précision qui s'allie à une imagination démesurée. Les condisciples de Bonaparte à l'école de Brienne constatent son inaptitude ou son peu de goût pour les lettres; en revanche, ils le donnent pour le premier mathématicien de l'école. Les mathématiques qui développent l'attention, l'esprit de détail et de précision, reposent cependant sur des fictions, des abstractions qui ne représentent rien de réel. Et c'est pour cela qu'Aristote les mettait au dernier rang des sciences. Il est évident que les chiffres se laissent manier. Si l'on calcule ce qu'une pièce de vingt francs, placée à intérêts composés sous le règne de saint Louis, rapporterait aujourd'hui, on arrive à des milliards, et la preuve est irréfragable. Seulement ces milliards sont fictifs, rien dans la nature n'y répond. On reproche souvent aux mathématiciens d'être à côté du bon sens, et d'avoir des opinions bizarres ou des plans irréalisables.

L'habitude de jouer avec l'abstrait, en dehors de toutes conditions matérielles, caractérise les rêveurs. Bonaparte n'a-t-il pas été un rêveur? Il a rêvé l'empire universel, l'empire d'Occident. Il a cru qu'en quelques années il avait constitué quelque chose de solide. Quand il s'est trouvé aux prises avec la mauvaise fortune, il n'a rien vu de ce que tout le monde voyait. Il s'en rapportait à son étoile, au lieu de compter ses ennemis. Cette fragilité de l'empire en 1814, en 1815, en 1870, doit-elle nous étonner? Après tout, cette grande machine était en papier; elle n'avait pas pour fondement des coutumes de familles ou de corporations. La vie en était absente. Ce vaste mécanisme ne se défendait pas par lui-même. Tout gisait dans la main du mécanicien suprême, seul actif et responsable. Qu'avaient duré l'empire d'Alexandre et celui de Charles-Quint? Et l'empire romain lui-même?

Tout était minutieusement prévu par les lois, la régularité mathématique de toutes les administrations politiques attei-

gnait la perfection. Seulement, ce mécanisme dépendait de
l'existence ou de la santé d'un seul homme. En 1814 et en 1870,
l'échafaudage s'est écroulé tout d'un coup devant l'étranger;
et il a encore été moins solide devant la moindre émeute de
l'intérieur. Il a l'inconvénient de n'être pas transmissible.
Napoléon n'a jamais pensé que la main débile de son fils pût
y suffire; et il n'a pas tenté de lui créer en France un établissement assuré, tant la chimère de l'empire universel l'absorbait tout entier. Metternich remarque que la qualité dominante
en Bonaparte est la volonté; c'est par là qu'il dépassait la nature
humaine et brisait toute volonté contraire. L'intelligence, selon
Metternich, était bien inférieure. Et ce contraste explique les
succès et les revers. Il comblait par son imagination, par sa
volonté, la disproportion entre le but et les moyens de l'atteindre. Le désastre de Russie ne l'éclaire pas. Il croit à son
étoile, à la fatalité, et même à Sainte-Hélène il n'est pas
désabusé.

La France moderne est l'œuvre des Bonaparte, mais cette
œuvre est formée des matériaux laissés par la Révolution, et
aujourd'hui elle s'effondre de toutes parts. Le prince Victor
énumère avec complaisance les institutions impériales, le Code
civil, la Banque de France, le Concordat, la magistrature, l'administration, l'armée, la Légion d'honneur. Y a-t-il donc à
nous vanter de notre Code civil, que repoussent les plus
grandes nations de l'Europe, et qui en France même est tombé
dans un grand discrédit? Nos finances sont-elles dans un état
bien prospère? Le Concordat est-il bien solide, la magistrature
bien indépendante, et nos préfets et sous-préfets sont-ils de
bien forts appuis pour le pouvoir?

En ramenant l'empire à son origine, qui est la Révolution,
le prince Victor ne s'aperçoit pas qu'il en tue l'hérédité et lui
conserve sa forme élective. Il se pose en candidat, non en héritier. Personne n'a hérité dans la maison Bonaparte, si même
on peut donner ce nom de maison à une famille qui a été tout
aussi instable que les autres familles françaises. L'hérédité
promise par les chartes, les constitutions, les sénatus-consultes n'est qu'un vœu platonique tant que le fait ne s'y ajoute
pas. Les lois défont en un clin d'œil ce qu'elles ont établi.

Louis Napoléon n'a pas invoqué l'hérédité, mais le vote populaire; il s'est même plusieurs fois trempé dans le suffrage universel. Il se montrait en cela fidèle à la tradition impériale. Et on n'a pas saisi le sens de ses relations avec le suffrage universel et le Corps législatif, quand il les subalternisait à sa volonté par les candidatures officielles. Au fond, il se regardait comme le seul vrai représentant du peuple, celui dont le titre était adéquat au vote universel. Dans ce système, les députés ne représentent la nation qu'à un titre inférieur; chacun d'eux n'est que l'homme d'une localité. Et la nation, comme telle, n'a d'autre représentant que l'empereur qu'elle a élu, ou qui est censé avoir reçu d'elle son investiture, le droit absolu de la gouverner, le pouvoir impérial se confondant avec la souveraineté du peuple.

Dans un discours mis dans la bouche de Marie-Louise en l'absence de l'empereur alors retenu au fond de l'Allemagne, le Corps législatif se trouvait qualifié de représentant de la nation. Une note foudroyante, rédigée à la pointe de l'épée et insérée au *Moniteur*, apprit au public que le ministère s'était trompé et que la plume lui avait fourché, et que le seul représentant de la nation, c'est l'empereur. Après lui, vient la famille impériale, puis le Sénat, enfin le Corps législatif. Ces représentants subordonnés de la nation sont dans l'ordre où ils se rapprochent le plus de la volonté impériale et de l'influence exercée sur eux par l'empereur. A vrai dire, ils sont une espèce d'écoulement du droit représentatif attribué à l'empereur. Le reflet du mandataire du peuple est plus intense sur sa famille, qui dépend absolument de lui, que sur les sénateurs qu'il a nommés; et à leur tour, ces sénateurs passent avant les députés, qui n'ont reçu qu'une simple désignation.

Les idées, les préjugés, les ambitions qu'a réalisés le génie de Bonaparte sont loin de nous. Les Français ne songent plus à conquérir le monde. Le parti bonapartiste, dont le prince Victor a l'air de prendre la direction, n'est qu'un pastiche du passé; il ne répond à rien de sérieux. Il trouve cependant, dans la tradition impériale même, bien des principes de conservation sociale et qui sont la négation de ces principes de 89, de ces utopies des constituants que Napoléon a si souvent

bafoués. Sous son rôle officiel ou césarien, Napoléon gardait
son mépris pour la Révolution et les hommes qu'elle a produits.
Il mettait à d'autres temps de rectifier bien des choses.

Les *Mémoires* de Metternich nous révèlent que l'impression
générale de l'Europe fut que la Restauration reculait jusqu'en 1789. Les cours étrangères, qui avaient surtout combattu la Révolution, furent choquées d'une politique qui affai-
blissait l'ordre conservateur qu'elles avaient cru établir en
Europe par les traités de Vienne. Il leur sembla que les institutions impériales offraient moins de danger pour la France
et garantissaient mieux la stabilité de la dynastie. La charte
en effet remettait le pouvoir suprême au suffrage populaire.
La loi qui soustrayait l'armée à la direction royale, laissait le
roi sans défense contre les factions. N'était-ce pas rétrograder
au début de la Révolution? Les hommes de 89 ne voulaient
pas d'un roi pour chef de l'armée, mais un ministre soumis aux
fluctuations de l'assemblée populaire. Le retour de Louis XVIII
parut donc un retour à 89.

L'empire constituait un vrai roi, un chef d'armée. Tout le
monde est sans doute d'accord que c'est là le vrai droit royal.
L'instabilité sociale, dont nous ne prévoyons pas la fin et qui
commence à menacer notre existence nationale, a préoccupé
l'empereur, et la discussion du Code civil nous le montre
moins révolutionnaire que ses légistes. N'émettait-il pas
l'opinion de rendre indivisible un immeuble d'une valeur inférieure à cent mille francs? Il devançait son époque, et c'est là
toute la réforme de l'agriculture. Il s'inquiétait de la diminution des pâturages et il disait à ses légistes du Conseil
d'État : « Messieurs, nous ne manquerons pas de bêtes en
France, mais nous manquerons de bétail. » Il comprenait
l'avenir que nous préparaient nos lois de morcellement et
d'instabilité.

L'institution des majorats n'est-elle pas étonnante pour
l'époque? n'atteste-t-elle pas, du moins en théorie, un esprit
plus monarchique ou plus conservateur que celui de l'ancienne
monarchie pendant les trois derniers siècles de son existence?
Si l'on écarte la folie de l'empire universel et si l'on suppose
Bonaparte non plus empereur romain, mais modestement roi

de France, n'a-t-on pas une perspective inattendue? D'autant
plus qu'alors il n'aurait plus eu de motifs de prétendre au
souverain pontifical de l'Église catholique. Ce côté de la tradition impériale est peu goûté du parti bonapartiste, qui aime
mieux invoquer les principes de la Révolution que s'attacher
aux témoignages contre-révolutionnaires de son héros. Metternich raconte que, dans une conversation où il mettait en
contradiction la loi électorale et le système impérial, Napoléon
lui répondit qu'il ne laisserait pas son fils aux prises avec un
pareil suffrage. Il exprima la pensée que le suffrage populaire
deviendrait inoffensif et vraiment monarchique, si dans chaque
circonscription l'empereur choisissait le député parmi les trois
candidats qui auraient obtenu le plus de voix. Nous le croyons
sans peine, et c'est une solution de la question électorale
que nous recommandons volontiers. Si le prince Victor veut
régner en France sans sortir du parti conservateur, c'est à cet
ordre d'idées qu'il doit se reporter. Il signale les moments de
haute lucidité du génie impérial et nous ramène à cette consolidation des fortunes et des intérêts qui fait la force et la durée
des États.

Le parti bonapartiste paraît attendre plus de la Révolution.
Louis-Napoléon a continué l'oncle sans le comprendre. Napoléon laissait entendre que ses lois de destruction sociale
avaient pour but d'achever la démolition de l'ancien régime,
et qu'il faudrait d'autres lois pour fonder le nouveau et l'appuyer sur l'esprit de famille. Le neveu, imitateur maladroit,
appliqua aux intérêts nouveaux, pour les empêcher de s'affermir, les lois de dissolution sociale. Et la démocratie
moderne, avant de s'être formée, se dissout dans le socialisme
parce qu'elle ne peut plus supporter le droit de propriété et
l'esprit de famille.

Les bonapartistes ne savent pas utiliser les souvenirs impériaux qui seraient de nature à nous réconcilier avec l'Europe,
puisqu'ils sont en dehors du régime de conquête et de révolution propagé pendant quinze ans par le premier Bonaparte.
Les bonapartistes espèrent toujours en la Révolution, mais la
Révolution n'a plus besoin de dictateurs, elle est répandue
partout; la presse, les chemins de fer, les télégraphes, le libre-

échange lui assurent une unité, une facilité d'action et de
direction dont il est facile de mesurer la portée. Elle n'a même
plus besoin de sociétés secrètes, tant la société officielle lui
offre de garanties et se charge elle-même de se démolir. Louis-
Napoléon a épuisé la légende impériale, et pas plus que les
tentatives du cousin Jérôme, la lettre du prince Victor ne la
ravivera.

III

Les feuilles bonapartistes en veulent toujours à M. Taine de
ses irrévérences envers la mémoire de Napoléon : elles lui
reprochent l'accumulation de ses anecdotes. Il s'en faut cependant que M. Taine ait dénigré le grand homme. Il résulte de
ce qu'il raconte que Napoléon est hors de pair avec la nature
humaine. C'est tant pis pour les autres hommes. Les bonapartistes, pour se mettre au niveau de la génération actuelle,
s'efforcent d'adoucir le monstre, et ils le transforment volontiers en bonhomme et en ami de la liberté des autres. C'est à
quoi le public ne paraît point mordre. N'est-ce pas assez de
trois invasions qui ont livré la France à l'étranger? Grâce à la
maison de Bourbon, la France est sortie intacte des deux
premières. La Révolution profita de la troisième pour s'installer définitivement dans notre pays : elle paya le prix
réclamé, et ce fut de connivence avec l'empire dont elle prit la
succession. L'empire, c'est la guerre. Louis-Napoléon n'a-t-il pas
fait la guerre partout? N'a-t-il pas suivi la politique de l'oncle?
Et le résultat n'a-t-il pas été le même? Sur quoi comptent les
bonapartistes pour réussir? Sur le nom de Napoléon et sur le
plébiscite. Il y a une difficulté, c'est que, pour en appeler au
plébiscite, il faut déjà être maître du pouvoir.

Napoléon n'a pas laissé d'héritier et sa descendance a péri.
Louis-Napoléon n'a invoqué que le suffrage universel. Il
n'exerçait aucun droit de naissance. Sa naissance le désignait
aux suffrages sans lui donner de droits. Il ne descendait pas
du fondateur, et ne se rattachait à lui que d'une façon collatérale par la personne insignifiante du père commun. Aujour-

d'hui nous voyons le parti bonapartiste essayer de se former
une loi d'hérédité qu'il amalgame avec le recours au plébiscite.
Est-ce le père ou le fils qui doit hériter? Il y a un sénatus-consulte; mais les événements ont biffé le sénatus-consulte. Il n'y
a que la naissance qu'aucun événement ne peut biffer, et l'hérédité est un fait qu'aucune fiction ne remplace. Cette hérédité
ne s'est pas présentée dans la famille Bonaparte. L'accord des
différents membres de cette famille pour désigner un roi ne
désignerait qu'un roi ou un empereur électif.

Louis-Napoléon a cru succéder à son oncle; il a supposé le
règne de Napoléon II et s'est intitulé Napoléon III. En réalité,
il fut comme son oncle l'unique de sa race. Il renouvela la
légende impériale; il fit même des choses plus formidables
que l'oncle en fondant le royaume d'Italie et l'empire d'Allemagne, pour abattre la maison d'Autriche et le pouvoir temporel du Saint-Siège. Comme son oncle, il s'est trompé dans
l'exécution et n'a pas suffisamment calculé ses forces.

Les bonapartistes espèrent-ils que des événements si récents
soient oubliés? Ils s'imaginent flatter le peuple en en appelant
au peuple lui-même. Ils se gardent bien de nous dire ce qu'ils
pensent au fond de cet appel au peuple et de la souveraineté du
peuple. Napoléon s'est expliqué sur le système de la représentation nationale. Un discours d'apparat mis dans la bouche
de l'impératrice qualifiait les membres du Corps législatif de
représentants du peuple. Une note foudroyante, arrivée d'Allemagne, apprenait à la France, dans le *Moniteur de l'Empire*,
qu'il n'y avait pas d'autre représentant direct du peuple que
l'empereur, qu'ensuite venait la famille impériale, puis le
Sénat et enfin les députés : c'est la place que Napoléon laissait
à l'élection populaire. Pourquoi les bonapartistes se montrent-
ils si démocrates, et font-ils si peu d'allusion à la pensée
publique de Napoléon à ce sujet?

Sous l'empereur d'Occident ou le conquérant universel, il y
a, en effet, un autre Napoléon, un Napoléon de sens rassis,
s'occupant de la France, se prenant pour un petit roi, successeur de « son pauvre oncle Louis XVI ». Dégagé de ses folies
guerrières, il exprime alors les pensées les plus conservatrices.
Est-ce que dans la discussion du *Code civil* au Conseil d'État, il

n'a pas déployé un esprit de politique et de clairvoyance supérieur à celui de ses légistes? Ne soutenait-il pas plus énergiquement qu'eux l'autorité paternelle et le droit de propriété? Et quand il regrettait qu'on ne pût pas rendre incessible et insaisissable comme bien de famille toute propriété foncière inférieure à une valeur de cent mille francs, ne devançait-il pas d'un siècle les réformes qui s'opèrent dans les pays voisins, et qui deviendront bientôt pour la France une nécessité morale et économique? D'ailleurs, le sénatus-consulte sur les majorats signale un système hardi de conservation sociale. En subordonnant la France à ses projets de domination universelle, Napoléon laissa surtout se développer les éléments de révolution. Il lui fallait continuer la destruction de l'ancien régime ; mais il prévoyait que le nouveau régime aurait besoin à son tour d'éléments conservateurs. Il n'eut le temps de rien achever. Nous ne cherchons pas à deviner ce qu'il aurait fait, et nous croyons que sa vocation était plutôt d'être un César et un Mahomet qu'un prince paisible et raisonnable. Mais nous avons le droit de demander à ceux qui se prétendent ses successeurs sans avoir sa folle ambition, pourquoi ils font de la démagogie sous son nom, au lieu de suivre les jalons conservateurs qu'il a placés sur sa route.

Louis-Napoléon s'est jeté dans le socialisme, et son cousin le prince Jérôme a enchéri sur lui. Ce dernier fut chargé de la publication de la correspondance de Napoléon. C'est un document inappréciable du génie impérial. Il est malheureusement incomplet. Le prince, dans son ouvrage contre les *détracteurs* de Napoléon, avoue qu'il a omis bien des pièces, mais qu'il a voulu présenter Napoléon à la postérité tel qu'il aurait voulu lui-même s'y présenter. La *correspondance* a donc été mutilée. Dans quel but? Évidemment pour être ramenée au point des idées politiques ou irréligieuses de l'éditeur. Nous tenons d'un des principaux collaborateurs de cette publication qu'on a écarté des lettres où Napoléon se plaignait de son Université, de la tendance révolutionnaire de l'enseignement, et manifestait la pensée de remettre à un ordre religieux la direction de la jeunesse. La postérité aurait intérêt à connaître sur un pareil sujet les sentiments intimes du fondateur de l'Université.

Le parti bonapartiste aime mieux flatter les instincts belliqueux et révolutionnaires de la nation que de restaurer les principes de conservation sociale qui, seuls, peuvent nous aider à nous relever. C'est un préjugé assez répandu que la guerre de 1870 nous a fait perdre notre rang en Europe et rendu visible notre décadence politique. Il n'est pas étonnant que nous ayons été écrasés par une armée cinq fois plus forte que la nôtre. Ce n'est donc pas par la faute de l'armée que notre décadence est venue. Ne serait-ce pas par le renouvellement de ces émeutes qui, en 1830 et en 1848, nous ont déjà donné des gouvernements de ruisseau? On a vu en 1870, à la nouvelle de la capitulation de Sedan, le Corps législatif, le Sénat, les ministres, la cour, s'enfuir d'un même élan et sans même s'être concertés. Les premiers venus se sont emparés de la nation vacante. Les jacobins ont fait le coup; qui l'avait préparé, sinon le bonapartisme? Louis-Napoléon ne laissait-il pas Paris aux mains de la Révolution, quand il partit pour l'armée du Rhin? Et n'est-ce pas « le drapeau de 92 » qu'il levait contre l'Allemagne? Les grandes guerres du second empire ont eu comme celles du premier un cachet révolutionnaire. La guerre de Russie amena les Piémontais à figurer au traité de Paris, où fut posée la question italienne que devait résoudre la guerre de 1859. Quelle garantie nous offre le bonapartisme représenté par le prince Jérôme ou son fils? Le trône de Louis-Napoléon a-t-il été plus solide en 1870 que le trône impérial de 1814 et de 1815? Napoléon du moins songeait quelquefois à remédier à la fragilité de son œuvre; il pensait à l'avenir, à la durée, à des principes de conservation; et ce sont justement ces principes que les bonapartistes affectent de méconnaître, pour rester un parti de révolution et non de gouvernement.

TABLE DES MATIÈRES

PARIS. — IMPRIMERIE J. CLAYE, RUE CASSETTE, 17.

BIBLIOTHEQUE

NATIONALE

CHATEAU
de
SABLE

1994

www.ingramcontent.com/pod-product-compliance
Lightning Source LLC
Chambersburg PA
CBHW052102230326
41599CB00054B/3596